居住正义的
理论构建与实践进路

吴海瑾 著

中国社会科学出版社

图书在版编目（CIP）数据

居住正义的理论构建与实践进路 / 吴海瑾著. —— 北京：中国社会科学出版社，2025.6. —— ISBN 978-7-5227-4686-9

Ⅰ. F299.233.1

中国国家版本馆 CIP 数据核字第 2025SG0828 号

出 版 人	季为民
责任编辑	孙　萍
责任校对	闫　萃
责任印制	李寡寡

出　　版	中国社会科学出版社
社　　址	北京鼓楼西大街甲 158 号
邮　　编	100720
网　　址	http://www.csspw.cn
发 行 部	010-84083685
门 市 部	010-84029450
经　　销	新华书店及其他书店
印　　刷	北京君升印刷有限公司
装　　订	廊坊市广阳区广增装订厂
版　　次	2025 年 6 月第 1 版
印　　次	2025 年 6 月第 1 次印刷
开　　本	710×1000　1/16
印　　张	27.5
字　　数	445 千字
定　　价	139.00 元

凡购买中国社会科学出版社图书，如有质量问题请与本社营销中心联系调换
电话：010-84083683
版权所有　侵权必究

目　录

前　言 ·· (1)

第一篇　居住正义的理论建构

第一章　正义与分配正义 ··· (7)
　第一节　正义的永恒期盼 ··· (7)
　第二节　正义的现实要求与分配标准 ································· (11)

第二章　新时代中国社会实践基础及其具体的分配正义原则 ······ (15)
　第一节　中国社会实践对分配正义的要求 ························· (15)
　第二节　新时代中国分配正义的核心要义 ························· (18)
　第三节　新时代中国分配正义的践行原则 ························· (23)

第三章　基于分配正义的居住正义理论建构 ····················· (27)
　第一节　居住正义的内涵及其践行原则 ····························· (27)
　第二节　新时代中国居住正义的现实基础 ························· (35)

第二篇　居住正义的经济学表达

第四章　居住正义经济学研究的框架体系 ························· (51)
　第一节　居住正义经济学研究的理论基础 ························· (51)
　第二节　居住正义经济学研究的新维度和框架构建 ········· (60)

第五章　居住正义经济学研究方法和模型建构 …………… （69）

第一节　居民住房可支付能力指数模型及研究方法 ………… （69）

第二节　住房的梯度配置和供需结构研究方法 ……………… （80）

第三节　住房与交通综合可支付能力及研究方法 …………… （89）

第三篇　居住正义的实证研究
——以南京为例

第六章　实证研究城市的选取及研究范围界定 ……………（103）

第一节　案例城市的概况及研究基础 ………………………（103）

第二节　南京经济社会发展历程及城市能级提升 …………（111）

第三节　南京城市发展空间快速扩张及布局结构优化 ……（116）

第四节　南京土地制度和房地产业发展 ……………………（126）

第七章　南京城市居民新建住房可支付能力 ………………（145）

第一节　南京居民住房可支付能力指数测算 ………………（145）

第二节　南京居民住房可支付能力变化趋势分析 …………（154）

第八章　南京市住房供需结构 ………………………………（177）

第一节　南京不同层次居民住房有效需求量及需求结构 …（177）

第二节　南京居民住房有效需求与实际供给均衡性 ………（190）

第九章　南京市住房与交通综合可支付能力 ………………（219）

第一节　家庭原单位法的居民交通与住房综合
可支付能力 …………………………………………（219）

第二节　个体化家庭交通与住房综合可支付能力 …………（229）

第三节　公共租赁住房覆盖群体的住房综合可支付能力 …（234）

第十章　南京市居民住房可支付能力空间分异 ……………（248）

第一节　交通成本及交通可支付能力的空间分布 …………（248）

第二节　居民家庭住房成本及住房可支付能力的空间
　　　　　差异 …………………………………………………（256）
　　第三节　居民住房与交通综合可支付能力的空间分布 ………（261）

第十一章　基于实证研究的居住正义评判 ………………………（270）
　　第一节　基于居民住房可支付能力的住房正义分析 …………（270）
　　第二节　基于住房需求与供给均衡性的居住正义分析 ………（280）
　　第三节　基于综合可支付能力的居住正义分析 ………………（283）

第四篇　新时代居住正义的实践进路

第十二章　新时代中国居住正义的时代精神 ……………………（293）
　　第一节　新时代中国社会实现居住正义理想的双重任务 ……（293）
　　第二节　坚持居住领域共同富裕的价值取向和时代精神 ……（296）
　　第三节　新时代中国居住领域的深层问题 ……………………（302）

第十三章　新时代居住正义的实践进路 …………………………（310）
　　第一节　深化改革促进住房市场可持续发展 …………………（310）
　　第二节　富民增收提高居民综合可支付能力 …………………（322）
　　第三节　面向共同富裕完善多层次住房保障体系 ……………（331）
　　第四节　因时因地制宜适时推进房地产税改革进程 …………（349）

附录　南京市城市居民家庭关于住房有效需求的计算方法、
　　　过程和结果 …………………………………………………（360）

参考文献 ………………………………………………………………（406）

后　记 …………………………………………………………………（420）

图 目 录

图 4-1　马斯洛的需求层次 ································· (54)
图 4-2　住房需求的层次划分 ····························· (55)
图 4-3　居住正义经济学表达的框架结构 ················ (61)
图 5-1　传统住房可支付能力 ····························· (70)
图 5-2　引入一定"住房标准"的住房可支付能力 ······ (74)
图 5-3　假设最低生活成本的住房可支付能力 ·········· (76)
图 5-4　住房梯度消费能力和消费梯度需求 ············· (82)
图 5-5　中国梯度住房供给体系 ··························· (87)
图 5-6　综合可支付能力两种研究方法的思路 ·········· (94)
图 5-7　租赁住房综合可支付能力指数的形成机理 ···· (99)
图 6-1　2005 年以来南京市经济总量增长趋势 ········ (112)
图 6-2　南京市交通运营车辆增长趋势 ················· (114)
图 6-3　南京市交通运营网总长度增长趋势 ············ (114)
图 6-4　南京市轨道交通运营网总长度增长趋势 ······ (115)
图 6-5　2005—2020 年南京市全社会固定资产投资、房地产
　　　　投资和住房投资规模增速 ························ (135)
图 6-6　2005—2020 年南京市房地产业与经济总量的动态
　　　　关系 ··· (139)
图 6-7　房地产业增长与 GDP 增长非同步性 ·········· (140)
图 6-8　2005—2020 年南京市住房供给增长趋势 ····· (141)
图 6-9　2005—2020 年南京市住房销售总量变化及趋势
　　　　预测 ··· (143)
图 6-10　2005—2020 年南京市商品住房供销关系变化趋势 ····· (143)

图 7-1　南京市 2015 年居民住房可支付能力指数分组说明 ……（151）
图 7-2　南京市 2019 年居民住房可支付能力指数分组说明 ……（154）
图 7-3　南京市 2005—2007 年居民住房可支付能力分组
　　　　说明 ……………………………………………………（161）
图 7-4　南京市 2008 年居民住房可支付能力分组说明 ………（162）
图 7-5　南京市 2009 年居民住房可支付能力分组说明 ………（163）
图 7-6　南京市 2010 年居民住房可支付能力分组说明 ………（164）
图 7-7　南京市 2011 年居民住房可支付能力分组说明 ………（165）
图 7-8　南京市 2012 年居民住房可支付能力分组说明 ………（166）
图 7-9　南京市 2013—2015 年居民住房可支付能力分组
　　　　说明 ……………………………………………………（167）
图 7-10　南京市 2016 年居民住房可支付能力说明 …………（169）
图 7-11　南京市 2017—2020 年居民住房可支付能力分组
　　　　说明 ……………………………………………………（170）
图 7-12　2005—2020 年南京居民 MHAI 变化总趋势 ………（173）
图 7-13　2005—2020 年南京低收入居民家庭可支付能力
　　　　变化趋势 ………………………………………………（174）
图 7-14　2005—2020 年南京中等偏下收入居民可支付能力
　　　　变化趋势 ………………………………………………（174）
图 7-15　2005—2020 年南京中等收入居民可支付能力变化
　　　　趋势 ……………………………………………………（175）
图 7-16　2005—2020 年南京中等偏上收入居民家庭可支付
　　　　能力变化趋势 …………………………………………（175）
图 7-17　2005—2020 年南京高收入居民家庭可支付能力
　　　　变化趋势 ………………………………………………（176）
图 8-1　南京不同层次"标准住房"需求结构变动趋势 ………（188）
图 8-2　2005—2020 年南京不同层次住房实际需求结构 ……（188）
图 8-3　南京 2005—2020 年经济适用房或小户型商品
　　　　住房的有效需求变化趋势 ……………………………（189）
图 8-4　南京 2005—2020 年普通商品住房的有效需求
　　　　变化趋势 ………………………………………………（189）

图目录　3

图8-5　南京2005—2020年大户型（高档）商品住房的
　　　　有效需求变化趋势 ·· (190)
图8-6　2010—2020年南京住房供给结构总体变化趋势 ········ (195)
图8-7　2010—2020年南京不同户型住房供给占比结构 ········ (196)
图8-8　南京2010—2020年经济适用房或小户型商品
　　　　住房的实际供给变化趋势 ······································ (197)
图8-9　南京2010—2020年普通商品住房的实际供给
　　　　变化趋势 ·· (197)
图8-10　南京2010—2020年高档商品住房的实际供给
　　　　　变化趋势 ·· (198)
图8-11　2020年南京市居民各类型住房的有效需求与
　　　　　实际供给对比 ·· (200)
图8-12　2011—2020年南京住房有效需求和实际供给
　　　　　增长率波动 ·· (206)
图8-13　2011—2020年小户型住房有效需求对比当年供给
　　　　　总量的偏离趋势 ·· (208)
图8-14　2011—2020年小户型住房有效需求增量对当年
　　　　　需求总量的贡献度及增减趋势 ······························ (209)
图8-15　2011—2020年小户型住房供给增量对当年供给
　　　　　总量的贡献度及增减趋势 ······································ (210)
图8-16　2011—2020年小户型住房增量需求的贡献度与
　　　　　供给增量的贡献度非同步性 ·································· (211)
图8-17　2011—2020年中户型住房有效需求对比当年供给
　　　　　总量趋势呈正相关 ·· (212)
图8-18　2011—2020年中户型住房有效需求增量对当年需求
　　　　　总量的贡献度及增减趋势 ······································ (213)
图8-19　2011—2020年中户型住房供给增量对当年供给总量的
　　　　　贡献度及增减趋势 ·· (213)
图8-20　2011—2020年中户型住房增量需求的贡献度与供给
　　　　　增量的贡献度呈同步性 ··· (214)

4 图目录

图 8-21　2011—2020 年大户型住房有效需求对比当年供给
　　　　　总量的偏离趋势 ………………………………………… (215)
图 8-22　2011—2020 年大户型住房有效需求增量对当年需求
　　　　　总量的贡献度及增减趋势 ……………………………… (216)
图 8-23　2011—2020 年大户型住房供给增量对当年供给总量的
　　　　　贡献度及增减趋势 ……………………………………… (217)
图 8-24　2011—2020 年大户型住房增量需求的贡献度与供给
　　　　　增量的贡献度非同步性 ………………………………… (217)
图 8-25　2020 年南京住房产品需求与供给关系对比 ………… (218)
图 9-1 　个体化综合可支付能力研究区范围界定 ……………… (230)
图 9-2 　南京市居民一日公交通勤时间（左）和一日私家车通勤
　　　　　时间（右） ………………………………………………… (243)
图 10-1　南京市居民一日公交通勤时间（左）和一日私家车通勤
　　　　　时间（右） ………………………………………………… (249)
图 10-2　南京居民公交出行月交通支出（左）和私家车月交通
　　　　　支出（右） ………………………………………………… (250)
图 10-3　南京市分区划各区居民的一日通勤时间空间分布 …… (251)
图 10-4　南京市分区划各区居民月交通成本空间分布 ………… (252)
图 10-5　南京市居民交通可支付能力空间分布图 ……………… (253)
图 10-6　南京市分行政区划居民交通可支付能力空间
　　　　　分布图 …………………………………………………… (254)
图 10-7　南京市新房价格空间分布及居民新房住房可支付
　　　　　能力的空间分布 ………………………………………… (257)
图 10-8　南京市二手房价格空间分布及居民二手房住房可
　　　　　支付能力的空间分布 …………………………………… (259)
图 10-9　南京市租房价格空间分布及居民租房住房可支付
　　　　　能力的空间分布 ………………………………………… (260)
图 10-10　南京市居民低收入家庭公交出行交通与住房可支付
　　　　　　能力空间分布 …………………………………………… (263)
图 10-11　南京市居民中等收入家庭公交出行交通与住房可支付
　　　　　　能力空间分布 …………………………………………… (265)

图 10-12	南京市居民中等收入家庭私家车出行交通与住房可支付能力空间分布	(266)
图 10-13	南京市居民高收入家庭公交出行交通与住房可支付能力空间分布	(268)
图 10-14	南京市居民高收入家庭私家车出行交通与住房可支付能力空间分布	(269)
图 11-1	2005—2010年南京最低收入和低收入居民家庭住房可支付能力处于不断上升中	(272)
图 11-2	2005—2020年南京低收入居民家庭住房可支付能力变动趋势	(273)
图 11-3	南京中等收入居民家庭收入和住房可支付能力指数变化趋势比较	(278)
图 12-1	2005—2021年全国期房和现房销售面积及占比变化趋势	(303)
图 13-1	2011—2020年我国房地产开发企业的生产规模和销售回款情况	(316)
图 13-2	面向共同富裕的包容性多层次住房保障体系	(332)

表 目 录

表 3-1	中国房地产税收制度体系	(44)
表 4-1	当代中国的阶层划分	(56)
表 4-2	住房梯度消费	(57)
表 5-1	分层"标准住房"及其划分依据	(84)
表 5-2	中国住房供给体系	(88)
表 5-3	住房与交通综合可支付能力计算的两种方法	(92)
表 5-4	不同方法数据来源	(94)
表 5-5	租房与交通综合可支付能力指数（R&TAI）分层	(98)
表 6-1	改革开放以来南京城市综合实力不断提升的趋势	(104)
表 6-2	南京市人口增长趋势和人口素质	(105)
表 6-3	2021年度百度地图发布的中国城市交通报告中位列前十的城市及通勤时耗	(107)
表 6-4	分层"标准住房"及划分的依据	(108)
表 6-5	基于历次城市总体规划的南京城市定位和空间形态特征发展变化	(118)
表 6-6	南京城市空间格局变迁	(123)
表 6-7	中国经营性用地有偿使用演进的过程	(127)
表 6-8	南京土地有偿使用与市场化水平变化	(132)
表 6-9	南京市住房制度改革历程	(132)
表 6-10	2005年以来南京市房地产及住房投资规模	(134)
表 6-11	2005年以来南京房地产业增加值	(137)
表 6-12	2005年以来南京商品房、住宅供需变化	(141)

表号	标题	页码
表7-1	南京城市居民家庭人均消费和可支配收入情况（2015年）	(146)
表7-2	计量模型估计（2015年）	(147)
表7-3	南京城市居民 ELES 模型估计值（2015年）	(148)
表7-4	不同收入层次的家庭户均住房最大消费支出计算（2015年）	(149)
表7-5	南京各层次居民住房可支付能力指数（2015年）	(149)
表7-6	南京城市居民基本消费支出（2019年）	(151)
表7-7	南京城市居民人均可支配收入情况（2019年）	(152)
表7-8	不同收入层次的家庭户均住房最大消费支出计算（2019年）	(152)
表7-9	南京各层次居民住房可支付能力指数（2019年）	(153)
表7-10	2013年前后两个阶段的收入组别划分具有一定连贯性	(156)
表7-11	2005—2020年南京各层次居民住房可支付能力指数	(156)
表7-12	南京2005—2020年居民分层（组别）住房可支付能力指数 MHAI	(171)
表7-13	南京2005—2020年间居民住房可支付能力阶段性特征	(172)
表8-1	南京城市居民家庭人均消费和可支配收入情况（2015年）	(178)
表8-2	计量模型估计（2015年）	(179)
表8-3	南京城市居民 ELES 模型估计值（2015年）	(179)
表8-4	不同收入层次家庭户均住房最大消费支出计算（2015年）	(180)
表8-5	不同收入层次居民标准住房（2015年）	(180)
表8-6	南京市针对不同收入阶层的"标准住房"实际需求量及需求结构（2015年）	(181)
表8-7	不同收入层次家庭户均住房最大消费支出计算（2020年）	(182)

表 8-8	不同收入层次居民标准住房（2020 年）	(183)
表 8-9	南京市针对不同收入阶层的"标准住房"需求量（2020 年）	(184)
表 8-10	2013 年前后两个阶段的收入组别划分具有一定连贯性	(186)
表 8-11	南京"标准住房"需求结构变动趋势（2005—2020 年）	(186)
表 8-12	住房供给的层次性	(191)
表 8-13	南京市住房供给数量及供给结构变化趋势（2007—2020 年）	(191)
表 8-14	南京住房供给结构变动趋势（2005—2020 年）	(194)
表 8-15	2020 年南京市针对不同收入阶层的"标准住房"有效需求结构	(198)
表 8-16	2020 年南京市住房供给数量及供给结构	(199)
表 8-17	2020 年南京市住房供给需求结构比较	(199)
表 8-18	住房需求和供给的均衡性（2012—2020 年）	(201)
表 8-19	南京居民 2012—2020 年住房总需求与总供给结构分析	(207)
表 8-20	南京居民 2012—2020 年小户型住房需求与供给结构分析	(208)
表 8-21	南京居民 2012—2020 年中户型住房需求与供给结构分析	(211)
表 8-22	南京居民 2012—2020 年大户型住房需求与供给结构分析	(214)
表 9-1	家庭原单位法的住房成本计算中各区统计的楼盘的数量	(220)
表 9-2	住房可支付能力 HAI 分类	(221)
表 9-3	南京不同收入层次的住房可支付能力（家庭原单位法的 HAI）	(221)
表 9-4	南京地铁线路运行速度及信息	(223)
表 9-5	不同等级路网中的行驶速度	(223)

表9-6	不同出行方式的时间价值系数表	(224)
表9-7	交通负担能力指数分类	(225)
表9-8	南京不同收入层次家庭的交通负担能力	(225)
表9-9	住房和交通综合负担能力分类	(226)
表9-10	南京居民交通和住房综合负担能力指数（H&TAI）	(227)
表9-11	调查区域内南京市居民家庭收入状况分析	(231)
表9-12	租房与交通综合可支付能力指数（R&TAI）分类	(241)
表9-13	南京市低收入及中等偏下收入家庭剩余收入（2019年）	(241)
表9-14	南京公共租赁住房交通综合负担能力指数（TAI）	(244)
表9-15	南京公共租赁住房租房和交通综合负担能力指数（R&TAI）	(245)
表10-1	南京市分区划居民家庭交通成本	(250)
表10-2	南京市分行政区划居民家庭交通可支付能力	(253)
表11-1	南京市居民家庭住房可得性分析	(274)
表11-2	2005—2020年南京住房有效需求结构	(281)
表11-3	南京居民住房和交通综合负担能力指数（H&TAI）	(284)
表11-4	南京居民由于通勤时间增加和交通工具的使用带来的气体排放总量	(289)
表12-1	中国共产党奋斗百年带领全体人民实现共同富裕的时代变迁	(297)
表12-2	2020年3月全国城市房价比较	(304)
表12-3	2015—2020年南京居民资金杠杆率增长趋势	(304)
表13-1	商品房预售制度的国际经验比较	(316)
表13-2	新加坡商品房预售制中分期支付预售资金的时间节点	(317)
表13-3	国内部分试点城市的共有产权住房制度及实践经验比较	(343)

附表1 南京市城市居民家庭人均消费和可支配收入情况
(2005年) ………………………………………… (364)
附表2 计量模型估计 ……………………………………… (365)
附表3 ELES模型估计 …………………………………… (365)
附表4 不同收入家庭户均住房最大消费支出计算 ……… (365)
附表5 不同收入层次居民标准住房 ……………………… (366)
附表6 南京市标准住房需求量计算(2005年) ………… (366)
附表7 南京市城市居民家庭人均消费和可支配收入情况
(2006年) ………………………………………… (367)
附表8 计量模型估计 ……………………………………… (368)
附表9 ELES模型估计 …………………………………… (368)
附表10 不同收入家庭户均住房最大消费支出计算 ……… (368)
附表11 不同收入层次居民标准住房 ……………………… (369)
附表12 南京市标准住房需求量计算(2006年) ………… (369)
附表13 南京市城市居民家庭人均消费和可支配收入情况
(2007年) ………………………………………… (370)
附表14 计量模型估计 ……………………………………… (371)
附表15 ELES模型估计 …………………………………… (371)
附表16 不同收入家庭户均住房最大消费支出计算 ……… (371)
附表17 不同收入层次居民标准住房 ……………………… (372)
附表18 南京市标准住房需求量计算(2007年) ………… (372)
附表19 南京市城市居民家庭人均消费和可支配收入情况
(2008年) ………………………………………… (373)
附表20 计量模型估计 ……………………………………… (374)
附表21 ELES模型估计 …………………………………… (374)
附表22 不同收入家庭户均住房最大消费支出计算 ……… (374)
附表23 不同收入层次居民标准住房 ……………………… (375)
附表24 南京市标准住房需求量计算(2008年) ………… (375)
附表25 南京市城市居民家庭人均消费和可支配收入情况
(2009年) ………………………………………… (376)
附表26 计量模型估计 ……………………………………… (377)

附表 27	ELES 模型估计	(377)
附表 28	不同收入家庭户均住房最大消费支出计算	(377)
附表 29	不同收入层次居民标准住房	(378)
附表 30	南京市标准住房需求量计算（2009 年）	(378)
附表 31	南京市城市居民家庭人均消费和可支配收入情况（2010 年）	(379)
附表 32	计量模型估计	(380)
附表 33	ELES 模型估计	(380)
附表 34	不同收入家庭户均住房最大消费支出计算	(380)
附表 35	不同收入层次居民标准住房	(381)
附表 36	南京市标准住房需求量计算（2010 年）	(381)
附表 37	南京市城市居民家庭人均消费和可支配收入情况（2011 年）	(382)
附表 38	计量模型估计	(383)
附表 39	ELES 模型估计	(383)
附表 40	不同收入家庭户均住房最大消费支出计算	(383)
附表 41	不同收入层次居民标准住房	(384)
附表 42	南京市标准住房需求量计算（2011 年）	(384)
附表 43	南京市城市居民家庭人均消费和可支配收入情况（2012 年）	(385)
附表 44	计量模型估计	(386)
附表 45	ELES 模型估计	(386)
附表 46	不同收入家庭户均住房最大消费支出计算	(387)
附表 47	不同收入层次居民标准住房	(387)
附表 48	南京市标准住房需求量计算（2012 年）	(388)
附表 49	南京市城市居民家庭人均消费和可支配收入情况（2013 年）	(388)
附表 50	计量模型估计	(389)
附表 51	ELES 模型估计	(389)
附表 52	不同收入家庭户均住房最大消费支出计算	(390)
附表 53	不同收入层次居民标准住房	(390)

附表54	南京市标准住房需求量计算（2013年）	（390）
附表55	南京市城市居民家庭人均消费和可支配收入情况（2014年）	（391）
附表56	计量模型估计	（392）
附表57	ELES模型估计	（392）
附表58	不同收入家庭户均住房最大消费支出计算	（392）
附表59	不同收入层次居民标准住房	（393）
附表60	南京市标准住房需求量计算（2014年）	（393）
附表61	南京市城市居民家庭人均消费和可支配收入情况（2015年）	（394）
附表62	计量模型估计	（394）
附表63	ELES模型估计	（395）
附表64	不同收入家庭户均住房最大消费支出计算	（395）
附表65	不同收入层次居民标准住房	（396）
附表66	南京市标准住房需求量计算（2015年）	（396）
附表67	不同收入层次家庭户均住房最大消费支出计算（2016年）	（397）
附表68	不同收入层次居民标准住房（2016年）	（397）
附表69	南京市针对不同收入阶层的"标准住房"需求量（2016年）	（398）
附表70	不同收入层次家庭户均住房最大消费支出计算（2017年）	（399）
附表71	不同收入层次居民标准住房（2017年）	（399）
附表72	南京市针对不同收入阶层的"标准住房"需求量（2017年）	（399）
附表73	不同收入层次家庭户均住房最大消费支出计算（2018年）	（400）
附表74	不同收入层次居民标准住房（2018年）	（401）
附表75	南京市针对不同收入阶层的"标准住房"需求量（2018年）	（401）

附表 76　不同收入层次家庭户均住房最大消费支出计算
　　　　（2019 年） ………………………………………………（402）
附表 77　不同收入层次居民标准住房（2019 年） ………………（402）
附表 78　南京市针对不同收入阶层的"标准住房"需求量
　　　　（2019 年） ………………………………………………（403）
附表 79　不同收入层次家庭户均住房最大消费支出计算
　　　　（2020 年） ………………………………………………（403）
附表 80　不同收入层次居民标准住房（2020 年） ………………（404）
附表 81　南京市针对不同收入阶层的"标准住房"需求量
　　　　（2020 年） ………………………………………………（404）

前　言

　　中国的住房制度改革从 1998 年开始，时至今日已历经 25 年的时间，在此期间，我国城镇居民住房条件得到明显改善，住房结构上供不应求的现状和矛盾已经得到明显改变。但是，当代中国正处于经济社会发展的转型时期和城市化快速发展时期，在这样的发展阶段，人口和经济活动不断向城市集中，城市人口不断增加，中国的很多城市正面临着世界历史上最大规模的城乡人口迁移，大城市的土地资源和居住空间越来越成为稀缺资源，人口自然增长和人才流动所带来城市发展压力越来越严重，城市规模扩张、城市更新改造以及土地资源承载力相对不足正在给城市发展带来大量问题，住房发展不平衡不充分与居民的住房需求之间的矛盾以另一种方式继续存在，这一矛盾已经在社会公正、经济结构平衡、社会阶层的变化以及新型城镇化发展方式等多方面产生了越来越明显的影响，甚至是出现一些权益分配的"失序"，甚至"无序"的非正义现象。因而，新的发展阶段，不论从理论层面还是从实践层面，如何更好地实现居民的住房权利，通过更优的制度安排，实现居住领域相对的正义是一个非常值得关注的问题。

　　居住正义是一个跨学科研究的论题。正义是对社会利益的分配，是哲学家、政治家所关注的核心问题。如果把居住以及实现居住的住房看作是一种社会权益，居住正义便是对社会成员居住权利保证的一种考问。目前关于居住和住房的正义是一个很政治化的概念，理论界更多的是以政治化、理想化甚至是道义化的语言去描述居住正义，研究方法多为定性研究。而住房问题也是城市经济学的主要研究问题之一，有时候社会学家也会论及住房对于社会阶层变化的影响，本书利用城市经济学的研究方法来阐释和描述政治色彩十分浓厚的正义的概念，寻找一个合适的跨学科研究的角度和方法，用城市经济学的方法和指标来论证和阐释居住正义的哲学内涵、社会学意义以及经济学价值。而在这一点上正是目前学界的一个薄弱环节，本书正是尝试在这一方面实现突破。以新时代城市居住正义问题为研究对象，设置跨学科综合研究框架体系，把研究置于一个哲学、政治学、经济学、社会学研究等综合性的学科平台上，构建中国居住正义的理论体系；在多学科融合的广阔视野中，综合运用城市经济学、地理学、社会学多学科研究方法，量化不同收入层次家庭的住房可得性以及居住权利的实现程度，通过实证研究获得关于新时代居住正义的基本判断，在此基础上，寻找新形势下居民居住的新需求和实现路径。

正是因为这样一种融合的视角和方法，使得这本书的整个研究相对于已有的研究，具有了独到的学术价值和应用价值。

首先从理论层面上：丰富分配正义和居住正义的相关理论。分配正义是整个社会正义的根本内涵、实质所在和最高层次，从分配正义的理论高度寻找居住正义的思想渊源和核心内涵，进一步拓展和丰富新时代中国特色的社会公平正义理论。"居住正义"最基本的内涵可以阐释为"给每一个社会成员居住的权利保证"，住房是人生存的必要条件，也是人的基本权利。基于社会主义市场经济下的分配正义原则，目前中国城市的住房正义是分层消费的正义，是承认个体差距的正义，但是差距应该保持在"合理"的范围内。当代中国的正义追求和分配公正原则应以承认利益占有上的不平等和合理差距为前提，但又以相对社会平等为归依。综合正义、分配正义的经典理论以及社会学的分层理论、城市经济学的分层消费理论，提出目前中国城市的居住正义是"给每一个社会成员居住的权利保证"，中国城市的住房正义是分层消费的正义，是承认个体差距的正义，应遵循分层消费和合理差距原则。

其次从学术价值上：构建居住正义跨学科的研究体系。并不止于从理论层面给予居住正义以一定的内涵阐释，本书突破正义、分配正义、居住正义的政治学定性研究方法的界限，构建经济学研究框架体系，尝试将代表权力的政治学问题放到融合经济、地理、社会多维度体系中去进行定量的考察研究，尽量扩展文献资料的搜集范围，把研究置于一个哲学、政治学、经济学、社会学研究等综合性的学科平台上，充分吸收摄取相关学科研究理论的优长，在此基础上，整合现实问题研究和基础理论研究，实现研究体系上的整体性突破和创新，多元视角审视和衡量现代城市发展中的居住实现问题，得到关于中国城市居住正义的基本判断。基于"分层"和"合理差距"进行实证研究社会成员居住权利的实现程度，把这一分层和合理差距思想贯穿于整个研究中，修正和建构新的评价模型，从三个方面来探讨城市居民是否具有住房权利保证：通过测算不同收入阶层居民的住房支付能力，以衡量不同收入层次的居民对于分层次住房的可得性；通过考察住房市场需求和供给的均衡关系，考察住房市场和当地政府是否能根据居民住房支付能力和住房实际需求提供相应的住房供给，从而保证居民的住房基本权利的实现；引入由于居住区位所引致的交通成本，并把交通成本纳入居民住房综合负担的计算中去，通过对城市中心城区的住房与交通综合负担的研究，更加真实、准确地反映城市居民实际的经济压力、住房可承受能力和居住权利的实现程度，量化不同收入层次家庭的住房权利的实现程度。本书将代表民主、权力的政治学问题放到融合经济、地理、社会多维度体系中去考察研究，首先从政治学的经典理论寻找居住正义的本源和基本原则，旨在从整体上理解和诠释居住正义，深度挖掘新时代居住正义的核心要义。从这样的居住正义核心要义及其原则出发，建构居住正义跨学科实证研究的框架体系，拓展居住正义的研究方法，采用经济学、地理学、社会学等多学科的研究方法，从供给和需求两个层面的指标来具体考量典型城市的居民居住基本权利的实现程度和成本，从而衡量和探讨中国城市居民居住正义。

最后从研究的应用价值上：基于实证研究为新时代住房制度创新提供新思路。当前，公平正义理论正在成为衡量决策行为及过程的核心价值观，也为政策制定和实施提供了新的评估视角。新时代居住正义的核心要求和价值导向是以人为本。本书选择典型案例城市进行实证研究，在对居住正义定量研究的基础上得出目前中国城市居住正义问题的相关结论，为政府调控住房市场提供更有针对性的政策建议，让住房回归居住本质属性，让全体人民住有所居，实现居住的基本权利。因而本研究可以为城市住房制度创新提供新思路，具有一定的现实意义和应用价值。

第一篇 居住正义的理论建构

对于居住正义进行理论阐释首先需要找寻理论基础，居住正义是建立在正义的理论基础上的，如果把居住看作人的一项基本权利，居住正义就是给每一位社会成员以"住有所居"的权利保证。同时，正义是对社会利益的分配，当代中国的正义追求和分配正义原则应建立在中国具体实践之上，以承认利益占有上的不平等和合理差距为前提，但又以相对社会平等为归依。居住正义的核心是实现分层的"住有所居"，社会成员可以根据不同的资源占有条件，通过市场机制或者是通过政府住房保障机制选择不同类型的住房，以不同的方式实现居住的基本权利。

第一章

正义与分配正义

公平和正义，一直是人类社会向往和追求的一种美好理想和愿望，理想的实现从来就不是一蹴而就的，总是在分阶段不断向着目标趋近。对正义的诉求依赖于不同的社会情境，受时代及具有时代特征的实践所限，不同时代、不同社会阶层对于正义的理解多种多样。进入现代社会，公平和正义更成为衡量一个社会文明程度的标志，是社会制度的核心价值。正义作为某种抽象的合理性，它最深层的现实根据是利益分配关系。分配正义是把获得利益的现实主义同正义追求的理想主义协调、综合起来进行价值选择的一个实践过程。

第一节 正义的永恒期盼

早在古希腊亚里士多德时代，"正义"（Justice）就已经被当时的哲学家们所关注。古希腊的哲学家们所涉及的正义范围主要是人的行为。到了19世纪，更多的哲学家、政治学家、伦理学家研究正义问题，占主导地位的是以洛克、卢梭、康德为代表的契约论的功利主义观点，持功利主义观点的学者们认为评判一个社会是否公平正义的根本标准应该是这个社会最大多数社会成员的最大幸福。功利主义者的这一观点是正确的，但是却很容易被认为是可以为了社会最大多数社会成员的最大幸福或多数人的利益而可以不顾，甚至是侵犯个人的正当权利。随着人类社会的不断发展，到了近现代时期，"正义"概念被以美国当代哲学家罗尔斯（J. Rawls）等为代表的学者们看作社会制度的首要价值。"正义是社会制度的首要价值，正像真理是思想体系的首要价值一样。"①

一 西方正义观的发展

几乎从人猿揖别开始，人类就渐渐有了"正义"的观念。但是，随着时代的发展，正义的观念发生了很多变化。就算是同一个时代背景下，处于不同社会阶层的人出发点不同，对于正义的理解也是多种多样。原始社会阶段的生产力不发达，人与人之间的关系既简单又朴实，近乎本能地感悟并遵循着原始氏族维系自身共同体存在的原则，正是适应这样的要求，产生了最初的正义观，即极端平均主义、勇敢互助、血族复仇等，这些都是原始人对正义形成的朴实朦胧的直感意识。随着物质资料生产能力的提升、私有的观念产生，人类社会分裂为不同利益集团进而形成不同的阶级，原始社会的平均关系逐步向阶级社会的等级关系转化，极端平均主义、绝对平均的公正意识也随之转化为等级意识。无论是中国源于奴隶社会盛于封建社会的恪守等级观念，还是西方古代所谓的古典民主主义代表柏拉图的"理念观"，无一不是这一正义观念的范本。中世纪开始，产生于市民阶层的商人和资产者，逐步发展成为城市资产阶级。随着自由资本主义的兴起，近代资产阶级逐步登上政治舞台成为社会主导力量。他们极力反对长期以来的封建等级制度和观念，强调社会正义观念的人性基础，积极倡导"自由、平等、博爱"。基于此形成关于"正义"的概念，那就是：一切都应有益于人性发展。有益于每个人的生命力欲望发展的，就是正义的，否则便是不正义。这就成为近代正义的一面旗帜和价值标准。

从20世纪初开始，正义的内容和理论体系发生了变化，对正义观念的理解开始超出道德与伦理的狭窄界线，主要内容转向政治、法、经济及社会体制的规范，这使得对正义问题的探讨开始转化为对社会策略的追求。罗尔斯在《正义论》中概括和总结了以洛克、卢梭、康德为代表的哲学家在契约理论中所阐释的关于正义的功利主义观点，把历史上出现过的关于正义的观念分为五类十四种，简单列举如下：

第一，自私的观念：（罗尔斯称为"利己主义的观念"）正义或是，

---

① ［美］约翰·罗尔斯：《正义论》，谢延光译，上海译文出版社1991年版，第3页。

(1)"第一人称的专制",自我独裁:"所有人都应服务于我的利益";或是,(2)自由特权:"自由骑手或逃票客式的,所有人都应行为正当,唯有我可以我行我素";或是(3)以自我为中心:"允许所有人如其所愿地推进他的利益",意即每个人都可以按照自己的意愿来追求其利益。

第二,古典目的论的观念:正义或是,(1)遵循古典的功利主义原则:正义即是增加全社会的功利总额的行为;或是,(2)遵循平均功利的原则:正义即是增加社会成员享有功利的平均额的行为;或是,(3)遵循"至善"的原则:正义即是完美实现人的潜在能力的过程。

第三,直觉主义的观念:正义或是,(1)以平均分配原则来增加社会功利总额;或是,(2)以补偿弱者的原则来增加功利的平均值;或是,(3)权衡一组言之成理的适当原则。

第四,混合的观念:正义或是,(1)遵循平均功利的原则:与第二(2)同;或是,(2)除遵循平均的原则以外,还必须做到:A. 规定每人享有的社会利益的最低份额,B. 分配份额差距不能悬殊;或是,(3)除满足上一条所列各项条件之外,还要保证每个人都有平等的机会。

第五,公平的观念:正义即公平。正义是,(1)遵循"最大平等自由的原则";正义还是,(2)除遵循(1)外,还应做到:A. 保证每个人都有平等的机会;B. 遵循"差别原则"。

罗尔斯将上述各类观念按照其所具有的合理性的等级顺序排列,第一类自私的观念最不合理,最后一类即公平的观念是罗尔斯认为最为合理的观念,体现这一观念的正义原则也正是他所要论证的。

可见,正义是一个最为崇高但又是最为"混乱"的概念之一,它最初是作为一种普遍的道德价值被提出和被追求的,正如亚里士多德所云:"正义是一种尚未分化的整体的德性"。后来,随着社会分化为各个不同的领域,正义也就获得了各种不同的表征,对正义的呼唤也就出自各种不同的维度。进入现代社会,公平和正义更成为衡量一个社会文明程度的标志。不同时代、不同社会阶层对于正义的理解多种多样。如何界说正义,这是任何一种正义观的基本前提问题。

二 马克思主义的正义观

在充分肯定资本主义的"平等""正义"观在以往革命中的作用的同时,马克思主义独树一帜,从实践的角度以不同于以往任何时代的思维和理念,提出了新的社会正义理论,为我们解答"什么是正义"提供了合理的根据和方法。事实上,在对资本主义社会的批判以及对共产主义社会的构想之中,都渗透着他们对社会正义的看法,正义观念构成了马克思主义批判旧社会关系、想象新社会关系的道德基础。

第一,马克思、恩格斯从分析和批判资本主义不正义的社会制度出发,他们认为在建立于人剥削人基础之上的社会关系中人是一种屈辱的、被奴役的和被轻视的存在物,这造成了大多数的商品生产者并不掌握生产手段和他们的劳动成果,这样的社会关系是不公正的。马克思将社会主义的本质概括为消灭阶级、消灭人剥削人的社会制度,而只有在消灭了人剥削人的社会关系中,个人靠自己的劳动生活并有权享用和支配自己的劳动成果,这样的社会关系才是正义的。

第二,正义是个体性与社会性的统一,正义是社会制度的核心价值。正义首先是个体对自身生存状况和生存环境的判断和要求,正义问题的提出也是出于社会个体对于自身所处状况的不满而引起的,正义多少带有个体性的倾向。同时,社会个体正义诉求需要通过实践完成,正义探索不同发展阶段、不同社会制度下基本资源的生产、分配、分享等问题,一直是人类追求的价值目标,它真实地存在于人与人之间的利益关系以及基于此的各种社会实践活动之中。个人与社会是相互依存的关系,对正义的诉求实现依赖于社会情境,并需要通过一定制度安排得以彰显。

第三,正义是历史的、具体的。正义是人类的理想,理想的实现从来就不是一蹴而就的,总是在分阶段不断向着目标趋近。正义不是抽象的、永恒的,而是具体的、历史的,每一个阶段都有着阶段性的社会现实特征和主要矛盾,正是由于"正义是具体的",决定了"正义是历史的"。因此,我们不能脱离一定的社会历史条件,特别是社会经济条件抽象地谈论正义。马克思指出:"在历史上出现的一切社会关系和国家关系,一切宗教制度和法律制度,一切理论观点,只有理解了每一个与之相应的时代的物质生活条件，并且从这些物质条件中被引申出来的时候，才能理解。"①

第四，正义或者是平等需要以同一尺度——劳动来计量。马克思指出：在未来的社会主义社会，在社会成员"共同占有生产资料"的条件下，"生产者的权利是和他们提供的劳动成比例的，平等就在于以同一尺度——劳动来计量"②。列宁在领导苏联十月革命和社会主义建设中，将马克思的社会主义分配正义思想变得更为具体。他认为社会主义的经济制度应该是全体公民都成了一个全民的、国家的"辛迪加"的职员和工人，总是要他们在正确遵守工作标准的条件下同等的工作，并同等地领取报酬——整个社会将成为一个管理处，成为一个劳动平等、报酬平等的工厂。

由于时代的局限，他们只能预测未来社会的某些特征，而不可能提出和制订实现未来社会分配正义和社会发展的具体方案，更不可能预测今天的中国。但是，马克思主义经典作家对社会分配正义基础的科学说明构成了我们今天思考社会主义分配正义问题的出发点，并且在我国社会主义条件下得以创造性地发展。

第二节　正义的现实要求与分配标准

正义是人类社会实践的必然产物，它真实地存在于人与人之间的利益关系以及基于此的各种社会关系之中，人类的正义追求，注定和人的利益分配关系的发展和完善相关。从这样一个客观前提出发，我们就会发现正义的本质内容是社会关系对生产力状态的适应性，是各种社会关系达到一种理想的合理状态。那么应该怎样衡量我们所生活的这个纷繁的现实世界是否正义呢？也就是正义的标准是什么呢？这就是分配正义问题。

---

① ［德］恩格斯：《卡尔·马克思〈政治经济学批判〉》，《马克思恩格斯全集》第13卷，中共中央马克思恩格斯列宁斯大林著作编译局译，人民出版社2002年版，第8页。

② 《马克思恩格斯全集》第3卷，人民出版社2002年版，第304页。

一 正义的理想与分配的现实

对于"正义的标准"这个问题，自古以来就一直有着一条普遍被接受的标准和公理：分配给每一个人他所"应得"的东西。然而，正是这个看似十分简单的标准产生出另一个问题：应该如何理解"应得"二字？一个社会应该依据什么标准去判断分配给某个人的是不是他应该得的，是否合理呢？这就是分配正义问题。分配正义问题是关于一个社会是否正义的标准问题，是整个社会正义的根本内涵，它涵盖了社会关系的每一个领域，是正义理论的核心问题、实质所在和最高层次，是最复杂、分歧最多也是最有现实意义的问题。它体现着不同社会制度下各种"善"，即权利和义务分配的合理性和平等性，是评判一种社会制度和规则是否合理及合理程度的主要依据，是社会关系合理性的实际体现和最终归宿。

正义作为某种抽象的合理性，它最深层的现实根据就是利益分配关系，也就是"分配给每一个人他所应得的利益"即"分配的正义"。如果说正义是人类永远的理想追求，那么，"分配的正义"或"分配的公正"就是充满理想精神的现实要求和任务，把获得利益的现实主义同正义追求的理想主义协调、综合起来的价值选择，应是最合理的抉择。

二 分配的两个基本方面

然而，令人遗憾的是，"分配"一词太富有经济色彩。一旦提及"分配"，人们总是想到经济利益，这势必把分配正义局限在经济利益分配合理性的狭隘范畴之内，这就使分配正义成为经济正义的代名词。其实，"分配"的含义十分宽泛，罗尔斯认为正义指社会利益的公平分配，但是他接着又指出，基本利益是每个具有理性的人都想要得到的东西，这些东西是权利和自由，权力和机会，收入和财富。罗尔斯把社会成员所承担的责任、义务和享有的权利、利益统称为"Primary goods"，你可以称它为"基本利益"，也可以叫作"基本善"。

人们合作实践创造的并非只是"物"，因而社会所分配的也就不仅是物质财富，而且还有基于"物"之上的包括社会地位、表现自我的机会以及承担某种责任和义务、参与合作的权利等在内的精神财富。

"分配"是一个复杂的社会实践活动过程，谋求分配的正义就是一项综合的复杂的社会价值工程，它至少应该包括两个基本方面：一是社会基本权利和义务的公平分配，二是社会基本价值效率创造与价值分配（利益分享）的有效合理。在罗尔斯看来，"作为公平的正义"首先要求任何一个社会都应该在发展的基础上进行基本政治结构和政治制度的设计，基本政治结构和政治制度的设计应该是向所有社会成员开放全部的权益和义务；其次是要对全体社会成员平等地分配能与他们的付出相对等的利益。这里就包含了罗尔斯的两个正义原则，即合理差别原则和向所有人开放的"博爱"原则。

三 分配机制的三个层次

为了更便于理解"分配"的含义，我们还有必要从机制的角度来分析"分配"，可以划分为三个层次。

分配首先会发生于微观层次上，面向全体社会成员，根据社会成员占有生产要素的多少以及各类生产要素对国民收入贡献的大小进行的分配。可见，这是最直接的分配，在这里，我们不妨借用"初次分配"的概念。人类社会的发展以及正义观念的演进告诉我们，任何形式的正义都是物质利益的分配正义。分配及分配正义必须有物质保证，而无效或低效不仅不能保证再生产的正常进行，同时还有可能因物资的匮乏引起分配的不公和无序。正因为此，各类社会个体首先会追求自身利益的最大化，各类社会组织实体作为社会生产的基本单位，第一位的任务也是考虑如何充分利用生产资料、提高生产效率、扩大再生产，其次才是谋求分配的正义，唯其如此才能促进社会进步、物质丰富、社会正义。因而，在这一层次上，市场机制是主导因素，一切生产要素都将被"平等"地放到市场规则中去加以生产并被置换为一定量的经济效益，然后进行市场交换。初次分配中，经济利益将是人们追求的最大利益，功利主义被人们自觉不自觉地奉为正统（也正因为这一点，社会个体总是只把分配与经济利益相连，这对于正义的基础是无可厚非的）。这种分配正义至多只是一定社会范围内的有限正义。

可是，如果只关注这一初级层次，市场及市场规则被无限放大，其所固有的缺憾将凸显，必将使人类与正义的理想以及分配正义背道而驰,走入事实上不平等的死胡同中去。显然,要追求分配的正义绝不能仅限于初级层面,在物质生产过程中,如何将分配从个体领域推向社会领域,还必须求助于更高层次的社会制度安排,只有通过国家所进行的再分配安排,才有可能将分配的正义推向更能彰显正义规则的社会领域。更高层次社会制度安排的主体一定是政府和国家。原始社会的氏族解体后,取而代之的管理机构组成为国家,国家通过组建各种国家机器,运用制度、规则、法律等刚性强制手段,从宏观层面上行使保证社会公平分配的职能。可见,这一层面的分配由政府调控机制起主导作用,如果没有哪怕是最坏的政府介入分配,也谈不上最小限度的社会正义。无论什么性质的国家都会将社会正义作为首选价值目标,不同的是每一国家的管理方式、原则以及管理力度和正义程度的差异。

分配并不止于上述两个层次,贯穿于市场机制下的分配(初次分配)和政府宏观管理下的分配(再分配)过程之中,还有最高层次的分配,其作用不可低估,我们暂且称为社会互助层面的分配。这是一种社会性分配,是社会互助对于政府调控的补充。它包括广大社会成员(很多学者认为是更多的较高收入者,事实上并非如此)根据一定的道德、文化、习惯通过建立和主动参与慈善事业、社会救助、民间捐赠等机制自觉让渡自身的部分利益,也包括在一定的道德观念下让渡以不道德的手段占有的并不属于自己的社会利益。这种分配所依据的既非功利至上的市场规则和经济原则,亦非强制性的政府规则和政治原则,而主要是依据形形色色的个人德性和正义观念,这对社会个体的修养和素质(社会秩序、规范、制度的内化)的要求很高,这也正是把它放在最高层次的原因所在,它实际上也参与了社会利益的分割、转让、占有和重组。

总之,分配的两个方面和三个层次赋予了"分配"极为丰富的内涵,分配正义并非只是一个经济问题,它如同正义一样,还是一个复杂的政治问题和社会问题。

第二章

新时代中国社会实践基础及其具体的分配正义原则

分配正义的理想和价值追求是具体的和历史的，根植于社会实践并体现着不同历史阶段、不同社会制度下权利和义务分配的差异性，是社会关系合理性的实际体现和最终归宿。新时代中国特色社会主义制度下分配正义的内核是以人的全面发展和充分解放生产力为前提，承认市场经济条件下的不平等与合理差距，同时又以社会主义制度制衡下的相对平等为归依，把社会主义制度和市场经济有机结合起来，在尊重社会个体的差异和保证人的发展的基本权利的基础上，促进社会共同利益的增进并实现全体社会成员共享发展成果。当代中国的"居住正义"应体现出社会主义分配正义原则的三层内涵，即市场经济条件下的合理差距、社会主义制度下的二次分配的相对平等、强调"以人为本"的人道主义。

第一节 中国社会实践对分配正义的要求

新时代中国的正义追求和分配制度的构建应该根植于中国社会实践基础和现实主要矛盾之上。中国当前正深入进行着一场伟大的改革实践，它必然带来而且实际上已经带来了社会秩序的调整。在社会主义初级阶段，如何建立一种社会治理体系，既能保证社会资源的高效配置和利用，又能确保社会权利与利益之公平合理安排，实现社会主义分配正义的理想呢？

一 分配正义是具体的和历史的

"分配正义是具体的"主要表现在社会主义分配正义理想实现的过程是基于物质不断丰富、发展不断均衡基础上的分配结果的逐步平等，不仅是一个不断趋近正义理想目标的过程，同时更是一个物质不断丰富和发展不断均衡的过程，不仅强调分配的公正，更强调物质的不断丰富、发展更加充分和均衡。每一个阶段都有着阶段性的社会现实特征和主要矛盾，正是由于"分配正义是具体的"，决定了"分配正义是历史的"，分配正义是由一定的社会历史条件，特别是社会经济条件决定的。因此，我们不能脱离一定的社会历史条件，特别是社会经济条件抽象地谈论分配正义。当代中国的正义追求和分配制度的构建应该根植于中国社会现实的基础之上，我们应该从分析中国现阶段的实践发展状况着手，因为当代中国处于社会发展的转折时期，有属于她自己的问题和忧虑，更有属于她自己的理想与追求。

一般来讲，正义观念及分配正义原则都应该是通过明确的社会制度或者是社会结构体系体现出来，在公平正义理论体系里，社会是追求利益互惠的合作和社会实践，其基本制度的作用是规定内部成员合作和社会实践的规则体系，它引导社会成员参加社会实践合力产生较大利益，并设计每一个社会个体在此过程中应该享有多少利益的相关原则。因而，社会实践的状况是一个社会选择正义原则的现实依据，决定着在一个社会中正义观念的发展以及基于正义观念的制度设计。

弘扬社会公平和正义是构建社会主义和谐社会的重要组成部分，也是中国共产党一贯坚持的治国理念、政治主张、价值追求和重要历史任务。改革开放以来，中国一直在进行着一场深刻的社会变革，致力于发展社会主义市场经济，走一条中国特色的社会主义道路。今天，改革进入攻坚阶段，社会矛盾发生了重大变化，这便是我们确定正义观念和分配原则的现实依据。在这样一种现实背景之下，究竟应该怎样实现分配，既能符合市场经济规律，得其所"应得"，激发全体社会成员的积极性，又能体现社会主义的本质要求和先进性，保障全体社会成员参与社会活动的基本权利，同时又能在发展并不充分的前提下满足社会成员不断提高的对美好生活的诉求。

二 中国新时代的现实问题和具体的理想追求

当代中国，社会生产力有了很大发展，但依然处于社会主义初级阶段，中国的现实基础有三点特征：中国特色社会主义、市场经济和发展不充分。经济社会发展不平衡、不充分是最大的现实问题，"前进道路上，我们必须围绕解决好人民日益增长的美好生活需要和不平衡不充分的发展之间的矛盾这个社会主要矛盾"①。在这样的现实条件下，社会分配正义的具体内容必须体现当代中国的新特色，我们对正义理想的追求便要根植于"不平衡、不充分"这个历史现实的基础之上。

处于这一历史阶段的中国，首先就需要通过更高质量、更高效率的发展来解决"不充分"的问题，需要通过深化和完善市场经济规则来充分释放发展潜力，"没有经济发展，分配就是无源之水、无本之木"②，"福利水平提高必须建立在经济和财力可持续增长基础上"③。处于这一历史阶段的中国，还需要通过不断创新和更加优化的社会制度安排来解决"不平衡"的问题，使"各方面制度更加成熟更加定型"④。中国是社会主义国家，作为对资本主义的历史超越，一直在追求比以往任何时代更高程度的分配正义，这主要包括由公有制决定的起点平等，按劳分配所体现的分配过程公平，以及实现共同富裕的分配结果的相对平等。这便是具有最悠久生命力的人类理想：强调人人平等，不仅是形式上权利平等，而且在事实上分配的结果也应该同等。

市场经济强调竞争规则和机遇平等，它可能在事实上制造不平等并把责任推向社会，随着现代大生产和市场经济的深入发展，市场经济所造成的不平等现象可能会发展，将在竞争起点和竞争结果两个方向扩大

---

① 习近平：《改革开放四十年积累的宝贵经验》，《习近平著作选读》第 2 卷，人民出版社 2023 年版，第 227 页。

② 习近平：《在中央财经领导小组第十三次会议上的讲话》，《习近平关于社会主义社会建设论述摘编》，中央文献出版社 2017 年版，第 41 页。

③ 习近平：《在中央经济工作会议上的讲话（2015 年 12 月 18 日）》，《习近平关于社会主义社会建设论述摘编》，中央文献出版社 2017 年版，第 38 页。

④ 《中共中央关于坚持和完善中国特色社会主义制度 推进国家治理体系和治理能力现代化若干重大问题的决定》，人民出版社 2019 年版，第 3 页。

这种不平等，这不仅会制约生产力的发展，而且最终将葬送人类追求的理想——分配正义。而社会主义强调共同富裕，使社会资源占有上趋向于相对平等。在新时代的中国，随着生产力的不断发展和社会财富的日益丰富，这两者之间的矛盾会更加凸显，如何在新的历史条件下实现两者统一，这是我们对分配正义理想的现实追问。偏离社会主义制度去寻求正义原则，无疑是南辕北辙，悖逆人类理想追求；而脱离市场经济（物质的生产与富裕）谈论分配正义必然流于空洞说教，毫无现实意义。

因而我们的理想就在于新的历史条件下实现对二者的统一，在分配正义这个灯塔的护航下，以社会主义事实平等制衡市场经济规则所带来的两极分化，不仅实现富裕（增长），满足人民对美好生活的需要，而且要努力实现更高质量、更有效率、更加公平、更可持续的发展，共建共享社会发展的成果，最终达到共同的富裕（人的全面发展），这便是我们现实性的理想与追求。

第二节　新时代中国分配正义的核心要义

正义、分配正义是马克思主义批判旧社会关系想象新社会关系的道德基础，但是可能是由于时代的局限，马克思、恩格斯在当时特定条件下，也可能是出于对滥用此类字眼之消极面的顾虑，而不愿从正面来系统地阐述之。他们预测了未来社会的某些特征，而没有提出和制定实现未来社会分配正义和社会发展的具体方案。习近平新时代中国特色社会主义思想从中国社会实践的实际出发，重新审视关于社会主义的许多既有的观念和做法，独特地发展了分配正义理论，极具中国时代精神，我们可以从中探寻社会主义分配正义具体的实践原则和核心要义。

一　大力发展生产力全面建设社会主义现代化国家是新时代中国分配正义的基石

马克思、恩格斯所设想的人类社会发展的理想状态和最终归宿是共产主义社会，这种社会的首要特征是经济高度发达，社会财富极大丰富。因而可以说包括社会分配正义在内的一切终极社会价值目标的实现,都必须依赖于生产力的充分发展。

社会主义作为一种优于资本主义的新的社会制度,首要任务必须是解放和发展生产力。社会生活的全面进步,人类社会的持续发展归根结底取决于社会生产力的发展。在现代社会,人的生存、发展权利的实现是以经济的发展为基础和前提的,大力发展生产力是习近平新时代中国特色社会主义思想的重要核心内容,"生产力是推动社会进步的最活跃、最革命的要素"①,"解放和发展社会生产力是社会主义的本质要求,是中国共产党人接力探索、着力解决的重大问题。"② 社会发展新现时代所面临的最根本的问题,而效率作为投入与产出的比率则近乎天然地与发展联系在一起。抛开效率而言社会发展、人的发展以及分配正义是没有任何意义的。"我们要勇于全面深化改革,自觉通过调整生产关系激发社会生产力发展活力。"③ "解放思想,解放和增强社会活力,是为了更好解放和发展社会生产力。让一切创造社会财富的源泉充分涌流,社会发展需要充满活力。"④ 可见,生产力作为社会发展和人的权利实现的基础,决定了高效率本身就是一种正义,很难想象,低效的、没有活力的社会用什么去实现起码的公平正义的分配。

中华人民共和国成立以来特别是改革开放以来,我国社会生产力水平发生了巨大变化。在新的历史起点上,大力发展生产力的阶段性特征和任务就是要全面建设社会主义现代化国家,习近平新时代中国特色社会主义思想对全面建设社会主义现代化国家进行了全面部署,提出了更具明确政策导向、更加针对发展难题、更好顺应人民意愿的新要求。在新的历史条件下,要全面建设社会主义现代化国家、加快推进中华民族

---

① 习近平:《在纪念马克思诞辰 200 周年大会上的讲话》,人民出版社 2018 年版,第 18 页。

② 习近平:《在纪念马克思诞辰 200 周年大会上的讲话》,人民出版社 2018 年版,第 18 页。

③ 习近平:《在纪念马克思诞辰 200 周年大会上的讲话》,人民出版社 2018 年版,第 18 页。

④ 习近平:《切实把思想统一到党的十八届三中全会精神上来》,《十八大以来重要文献选编》(上),中央文献出版社 2014 年版,第 549 页。

伟大复兴、夺取中国特色社会主义新胜利,必须坚持有质量有效益的发展,保持宏观经济稳定,为人民群众生活改善打下更为雄厚的基础。

二 按有效劳动和生产要素分配是新时代中国分配正义的灵魂

马克思在描述未来社会的特征时,也阐述了他的分配正义的理想。在马克思看来,社会正义意味着给予每个人因其为人而应得到的东西。这就是说,无论每个人对社会的贡献如何,都应当给予他应得的权益,这一点反映在他的"各尽所能,按需分配"的名言之中。显然,这一理想的实现只有在物质财富充分涌流的共产主义社会中才有其可能性。在这之外,马克思还论述了另一种合乎正义的分配原则,即"各尽所能,按劳取酬",这一原则适合于社会主义社会。在这里,按劳分配至少有两层含义:其一,按劳分配是收益只是按劳动总量分配,即全部劳动收益归劳动者所有,这体现着对劳动者的责任和权利的确认、保护和评估;其二,按劳分配将劳动作为根本尺度衡量每一位劳动者,它根据劳动者所提供的劳动质量和数量的差异,量化出不同的分配的差异。

但是,我们必须注意的是,马克思提出按劳分配的设想是以产品经济为实现条件的,我们现实中的社会主义只是社会主义社会的初级阶段,实行的是以公有制为主体的社会主义市场经济,这也决定着马克思所设想的共产主义按劳分配条件的不具备。在社会主义市场经济中所实行的按劳分配就与马克思所设想的"按劳分配"有所不同:马克思所设想的"按劳分配"的"劳"是纯主观的劳动投入,而我们这里的"按劳分配"所指是按有效劳动和生产要素分配。

习近平注意到了当代经济发展的新特征以及社会主义初级阶段的分配正义的特点,"当代经济发展的一个重要特征,是知识、技术、管理等生产要素在生产中的贡献明显提升,分配要体现这个变化趋势"[①]。他多次提出要用新思路、新方法来实现社会主义按劳分配,他认为:"坚持按劳分配为主体、多种分配方式并存的制度,把按劳分配和按生

[①] 习近平:《在中央财经领导小组第十三次会议上的讲话》,《习近平关于社会主义社会建设论述摘编》,中央文献出版社 2017 年版,第 42 页。

产要素分配结合起来。"① 在社会主义初级阶段的市场经济中,能带来效益的资源、资金、技术、劳动力都是劳动的构成要素,也是它的拥有者参与分配的根据,"我们要通过深化改革,让一切劳动、知识、技术、管理、资本等要素的活力竞相迸发,让一切创造社会财富的源泉充分涌流"②。

前提是能带来效益的构成要素,即要按照有效劳动和生产要素实行分配。什么才是有效的呢? 需要通过市场来验证和认可。"无论是劳动、资本、土地,还是知识、技术、管理,都应该按各自贡献获得相应回报。多劳多得,前提是劳动是有效的。技术可以参与分配,但技术要能带来价值,被市场认可。"③ 在此基础上,党的十九届四中全会提出要"健全劳动、资本、土地、知识、技术、管理、数据等生产要素由市场评价贡献、按贡献决定报酬的机制"④,形成完整的"七要素"分配框架。党的二十届三中全会再次明确了这一分配机制⑤。可见,在社会主义市场经济中所实行的"按劳分配"必须贯彻市场交换的原则,分配要由交换来启动,所有劳动者投入的个人劳动,都要在市场上按照市场机制进行交换并转化为社会有效劳动,社会有效劳动的计量决定着各经济主体的利益分配,社会有效劳动代替个人劳动成为实行分配的尺度,通过这种转换和评价过程,实现等量有效劳动的投入获得等量的报酬。

三 以人民为中心共建共享实现共同富裕是新时代中国分配正义的归宿

共同富裕对我们来说,是一个目标要求,体现着社会分配的结果

---

① 习近平:《在中央财经领导小组第十三次会议上的讲话》,《习近平关于社会主义社会建设论述摘编》,中央文献出版社 2017 年版,第 42 页。

② 习近平:《切实把思想统一到党的十八届三中全会精神上来》,《十八大以来重要文献选编》(上),中央文献出版社 2014 年版,第 549 页。

③ 习近平:《在中央财经领导小组第十三次会议上的讲话》,《习近平关于社会主义社会建设论述摘编》,中央文献出版社 2017 年版,第 42 页。

④ 《中共中央关于进一步全面深化改革 推进中国式现代化的决定》,人民出版社 2019 年版,第 15 页。

⑤ 《中共中央关于进一步全面深化改革 推进中国式现代化的决定》,人民出版社 2019 年版,第 25 页。

公平，社会正义的最高要求就是"共同富裕"。马克思设计的未来理想社会的本质特征就是共同富裕，在这样的社会里将不存在商品货币关系和市场经济。马克思在树立"共同富裕"的理想时，没有同市场经济建立任何联系，他明确指出只有在共产主义条件下才能实现共同富裕。

习近平新时代中国特色社会主义思想通过总结改革开放以来中国在市场经济条件下建设社会主义的经验，真正寻找到社会主义市场经济条件下"共同富裕"的深刻内涵和价值取向。共同富裕首先是一个"总量"概念，是指全社会财富的相对丰盈和富足。在现阶段，生产力发展水平不充分不平衡，必然要通过市场经济体制有效促进经济增长，尽快从总量上增加社会财富。"我国现阶段存在的有违公平正义的现象，许多是发展中的问题。"[1]"必须在发展中补齐民生短板、促进社会公平正义。"[2]"我们必须紧紧抓住经济建设这个中心，推动经济持续健康发展，进一步把'蛋糕'做大，为保障社会公平正义奠定更加坚实物质基础。"[3] 其次，共同富裕更是一个"个量"概念，是指在全社会财富总量不断富足的基础上人均占有量的相对较多以及相对均衡。"并不是说要等着经济发展起来了再解决社会公平正义问题。一个时期有一个时期的问题，'蛋糕'不断做大了，同时还要把'蛋糕'分好。"[4] 当然，这是一个循序渐进的过程，"共享是渐进共享，共享发展必将有一个从低级到高级、从不均衡到均衡的过程"[5] 当社会财富尚未达到相对富足的时候，"共同富裕"的这一层含义就应当被表述为：每一个社会

---

[1] 习近平：《切实把思想统一到党的十八届三中全会精神上来》，《十八大以来重要文献选编》（上），中央文献出版社2014年版，第552页。

[2] 习近平：《决胜全面建成小康社会，夺取新时代中国特色社会主义伟大胜利——在中国共产党第十九次全国代表大会上的报告》，《习近平谈治国理政》，外文出版社2020年版，第18页。

[3] 习近平：《切实把思想统一到党的十八届三中全会精神上来》，《十八大以来重要文献选编》（上），中央文献出版社2014年版，第553页。

[4] 习近平：《切实把思想统一到党的十八届三中全会精神上来》，《十八大以来重要文献选编》（上），中央文献出版社2014年版，第553页。

[5] 习近平：《在省部级领导干部学习贯彻党的十八届五中全会精神专题研讨班上的讲话》，人民出版社2016年版，第27页。

个体基于成员身份具有的人人平等的生存与发展权利,"不论处在什么发展水平上,我们要通过创新制度安排,保证人民平等参与、平等发展权利"①。

习近平新时代中国特色社会主义思想中关于共同富裕的价值观可以更加具体地阐释为:以人民为中心,以增进人民福祉为出发点和落脚点,不断促进人的全面发展,实现共建共享。实现这一目标的核心在于"全民"和"全面"——既要覆盖全体人民,又要统筹物质文明与精神文明发展,确保发展成果更多更公平惠及全体人民。②"共同富裕是中国特色社会主义的根本原则,所以必须使发展成果更多更公平惠及全体人民,朝着共同富裕方向稳步前进。"③ 保证全体人民在共建共享发展中有更多获得感,不断促进人的全面发展、全体人民共同富裕。

第三节 新时代中国分配正义的践行原则

改革开放 40 多年来的实践充分证明这种注入了市场规则的社会主义分配正义理论和制度体系,是使当代中国发展保持活力和恒久动力、逐步实现社会总量富裕的内在基本要素,更是保证全体社会成员共同走向个量共同富裕这一目标的基础。"新中国成立以来特别是改革开放以来,在不到 70 年的时间内,我们党带领人民坚定不移解放和发展社会生产力,走完了西方几百年的发展历程,推动我国快速成为世界第二大经济体"④。我们国家制度和国家治理体系具有"把社会主义制度和市场经济有机结合起来,不断解放和发展社会生产力的显著优势"⑤。

---

① 习近平:《切实把思想统一到党的十八届三中全会精神上来》,《十八大以来重要文献选编》(上),中央文献出版社 2014 年版,第 553 页。

② 习近平:《扎实推进共同富裕》,《求是》2021 年第 20 期。

③ 习近平:《紧紧围绕坚持和发展中国特色社会主义学习宣传贯彻党的十八大精神》,人民出版社 2012 年版,第 15 页。

④ 习近平:《在纪念马克思诞辰 200 周年大会上的讲话》,人民出版社 2018 年版,第 18 页。

⑤《中共中央关于坚持和完善中国特色社会主义制度 推进国家治理体系和治理能力现代化若干重大问题的决定》,人民出版社 2019 版,第 3 页。

一 尊重市场经济条件下社会个体之间的合理差距

新时代中国特色社会主义分配正义在制度上的践行原则首先就要求按劳分配，遵循"得所当得"的分配原则，"共享发展是人人共享，各得其所"①，付出了多少，就应得到多少回报。分配的原则建立在社会个体的特殊性和差异性上，以承认生产要素质和量的差异为前提，既承认等量劳动和等量贡献所应得的是同等的，也承认不等量劳动和不等量贡献所应得的是不平等的。在自然状态下，社会个体投入的有效劳动是有差别的，不同的生产要素之间是有差异的，对应于有效劳动和生产要素的差异，分配的正义体现为个体之间获得也应有差距，差距即公平。

尊重社会个体之间的合理差距从微观层面作用于社会，表现为社会个体之间的竞争关系。在竞争中，为社会做出较多贡献的人，所得也多；为社会做出较少贡献的人，所得也少；同样，失误大，造成损害大的也应承担相应的责罚。这个层次上的个人所得，完全是自由竞争的结果，公平地体现了每一个个体的付出，从而激发了个体能量的充分释放，这就使生产力在微观上获得解放，社会生产实践的高效和活力便来源于此。

二 社会主义制度安排下的二次分配相对均等

新时代中国分配制度是体现分配正义价值导向的社会制度安排，通过宏观调控二次分配使市场经济条件下产生的差距保持一个合理的"度"，更有利于共建共享而不是破坏共同利益的增进。新时代中国分配制度不仅承认人与人之间的利益分配差距，而且还承担起缩小这种差距的理性责任，借助人的主体理性的应然判断选择和相应外部手段进行干涉，② 通过调控二次分配，限制或者调节社会资源的再次分配，"坚持按劳分配为主体、多种分配方式并存。健全再分配调节机制；完善相

---

① 习近平：《在省部级领导干部学习贯彻党的十八届五中全会精神专题研讨班上的讲话》，人民出版社 2016 年版，第 27 页。
② 吴海瑾：《论中国的房地产正义与多层次住房保障体系构建》，《江海学刊》2011 年第 3 期。

关制度和政策，合理调节不同群体间分配关系"①。

通过宏观调控形成二次分配结果的相对均等从宏观层面作用于社会，缓和了社会成员之间的差距，以实现资源占有的"相对均等"。这样的制度安排更加关注社会基础资源的分配，更关注于如何公平地向社会成员提供他们必需的基础资源，关注如何通过二次分配保障成员享有参与社会基础资源分享活动的基本权利，保证社会个体能够跨越各种天赋的、自然的条件边界享有共建共享的可能性，从而获得人的自由发展。

三 强调"以人为本"的人道主义

新时代社会主义分配制度是更加完善更加成熟的社会主义制度，"重视发挥第三次分配的作用"②，在实践中体现为整个社会的人道主义精神。这里的"人道"有两层含义：第一层含义是指"人"道。人是理解正义本质与解决正义问题的根本出发点，不论选择什么样的正义原则，目的应该只有一个：那就是能尊重和保护人的基本的生存权利和发展权利，促进人类更好地生存与发展③。新时代中国分配的正义是以社会中人的全面发展为根本目标，承认并保证每个人具有基本的生存、发展权利，社会制度安排保证每个人的生存、发展权利，对于社会中缺乏参与社会选择、社会竞争能力的人及遭遇各种灾难的人，给予帮助和照顾，提供人道主义支援，为其生存、发展提供基本物质条件，这有利于社会的稳定。④"人道"的第二层含义就是"仁道"，市场经济中个体追求自身利益最大化，使你死我活的利己主义盛行，这势必会导致人类精神的困顿，渴求真情、友善、正义，寻求精神的栖息场所，这不仅是人

---

① 《中共中央关于坚持和完善中国特色社会主义制度 推进国家治理体系和治理能力现代化若干重大问题的决定》，人民出版社 2019 年版，第 19—20 页。

② 《中共中央关于坚持和完善中国特色社会主义制度 推进国家治理体系和治理能力现代化若干重大问题的决定》，人民出版社 2019 年版，第 20 页。

③ 吴海瑾：《论中国的房地产正义与多层次住房保障体系构建》，《江海学刊》2011 年第 3 期。

④ 吴海瑾：《论中国的房地产正义与多层次住房保障体系构建》，《江海学刊》2011 年第 3 期。

性的呼唤，也是我们今天社会在实行分配时所要求的一项原则。从道德的角度来说，尽可能地用社会补偿的办法来避免、弥补市场经济规则可能造成的不公正，它既包括政府扶贫、赈灾救灾，也表现为社会团体和个人无偿捐赠、慈善济贫等多种形式。而与此相对应，我们还提倡社会惩罚原则，因为与道德相对还有不道德的存在，社会惩罚原则表现为对伤害他人和自己的非正义的不容忍，即对非正义的制止。我们不能只把这种补偿和惩罚看成是出于对处境最不利者的同情，事实上，它恰恰表达了社会主义分配正义的真正内涵，体现了社会主义社会公正的原则。

综上，新时代中国分配正义既具有社会主义的制度优势，又具有市场经济的体制特色，社会主义市场经济正在逐步实现社会总量的富裕，而公有制占主体地位和全体社会成员占有生产资料的社会主义制度保证了在社会共同利益增进的同时实现全体社会成员共享发展成果，既符合市场经济规律，又能体现社会主义的本质要求和先进性：首先是最大可能地发展生产力，全面建设社会主义现代化国家，在有益于提高社会共同利益的意义上不断提高所有个体成员的利益所得，这是实现分配正义的基础。其次以承认利益占有上的不平等为前提，但又以相对社会平等为归依。在这个意义上，新时代中国社会主义初级阶段的分配正义是在确保每一个社会成员的基本发展权利平等的前提下承认差距，通过制度安排、宏观调控使社会利益的占有趋于均衡，以社会主义事实平等制衡市场经济所带来的两极分化，不仅实现富裕（增长），更要实现共建共享的良性循环，最终达成共同富裕的理想。最后，人的全面发展成为社会利益分配的根本目标。在这样的目标之下，一方面充分尊重社会个体不同的付出成本和不同的获得，推动经济的高质量、高效益地发展，促进社会共同利益的增进；另一方面保证人的发展的基本权利，社会更加协调发展并最终实现全体社会成员共同发展和人的最终全面发展。

第三章

基于分配正义的居住正义理论建构

作为人的发展基本权利，居住正义探讨"住有所居"的权利实现问题，其核心内涵就是"给每一位社会成员居住的权利保证"，关注的是一个社会制度体系按照怎样的原则和规则实现居住空间配置，如何实现社会成员居住的基本权利和义务。在当代中国社会主义市场经济条件下，居住正义问题和住房发展研究应该建立在对中国城市的特殊性研究上，理论建构和制度安排更应是基于中国城市和住房问题之上。不仅要关注如何执行付出与获得对等的市场经济公平原则，尊重社会个体的付出差异可以通过不同住房合理差距得以体现；也要关注住房的集体消费社会性的特征，完善和促进社会主义制度下居住权利实现的载体——住房的多样形式和多种功能发挥。

第一节 居住正义的内涵及其践行原则

如果把居住及其实现载体——住房作为一种社会权益来看，"居住正义"最基本的内涵就可以阐释为"给每一个社会成员居住的权利保证"，实现居住的权利既是人生存和发展的必要条件，也是人的基本权利。当代中国的"居住正义"应该是与社会主义分配正义一脉相承，其前提是承认社会个体差别的存在，通过市场机制下的分层住房消费形成合理差距。但是，差距应该保持在"合理"的范围内，国家通过设置一定的制度以调节成员之间的差别，保障社会成员享有"住有所居"这一基本的社会权利。

一 居住正义的研究基础

居住是人之为人的首要所需，因社会发展的阶段不同以及个体消费能力处于不同水平，居住权的实现呈现多种多样的形式和功能。在人类社会发展的历程中，人们对居住正义的追求从未有过中断。随着社会的发展，社会个体一直在追求居住空间的优化和扩大，在这一过程中，不可避免地进行着关于居住空间扩大和分配居住权益的思考。马克思恩格斯理论是较早系统关注住房正义的经典理论，其中包括居住正义问题产生的原因、资本主义社会关于住房正义的诉求以及住房正义的实现路径。在资本主义社会可能会出现住房非正义问题和现象，主要表现形式多样，如住房供给与需求之间存在矛盾，居住空间的稀缺性与住房的公平分配之间存在矛盾，居住小区与环境之间存在矛盾，居民由于种族、宗教、职业、生活习惯、文化水准或财富差异等原因产生阶层分化，等等。人口向城镇的大量涌入、居住空间规划的失序、居住主体不良的生活习惯是资本主义社会住房失义的外因，而资本主义制度则是内因。马克思恩格斯从人口、规划、居住区位、社会个体的生活习惯等多方面分析了资本主义社会制度下住房非正义现象出现的原因。之后提出了居住正义的理想是平等、自由、和谐，实现的路径是消灭资本主义社会制度。

后来，在此基础上，国外的一些学者从其他学科视角继续研究城市居住正义问题。法国学者列斐伏尔认为居住空间供给不足导致了居住非正义，只有不断地实现空间生产并且保证居住空间生产的正义，居住才可能实现正义。爱德华·苏贾是美国的地理学家和城市规划学家，他在马克思恩格斯理论基础上阐释了提供居住空间、保障居住权益的重要意义。他认为居住空间正义缺失主要表现为空间贫困和居住分异，揭示了导致空间正义缺失的主要原因是资本任性和权力滥用，主张边缘群体应该采取集体行动来对抗空间不正义。

中国学者从马克思和恩格斯经典理论出发，展开对于居住正义的研究。2000年之前，中国学者们研究的重点主要集中在分析概括马克思主义经典作家对于居住正义的理解和解决办法。2000年之后，学者们研究的视角更为广阔。王文东认为居住隔离、居住空间极化、居住与人的尊严身份问题是居住正义的核心①。何舒文、邹军从现代城市更新的角度阐释了居住空间正义的价值观,他们认为社会制度需要对居住空间实现不断生产并实现居住空间配置的均衡,这是社会成员的一种基本权利和义务②。刘刚认为城市化进程中人口大量向城市迁移,现代城市的规划建设不合理,社会个体的生活习惯不科学等是居住问题上有失公义的主要原因所在③。高春花从伦理和建筑学角度研究住房正义问题,认为居住空间的越来越稀缺是居住正义缺失的主要表现,居民的收入差异是主要原因,应该针对中低收入群体实行广谱性的制度建设来改变这一局面④。林秀珍提出居民的收入分配是影响居住问题的主要原因,居民家庭收入状况不同决定着对购买住房的负担能力的差异;另一方面,社会个体购买住房的状况也决定了不同社会个体及其家庭的财政状况⑤。但是,止于此,林秀珍、高春花等学者只是提出了这样一个观点,没有继续深入研究居民的收入究竟如何影响、在多大范围影响居民的住房问题。他们可能沿用房价收入比的思想认为收入低的居民的住房就一定处于非正义状态,因而林秀珍认为住房保障制度建设是解决住房非正义的主要路径;为了寻找一种更合理的住房保障制度,林秀珍运用比较研究的方法,研究了世界上典型国家和地区的住房保障政策。张彦、田方晨等从资本逻辑的角度提出了居住权利的平等是指每一位社会成员都将获得对居住资源的平等享有权的观点⑥⑦。

综上所述,对于居住正义的研究,中外学者都有大量的可贵的研究

---

① 王文东:《恩格斯的居住正义思想及其启示》,《哲学动态》2010 年第 5 期。

② 何舒文、邹军:《基于居住空间正义价值观的城市更新评述》,《国际城市规划》2010 年第 4 期。

③ 刘刚:《马克思恩格斯居住正义思想研究》,博士学位论文,福建师范大学,2012 年。

④ 高春花、孙希磊:《我国城市空间正义缺失的伦理视阈》,《学习与探索》2011 年第 3 期。

⑤ 林秀珍:《基于收入分配视域的居住正义国际比较》,博士学位论文,福建师范大学,2015 年。

⑥ 张彦、王长和:《资本逻辑与居住正义:论马克思恩格斯对城市居住问题的批判》,《江苏行政学院学报》2019 年第 2 期。

⑦ 田方晨:《资本永恒正义的破解——马克思恩格斯居住正义思想及其当代启示》,《理论研究》2023 年第 2 期。

成果，富有启发性。中外学者的研究重点，一是多集中在居住正义的合理性研究上；二是研究重点涉及住房保障制度和政策创新；三是研究方法多为定性研究。综合他们的研究，可以看出还存在进一步深入研究的空间：一是缺乏科学的定量研究，说服力不强。对于究竟什么是现代城市的住房正义、如何衡量住房正义缺乏实证研究，没有说服力。而目前学界出现了一些从居民收入分配的角度研究住房问题的成果，但是研究的方法多采用简单的房价收入比一类的方法，显然这样的研究方法并不是很科学。二是可以进一步拓宽经济学研究视角。中外学者从法哲学的研究视角出发，认为居住正义是人权的一种，是一项社会保障和福利制度。虽然有学者在研究住房正义中也提到关于居民收入的问题，但是没有将居民收入与住房正义问题综合起来研究。另外，实现居住正义还涉及供需双方的均衡、优化和提升居民收入结构等多个领域的创新。居住正义不再仅仅是低收入阶层的问题，是一个基于社会不同阶层划分的全社会都应关注的问题；也不仅仅是住房保障领域的问题，住房问题越来越涉及金融、税收、社会等多个领域，可以说，住房正义问题是一个跨学科的问题，研究视角有待进一步拓宽。三是制度创新研究针对性可以继续加强。很多学者关注更多的是世界上先进国家对低收入阶层住房保障的制度建设，其他国家的住房制度在中国并不一定具有可行性，中国的住房问题和城市发展研究应该建立在对中国城市的特殊性研究上，制度安排更应是基于中国城市和住房问题之上。

二 居住正义的内涵：给每一个社会成员居住的权利保证

城市发展过程中出现的各种城市权益分配问题，其中一个重要的方面是关于空间分配问题，社会成员生活、生产必须首先占据一定的空间，这是人的基本权益，如城乡对立问题，城市地区的扩张与蔓延问题，郊区化与新兴城市空间问题，等等。这些问题的本质是社会性，空间正义的本质就是"社会正义"。而这其中一个重要方面就是居住的空间正义。居住的首要价值内涵是人之为人的首要所需，为人的生存和发展提供基本的空间保证，是人生存和发展的基本权利之一。同时，居住的载体——住房还是一种特殊的社会资源和利益，住房作为一种特殊的商品，兼具个体消费的经济性和集体消费的社会性特征。

在工业化社会，随着城市的扩张和发展，居住空间生产成为城市重要功能之一。在居住空间配置领域，就存在着权利的分配问题，政府按照怎样的原则和规则实现居住空间配置，如何实现社会成员居住的基本权利和义务，这就是居住的空间正义。在人类社会发展的历程中，人们从未有过中断。随着社会的发展，社会个体一直在追求居住空间的优化和扩大，在这一过程中，不可避免地进行着关于居住空间扩大和分配居住权益的思考，它至少内蕴着"居者居其屋"和"相对人道"的居住环境，"相对人道"的居住环境涵盖着很多内容，如城市的空间布局、旧城改造、交通设施的规划、居住社区关系，甚至包括邻避设施的布局问题，等等。本书将研究对象定义为居住正义，旨在更加聚焦社会成员的住房问题，只探讨"居者居其屋"的权利实现问题，没有涉及关于居住正义的其他方面的问题，居住正义的核心内涵就是"给予每一位社会成员居住的权利保证"。

作为人的发展基本权利，居住正义探讨"居者居其屋"的权利实现问题，其核心内涵就是"给予每一位社会成员居住的权利保证"，关注的是一个社会制度体系按照怎样的原则和规则实现居住空间配置，如何实现社会成员居住的基本权利和义务。作为一种特殊的商品，居住正义也关注如何执行付出与获得对等的公平原则，因社会发展的阶段不同以及个体消费能力处于不同水平，居住权利实现的载体——住房呈现多种多样的形式和功能，社会个体的付出差异如何通过不同住房所得得到合理体现。

中国的发展经历、住房制度改革的实践和现实状况决定着居住正义观念的发展以及基于正义观念的居住正义原则设计。社会主义社会制度首先就强调"以人为本"，每个社会成员都应获得发展的基本权利保障。社会个体之间由于出身背景、天赋条件、知识与素养等条件不同，甚至是运气都存在差异，造成能力大小和可以付出的成本条件完全不同，从而在社会结构中处于不同的层次。但是，不论社会成员处于什么层次中，都不应丧失实现人的发展的基本权利或者是在基本权利保障上产生本质差异。

三 基于分配正义的中国居住正义实践原则

当代中国的"居住正义"应体现出社会主义分配正义原则的三层内涵,即市场经济条件下的合理差距、社会主义制度下的二次分配的相对平等、强调"以人为本"的人道主义。

第一,合理差距原则:社会个体之间在经济状况上存在很大差异,他们各自根据不同的条件和住房偏好,通过市场机制在住房市场上分层消费,选择不同功能、价格的住房,以不同的住房方式获得居住空间,实现住房的基本权利,在这一过程中也形成了在初次分配时的合理差距。

第二,二次分配的相对公平原则:有一部分社会成员,由于各种不同的原因,他们可能不具备完整的获得住房解决居住空间的能力。为了缓和社会成员之间的差距,政府应通过政策调控二次分配,设计一定的制度优惠政策增强这部分成员获得住房的能力,从而解决住房问题,如经济适用房和限价商品房等,达到调节社会资源的再次分配的结果,这样的政策制度要设计合理的准入门槛,在量上要因人而异。

第三,人道主义原则:对于处境较差,暂时或者长期缺乏参与社会选择、获得住房能力的个体,在制度安排上必须给予帮助和照顾,提供人道主义援助,为其生存、发展提供基本的住房条件,如通过制度安排提供廉租房、公共租赁住房和共有产权房。

四 新时代中国居住正义的前提:分层消费形成的合理差距

当代中国的居住正义是分层消费的正义,是承认个体差别的正义,通过市场机制实现住房资源的合理差别化分配。一方面,城市住房的消费主体是居住于城市的居民,由于个人能力的大小、机遇等造成了其收入水平、社会地位等自身条件或环境因素的差异,这决定了社会成员及其家庭的收入状况、社会资源占有程度等条件不同,通过市场机制选择住房的能力是不同的,消费能力是梯度化的。在相对稳定的一段时期内,社会个体会根据不同的条件和消费能力,在市场机制调节下形成住房消费需求的梯度变化结构,不同收入水平和经济能力的社会个体会根据家庭情况选择不同功能类型、不同面积及不同价格的住房,以合理的差别化原则实现居住的基本权利，从而使得居住正义体现出合理差距原则和特征。另一方面，在相对稳定的一段时期内，住房市场的供给是否能满足不同消费层次的社会成员及其家庭的差别性的住房消费需求选择，在住房商品化、市场化条件下，这种合理差别一定会体现在住房需求结构、住房供给结构和住房产品的档次结构等许多方面。城市居住正义必须体现出梯度需求结构与梯度供给结构相匹配的原则，各类住房应该按需供给，开发和提供住房的功能、房型、大小等必须是多样性的，否则就会出现不同层次的供需之间的断层，造成不同层次住房需求之间的挤压和倒灌，形成资源浪费或者是非正义的住房价格上涨现象。

五 新时代中国居住正义的核心：实现"住有所居"

当代中国的居住正义首先承认社会个体差别的存在，这里的承认社会个体差别的存在正是体现了对个体权利的尊重，针对有能力支付与收入水平相当的住房的社会个体，住房是一个经济问题，供给与需求完全可以由市场机制调节，社会个体可以通过市场机制实现住房资源的合理差别化分配。

国家与政府是各种社会资源、社会财富以及各种社会利益的组织生产者、提供者和保障分配者，社会成员对社会利益的占有与分配需要通过基本的社会结构和基本的制度安排才能实现，正义贯穿于制度的设置和实施的整个过程之中。国家与政府承担两项任务：一是效益任务，促成社会成员形成互惠合作，组织和引导社会成员合力产生越来越大的社会利益；二是公平任务，担当缩小社会成员利益分配的差距的责任，通过设置一定的社会政治、经济制度，保障社会成员享有基本的社会权利和基本经济利益，以调节成员之间的差别。

国家和政府更重要的职责是不断缩小社会成员利益分配的差距，因而，差距就应该保持在"合理"的范围内。然而，"合理"的度在哪里？这个合理"度"体现在两个方面：一是在一次分配领域市场机制作用下，对于微观主体来说要充分体现出付出与获得对等的原则。根据付出的成本多少，获得相应的住房。如果不相对等，将出现投机等住房非正义现象。二是要通过制度创新，用更优的住房保障制度实现人人享有居住的基本权利，这是人之为人的社会资格所决定的应当具有的基本社会权利，对于中低及低收入群体，他们的收入水平无力通过市场解决住房问题，这就使得住房涉及社会和谐，成为社会问题，住房呈现出集体消费的社会性。当市场失灵出现，市场机制无法配置作为集体消费品的住房资源时，政府必须采取应对措施，承担起生产、供给和管理住房作为集体消费品的责任。政府要通过一定的顶层设计和政策调整实现住房领域的二次分配，实现住房领域的相对公平原则和人道主义。一部分社会成员及其家庭没有扩展住房消费的能力，通过政府在住房领域的二次分配的制度优惠政策，如早期的经济适用房和限价商品房，在当时情况下增强了住房市场消费能力，从而帮助一部分社会成员通过购买住房实现了住房权利；还有一部分长期参与社会分配的能力比较弱的社会成员，政府通过廉租房、公共租赁住房制度建设以解决他们的住房问题。保障每一个社会个体都有房子居住，这就是"住有所居""居者居其屋"的目标和理念，是目前我国居住正义的核心所在。

六 居住正义的实践进路：市场 + 保障

在目前发展阶段，中国居住正义既要尊重市场经济条件下的合理差距，同时又要通过制度完善实现二次分配的相对平等，强调"以人为本"。对住房的多种需求，按社会个体的不同能力和偏好划分，可分为低收入阶层"居者居其屋"、中等收入阶层"居者有其屋"、高收入阶层"居者优其屋"，这是我国实现"住有所居"的居住正义目标的实践进路。坚持走"一手抓保障、一手抓市场"的发展路径，实施"低端有保障""中端有支持""高端有市场"的多层次分类指导调控，形成市场机制下的合理差距和政府的保障制度之间的责任梯度，市场配置与政府保障双向促进，既要坚持市场化改革，实现"居者有其屋""居者优其屋"，又要完善政府住房保障制度体系，实现"居者居其屋"。

一方面，要充分依靠市场发展商品住房，满足多层次居民的住房需要，尤其是中等收入和高收入群体的住房需求。另一方面，更要通过更优的住房保障制度实现"居者居其屋"的目标。实现"居者居其屋"目标的关键是如何设立更优的制度安排，保障更多的社会个体真正实现居住的基本权利，住房保障制度是市场经济条件下政府必须提供的公共品。政府应该回归反思和完善现行的住房保障制度，使得尽可能多的社会成员的基本居住权利得到实现和保证。

住房保障的主要形式应是租赁住房，不能将住房保障泛化为包括中等收入群体在内的"住房普遍福利"制度，经济适用房政策和限价房政策是在特定阶段实行的住房保障政策，随着经济和社会背景的改变，这两种住房保障政策应该逐步淡出，而不应该作为住房保障的内容而长期存在。在未来较长一段时期内，住房保障的主要形式和路径应该是各类租赁房的建设和保障。解决低收入和中低收入群体居住问题的根本途径是为他们提供合适的租赁住宅。对租赁需求的适时满足和租赁市场的科学引导，将有利于改变当下"重购买、轻租赁"的传统消费观念和形态，在租售并举中推动楼市结构的调整和消费模式的转型。

住房保障体系是一种政府公共政策，但是住房保障体系并非一种与市场无关的住房资源配置方式。住房保障体系和市场化的商品房市场之间的基本关系主要体现在三个方面：其一，把还没有能力购买住房的人群从市场中分离出来，使市场需求能够真实地体现为有效需求；其二，通过一定形式的援助性保障，把滞后的有效需求提前，实现供求在时间上的对接；其三，通过政策性干预，平衡"居住"这种有用性需求和"增值"这种财产性需求之间的关系，促进资源的优化配置程度和利用效率。更好地解决社会成员的住房保障问题，实际上才能从根源上保证房地产价格水平的稳定性和合理性，可以说，没有完善的住房保障体系，就实现不了居住正义。

重要的是要注意责任边界，不可缺位或是越位。政府越位干预市场机制，干扰市场规律下的付出获得对等，不仅会破坏市场效率，更严重的将会引导社会成员更多地关注非正义的投机行为，而不是成员之间的互惠合作生产更多的社会利益。政府缺位于调节住房资源的再分配，社会成员之间的差距又将会沿着非正义的两极分化的趋势发展下去。

第二节　新时代中国居住正义的现实基础

住房是居住权利实现的载体。中国住房制度发展与改革经历了40

余年的历程，在不同时期经历了多次住房制度的调整。住房制度变革是为了适应不同时期的社会主要矛盾变化的要求。不同时期不同导向的住房政策会产生不同的效果，使得住房属性也发生偏转，或偏向于经济属性，或偏向于社会属性。在这个变革过程中逐步形成具有中国特色的住房制度体系，这正是一个不断趋向居住正义的历程。

一　中国住房制度发展与改革的历程：不断趋向居住正义

1. 计划经济体系下的住房实物分配制度

1949年，中华人民共和国刚刚成立之初，受马克思、恩格斯的共产主义社会改造学说的影响①，我国开始实施公有住房实物分配制度，主要模式是统一管理、统一分配、以租养房。住房建设资金来源是单一的政府拨款，统一建好后的住房作为一种社会福利进行统一管理，以低租金的方式统一分配给居民（职工）居住。在中华人民共和国成立之初的实际条件下，实行住房实物分配制度具有合理性，满足了广大居民的住房需求。但是，统一管理、统一分配的计划经济体系下的住房制度很快就显示出弊端和问题来。最重要的问题就是计划体系下的住房制度缺乏投融资机制，住房建设基金来源单一，从而导致投资规模和住房建设规模不断下滑，住房供给不足，1970年代末全国主要城市都面临着住房供给严重短缺问题，人均居住面积从1950年的4.5平方米下降到1978年的3.6平方米（建筑面积6.7平方米），缺房户占当时城镇总户数的47.5%。

2. 以住房商品化带动经济增长为导向的一次房改及其成效

1978年，邓小平提出了关于住房制度改革的问题，之后用了长达20年时间才逐步完成市场化改革的第一步。1979年，原国家城市建设总局、国务院侨办制定了关于用侨汇购买和建设住宅的办法，鼓励华侨购买和建设住宅，住房商品化开始萌芽。1979年，政府探索把住宅出

---

① 当时我国的住房分配制度来源于马克思、恩格斯的共产主义社会改造学说，他们反对工人阶级拥有自己的个人资产，在《论住宅问题》中写道："工人必须负起沉重的抵押债务，才能得到这种住所，于是他们就真正变成了资金主人的奴隶；他们被束缚在只好同意接受向他们提出的任何条件。"

售给职工，选择五个城市进行试点，即政府统一建设，以土建成本价向居民出售。1980年，邓小平再次发表关于住房问题的讲话，中共中央、国务院正式提出实行住房商品化政策，允许私人建房、买房，市场化改革正式启动。1982年，鉴于居民工资水平低，政府决定试行公有住房的补贴出售，政府、单位、个人各负担房价的1/3，住房制度改革取得重大突破。

1988年3月，国务院颁布我国住房制度改革的第一个总体方案《关于在全国城镇分期分批推行住房制度改革的实施方案》，把住房制度改革上升到国家经济体制改革的重要层面。实施方案从改革公房低租金制度着手，推进实物分配向货币分配转变，鼓励居民通过市场交换取得住房的所有权或使用权，促进住房作为商品进入消费品市场，旨在形成住房资金投入产出的良性循环。这一改革一方面有利于解决当时出现的城镇居民的住房问题，同时又能够把包括住房交易在内的地产开发、建设、经营、服务等产业环节纳入整个社会主义市场经济体系，促进房地产业及关联产业发展。这标志着我国住房制度开始从福利分房向住房商品化、社会化过渡。

为了继续深化城镇住房制度改革，促进住房商品化和住房产业的发展，1994年7月国务院颁布《关于深化城镇住房制度改革的决定》，更加明确了我国住房市场化改革的方向和重点：第一，住房体制改革。把住房建设投资由国家、单位统包的体制改变为国家、单位、个人三者合理负担的体制，把各单位建设、分配、维修、管理住房的体制改变为社会化、专业化运行的体制。第二，推进住房市场化交易。促进住房实物福利分配向以按劳分配为主的货币工资分配方式转变，稳步出售共有住房，鼓励住房交易，发展房地产交易市场，规范住房交易行为。第三，开始建立以中低收入家庭为对象、具有社会保障性质的经济适用住房供应体系和以高收入家庭为对象的商品房供应体系。第四，构建政策性和商业性并存的住房信贷体系，开始全面推行住房公积金制度，发展住房金融和住房保险。

1998年，根据深化经济体制改革的总体要求，同时也为了应对亚洲金融危机的冲击，充分激发房地产行业对中国经济的带动能力，国务院颁布《关于进一步深化住房制度改革加快住房建设的通知》，进一步深化住房体制改革,要求停止住房实物分配,启动商品房市场,全面实行住房分配货币化;建立和完善以经济适用住房为主的多层次城镇住房供应体系。

这一阶段的住房改革是一次很全面的改革,实现了城镇职工从福利分房到通过市场解决住房问题的重大转变,房地产市场基本形成。这一阶段的住房改革有两个突出特点:一是以国家顶层方案宏观指导为主,二是价值导向主要是市场化和住房商品化,包括1994年开始施行的住房保障制度也是以商品化为指向,在执行过程当中更是过分强调了住房商品化、市场化以及对经济增长拉动的作用,而忽略了住房的保障功能。

此后近20年间,遵循一次房改划定的基本路径和导向,同时受益于城镇化和国民经济的快速增长,居民住房需求集中释放。中国房地产市场迅速发展,房地产业逐渐成为"国民经济支柱产业"之一。据国家统计局数据显示,2014年,全国房地产开发投资达9.5万亿元,是1998年的26倍多。其中,住房开发投资达6.43万亿元,占房地产开发投资的67.7%。房地产市场也成为城镇住房供给的主要渠道,新建商品住房销售面积和销售额分别为12亿平方米和7.6万亿元,分别是1998年的10倍和30倍。

3. 以着眼民生实现"住有所居"为导向的二次房改

随着经济高速度发展,人均收入水平、城市居民基本住房及其居住条件改善、住房市场需求供给结构等方面都有了较大的变化。房地产市场政策口径、住房保障等领域出现与市场不相匹配的问题。同时,经过长期"重市场、轻保障"的发展后,在居民住房需求不断得到满足的同时,住房资源占有和分布不均衡的结构性矛盾也开始凸显。

2009年开始,为应对国际金融危机爆发、稳定经济增长,国家开始了进一步深化住房制度改革的调研和试点工作。2015年开始了旨在"进一步深化住房体制改革,调整住房结构"的更深层次的"二次房改"。2015年3月全国两会确定了分类指导、因地施策的住房改革的总基调,提出要"加快培育消费增长点,稳定住房消费。坚持分类指导,因地施策,落实地方政府主体责任,支持居民自住和改善性住房需求,促进房地产市场平稳健康发展"。

这一次住房制度改革,有四个突出特点:一是目标导向和产业定位发生转变,从强调带动经济增长转向着眼于解决民生、调整住房结构,在带动经济增长的同时,实现"住有所居"、促进社会公平。房地产业是国计民生的支柱产业,首先要发挥对民生的支柱作用,其次是对国民经济的支柱作用。二是开始重视租赁住房在实现"住有所居"目标上的重要作用。实现住有所居,并不意味着每个人拥有自有产权住房,而是居民家庭根据自身情况,可以是居住完全自有的住房,也可以居住拥有部分产权的住房,也可以租住不拥有任何产权的住房。2015 年 1 月 14 日,住建部发布《关于加快培育和发展住房租赁市场的指导意见》,明确提出多管齐下发展住房租赁市场,鼓励 REITs 试点,多来源增加住房租赁市场资金供给。1 月 28 日,住建部、财政部和中国人民银行联合对外发布《关于放宽提取住房公积金支付房租条件的通知》,提出进一步加大对住房租赁市场的支持力度。三是住房改革的方向发生转变。改变第一次住房制度改革中"重市场、轻保障"的模式,围绕解决民生"住有所居"的目标,针对不同类型居民实行分类保障,建立市场与保障相结合的住房体系,对低收入和最低收入家庭推出"政府主导、市场参与"的住房保障体系,对中等及以上收入家庭推出"市场配置、政策调节"的住房市场体系。这一阶段在保障性住房领域推进了比较重要的两项改革:第一项是大力推进货币化安置工作。2015 年我国创新机制推进保障性安居工程建设,逐步实行实物保障与货币补贴并举,推进存量房转为公租房和安置房,鼓励社会资本参与保障性住房的建设和运营管理。第二项改革是创新保障房融资机制,健全多层次住房供应体系。保障性住房资金来源方面,除了中央的补助资金,重要的是吸引社会资金。四是改革路径发生转变,强调分类指导,因地施策,充分尊重地方的差异性和自主改革能力,鼓励各地区因地施策推进住房制度改革方案和推进保障住房建设。地方积极响应中央推进住房制度改革的要求,比如在保障房建设方面,各个城市开始因地施策推进保障房建设,安徽省推进运用 PPP 模式逐步建立"企业建房、居民租房、政府补贴、社会管理"的新型模式,深圳探索保障房区位补偿机制和价格补偿机制,允许购租偏远地区的保障房申请人适当享受较大面积保障房,北京、杭州等多省市加大公租房补贴力度。

在住房制度日益完善和房地产市场发展日益成熟的背景下,我国城镇居民的住房条件得到很大改善。全国城镇人均住房面积大幅提高，从1998年的18.7平方米提高至2020年的36.52平方米。据第七次全国人口普查[①]数据显示，2020年我国家庭户人均居住面积达41.76平方米，平均每户居住面积达111.18平方米。城市家庭人均居住面积36.52平方米。全国城镇户均住房套数达1.02套，户均住房间数（不包括客厅、厨房、卫生间）达2.65间。拥有住房的城镇居民家庭中，拥有成套住房的户数已占到71%。居民的住房品质逐步提升，配套设施更全、居住环境更加优美。同时，市场化改革的深入也再次助力房地产业的长周期繁荣，行业各项指标大幅增长。

但是，这一阶段的住房制度改革和住房市场化发展也带动了住房价格的快速上涨，住房的商品属性、投资属性以及金融属性被放大，而居住属性被逐步弱化。虽然经过多轮政府调控[②]，住房价格也经历了几轮上涨波动。但是从总体上看，并没有改变住房价格上涨过快的总趋势，住炒失衡的新的结构性问题日渐突出。

4. 以人为本"房住不炒"的租购并举住房新时代

2016年12月，中央经济工作会议重点强调"促进房地产市场平稳健康发展"，首次提出建立"长效机制"，要坚持"房子是用来住的，不是用来炒的"的定位，综合运用金融、土地、财税、投资、立法等手段，加快研究建立符合国情、适应市场规律的基础性制度和长效机制，

---

① 国务院第七次全国人口普查领导小组办公室编：《中国人口普查年鉴——2020》中国统计出版社2022年版。

② 1998年住房制度改革后，我国房地产业快速发展，但房价过快上涨也引发了一系列社会问题，尤其在2004年和2005年，全国住宅均价年涨幅高达15%。以2005年3月的"国八条"为起点，后续的几年里，政府使用一系列手段进行房价调控，先后出台调整土地供应、调节市场、信贷政策（二套房首付比例提高至40%、利率不低于基准利率1.1倍，加息、上调存款准备金率）和开征交易税费（出售不足2年的住房全额征收营业税、营业税免征期限2年提高到5年）等措施。但是，一系列调控政策并未压制房价的上涨，2007年房价涨幅甚至高达16.9%。2010—2013年，中国经济复苏，积极的财政政策和宽松的货币政策导致房价暴涨，房地产调控政策从刺激转向遏制，除了综合运用土地、金融、税收等手段，这一次调控有两个创新：一个是在上海、重庆开展房地产税试点，另一个是在部分城市采取限购措施。本次调控效果比较明显，多数城市的房价年涨幅控制在10%以内。2016年10月开始，国家提出"抑制资产价格泡沫"，之后各城市密集发布限购、限售、限贷等调控政策，住房价格一直保持比较平稳的增长态势。

既抑制房地产泡沫，又防止出现大起大落。2017年12月，党的十九大报告中提出，坚持"房子是用来住的，不是用来炒"的定位，加快建立多主体供给、多渠道保障、租购并举的住房制度，让全体人民住有所居。2019年7月，中共中央政治局会议重申"房住不炒"、落实房地产长效管理机制并首次提出"不将房地产作为短期刺激经济的手段"。之后"十三五""十四五"规划①以及历次重要会议一直都将"房住不炒"作为主要指导思想。

二 在探索中逐步形成具有中国特色的住房制度体系

住房制度改革不是一蹴而就，需要循序渐进，稳步推进。在经历了长达40年的改革之后，房地产业的发展模式从粗放走向成熟，行业集中度逐渐提高，产品不断升级完善，供应结构转变，并逐步形成了具有中国特色的住房制度体系，以住房金融、土地、税收、住房保障和住房供给为五大支柱。

1. 住房金融制度：商业贷款 + 公积金贷款

1991年5月，在借鉴新加坡中央公积金制度经验的基础上，结合自身发展情况，上海市率先建立了中国特色的住房公积金制度——依靠国家政策、单位支持和职工个人的住房资金累积机制。随后，住房公积金制度在各大城市全面推行。1994年，国家出台《国务院关于深化城镇住房制度改革的决定》，第一次提出在全国范围内全面推行住房公积金制度，发展为长期住房储金。同年11月，财政部、国务院住房制度改革领导小组、中国人民银行联合下发了《建立住房公积金制度的暂行规定》，我国住房公积金制度正式建立。1998年颁布的《国务院关于进一步深化城镇住房制度改革加快住房建设的通知》再次强调，到1999年底，职工个人和单位住房公积金的缴交率应不低于5%。

1995年，中国人民银行颁布《政策性住房信贷业务管理暂行规定》

---

① "十四五"规划提出，坚持房子是用来住的、不是用来炒的定位，租购并举、因城施策，促进房地产市场平稳健康发展。有效增加保障性住房供给，完善土地出让收入分配机制，探索支持利用集体建设用地按照规划建设租赁住房，完善长租房政策，扩大保障性租赁住房供给。

《商业银行自营住房贷款管理暂行规定》和《个人住房担保贷款管理试行办法》，标志着商业性个人住房贷款的产生。1998年颁布的《国务院关于进一步深化城镇住房制度改革加快住房建设的通知》在强调促进住房公积金制度发展的同时，也规定所有商业银行在所有城镇均可发放个人住房贷款，极大地推进了商业性住房金融的快速发展。当年，中国人民银行出台了《个人住房贷款管理办法》，并指出之后一段时期，住宅消费成为新的经济增长点，信贷投放也向其倾斜。随着住房市场化的深入推进和居民住房消费的积极性不断增强，我国逐步形成了以商业按揭贷款为主，辅以住房公积金贷款的住房金融制度体系。

2. 土地供应制度：以招拍挂为主

基于我国土地两权分离制度，1990年颁布的《城镇国有土地使用权出让转让暂行条例》中规定，按照所有权与使用权分离的原则，采取协议、招标、拍卖三种方式出让城镇国有土地使用权。2002年，国土资源部颁布《招标拍卖挂牌出让国有土地使用权规定》，明确商业、旅游、娱乐和商品住宅等各类经营性用地，必须以招标、拍卖或者挂牌方式出让。相比较协议等其他出让方式，"招拍挂"以"价高者得"为原则，程序上更加公开透明，但是客观上也推升了地价、助推住房价格的不断上涨。2010年开始，为了进一步调控国内很多城市的房地产市场的持续升温和住房价格的过快上涨，同时也为了保障和满足城市中低收入群体的住房需求，北京试点"限房价、竞地价"土地出让方式，在限定未来土地上商品住房的销售最高价格的基础上进行土地使用权竞拍。2011年颁布的《国务院办公厅关于进一步做好房地产市场调控工作有关问题的通知》提出推广"限房价、竞地价"方式，供应中低价位普通商品住宅用地，热点城市开始创新土地出让方式，打破传统招拍挂价高者得的模式。2016年北京海淀区四幅地块试点更加严格的"限房价、竞地价"的土地出让模式，不仅设定土地上商品住房的销售最高价格，同时设定地价上限、竞投自持面积和高标准建设方案，当竞买报价达到合理土地上限价格时，则不再接受更高报价，转为在此价格基础上通过现场竞拍企业自持商品住房面积的方式确定竞得人。

3. 税收制度：重流通环节+轻保有环节

从中华人民共和国成立到1986年前后，我国的房地产税收制度主要包括房产税和地产税两个税种①，征收对象为所有房产所有权人。1986年之后，住房制度从计划经济下的住房分配制度转向住房市场化，开始增加主要针对企业的房地产相关税种，如耕地占用税、土地增值税等。1988年3月，国务院颁布我国住房制度改革的第一个总体方案，把住房制度改革上升到国家经济体制改革的重要层面。住房市场化改革进入快车道，涉及的税种逐渐多样化。

从1986年国家颁布《中华人民共和国房产税暂行条例》算起，我国的住房税收制度改革经历了36年（见表3-1），其间经历1994年分税制改革，之后不断改善，目前已经逐步形成比较系统的税制体系，覆盖了房地产开发投资环节、交易流通环节、二手市场交易以及保有多个环节。在现行的税收制度体系中，与房地产相关的税种有耕地占用税、土地增值税、增值税、城市维护建设税及教育费附加、企业所得税、个人所得税、印花税、契税、房产税、城镇土地使用税11个，其中与居民个人住房相关的税种主要有10个。在转让流转环节有7个，税率相对较高的包括契税②、增值税③和个人所得税④三大最主要的税种⑤。住房持有环节涉及房产税及土地增值税两个税种，分别依据1986年《中华人民共和国房产税暂行条例》和1988年的《中华人民共和国城镇土地使用税暂行条例》征收。

---

① 中华人民共和国成立之初我国延续了民国时期的税收制度，对房地产分别征收房产税、地产税等税种，此时的房产税、地产税单设，分别征收；到1950年6月，国家将房产税与地产税合为城市房地产税，对所有房地产产权人征收。1973年，国家为简化税制，将试行工商税的企业缴纳的城市房地产税并入了工商税，其他人缴纳的城市房地产税不变。1984年10月国务院又决定恢复征收企业的城市房地产税。但鉴于城市土地经过社会主义改造后属于国有的情况，城市房地产税被分设为房产税和城镇土地使用税。
② 契税依据1997年颁布的《中华人民共和国契税暂行条例》征收。
③ 增值税及附加依据2016年《关于全面推开营业税改征增值税试点的通知》征收。
④ 个人所得税主要依据1999年《关于个人出售住房所得征收个人所得税有关问题的通知》征收。2006年《国家税务总局关于个人住房转让所得征收个人所得税有关问题的通知》进一步强调对住房转让所得征收个人所得税时，以实际成交价格为转让收入。
⑤ 根据2006年颁布的《国家税务总局关于个人住房转让所得征收个人所得税有关问题的通知》相关规定，在转让住房时，实际缴纳的还有营业税、城市维护建设税、教育费附加、印花税等税种，依据2008年《关于调整房地产交易环节税收政策的通知》征收。主要的是契税、增值税和个人所得税三种。

表 3-1　　　　　　　　　中国房地产税收制度体系

阶段	环节	税种	税率	直接针对房地产征收	针对个人住房征收
开发投资阶段	流转环节	耕地占用税	定额税率（12.5—45元/平方米）	是	是
		土地增值税	超额累进税率（30%—60%）	是	否
		增值税（原营业税）	税率（11%）	否	是
		印花税	定额税率（5元）；比例税率（0.05%—0.1%）	否	是
		契税	比例税率（3%—5%）	是	是
流通交易阶段	流转环节	土地增值税	超额累进税率（30%—60%）	是	否
		增值税（原营业税）	税率（11%）	否	是
		城市维护建设税	增值税税额×（5%—7%）	否	是
		教育费附加	增值税税额×3%	否	是
		企业所得税	税率（25%）	否	否
		个人所得税	税率（20%）	否	否
		印花税	定额税率（5元）；比例税率（0.05%—0.1%）	否	是
		契税	比例税率（3%—5%）	是	是
持有阶段	保有环节	房产税	余值×1.2%；租金×12%	是	否
		城镇土地使用税	定额税率（0.6—30元/平方米）	是	否

表格中的资料来源：《中国房地产税收制度改革研究》①，《房地产税改革总体框架研究》②，《完善我国房地产税收调控政策的研究》③。

---

① 贾康、李婕：《房地产税改革总体框架研究》，《经济研究参考》2014年第49期。
② 李晶：《中国房地产税收制度改革研究》，博士学位论文，东北财经大学，2011年。
③ 林渊：《完善我国房地产税收调控政策的研究》，硕士学位论文，中国财政科学研究院，2018年。

我国目前的住房税收制度带有交易流通和持有税负成本均衡、税种复杂叠加、鼓励长期持有个人自住住房等特征。在住房转让交易环节中税率相对较高的契税、增值税和个人所得税对长期持有和家庭刚性需求住房都设置了减免优惠政策。持有环节所涉及的房产税及土地增值税两个税种目前的法律规制中均对个人非营业住房实行免征政策。

随着我国住房制度改革的不断深入，城镇中个人拥有私人名义下的住房越来越多，在房产保有环节征收房产税成为一种趋势。1994年分税制改革后，中国的税制体系发生重要变化，随之带来房地产业税制改革的探讨。但是房产税的改革进展一直进展缓慢，一方面是全国城市类型和发展情况多种多样，无法形成关于房产税的共识，另一方面国内外宏观经济形势的不断变化也带来许多问题。2011年国家开始在上海、重庆试点个人房产税的征收。两个城市的房产税改革是一种制度破冰，但是内容相对较平缓，税收额增量不大，涉及人群小众，因而并没有从根本上改变我国住房税收"轻保有"的制度倾向，杠杆和调节功能有限。

4. 住房保障体系：多样化 + 从属性

从发展历程看，我国的住房保障体系包括或者曾经包括安居房、经济适用房、公租房、棚户区改造安置房、共有产权房、保障性租赁住房等多种类型。

1995年2月国家出台《国家安居工程实施方案》，提出由政府负责组织建设，以实际成本价向城市的中低收入住房困难户提供具有社会保障性质的住宅建设。这应该被看作是我国住房保障制度建设的起点，带有一定的福利色彩，建设资金主要由地方财政承担。在实施中出台了大量投资政策，开发企业可获相当于总造价3%—5%的回报。[①]

1998年颁布的《关于进一步深化住房制度改革加快住房建设的通知》提出"最低收入家庭租赁廉租房、中低收入家庭购买经济适用房、其他高收入家庭购买商品房"，开始实施"对不同收入家庭实行不同的

[①] 除建设用地实施计划划拨外，还享受贷款倾斜、建材优先供应、税费减免等政策。但是由于获利空间不大、安居工程质量等问题，安居工程在不少城市并未能顺利推行。

住房供应政策"。2008 年，针对不同情况的低收入家庭对保障性住房有租赁与买卖的不同需求，开始大规模保障性安居工程的进程①。"建设保障性安居工程"列在被称为"四万亿"投资计划②的首项，加大对廉租房建设支持力度，加快棚户区改造，实施游牧民定居工程，扩大农村危房改造试点。廉租房和经济适用房③逐渐取代安居工程，被用于保障中低收入家庭居住。

虽然廉租住房、经济适用住房建设和棚户区改造促进了城市低收入家庭的住房条件的改善，但是，住房保障政策进入门槛较高、覆盖范围相对较小，一些中等偏下收入住房困难家庭、新职工、外来务工人员等群体的居住问题比较突出。2010 年，国家出台《关于加快发展公共租赁住房的指导意见》，倡导大力发展公共租赁住房，完善住房供应体系，培育住房租赁市场。面向中等偏下收入家庭以及新职工、外来务工人员的公租房成为保障性住房的重要方式之一。

作为"建设保障性安居工程"的一个重要内容，2010 年在全国各地全面展开城市和国有工矿棚户区的改造工作。2014 年成立国家开发银行住宅金融事业部，采取市场化方式发行住宅金融专项债券，向邮储等金融机构和其他投资者筹资，重点用于支持棚改及城市基础设施等相关工程建设。中国人民银行创设抵押补充贷款，为全国范围内大规模棚改和货币化安置提供了成本适当、长期稳定的资金支持。2016 年，为了解决房地产高库存和棚改安置大拆大建的矛盾，开始推行"货币化安

---

① 把解决城市低收入住房困难的廉租房、经济适用住房，解决林区、垦区、煤矿棚户区的改造问题、游牧民定居工程和扩大农村危房改造试点工作统称为保障性安居工程。

② 2008 年受国际金融危机冲击，经济刺激就显得刻不容缓。2008 年 11 月 5 日，国务院常务会议上正式提出"进一步扩大内需的十项措施"，计划在两年内新增加约 4 万亿元的投资。十项措施之首是"加快建设保障性安居工程"。具体内容是加大对廉租房建设支持力度，加快棚户区改造，实施游牧民定居工程，扩大农村危房改造试点。

③ 廉租住房是政府或机构拥有，用政府核定的低租金租赁给低收入家庭。低收入家庭对廉租住房没有产权，是非产权的保障性住房。经济适用住房是政府以划拨方式提供土地，免收城市基础设施配套费等各种行政事业性收费和政府性基金，实行税收优惠政策，以政府指导价出售给有一定支付能力的低收入住房困难家庭。这类低收入家庭有一定的支付能力或者有预期的支付能力，购房人拥有有限产权。这是廉租住房和经济适用住房最本质的区别。

置"政策①，棚户区住房困难家庭可通过棚改安置房和货币化购买商品房两种方式改善居住条件。

2017年9月，住建部发文支持北京、上海开展共有产权住房试点，提出要制定关于共有产权住房的配售定价、产权划分、使用管理、产权转让等相关规则，确保共有产权住房制度的侧重点是解决城镇户籍无房家庭及符合条件新市民的基本住房需求问题，避免以后转化为炒房来源，如在进入端放开户籍限制，退出端规定转让对象应为代持机构或其他符合共有产权住房购买条件的家庭。

自1995年以来，经过近30年的发展，我国逐步建立了针对不同收入群体的住房保障供应体系。一方面，我国各个时期的保障房制度设计主要出发点基本都是作为国家宏观经济的补充机制，弥补市场失灵或者国民经济发展遇到的困难和瓶颈问题，大多是作为宏观调控的应激性手段和举措被提出和实施，缺乏系统性、连贯性、独立性的统一规划，没有形成相对成熟的发展机制；另一方面，在准入方面一般都设置了比较严格的条件，大多以户籍和收入为基本条件门槛②，将非户籍家庭、收入水平不在规定范围内的家庭排除在外，实施过程中在程序上也相对复杂。在保障房退出方面相对宽松，具有产权性质的保障住房退出时可按市场价转售，购房者可获得较高的退出收益③。

5. 住房供给体系：市场与保障二分体系

1998年之前的房地产市场处于增量房阶段，住房改革顺应当时市场经济发展的需要，也是以住房商品化、市场化为主要导向，奠定了我国居民的住房消费具有很明显的产权偏好的基础。

1998年发布的《关于进一步深化城镇住房制度改革加快住房建设

---

① 货币化安置有三种形式：居民自行购买商品房；政府购买商品房卖给安置居民；直接给予货币补偿。一方面可以引导市场供给方将普通商品房转为安置房，消化库存；另一方面引导消费方购买存量房，能满足不同消费人群的需求，政府也可以节约大量过渡安置费。

② 经济适用房，申请条件要求"具有当地城镇户口""家庭收入符合市、县人民政府划定的低收入家庭收入标准"，通过户籍和收入限制将非户籍家庭以及收入水平不在规定范围内的家庭排除在外，进入门槛较高。

③ 在退出机制上，经济适用房房主5年后拥有全部产权，"可以按市场价格出售"，"按届时同地段普通商品住房与经济适用住房差价的一定比例缴纳土地收益等价款"，退出门槛相对较低，购房者可获得较大退出收益。

的通知》明确提出建立以中低收入家庭为对象、具有社会保障性质的经济适用住房供应体系和以高收入家庭为对象的商品房供应体系，对不同收入家庭实行不同的住房供应政策，主要是以产权供给为主，中低收入家庭购买经济适用住房，其他收入高的家庭购买、租赁市场价商品住房。2003年8月国务院发布了《关于促进房地产市场持续健康发展的通知》，完善住房供应政策，调整住房供应结构，强调要求增加普通商品住房供应，根据市场需求，采取有效措施加快普通商品住房发展，提高其在市场供应中的比例，进一步强化了以售为主的住房供给体系，租赁比率低，租赁市场和租赁制度都不完备。

  2015年以来，围绕解决民生"住有所居"的目标，国家针对不同类型居民实行分类引导，建立商品住房与保障性租赁住房相结合的住房供给体系。我国的住房供给体系从重产权供给转向多层次租售并举。从中央到地方都开始加大租赁住房供给力度，加速完善住房租赁制度。2016年，国务院出台《关于加快培育和发展住房租赁市场的若干意见》，2017年，党的十九大报告中提出，"坚持房子是用来住的，不是用来炒的定位，加快建立多主体供给、多渠道保障、租购并举的住房制度"，明确住房供给体系主要框架和目标。在租售并举的目标导向下，积极推进租赁用地供给、培育专业住房租赁企业、支持租赁融资、推进租购同权等多种政策。2017年7月，《关于在人口净流入的大中城市加快发展住房租赁市场的通知》出台，选取广州、深圳等12个城市开展试点；8月，《利用集体建设用地建设租赁住房试点方案》发布，明确将在北京等13个城市开展利用集体建设用地建设租赁住房试点；2019年，南京等16城入围中央财政支持住房租赁试点。各个城市充分利用试点城市的政策机遇，创新租赁住房制度，鼓励支持各类市民通过租赁住房的形式解决基本住房需求，上海、广州等城市推出纯租赁地块，增加租赁房供给的同时稳定土地市场。

第二篇　居住正义的经济学表达

居住正义是一个很政治化的概念，理论界更多的是把居住正义视作一种价值目标，以政治化、理想化甚至是道义化的语言去描述它，研究方法多为定性研究。在这个方面，学者已经有很多研究成果，这是从经济学角度研究居住正义问题的基石。事实上，居住正义是一个跨政治学、城市科学、经济学的研究领域，在诸多理论基础之上，是否可以构建一种城市经济学的方法和指标来做一些定量阐释和描述？这是非常值得尝试和深入研究的。

第四章

居住正义经济学研究的框架体系

居住正义的底层逻辑是社会个体通过差异化路径获得居住权利的实现，适足的居住权利包括：一是一定的承受能力或者可支付能力，个人或者是一个家庭的财富积累可以在负担基本生活需求的同时还能满足一定的居住需求；二是一定的可达性，核心是职住平衡；三是低收入等弱势群体是否可以获得基本的保证。围绕居住权利保证、住房可获得性以及承受能力来建构居住正义经济学研究的框架。

第一节 居住正义经济学研究的理论基础

居住及其载体——住房，应该属于经济秩序领域的概念。基于人的需求层次和阶层的划分前提，住房也就存在梯度分层消费。在住房消费上，社会阶层之间的差异主要表现在居民收入的不同差距，以及由此产生的居民住房可支付能力的差异性。居民可根据自身支付能力差异化地选择通过市场层层过滤以及其他因素决定的不同价格的住房。但事实上，居住问题及其实现载体——住房，又同时具有集体消费品的属性，对于中低及低收入群体，他们的收入水平无力通过市场解决住房困境，这就使得住房涉及社会的公平与和谐，从而成为社会问题，住房呈现出集体消费的特性。因此，居住正义经济学研究的理论基础包含了住房过滤、消费分层、社会分层、集体消费甚至是空间的职住平衡等等相关理论。这些理论给予从可获得性的角度架构居住正义的经济学分析框架以很大支撑。

一 住宅过滤理论及其发展

"住房过滤"是一种新陈代谢的自然规律，存在于任何一个相对均衡住房市场中。"住房过滤"描述了在阶梯化需求的作用机制下住房商品的整个生命周期，解释了在这一过程中，住房在使用价值上耐久性以及住房商品的服务质量和数量随着时间推移的递延性。这种递延性一般表现为使用价值和数量的递减，但是在现代很多大城市中，这种递延性也表现为递增的态势。城市住房过滤是一个包含着新建住宅不断产生，现有住宅不断老化，价值下降和无使用价值的住房被拆除的过程。在住房市场中，住房供给者根据发展目标、市场需求等因素不断建造并向市场提供不同结构和不同功能的住房，之后，随着住房使用时间的推移，住房的各种功能呈现逐渐下降的趋势，一般来说，住房的价值会随着各种功能减退而下降。作为住房市场消费一方，消费能力较强者一般会购买新房或者是功能更加全面的住房，然后，随着时间的推移和住房功能的减退，为了改善居住的品质而重新购买住房，消费能力较强者会将原有住房按照一定价格出租或出售给消费能力和消费需求稍低者。同样的道理，一定时期之后，原来的住房的功能会更加减退、价值更加减少，消费能力和消费需求稍低者继续以更低的价格出租或低价出售给消费能力和消费需求更低者。这样，住房市场上的住房层层过滤，直至最后，由于城市更新、住房功能减退、住房结构无法再居住等方面的原因，被拆除。然后再由住房市场供给者新建住房，从而开始新一轮住房的新陈代谢过程。在这一过程中，在市场机制的作用下，住房供给上的不断新建和老化、住房需求上的梯度需求，推动着不同收入层次的消费者搬迁和市场交易。住房过滤实现了住房商品在其生命周期中的不同时期的使用价值，住房市场达到了住房资源的有效配置，消费者和生产者都实现了效用和利润最大化。

E. W. Bugress 在研究和阐释芝加哥城市的居住格局变化时，提出了住房"过滤"的理论。E. W. Bugress 从对芝加哥城市的新建住房和旧的住房的分类研究中，发现之所以会形成现实中的城市居民居住区位的布局，其主要原因是住房的不断"过滤"。到了 20 世纪 60 年代，Lowry 对住房过滤现象作了更加深入的研究。Lowry 的主要贡献在于对住房过滤现象做了更深入的概念性的分析和阐释，他认为城市住房在其生命周期内使用价值、功能结构的变化是住房过滤的本质。过滤造成了住房供应结构的变化和层次，从而形成不同的住房等级。与之相对应的不同的收入阶层会选择不同等级的住房，使得住房等级和收入等级成为两个相互关联的方面。在前人的研究基础上，Gridgdby 在针对美国住宅市场的研究中，建立了第一个关于城市住房过滤的理论模型。在这个过滤模型的基础上，Sweeney 进一步从相对固化静态的角度，提出了关于住房过滤的概念性框架结构。在充分考虑存量住房的因素及其在住房市场上的关键作用后，Ohls 建立了住房过滤的长期均衡模型，提出如何更有效实现住房过滤的均衡，他认为从政府想增加穷人住房消费，可以通过一定的政策设计，如实实在在的货币补贴政策提高住房消费能力，相比较直接为低收入阶层新建住房（因为低收入者还是买不起），这样的政策设计会更有效。在对一些城市的文化因素考察之后，Braid 发现一些有历史价值的老建筑的市场价值在不断递增，他认为住宅过滤的方向不是固定递减的，因此，他做了新的假设，一般情况之下，住房过滤的方向是由高等级向低等级递减和折旧的，但是，在考虑了很多文化因素在内，住房过滤也存在随着时间的推移，住房市场价值由低向高过滤递增的情形。该模型可以用来解释现代大都市中普遍存在的旧房房价不断升值现象。

  国内关于住宅过滤理论的研究起步较晚。这是由于中国的住房交易的市场化程度不高决定着住房过滤很慢。在城市中，住房制度是与我国经济发展形态相一致的，住房制度改革之前是计划经济形态下的福利性分配住房制度，在产权范围、交易条件等很多方面，住房制度对住房居住者都做出了严格的要求。住房市场发展非常不完善不充分，不存在商品性住房、住房出租和住房售出等市场行为，这就限制了住房的过滤，因而学界也就缺乏对于住宅过滤理论的研究。随着住房制度改革不断深入，住房市场发展越来越充分，对于住房问题和住房过滤的研究逐渐深入。王来福认为我国住房市场发展的障碍是我国住宅市场的过滤不顺畅，为了提高住房市场效率，应该改善中介服务质量，不断完善我国的住宅市场。赖华东、蔡靖方分析了在我国的市场中适用住宅过滤模型的条件，针对我国的城镇类型把住房过滤分成三种，并分别提出这三类住房的保障政策。杨之光、郑煜开始采用住宅过滤模型进行实证研究，他们以杭州市为案例城市，分析研究居民的收入状况，并基于实证研究提出了对不同收入的居民如何完善货币补贴、增强消费能力的政策建议。

二 住房需求层次理论

马斯洛基于人的心理学理论，分析和阐释了人的行为变化的动机本源，认为人在不同条件下产生不同需要层次，这导致人的目标和行为发生变化。马斯洛认为，人在不同条件下，会有多种不同的需求，总体来看，有五个层次（图4-1），由低到高排列，按满足的先后顺序分为低层次和高层次需求。人的条件发生变化，需求也会变化，一般是在满足了低层次的需求之后，会进一步产生更高层次的需求。

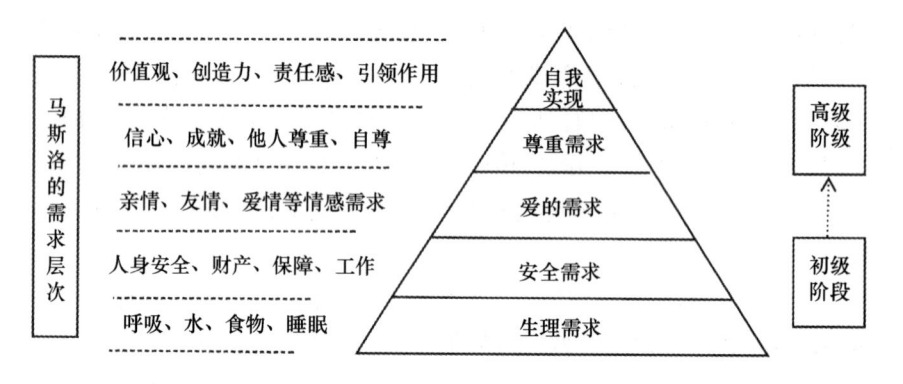

图4-1 马斯洛的需求层次

马斯洛的需求层次理论已经被广泛应用到各种学科研究中，需求层次理论也常被学者们用在消费经济学上来解释消费者不同时期消费行为发生变化的动因。住房消费问题是消费经济学中的一个重点，马斯洛的需求层次理论也可以用来解释住房需求和消费者住房行为的变化。

在现代社会中，住房越来越显示出它的商品属性，成为一种特殊的消费品。根据马斯洛的需求层次和住房的功能和价值，可以把住房需求分为如图4-2的五个层次。

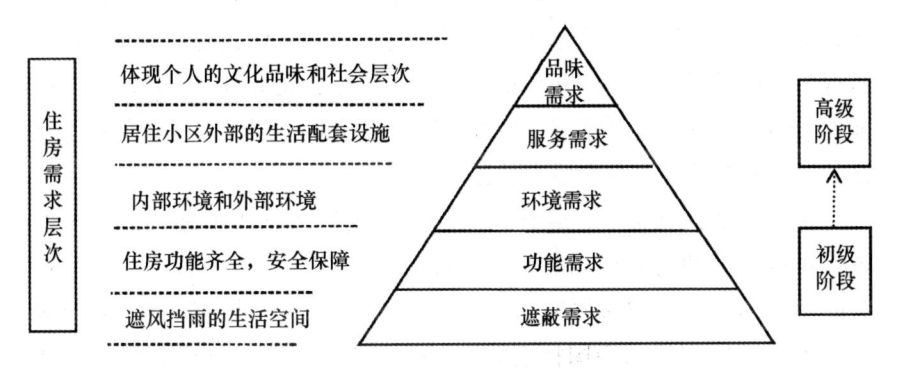

图 4-2 住房需求的层次划分

住房需求的这五个层次呈现低级向高级阶段发展的特征,并与社会成员的收入层次的变化具有很大的关联性。社会成员从低到高的住房需求的实现要依赖于住房市场供给结构、供给方式和供给渠道以及居民的收入分配状况及可支付能力。

三 社会分层理论和住房梯度分层消费

马克思主义和韦伯主义是社会分层理论领域的代表理论学说体系。马克思将阶级视为一个真实存在的实体并采用单一标准进行划分,他的经典理论基石是经济基础决定上层建筑,马克思认为社会分层是基于经济基础,是经济范畴的概念。他用占有或不占有生产资料来解释和界定资本主义社会的社会阶层的划分及划分的形式。

在马克思基于经济基础定义社会阶层的基础上,韦伯更加细化地研究和构建了阶层划分的指标体系,包括财富、权力与声望等多个因素在内。韦伯认为,作为一种资源,财富、权力和声望作为一种社会资源,具有先天固有的稀缺性,正因为这样的稀缺性,各个社会群体始终都会利用各种手段和条件追逐和占有这些资源,经济界追求财富,政治界追求权力,知识分子追求声望。结果是不同职业、阶层的社会成员会因为各种原因占有不同量的财富、权力和声望等资源,从而会因为占有资源的不同而具有不同的社会地位。韦伯把这些稀缺的社会资源分为经济、政治和社会三类。相对应于三类社会资源,就产生和事实存在着经济秩序、政治秩序和社会秩序三种不同的秩序。在现实社会的三种不同的秩序之下，对稀缺资源的追逐和占有可以用来解释社会成员个体存在和个体行为。在不同社会体制和环境中，每一个社会成员由于对资源占有的能力不同、占有的程度不同，所处社会位置也就不同，这样就形成了社会成员之间的阶层划分和阶级的区别。

在中国现代社会中，经济体制改革、政治体制改革和不断推进的现代化进程，使得阶层也发生了明显的结构性变化。学者们对中国社会的阶层划分有了很多研究。以陆学艺为主的"当代中国社会阶层研究报告"课题组提出中国社会阶层划分（表4-1），陆学艺以职业作为阶层分类的主要标准，不同社会阶层会因为各种因素占有不同量的组织资源、经济资源和文化资源，使得他们之间的利益认同也产生明显的差异。

表4-1　　　　　　　　　　当代中国的阶层划分

阶层划分	人群	占比（%）
国家与社会管理者阶层	党政、事业和社会团体机关单位中行使实际的行政管理职权的领导干部	2.1
经理人员阶层	企业中非业主身份的高中层管理人员	1.5
私营企业主阶层	拥有一定数量的私人资本或固定资产并进行投资以获取利润的人	0.6
专业技术人员阶层	在各种经济成分的机构中专门从事各种专业性工作和科学技术工作的人员	5.1
办事人员阶层	协助部门负责人处理日常行政事务的专职办公人员	4.8
个体工商户阶层	拥有较少量私人资本（包括不动产）并投入生产、流通、服务业等经营活动或金融债券市场而且以此为生的人	4.2
商业服务人员阶层	在商业和服务行业中从事非专业性的、非体力的工作人员	12

续表

阶层划分	人群	占比（%）
产业工人阶层	在第二产业中从事体力、半体力劳动的生产工人、建筑业工人及相关人员	22.6
农业劳动者阶层	承包集体所有的耕地，以农（林、牧、渔）业为唯一或主要的职业，并以农（林、牧、渔）业为唯一收入来源或主要收入来源的农民	规模宏大
无业、失业和半失业人员阶层	无固定职业的劳动年龄人群	3.1

住房应该属于经济秩序领域，基于人的需求层次和阶层的划分前提，住房也就存在梯度分层消费。在住房消费上，社会阶层之间的差异主要表现在居民收入的不同差距，以及由此产生的居民住房可支付能力的差异性。基于不同收入状况产生的不同阶层的住房可支付能力差异导致住房条件改善的可能性和程度差别很大。一方面，不同阶层社会成员在住房市场上呈现出明显的层次性，收入较高者具有更高的可支付能力，有能力购置大面积住房和多处住房；另一方面，不同阶层社会成员也呈现出进入住房市场的顺序性特征，由于不同阶层家庭的收入的差异性，每个社会成员及其家庭进入住房市场的时间上具有先后性，可支付能力强的先买房，中低收入者由于不具备足够的可支付能力而后买房。与这种差异性和顺序性特征紧密相连，住房消费市场上就呈现出梯度分层消费的模式，各阶层应在相应的消费能力和消费水平之下有效地进行消费和资源的利用。

表4-2　　　　　　　　　　住房梯度消费

住房梯度消费的形式	具体表现
消费能力的梯度化	城市住房的消费主体是居住于城市的居民。一方面，城市居民的消费能力随着家庭收入、社会资源占有程度呈现梯度化的特征；另一方面，居民的住房消费呈现从低级化向高级化梯度发展的特征

续表

住房梯度消费的形式	具体表现
空间分布的梯度化	在空间上，城市住房的价格分布呈现从中心城区向郊区依次递减的阶梯化特征；而供给则可能出现依次递增的特点
住房功能的梯度化	在住房消费市场上，消费者存在不同的消费偏好，对住房功能的要求是不同的，按照收入水平可以把消费者划分为由高至低的梯级层次，不同的消费等级对住房的功能和价位要求不同，住房功能呈现出了梯级化
生命周期的梯度化	城市住房功能会随着时间的推移而老化和落后，随之住房的价值呈现阶梯式下降；住房的生命周期就是一个功能和价值呈现阶梯式下降的过程

四 集体消费理论

本质上来说集体消费是针对市场失灵而采取的应对措施。集体消费理论的代表学者是卡斯特，卡斯特认为消费资料被社会个体占有并消费和社会集体占有并消费两类。前者包括解决衣食住行问题的商品，可以在市场上自由购买的产品。后者包括交通、医疗、保障性住房等，这一类消费是一个社会为了维持社会个体生存下去开展生产活动并且能保持社会系统安全运行所不可缺少的消费，性质特殊，规模较大，针对的群体也很广泛，一般由特殊的机构集中组织、管理这类消费的分配和供给。

在自由竞争社会中，市场机制具有充分的效率，在追求效率的市场机制下，投入的目标集中在是否能产生利润和产生多少利润，而不是消费者的需求。因而，依靠市场机制的调节作用，纯粹的社会个体消费行为和过程可以达到帕累托最优状态。而社会集体消费品具有广谱性的特点，在很多情形之下，集体消费品更是一种不可分割的权益，投入的目标集中在产生社会效益。一般情况下，由于社会集体消费品面向广泛的社会成员，其扩大生产对资本投入的要求很高，需要广泛的大量投入，回报周期也比较长，不能快速应对市场机制要求并产生预期的巨大利润。集体消费品的市场价值无法正常实现，消费者与供给者之间的联系不会像市场机制下的个体消费品一样那么紧密,甚至是中断的。集体消费品的供给与需求之间必然呈现潜在分离状态,生产与消费之间处于矛盾状态,出现市场失灵,市场机制无法配置集体消费。针对集体消费市场失灵,政府必须要采取应对措施,承担起生产、供给和管理集体消费品的责任。

住房商品兼具私人消费的经济性和集体消费的社会性的特征。住房是一种特殊的商品,针对有能力支付与收入水平相当的住房的社会个体,住房是一个经济问题,供给与需求完全可以由市场机制调节。而对于中低及低收入群体,他们的收入水平决定了他们无力通过市场解决住房困境,这就使得住房涉及社会的公平与和谐,成为社会问题,住房呈现出集体消费的特性。

从1998年开始,中国的住房制度改革已经经历20年,经历了从"实物分配"向"商品化"的过程。在市场规律的自由竞争机制中,住房开发企业作为理性经济人,在追求效率的市场机制下,根据企业发展和市场需求导向,向市场投入资金实现住房生产,投入的目标是追逐利润最大化,市场机制具有充分的效率,从而实现住房作为个体消费品的合理配置。但是,低收入社会成员的住房支付能力弱,他们按照市场机制根本无法解决住房问题,只追求利润最大化的市场并不关心他们的需要,低收入社会阶层的基本住房需求无法实现,此时,市场失灵,政府的干预和调节显得非常必要。中国政府在进行住房市场化改革的同时,为了保证中低收入阶层的居住权益,相继出台了一系列的住房保障政策。经过20年的改革,目前在中国已经逐步形成住房市场分层结构和多层次、动态的住房保障供应体系,中国的住房商品呈现出集体消费的特性。

五 就业与居住均衡理论

霍华德在《明日的田园城市》中论述了一种关于独立社区的概念,初步表达了就业和居住相互邻近、平衡发展的思想,这就是就业居住均衡的思想之源。就业和居住是城市的主要功能,因而在城市的土地规划方案中,就业区块和居住区块也是最为基本的功能性区域划分。一个理想中的"均衡的"社区,内部居住、就业和娱乐休闲等各种功能性单元划分应该合理，这使得理想中的"均衡的"社区能够独立存在，并实现内部居民自给自足。霍华德关于独立社区的概念和理想化的均衡社区思想经过沙里宁有机疏散和芒福德平衡理论的演绎，进一步得到了完善。后来，这种均衡的空间单元概念被很多学者放大至城市空间范畴。简单来讲，在一个空间区域中，就业岗位的数量和住宅单元的数量相当，这个空间区域就可以被认为均衡，一个区域就业居住关系越均衡，人们的通勤时间越短。就业—居住均衡可以使得就业者在就业地就近居住，从而减少交通通勤量，进一步从根源上缓解交通压力。均衡区域内部交通通勤量的增加可以使得区域间交通通勤量减少，从而在缓解交通拥堵的同时，也在一定程度上减少了污染物的排放等环境问题。

第二节　居住正义经济学研究的新维度和框架构建

在居住正义的理论内涵和研究框架下，需要从需求端和供给端两个维度来考察居住正义。在需求端，居住正义主要体现为可负担性，需求方是否有能力实现、在多大程度上实现居住的权利，这需要综合考量家庭可支付能力。在供给端，居住正义体现为住房供给类型多样性，这需要通过住房需求供给均衡性分析来考察供给侧是否能提供合理的、足够的、分层的住房产品以满足不同人群的需求。按照这样的研究维度和框架需要建构包括三个核心指标的研究结构。

一　居住正义经济学表达的两个维度

根据"给每一个社会成员以住房的权利保证"的内涵，居住正义的经济学研究从住房的需求侧和供给侧来展开研究，一方面通过居民家庭可支付能力考察需求方是否有能力实现住房的权利、在多大程度上实现了住房的权利；另一方面通过住房需求供给均衡性分析来考察供给侧是否能提供合理的足够的分层的住房产品，以满足城市中不同需求的差别性消费需求选择。从这两个维度形成对居住正义经济学表达的框架（图4-3）。

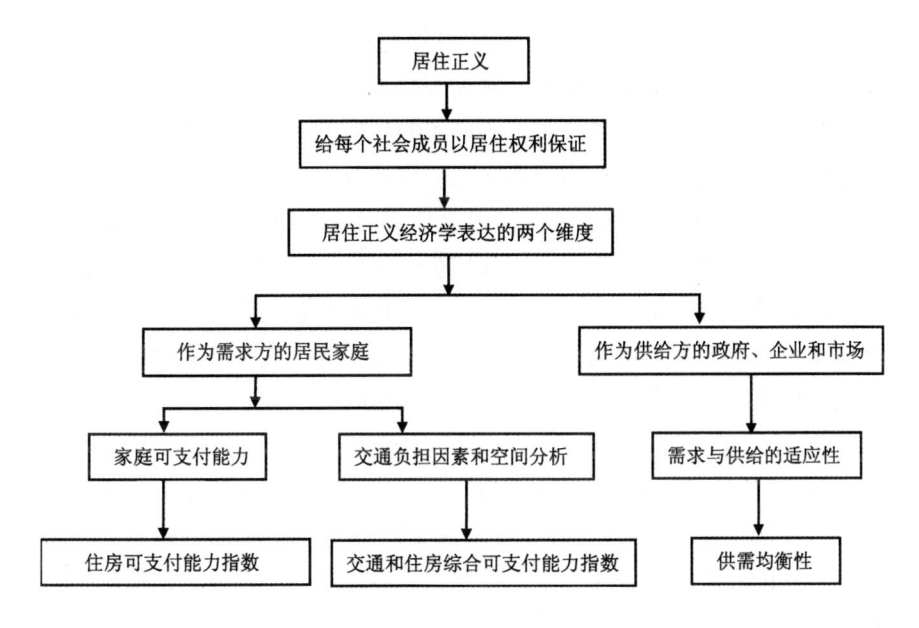

图 4-3 居住正义经济学表达的框架结构

1. 需求端：综合考量家庭可支付能力。

家庭可支付能力是指社会成员及其家庭（一般以社会成员的家庭为衡量单位）是否具有与当期住房市场住房供给的价格相当的住房支出的能力。家庭消费开支、住房开发企业合理定价、政府制定社会保障、金融机构进行风险评估等各类住房市场参与者都开始依据住房可支付性（Housing Affordability）进行决策。传统的家庭对住房的可支付能力评价仅考虑房屋本身的成本，单纯通过计算住房成本在收入中所占比例的方法度量住房可支付性。无疑这样的计算方法是有很多局限性的，在现代城市发展中已经不能很好解释家庭对住房的可支付能力了。

在本书研究中，采用剩余收入法的思想并对家庭可支付能力进行改进，通过计算居民家庭的剩余收入与住房支出成本的比例关系来衡量居民家庭住房的支付能力，设计了修正的住房可支付性指数（Mended Houses Affordability Index，MHAI）。通过构建扩展线性支出系统模型（Extended Linear Expenditure System，ELES）对居民家庭的最低生活成本进行计算。采用不同层次（以不同收入水平为分层标准）居民可支配收入减去最低生活成本后的余额（剩余收入）作为不同层次居民收入中可用于住房消费的最大份额，更加细致地对城市不同收入水平的家庭进行住房可支付能力分析。本书中修正的住房可支付性指数被表示为居民家庭剩余收入与家庭住房成本之比。该指数越小，说明家庭可用于住房消费支出的剩余收入额越少，因而住房可支付性越差，住房负担越重；反之，该指数越大，说明家庭住房可支付性相对越强，住房负担越轻。修正的住房可支付性指数的四个核心指标概念是家庭收入、最低生活成本、分层标准住房及住房成本、剩余收入额。这里的家庭收入是官方发布的家庭可支配收入额。最低生活成本是居民家庭除了住房消费以外的其他生活成本。为了获得一定时期内居民住房可支付能力的最大值，假定居民的其他生活成本只为满足其家庭的基本生活需求。研究中还结合住房市场所具有的梯度特性，提出了分层标准住房的概念，按照居民可支配收入进行分层分组，按照国家对住房的相关规定把住房按照面积分为三个层次，并假定低、中、高收入的家庭相应购买与收入相符的分层标准住房。住房成本是居民为了购买与其家庭剩余收入相匹配的分层标准住房每年付出的贷款额。剩余收入额是居民家庭可支配收入额与最低生活成本的差额。

为了更精确地反映居民家庭对住房的负担能力，在本书研究中考虑了居住区位所引致的交通成本，并把交通成本纳入居民住房综合负担的计算中，计算住房与交通综合可支付性指数（Housing and Transportation Affordability Index，H&TAI）。计算住房成本和交通成本两项成本之和与居民家庭收入的比值，就是住房与交通综合可支付性指数。这个比值越大，说明居民家庭的住房成本和交通成本越大，关于住房的综合可支付能力越差，那么居民家庭实现住房权利的综合负担越重。H&TAI中三个核心指标分别是住房成本、交通成本和家庭收入。住房成本主要是针对商品住房、二手房和租赁住房而言的，研究中以每月的月供（按照等额贷款模型计算）作为购买商品住房、二手房的家庭住房成本，以每月租金作为租赁住房的家庭住房成本。交通成本不仅指实际花费的货币成本，还包括了用于交通的时间成本，并将时间成本化为以货币为单位的成本，最后将这两部分成本汇总为统一的交通成本。限于数据可得性，本书中只考虑通勤成本。家庭收入依然是采用官方发布的家庭可支配收入额。

2. 供给端：审视住房的供给与需求的适应性。

狭义的城市住房是在城市总体居住规划范围内，以居住为使用目的，由注册房地产开发企业或者是政府出资建造的，通过市场化或者半市场化方式出售、出租的房屋，一般具有区域性、商品性、居住性等特点。住房市场上，已经购买住房并具有住房产权的居民、注册具有资质的房地产开发企业以及政府，可以被认为是住房供给者。已经购买住房并具有住房产权的居民根据自身所持房产以及未来住房的需求，房地产开发企业根据企业发展目标和住房市场的需求方向，政府根据经济社会发展状况和国家政策的规定，作为住房供给者向住房市场提供功能、价格、等级等不同属性的居住产品。住房需求是指在一定时期内居民愿意并有能力购买或承租住宅的数量。它包括消费需求和投资需求两部分，本章中的住房需求是指居民的消费需求，不包括投资性需求。住房供给和住房需求具有梯度性、实际有效性、供需均衡性的特点。

二 居住正义经济学表达的三个核心指标

按照这样的研究维度和框架，选择三个核心指标，采用跨学科的分析方法，聚焦样本城市的实证研究，从作为需求侧的居民家庭的可支付能力和作为供给侧的政府、企业和市场的供给能力两个维度来探讨社会成员是否具有住房权利保证：（1）新建住房的可支付能力指数。通过测算不同收入层次居民的住房支付能力，以衡量不同收入层次的居民对于分层次住房的可得性。（2）住房供给需求均衡性。通过考察住房市场需求和供给的均衡关系，考察住房供给是否能保证居民的住房基本权利的实现。（3）住房和交通综合性指数。把交通成本纳入居民住房综合负担的计算中，从新房、二手房、租房三个层面对居民的住房与交通综合负担进行实证研究，更加真实、准确地反映居住权利的实现程度。

1. 住房可支付能力指数

住房可支付能力是衡量居民是否可以实现住房权利和居住正义的最为直观的标准。可支付能力（affordability）的概念最早起源于 19 世纪对家庭预算的研究。1857年恩格尔（E. Engel）首次使用支出收入比研究家庭住房的可支付能力（恩格尔认为住房支出并不会随着收入的变化而变化）。现代关于住房负担能力的讨论起源于20世纪80年代，发达国家如英、美、澳等把住房负担能力作为政府制订住房计划的关注焦点。传统负担能力的研究以住房支出收入比为主，基于历史、制度和社会价值等因素以25%或者30%作为是否具有负担能力的衡量标准，也有学者以50%作为判断家庭是否存在严重住房负担的依据（国内外银行为控制金融风险，也以月贷款额不得超过月收入的50%作为是否提供贷款的依据）。从研究成果看，国外学者对住房可支付能力的研究大多是现实性的，即研究现有房价和收入水平之间的关系，也有学者研究了不同时间段、不同年龄阶段人群的住房负担能力。

我国已有不少学者对居民的住房负担有了一些研究。他们大多采用房价收入比的方法研究不同房价水平、不同住房面积对研究对象住房可支付能力的影响。王青采用房价收入比法对西安市新房和二手房的负担能力做了实证分析。王雪峰运用住房支出收入比法对苏州、上海、武汉、深圳四个城市的二手房负担能力进行了对比分析。吴刚采用房价收入比、住房可支付性指数、月供收入比和月供消费结余指标等多种方法对2000—2008年我国10个城市居民的住房支付能力进行比较研究。复旦大学学者用动态房价收入法对买房后不同阶段的不同收入人群的房价收入比进行了对比研究。杨赞等采用剩余收入法对北京市居民的住房可支付能力进行了探究，提出借鉴国外经验，发展共有产权经济适用房以满足中低收入人群需要的建议。

本章中，对住房可支付能力指数进行了修正和创新，设计了修正的住房可支付性指数：一是设定一个居民家庭最低生活成本，通过构建扩展线性支出系统模型对居民家庭的最低生活成本进行计算。二是加入分层消费思想，采用不同层次（以不同收入水平为分层标准）居民可支配收入减去最低生活成本后的余额，即剩余收入额，作为不同层次居民家庭收入中可用于住房消费的最大份额，更加科学地对城市不同收入水平的家庭进行分层次住房可支付能力分析。三是引入分层"标准住房"概念，对不同收入规模家庭设计合理的住房消费规模，即分层"标准住房"。由于住房市场具有梯度消费的规律和特征，对不同收入的家庭实现住房权利都设定同一个标准住房，显然是有缺陷的。因而，本章根据国家关于住房的相关规定，把市场上的住房分为高、中、低三类，并设定一定收入的家庭在实现住房权利时选择相应类型的住房。修正后的住房可支付能力指数是居民家庭排除基本生活成本之后的年剩余收入额与居民家庭实现住房权利的年支出额的比值，居民家庭实现住房权利的年支出额以用于标准住房消费年支出额来表征。住房可支付能力指数考察的是不同收入层次家庭对标准住房的可得性和住房权利的实现程度。具体的研究方法和模型建构过程将在本篇第五章中详细阐释。修正的住房可支付性指数越小，说明家庭可用于住房支出的剩余收入额越少，因而住房可支付能力越差，实现住房权利的负担越重；反之，该指数越大，说明家庭住房可支付性相对越强些，实现住房权利的负担越轻。

2. 交通与住房综合可支付能力指数

城市土地利用与交通系统的互动关系决定了住房成本与交通成本直接相关，随着土地有偿使用的实施和级差地租的出现，在大城市中出现人口向郊区转移的现象，而新的住房供给也同步向郊区转移。许多家庭出于各种不同的原因选择居住在郊区，承担相对低廉的住房成本，但同时要承受更为高昂的交通成本（包含货币成本和时间成本），二者的总和仍然很高。城市蔓延、多中心化趋势和住区郊区化带来了居住和就业的分离，而交通拥堵问题又进一步增加了城市居民的通勤距离和时间成本。因而，单纯从住房成本来研究已经不能全面地衡量城市居民住房可支付能力和居住正义问题。从住房与交通综合可支付能力的角度来衡量一个家庭真实的可支付水平是对住房支付能力研究的方法创新。它把支付能力从传统的住房支出扩展到交通支出，考虑了空间因素和住房区位对家庭住房选择的影响，权衡了家庭在住房和交通两方面的综合支出，能够更全面地反映一个家庭对住房的综合负担能力。

"二战"以后西方发达国家的城市发展进入高潮期，尤其是美国、澳大利亚等国的郊区化现象日益严重。郊区低密度的发展模式在很大程度上降低了可达性，并带来了长距离的交通出行和私人交通工具的广泛使用[1][2]。与此同时，也带来了大量温室气体排放和环境污染等问题。而随着低密度发展模式的蔓延，城市扩张日益严重。相关学者研究表明在此背景下，想要提高住房的可支付能力，规划机构就必须放纵城市边缘地区的发展[3]。而这又在某种程度上刺激了城市的无序扩张。因此不少学者开始反思原有住房负担能力测度的合理性。传统负担能力的计算在很大程度上忽略了如交通支出等费用对支付能力的影响。而现实的研究也表明，低房价地区往往伴随着长通勤距离和高交通费用支出。如美国学者的相关研究表明，一个工人家庭在住房上节约1美元，就有超过77美分花在交通上[4]。相关研究也发现居住在外围区域的家庭比内城家庭的公交可达性更低，他们更大程度上依赖小汽车出行，因此对低收入家庭来说，郊区的交通费用支出是一笔极大的负担[5]。由此，2006年美国CNT和CTD同时提出构建住房和交通可支付能力指数，加入交通成本更真实地测度家庭对住房的负担能力。目前国外对住房与交通综合负担能力的研究已经较为成熟。学者对新西兰奥克兰州住房与交通可支付能力的研究发现交通成本的考虑对不同区域的支付能力产生了巨大的影响[6]。由此看出住房与交通可支付能力的提出的确在很大程度上改变了住房负担能力的空间格局。St. Paul对Minneapolis的实证研究表明：在公共交通发达的区域以及结构紧凑的地区，住房和交通的可支付能力更强。而相关研究也发现：越靠近城市中心的地区，交通可达性越高，交通支出越低，但住房支出也相应增高[7]；而外

---

[1] Anderson W. P., Kanaroglou P. S., Miller E. J., "Urban Form, Energy and the Environment: A Review of Issues, Evidence and Policy". *Urban Studies*, 1996, 33 (1), pp. 7 – 35.

[2] Horner M. W., "Extensions to the Concept of Excess Commuting". *Environment and Planning A*, 2002, 34 (3), pp. 543 – 566.

[3] Quigley J. M., Raphael S., "Regulation and the High Cost of Housing in California". *American Economic Review*, 2005, 95 (2), pp. 323 – 328.

[4] CNT. H + T Index Methods. http://htaindex.cnt.org/about/. 2015 – 03 – 01/2015 – 03 – 31.

[5] Currie G., Senbergs Z. Exploring forced car ownership in metropolitan Melbourne, 2007.

[6] Currie G., Senbergs Z. Exploring forced car ownership in metropolitan Melbourne, 2007.

[7] Hall T., *Urban Geography*. Third edition, Routledge Contemporary Human Geography, 2006.

围地区，虽然住房支出较低，但相应的交通支出则会增高。有学者通过对伊朗库姆的研究也发现，郊区家庭在住房和交通上的支出远远超过中心区家庭[1]。此外，芝加哥的综合支付能力报告表明，年收入低于平均水平的家庭选择范围更窄，并认可了住房与交通可支付指数的现实意义，把此指数作为城市2040规划的一种方法[2]。由此看出，住房与交通可支付能力的研究确实为住房负担能力的测度提供了一种更加真实和准确的衡量标准，并得到国外学者的广泛认可。

国内也开始有学者在研究居民住房支付能力问题时，考虑了交通因素，具体代表性的一项成果是北京的清华大学郑思齐、刘可婧、孙伟增的《住房与交通综合可支付性指数的设计与应用》[3]。学者采用北京2005年的交通调查数据以及网上获取的房价数据将北京市城八区划分为64个区，对不同区域不同出行方式的住房与交通综合可支付能力进行了测度。这项研究是国内学者测度住房和交通综合可支付能力的第一项成果，具有很重要的意义和价值。但研究中界定北京市区内部的交通区块范围较大，研究较为宏观，且计算结果仅是现状反映，并没有排除家庭因素的影响，单纯从区位角度出发，研究不同区域住房与交通可支付能力的空间差异。还有一项成果是南京大学的万膑莲、翟国方、何仲禹等学者的研究成果《住房与交通可支付能力空间特征研究》[4]。这项研究不仅考虑了交通因素的影响，采用了广义的交通成本[5]的计算方法，加入了交通时间成本，还关注了城市内部不同区域间住房可支付能

---

[1] Isalou A. A., Litman T., Shahmoradi B., "Testing the Housing and Transportation Affordability Index in a Developing World Context: A Sustainability Comparison of Central and Suburban Districts in Qom, Iran". *Transport Policy*, 2014, 33, pp. 33 –39.

[2] CNT. Driving: A Hard Bargain. http://htaindex.cnt.org/. 2010 –07 –01/2014 –10 –31.

[3] 郑思齐、刘可婧、孙伟增：《住房与交通综合可支付性指数的设计与应用——以北京为例》,《城市发展研究》2011年第2期。

[4] 万膑莲、翟国方、何仲禹等：《住房与交通可支付能力空间特征研究——以南京为例》,《经济地理》2016年第2期。

[5] 在城市交通研究中，个人交通成本（transportation cost）有广义和狭义之分，狭义的个人交通成本指交通出行所带来的直接货币成本。广义的个人交通成本既包含直接货币成本又包含时间成本。时间成本又名时间价值，指个体在出行过程中所消耗的时间，包括乘车、换乘和等候时间等。时间因存在机会成本而产生价值。

力的空间差异。这一研究方法和思路非常科学和卓有成效，填补了国内目前对交通与住房可支付能力研究的诸多空白。

为了更全面地衡量城市居民住房可支付能力和居住正义问题，本章中引入交通成本来考察居民住房的综合负担水平，采用了关于空间因素引致的居住成本＋交通成本的研究思路，把广义交通成本纳入居民住房综合负担的计算中去，对已有的住房与交通综合可支付能力指数模型和方法进行优化，构建交通与住房综合可支付性指数模型，模型构建的过程将在后文第五章中阐释。该指数被表示为住房成本和交通成本两项成本之和与居民家庭收入的比值，这个比值越大，说明居民家庭的住房成本和交通成本越大，关于住房的综合可支付能力越差，那么居民家庭实现住房权利的综合负担越重。

3. 住房供需结构均衡性

居住正义是给社会成员以住房权利保证，那么对于住房供给一方来说就应该针对社会成员不同层次的有效需求提供各种类型的住房，满足城市中不同收入层次居民家庭差别性的消费需求选择。政府、企业和市场开发和提供的房型、大小、质地标准必须是多样性的，同时要与实际需求结构相适应，能满足新时代城市化进程中多样化、差别性的住房消费需求选择，从而形成梯度需求结构与梯度供给结构相匹配的特征，否则就可能会出现不同层次的供需之间的断层，造成不同层次住房需求之间的挤压和倒灌，形成居住非正义现象。

对城市处于不同住房消费能力层次居民的住房有效需求和需求结构进行计算。采用官方统计数据计算一定时期内样本城市住房市场的实际供给结构。然后将住房有效需求及需求结构和实际的供给结构进行比对，得到样本城市住房市场需求结构和供给结构的均衡性分析结果，考察住房市场和当地政府是否能根据居民住房支付能力和住房实际需求提供相应的住房供给，分析住房供需结构的均衡性，从是否针对不同住房需求提供不同的住房供给这一角度来探讨住房正义问题。

第五章

居住正义经济学研究方法和模型建构

本章尝试融合更多学科方法去理解和研究居住正义,希望能从定量的角度去给正义和居住正义以更丰富的内涵。通过研究居民的住房支付能力以衡量实现居住权利的承受能力和可获得性,通过研究住房市场需求和供给的均衡关系考察住房供给是否能保证居民的居住基本权利的实现。事实上,有很多学者已经在这方面有了一些成果,无疑这些成果为本书的研究奠定了厚实的基础。但是,已有的研究中或多或少存在一些可以改进的地方,这也就为本书的研究提供了一个大胆尝试的机会。本章节详细阐释前文中所说的居住正义研究框架中的三个指标的内涵及模型建构过程。

第一节 居民住房可支付能力指数模型及研究方法

住房可支付能力是在某种假定的标准之下,家庭住房消费支出与家庭收入之间的关系描述。传统标准通常使用一定时期内住房市场的均价与家庭收入均值的比率来表述,这无疑存在较大的局限。本书从家庭剩余收入和分层"标准住房"两个方面对传统的住房可支付能力的概念和计算思路进行修正和优化,构建扩展消费模型,设计更加科学合理、能够反映不同层次家庭住房消费能力的住房可支付能力指数。

一 传统的住房可支付能力及其局限性

住房可支付能力是在某种假定的标准之下,家庭住房消费支出与家庭收入之间的关系描述(一般以比率数值呈现)。基于社会价值判断、历史以及制度结构等因素,国内外很多学者研究住房可支付能力通常会选用一个假定的标准(通常为25%或30%),当居民的家庭收入总额中用于住房消费支出的部分超过这一标准,被认为是不可负担的,家庭可能面临着不足以支付住房消费的困境。

通过查阅大量的研究成果,发现大多数学者通常使用一定时期内住房市场的均价与家庭收入均值(家庭可支配收入的均值)的比率来衡量居民家庭是否具有住房可支付能力。这样的计算方法的好处是直观、简单,但是也存在很大的缺陷和局限性:一是采用均值来计算,完全掩盖了住房供给与消费的梯度性,没有考虑到家庭的差异性和消费偏好因素;二是任何一个家庭不可能把全部的收入和财产用于住房消费之上,这是完全不符合实际情况的。

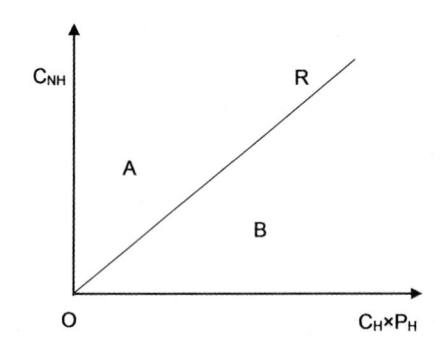

图 5-1 传统住房可支付能力

图 5-1 中,其中 C_H 是住房消费量,以家庭的住房面积表示,P_H 为住房面积单价,C_{NH} 为其他生活必需品的消费数量,其价格以当期市场上的某类商品或服务的平均价格为准。OR 为基于社会价值判断、历史以及制度结构等因素而假定的家庭住房消费支出占家庭收入的标准比率线(如25%或30%)。在分析居民住房可支付能力时,当家庭的住房消费支出与其他生活必需品消费支出的组合落在 B 区域内,说明居民的家庭消费组合中,住房消费占总收入的比率小于假定的标准比率 r,是具有住房支付能力的;如果家庭的住房消费支出与其他生活必需品消费支出的组合落在 A 区域内,说明居民的家庭消费组合中,住房消费占总

收入的比率大于假定的标准比率 r，那么这个家庭很可能不具有住房支付能力或者是支付能力较弱。根据以上分析可知，如果一个家庭具有住房支付能力，那么该家庭的消费组合应满足条件：$C_{NH} < [(1-r)/r] \times C_H P_H$。

可见，用住房市场均价与城市家庭收入均值的比率衡量居民家庭是否具有住房可支付能力过于简单，不能有效反映出家庭住房消费的主观性和分层标准等问题，采用均值来计算的结果只能反映一个城市居民住房支付能力的一个整体水平，不能反映各个收入阶层的具体差异状况，这便违背了住房的分层消费的规律。一方面，低收入家庭为了降低住房消费支出，而偏向于选择住房条件较差（价格偏低）的住房，而高收入家庭一定会选择功能更完备的住房，如果以一个固定的均值来计算显然可能会高估低收入家庭的支付能力，或者低估高收入家庭的支付能力，不能真实反映居民家庭真实的住房支付能力。因此，考虑到家庭偏好因素和收入财政状况，应该设定一定的"住房标准"，可以完善传统的以住房市场价格的均值来定义和计算住房支付能力。同时，还应对居民的家庭收入进行必要的分类。

二　住房可支付能力指数及其修正

1. 剩余收入理论

剩余收入法是一种测算居民收入中可用于住房消费的最大份额的方法，越来越多的学者用"剩余收入"来界定住房消费支出，使用剩余收入法来评价居民的住房可支付能力。剩余收入法的理论基础是机会成本。Whitehead（1991）认为承受能力实质上是住房与其他产品和服务的机会成本，机会成本是剩余收入法的根本逻辑基础。Hancock（1993）也指出所有关于承受能力的描述从本质上看是对机会成本的描述。这两位学者的研究创立了剩余收入法的理论基础。显然，在考察住房可支付能力时，把居民收入划分为两大类：住房消费和其他生活成本消费，包括食物、衣服、交通、教育、医疗等在内的其他生活必需品的消费。合理的住房支付能力既要强调适当的住房消费，又要强调包括食物、衣服、交通、教育、医疗等在内的其他生活必需品的合意消费。

剩余收入法有两种测算思路，一种是家庭可支配收入在支付基本非住房消费后，是否有足够的剩余收入来满足住房消费。若剩余收入超过住房消费支出，则认为该家庭可负担适当住房标准的住房消费；若剩余收入小于住房消费支出，那么认为该家庭不具有住房支付能力，由此引起的住房支付能力问题被称为"住房问题引致的贫困"。另一种是家庭在支付适当住房标准的住房消费后，其剩余收入是否能满足合意的其他生活必需品消费。若剩余收入能满足家庭合意的非住房消费支出，则认为该家庭可负担适当住房标准的住房消费；若剩余收入不能支付最基本的生活必需品消费，那么认为该家庭不具有住房支付能力。

两种思路都强调了家庭非住房消费的重要性。但前者直接测算家庭剩余收入与住房支出之间的关系，后者通过测算家庭剩余收入与合意的非住房消费支出标准之间的关系，间接判断住房支付能力。由于国内对合意的非住房消费支出标准尚无定论，且第二种思路是间接衡量住房支付能力，因此本书研究中采用第一种测算思路来衡量各收入层次城镇居民家庭的住房支付能力，即用居民的可支配收入减去最低生活成本后所得到的余额，即剩余收入额 HRI，就是居民可以用于住房消费的最大额。

剩余收入法可以分析和解释城市居民贫富差距结构对住房可支付能力的影响。与房价收入比的方法相比在逻辑上更加有力，它兼顾了住宅消费的主观性和住宅消费的社会标准。同时，用居民收入中可用于住房消费的最大份额的测算标准和方法解决了住房消费占收入比例方法无法测算的一个缺陷，即衡量和分析住房消费引致贫困的问题，不是所有的家庭收入都可以负担用于住房消费，很多家庭会因为住房消费而陷入实际贫困的境况。借助剩余收入法，可以预测由住房消费导致贫困的可能性，为判断不同收入阶层居民可承受的最高住房价格提供了丰富的信息，具有理论上的优点；同时也给决策者提供了经验上的优势，它也对政府给低收入家庭提供房屋帮助政策、量化对低收入家庭用于住房消费的补贴起到指导作用。

2. 引入"住房标准"：完善住房可支付能力的概念和计算方法

借助剩余收入理论，完善住房可支付能力的概念和计算方法，对住房可支付能力指数进行修正。

(1) 重视非住房消费

本书在采用剩余收入的思想来考察住房可支付能力时,把居民消费划分为两大类:住房消费和其他生活成本消费,后者包括食物、衣服、交通、教育、医疗等在内的其他生活必需品的消费。理性家庭的住房消费支出既要强调适当的住房消费,又要强调包括食物、衣服、交通、教育、医疗等在内的其他生活必需品的合意消费。在不影响其中一类消费(比如基本生活必需的消费)的前提下的居民家庭剩余收入,就构成了居民家庭可用于另一类消费(住房消费)的最大份额。因此,计算居民家庭的剩余收入可以有两种思路,一种是家庭可支配收入除去用于非住房的其他生活合意消费之后的剩余收入是否足够用来满足住房消费支出;另一种是家庭可支配收入中支付了家庭合意的住房消费支出之后的剩余收入是否能足够支撑其他生活合意消费。两种思路都弥补了传统的住房可支付能力概念和计算方法的局限性,强调家庭的其他生活必需品消费和住房消费是同样重要的。本章采用居民的可支配收入减去最低生活成本后所得到的剩余收入额作为居民可以用于住房消费的最大额的方法来分析居民住房可支付能力。

与房价收入比的方法相比,剩余收入思想在逻辑上更加合理,同时,用居民收入中可用于住房消费的最大份额的测算标准和方法解决了住房消费占收入比例方法无法测算的一个缺陷,即衡量和分析住房消费引致贫困的问题,在实际生活中,并不是所有的家庭都有能力扩展住房消费和非住房消费的,很多家庭如果不考虑除住房消费以外的其他生活必需的消费而只以住房消费与家庭收入总额的比率来判断住房购买能力,会因为住房消费而陷入实际贫困的状态。从居民家庭的剩余收入的角度来分析,可以分层次比较科学合理地判断居民家庭可以承受的住房消费的范围,居民家庭可以据此预测是否存在由于住房消费而导致家庭陷入贫困的可能性,具有理论上的优点,同时也给决策者提供了经验上的优势。

(2) 引入"住房标准"

Lerman & Reeder 认为适当的"住房标准"是指既要满足数量上的充足性,又要达到质量上的合意性。Landt & Bray 指出不同规模的家庭应有不同的适当住房标准。Stone 将适当住房实物标准转化成了货币标准,即以市场租金的第 40 个百分点处的租金额作为每月适当的住房标准。因此,只有居住在满足适当"住房标准"的房屋,并且住房成本没有超出收入标准比率的家庭才是具有住房支付能力的。

引入一定的"住房标准",按照这样的"住房标准"(按照一定的方法转化成货币标准)参与可支付能力的核算,可以完善传统的以住房市场一定期限内的均价定义和计算居民可支付能力的概念和方法。在设定的"住房标准"之下,如果居民的家庭住房消费成本没有超出家庭收入的一定比率,可以认为这样的家庭具有住房支付能力,既能在数量上实现居住面积的充足性,又能在质量上符合居民家庭的消费偏好和品质要求。

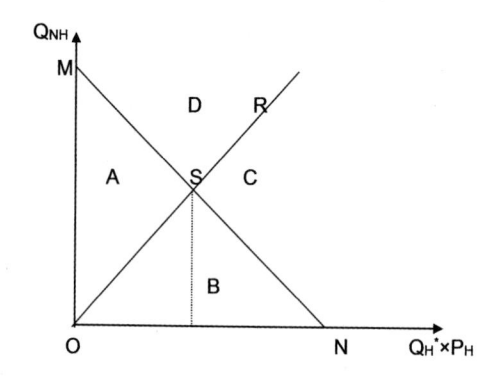

图 5-2 引入一定"住房标准"的住房可支付能力

图 5-2 描述了在一个相对固定稳定的收入约束的条件下,家庭住房消费与非住房消费之间的关系。其中 MN 为等收入曲线,Q_H^* 为适当的住房标准,那么在均衡点 S 处。S 是达到在满足适当的住房标准的同时,也满足住房支出收入比不超过标准比率 rb 的一个均衡点,说明住房消费和收入比处于这一状态之下的家庭具有良好的住房支付能力。至于实际情况中是否具有住房支付能力则由家庭的偏好决定。因此,若考虑适当的住房标准因素,则一个具有住房支付能力家庭的消费组合应满足条件:$Q_{NH} < [(1-rb)/rb] \times Q_H^* P_H$。

(3)"标准住房"需要分层设定

在计算居民的剩余收入时，如果假设所有的居民所购买的住房是标准的，用统一的"标准住房"来"一刀切"居民的住房消费支出，没有梯度特性，这就使得利用剩余收入计算居民住房可支付能力的方法具有了一定的局限性。因为受限于家庭的收入状况和消费偏好等因素，实际生活中不同层次的家庭会根据自身情况选择购买与自己实力相当的住房，假定所有的家庭都购买同一标准的住房是不科学的。因此，考虑到家庭偏好因素和家庭财富状况，应该针对不同层次设定不同的"住房标准"，假设不同收入的居民家庭，按照分层"住房标准"购买住房，产生的住房消费支出与本层次家庭收入的比值来衡量居民家庭是否具有住房可支付能力，可以进一步完善住房支付能力的定义和计算方法。基于此，本章在计算居民住房可支付能力指数时，提出两点假设和修正：

第一，基于住房梯度消费理论引入分层"标准住房"代替统一"标准住房"。

由于住房市场上具有梯度消费的规律和特征，对不同阶层的消费者都设定同样的"标准住房"具有很明显的缺陷，因为其掩盖了住房的梯度消费和梯度供给的特性。前文中提到 Landt & Bray（1993）已经提出对待不同的家庭条件区分住房标准，而不应使用统一的住房标准。Landt & Bray 认为家庭人口规模是一个很重要的指标，住房标准应该针对不同人口数有所不同，一个家庭人员少，住房标准低一些，人员多，住房标准高一些。但是，住房消费梯度的根本逻辑起点是基于居民收入的消费能力的梯度特征，而不是家庭人口规模，所以只以家庭人口规模的不同来划分住房标准是不科学的。

结合住房市场所具有的梯度特性和梯度划分的标准，本书的研究在使用剩余收入界定住房可支付能力时，提出了居民按照可支配收入分层分组的思想。按照可支配收入对居民分层分组，以当年的居民可支配收入为依据，把居民按照收入额的多少从低到高分为七个（2005—2012年）或五个（2013—2015年）层次。根据面积指标把住房分为不同的类别（三类），假定一定收入组的家庭购买相对应的住房。按照分层"标准住房"来衡量和分析不同收入状况的家庭的住房承受能力，以免形成住房结构错配的情形。

第二,假设一个相对固定的最低生活成本"标准"消费。

在采用剩余收入思想考察住房可支付能力时,把居民的消费划分为两大类:住房消费和包括食物、衣服、交通、教育、医疗等在内的其他生活必需的消费,通过考察这两者的消费组合情况来分析住房支付能力。对于现代家庭来讲,合理的住房支付能力既要强调适当的住房消费,又要强调其他方面基本生活消费的合意。

目前学界对合意的非住房消费支出的标准尚无定论,同时限于数据资料的可得性,在本书研究中,假设一个相对固定的最低生活成本"标准"消费,作为合意的非住房消费支出。为了获得一定时期居民住房可支付能力的最大值,假设居民的除住房消费以外的其他生活成本只为满足其基本需求,是居民为了维持最基本的生活水平的消费支出。这里所涉及的其他生活必需消费及相关数据主要参照统计部门官方统计口径中的八种消费及支出,官方统计口径中的八种消费支出额是根据一定时期内居民某一类消费额的平均值,这就可能会牺牲掉一部分居民家庭用于住房消费的支出(当居民家庭的其他生活必需消费低于官方统计口径中的消费支出额),或者是牺牲一部分用于其他生活消费的支出,来支撑基于分层"住房标准"的住房消费能力的测算。

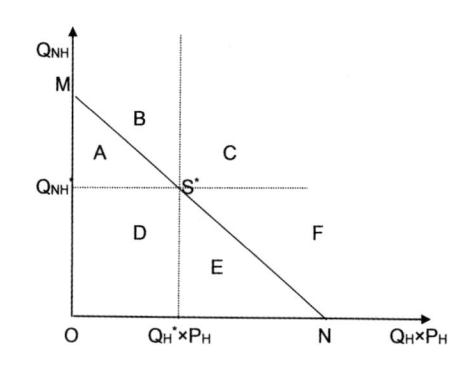

图 5-3 假设最低生活成本的住房可支付能力

如图 5–3 所示，图轴 $O-Q_H \times P_H$ 为住房消费，$O-Q_{NH}$ 轴为非住房消费。住房的最低消费位于点 $Q_H^* \times P_H$（$Q_H^* \times P_H$ 是根据不同收入状况而确定的不同等级家庭"标准"住房消费）。而非住房消费的最低消费位于点 Q_{NH}^*（Q_{NH}^* 为根据商品的市场价格而假设的一个相对固定的其他生活成本"标准"消费——最低生活成本）。MN 为等收入曲线。很显然，家庭收入经过非住房、住房消费分配后，消费组合落在 A、D、E 区域的家庭不具有住房支付能力，位于 D 区域内的家庭住房消费和非住房消费都不足，此时，政府需要向低收入家庭提供补贴以满足其基本需求。位于 E 区域内的家庭在住房消费满足后将导致非住房消费不足，即"住房引致贫困"，针对这样的低收入家庭，政府应予以补贴满足其正常的住房消费。消费组合落在 B、C、F 区域的家庭具有住房支付能力。其中 B、F 区表示在满足一种基本需求后可以扩展另一种需求的支出，C 区则表示既能满足非住房、住房基本需求，而且还可以同时扩展两种需求。

三 优化后的住房可支付能力指数模型及其测算方法

假设居民家庭年收入减去非住房消费支出（这个支出是建立在一个相对固定的其他生活成本"标准"消费——最低生活成本的假设基础上）后的剩余收入，可以全部用于住房消费，则剩余收入额的大小就决定了居民住房可支付能力。修正后的住房可支付能力指数就是居民家庭年剩余收入额与购买相应分层次"标准住房"年均承担额（以购买"标准住房"年均抵押贷款本利偿还额来表示）的比值。比值越大，说明居民家庭年剩余收入额就越大，住房可支付能力较强；比值小，则说明居民家庭的住房可支付能力较弱。

1. 居民最低生活消费成本（居民非住房消费支出）的测定

如果我们假定在一定时期，居民的消费需求都是由基本需求和扩展需求两个部分组成。基本需求是指满足居民基本的生活需要的消费支出，即居民最低生活消费成本，这一部分支出取决于一定时期内商品和服务的市场价格，基本与居民的收入水平无关。扩展需求是指剔除居民家庭基本需求支出或者在家庭收入的增长的情况下，用这一部分剩余收入或者收入增长额可以满足的消费。居民的扩展需求量受到满足所有基本需求后的剩余收入额和每一个层次的居民的消费偏好等因素的影响。

在此假定条件下，我们建立扩展线性支出系统模型（Extended Linear Expenditure System，ELES）来研究居民住房可支付能力指数。

假设一定时期内居民产生 n 类消费支出，则某一类商品的消费支出可以用线性支出系统模型表示：

$$V_i = P_i X_i + \beta_i (Y - \sum_{k=1}^{n} P_i X_i) \qquad (5-1)$$

式中：V_i——居民对某一类（i）消费品的消费支出额；

P_i——当期第 i 类消费品的市场价格；

$P_i X_i$——居民对某一类（i）消费品的基本消费需求量；

β_i——居民对某一类（i）消费品的边际消费倾向；

Y——居民家庭户均可支配收入；

$$i = 1, 2, \cdots, n$$

$\sum_{k=1}^{n} P_i X_i$ 为家庭在一定时期内满足基本需求产生的消费总支出，Y 反映居民家庭收入水平，$Y - \sum_{k=1}^{n} P_i X_i$ 则是扩展需求能力，家庭在满足基本需求的消费支出后产生的剩余收入。这部分收入会按照家庭的消费偏好和消费倾向，以一定比例 β_i 扩展到各种消费品之间。参数 β_i 满足 $0 < \beta_i < 1$。

采用截面数据进行计算时，模型中的 $P_i X_i$ 是一个常量（以当期某一层次的居民家庭满足某一类消费需求的消费支出表示），令

$$b_i = P_i X_i - \beta_i \sum_{k=1}^{n} P_i X_i \qquad (5-2)$$

则，模型可化简为：

$$V_i = b_i + \beta_i Y \qquad (5-3)$$

对 5-2 式两边求和整理得：

$$\sum_{k=1}^{n} P_i X_i = \frac{\sum_{k=1}^{n} b_i}{(1 - \sum_{k=1}^{n} \beta_i)} \quad (5-4)$$

将 5-4 式代入 5-2 式得某一类基本消费需求量为:

$$P_i X_i = b_i + \frac{\beta_i \sum_{k=1}^{n} b_i}{(1 - \sum_{k=1}^{n} \beta_i)} \quad (5-5)$$

城市居民人均基本消费总需求:

$$V_0 = \sum_{k=1}^{n} P_i X_i \quad (5-6)$$

城市居民人均非住房消费基本生活开支为:

$$C_{nh} = V_0 - V_3 \quad (5-7)$$

式中, C_{nh} ——城市居民人均非住房消费基本生活开支;

V_0 ——城市居民人均基本消费总需求;

V_3 ——城市居民人均居住基本消费需求;

2. 住房可支付能力指数 MHAI 的测算

采用扩展线性支出系统得出城市居民非住房消费基本生活支出,然后以家庭可支配收入减去非住房消费基本生活支出得出城市居民家庭户均剩余收入。

城市居民剩余收入为:

$$HRI = Y - C_{nh} \times \varepsilon \quad (5-8)$$

式中: Y ——家庭可支配收入(年);

C_{nh} ——城市居民人均非住房消费基本生活开支;

ε ——不同层次的家庭人数;

则, 住房可支付能力指数为:

$$MHAI = \frac{HRI}{PMT} \times 100\% \quad (5-9)$$

式中: HRI ——城镇居民年均家庭剩余收入;

PMT——年均抵押贷款本利偿还额;

$$PMT = Hprice \times (1 - \theta) \times IR \times \frac{\left(1 + \frac{IR}{12}\right)^{12}}{\left(1 + \frac{IR}{12}\right)^{12} - 1} \quad (5-10)$$

式中：$Hprice$——满足家庭基本住房需要的"标准住房"市场价格；

θ——住房抵押贷款成数；

n——抵押贷款年限；

IR——当年年均抵押贷款利率（人民银行公布的官方数据）。

住房商品是典型的资金密集型消费品，具有价值巨大的重要特征。而居民手中的存款总是有限的，这决定了多数人不可能一次性支付全部购房款项。在现阶段大多数消费者常常通过借贷的手段，用购买的住房作抵押物从金融机构贷款，实现提前消费。2005—2019 年期间，我国各商业银行一般按照购买住房总额的 70% 或 80% 给予住房按揭贷款，贷款期限在 5—20 年，特殊条件最多不超过 30 年。在本书的研究中，为了统一起见，假设居民家庭购买住房按照首付三成进行贷款，也就是说贷款总额为购房总额的 70%；贷款利率为当年度金融机构人民币贷款 5 年以上基准利率，还款方式按等额本金还款法。

第二节　住房的梯度配置和供需结构研究方法

为了给社会成员以住房权利保证，从住房供给方来说，就应该针对市场的有效需求提供不同层级的住房，满足城市中不同收入层次家庭的差别性的消费需求选择，否则就会出现不同层次的供需之间的断层，造成不同层次住房需求之间的挤压和倒灌，形成住房非正义现象。本节继续采用更具逻辑性的剩余收入的思想，对城市不同收入阶层居民的住房消费支出进行定量模拟及数据分析，判断不同收入阶层居民可承受的最高房屋价格。根据可承受的最高房屋价格，针对不同收入设定适宜规格的"标准住房"需求，利用不同收入层次的可支付能力，对城市不同可支付能力居民的住房有效需求进行计算，与实际的住房供给结构进行对比，分析住宅供需结构的均衡性。对照有效需求，查看政府与市场是否针对不同需求提供不同的住房供给，从而从这一层面来探讨居住正义问题。

一　住房的梯度配置

城市住房梯度配置包含消费和供给两个方面。住房需求是指在一定时期内居民家庭愿意并有能力购买或承租住房的数量。它既是一种市场现象，也是一种住房消费模式，一定时期内的住房需求会形成一定的消费观念，科学理性的住房消费是居民家庭合理地根据自身消费水平选择与之相适应的住房消费模式。住房市场上，住房供给包括三个层面，已经购买住房并具有住房产权的居民、注册具有资质的房地产开发企业以及政府，是住房供给者。已经购买住房并具有住房产权的居民根据自身所持房产以及未来住房的需求和偏好，房地产开发企业根据企业发展目标和住房市场的需求方向，政府根据经济社会发展状况和国家政策的规定，作为住房供给者向住房市场提供功能、价格、等级等不同属性的住房产品。社会个体所占有的资源是不同的，居民家庭的收入是分层次的，家庭住房需求偏好也不同；而住房供给者向住房市场提供的住房产品具有不同属性，因而住房供给和住房需求都具有梯度性、实际有效性、供需均衡性的特点。在市场机制、经济发展阶段、国家政策等各种力量的不断博弈过程中，城市住房配置体系一方面在市场机制的作用下不断适应住房市场需求，另一方面也可以通过政策等因素从供给方通过不断调整供给结构，调节居民家庭的消费行为，促进住房市场达到供需均衡。

二　住房市场有效需求和住房梯度需求结构

一定时期的市场需求由消费意愿和支付能力两个要素构成，消费意愿是基础条件，支付能力是支撑条件，两者不可或缺。基于这样两个不可或缺的条件，需求包括有效需求和潜在需求。对于住房市场需求，同样必须有消费意愿和支付能力这两个构成要素，当某一特定时期内城市居民有购买住房的意愿，而且按照某一价格水平具有支付能力，这时的住房需求才有可能转化为有效需求。

住房需求的有效实现取决于消费能力，支付能力的不同决定了消费能力从低到高分为不同层次，不同的住房消费能力决定着不同的住房需求。不同层次的住房梯度消费划分为住房梯度消费能力和住房梯度消费需求（见图5-4）。

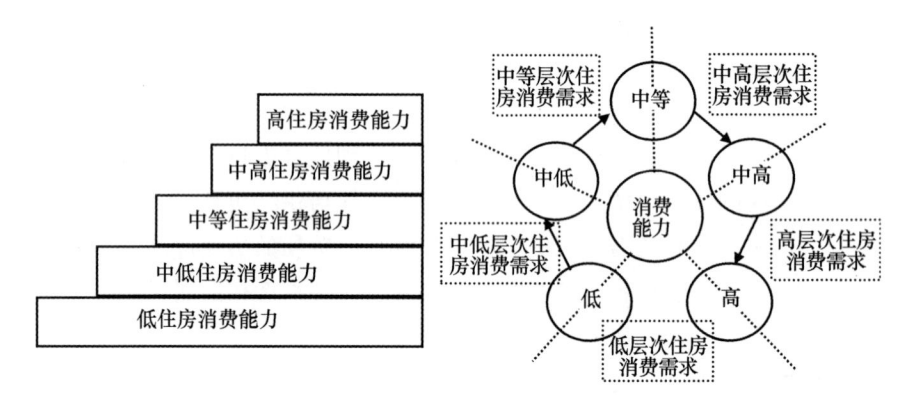

图5-4　住房梯度消费能力和消费梯度需求

虽然居民家庭最终实际选择以怎样的方式实现自己的住房需求并不完全由住房消费能力决定，还存在诸如通勤时间、配套完善、交通便利、周边环境及家庭偏好等各种因素，这些因素会促使住房消费能力比较高的居民家庭最终实现了低一级的实际住房需求。

在居民家庭可支付能力支撑下的住房有效需求转化为实际住房需求时，才能对住房市场及规律变动产生影响，所以基于居民家庭不同收入规模和非住房消费支出等约束性条件，考察和区分一定时期内居民家庭不同住房支付能力，计算某类住房有效需求的比例，对一定时期内市场上的住房需求进行细分，统计在特定预算约束条件下，各类住房的有效需求量占全部住房有效需求总量的比例，并分析各层次家庭户数分布、住房需求分布特征，就形成了一定时期一定区域内的住房市场的梯度需求结构。

三 住房需求结构测算方法

根据梯度消费原理，对城市不同收入层次居民的住房消费支出进行定量模拟及数据分析，理论上判断不同收入层次居民可承受的最高房屋价格。根据可支付能力（即可承受的最高房屋价格），针对不同收入层次设定适宜规格的"标准住房需求"，以此来对城市中不同住房可支付能力居民的住房有效需求及需求结构进行计算。

1. 人均可用于住房消费的最大额度

前文已论证了采用扩展线性支出系统模型 ELES 计算得出城市居民无住房消费基本生活开支，并在此基础上计算不同收入层次居民的当年剩余收入。这里，我们继续采用剩余收入法的思想，用人均可支配收入减去人均无住房消费基本生活开支后的剩余收入，这个剩余收入也可以被看作为居民可用于住房消费的最大额度，即居民当期可承受的最高房屋价格。

人均可用于住房消费的最大额度，即用人均可支配收入减去人均无住房消费基本生活开支后的剩余收入，计算公式为：

$$V_{\max} = Y_i - C_{nh} \quad (5-11)$$

式中，$V_{\max}$——某一收入层次家庭人均住房消费最大额；

Y_i——某一收入层次家庭人均可支配收入；

2. 不同收入层次家庭户均住房消费最大支出

继续求出不同收入家庭户均住房消费支出最大值，公式为：

$$C_i = V_{\max} \times Q_i \quad (5-12)$$

式中，C_i——某一收入层次家庭户均住房消费最大值；

$V_{\max}$——某一收入层次家庭人均住房消费最大支出；

Q_i——某一收入层次家庭户均人口数。

3. 不同层次的"标准住房"面积的确定

这里对于不同层次的"标准住房"面积的确定（表5-1），主要依据的是案例城市保障性住房的相关规定、"国八条"中我国政府对高端住房作出的一些明确的数量化表述以及案例城市政府参照"国八条"拟定的高端住房的标准。

表 5-1 分层"标准住房"及其划分依据

分层"标准住房"	分层"标准住房"的面积（m²）	划分依据	所面向的社会成员
经济适用房或小户型商品住房	60	案例城市关于经济适用住房的供应政策	低收入家庭
普通商品住房	90	国家九部委"国六条"相关规定	中等收入家庭（包括中等偏下收入、中等收入、中等偏上收入家庭）
高端商品住房	144	国家九部委"国八条"中在全国层面上对高端商品住房的界定；案例城市参照"国八条"的精神确定的高端住房的相关标准	高收入家庭

　　南京市经济适用房政策有明确的规定，经济适用房主要针对低收入家庭（家庭人均月收入在 750 元以下），建筑面积控制在 60 平方米左右。根据此规定确定居民家庭收入分组中的低收入户的分层"标准住房"类型为小户型商品住房，面积为 60 平方米。在原建设部等七部委颁发的"国八条"中对高端住房有明确的数量化表述，即套型面积在 120 平方米以上。南京市参照"国八条"的精神，确定套型面积在 144 平方米以上为高端住房的标准。据此，我们确定南京市城市居民高收入家庭和最高收入家庭的分层"标准住房"为建筑面积为 144 平方米的高端住房。高端住房以外的商品住房为普通商品住房，主要面向中等收入群体。中等收入群体包括中等偏下收入户、中等收入户和中等偏上收入户，大约涵盖了 60% 的社会人群。九部委"国六条"为了在土地资源稀缺的前提下引导一种合理的住房消费模式，规定城市住房规划建设中应有比例不得低于 70% 的普通商品住房，建筑面积应在 90 平方米以下，这一比例正好是针对大约 60% 的中等收入群体的。因此，我们设定中等收入家庭的分层标准住房为普通商品住房，建筑面积为 90 平方米。

4. 不同层次的"标准住房"需求量及需求结构计算

影响城市居民家庭住房能力的因素包括房价、收入、利率、按揭比例和按揭年限等。在本章节的测算中还是假设居民用住房按揭贷款的筹资方式购买住房。因此，主要考量价格和收入对城市居民家庭住房消费支出能力的影响。在分析中不考虑住房政策的变化对贷款年限、贷款人群变化的影响，根据人民银行公布的权威数据选取固定的利率、按揭比例和贷款按揭年限进行计算。对不同收入层次居民的"标准住房"需求量的计算，依旧假设居民住房贷款均首付三成，贷款额为购房总额的70%，贷款利率取各年度金融机构人民币贷款5年以上基准利率的平均值，每一年度略有变动。为了便于计算，还款方式按等额本金还款法，即每年还钱的数量相等，还款年限为30年。

根据按揭还款公式：

$$V = \frac{A}{i}\left[1 - \frac{1}{(1+i)^n}\right] \qquad (5-13)$$

式中：V——按揭贷款总额；

A——年还款额；

i——贷款年利率；

n——贷款年限；

将城市居民的户均剩余收入作为年还款额带入上述公式，即可求出该家庭可支付的最大住房总价及住房面积。由于不同类型的标准住房面积不同，需求面积的总量并不能合理地反映出对应收入层次居民的住宅需求情况。因此，本章节采用与家庭数量相关性更密切的住房套数作为需求量的单位进行计算。

户均可支付住房总价 P：

$$P = \frac{V}{70\%} = \frac{1}{70\%} = \frac{A}{i}\left[1 - \frac{1}{(1+i)^n}\right] \qquad (5-14)$$

户均可购买对应标准住房面积 S：

$$S = \frac{P}{P_k} \qquad (5-15)$$

式中：S——户均可购买住房面积；

P——户均可支付住房总价；

P_k——对应标准住房均价；

某一类标准住房需求总面积 S_0

$$S_{0k} = \sum S \times Q_0 \times \partial_i \qquad (5-16)$$

式中：S_{0k}——对应标准住房需求总面积；

Q_0——人口总户数；

∂_i——某一收入层次家庭户数占人口总户数比重；

某一层次对应的标准住房有效需求套数：

$$Q_k = \frac{S_{0k}}{S_k} \qquad (5-17)$$

式中：Q_k——对应标准住房需求套数；

S_{0k}——对应标准住房需求总面积；

S_k——对应标准住房面积；

不同收入层次对应的"标准住房"需求比例：

$$\beta_k = \frac{Q_k}{\sum Q_k} \qquad (5-18)$$

四　住房梯度供给结构及计算方法

住房的新建、更替作为住房市场的驱动因素，贯穿于整个城市住房市场和住房的全生命周期，与城市住房需求变化有着密切的关系。相对于需求结构，城市住房梯度配置体系还存在梯度供给结构。梯度供给结构反映住房供给状况，反映住房供给市场中住宅的差别供应的市场现象，以及与住房梯度消费市场之间的作用关系。住房市场的供给包括增量供给和存量供给两部分，住房的增量市场和存量市场都是住房市场的重要组成部分，增量住房是指某一时期内（通常为一年）新竣工的住房，存量住房是指某一时期内可供居住的住房。增量住房一旦进入市场，马上就变成存量住房，某一时期的增量是下一个时期存量中的一部分。因此，增量和存量只是在一定时期的相对划分。在增量住房和存量住房之间有一个相对合理的关系。从我国国情出发，存量住房本身的结构关系虽然对住房市场有一定影响，但其结构的改变还要依靠增量住房的供给，分析研究增量住房内部的结构关系更为重要。

一定时期内，住房市场某类住房供应量占全部住房供应量的比重构成了住房供给结构。其公式为：

$$W_i = \frac{S_i}{\sum S_i} \qquad (5-19)$$

式中：W_i——某类住房供应比例；

S_i——某类住房供应量；

$\sum S_i$——全部住房供应量。

我国住房制度改革以来，已逐步建立起以市场为基础的商品化住房供给体系（图5-5），并呈现出一定程度的以不同的家庭收入状况为划分标准的梯度特征。

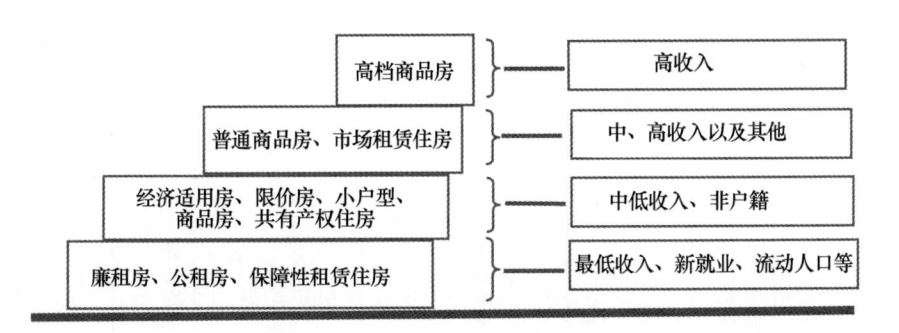

图5-5　中国梯度住房供给体系

我国目前的住房供给结构主要分为四个层次：廉租住房（公租房）及保障性租赁住房、经济适用住房（很多城市经济适用房政策从2010年开始逐步已经暂停执行）或者是小户型商品住房、普通商品住房、高档商品住房。在这一个住房梯度供给结构体系中，各类住房的功能与性质、资金来源与供给主体、面向的需求人群、所受到的政府调控政策干预程度和价格管理等方面都有所不同（表5-2）。

表 5-2　中国住房供给体系

住房供给类型	功能与性质	供给主体	影响因素	需求人群	政府干预
廉租房、公租房、保障性租赁住房	社会保障职能	政府提供建设资金和房源，公共财政专项资金，部分具备条件的单位	最低收入家庭的数量，城市化进程，人口流动趋势等	最低收入家庭以及其他需要保障群体，如新就业大学生等	政府干预程度最高，政府定价，禁止进入存量住房市场，禁止转租
经济适用房（有些城市已经停止）、共有产权住房、限价房、小户型商品房	遵循市场规律运行兼有保障功能	政府组织、开发企业或者单位开发建设	政府的政策	中低收入阶层以及其他需要保障群体	政府有一定程度干预，能够享受土地划拨、税收减免等优惠，供给价格弹性低
普通商品住房	按市场经济规律运作	开发商投资建设	土地供给的限制，市场供需及价格	中高收入阶层	供给价格弹性高，不享受政府特殊优惠政策，政府不作限制
高档商品住房	市场属性，按照市场规律运行	开发商投资建设	土地供给的限制，市场供需及价格	高收入阶层	政府不应干预

第三节 住房与交通综合可支付能力及研究方法

从住房与交通综合可支付能力的角度来衡量一个家庭真实的可支付能力是对住房支付能力研究的方法创新。基于综合的住房与交通可支付能力指数（H&TAI）研究能够更好地反映出真实的住房负担水平和居住正义。借鉴和修正美国住房与交通可支付能力指数模型和方法，考虑地域、区位和个人因素对住房与交通综合可支付能力产生的影响，从基于可达性分析的住房与交通可支付能力入手，更全面地反映一个家庭对住房的综合负担能力。

一 住房和交通综合可支付能力已有的模型和研究方法

城市住宅区位理论是家庭理论的应用，由于家庭的通勤与住房成本依赖于区位，因此，居住成本与通勤成本影响着家庭区位经济效用。Lowdon Wingo 较早发现理性消费者往往将交通（通勤）与住房结合起来考虑，在 CBD 工作的居民不得不在交通费用与高额住宅费用之间选择。[1] 近现代以来，西方国家的城市化进程开始较早，学者们发现城市化进程中，郊区低密度的发展模式在很大程度上降低了可达性（accessibility），并带来了长距离的交通出行和交通费用的增加[2][3]。城市居民住房与交通综合支付能力受到了国际上很多城市的广泛关注。Schleith 和 Horner 以每月通勤费用和通勤距离的乘积刻画了通勤负担指数，得

---

[1] Jr L. W., "An Economic Model of the Utilization of Urban Land", *Papers of the Regional Science Association*, 1961, 7 (1), pp. 191–205.

[2] Anderson W. P., Kanaroglou P. S., Miller E. J., "Urban Form, Energy and the Environment: A Review of Issues, Evidence and Policy". *Urban Studies*, 1996, 33 (1), pp. 7–35.

[3] Horner M. W., "Extensions to the Concept of Excess Commuting". *Environment and Planning A*, 2002, 34 (3), pp. 543–566.

出了低收入通勤者更多地从事兼职工作等结论。① 2006 年美国 Center for Neighborhood Technology（CNT）与 Center for Transit – Oriented Development（CTD）同时提出考虑住房成本和通勤成本的住房可支付性评价思路，引入复合住房支出和交通支出的综合可支付能力指数：（housing and transportation affordability index：H&TAI)②，认为应当以住房成本与通勤成本之和除以家庭收入的比值进行评价：

$$H\&TAI = \frac{HC + TC}{HI} \qquad (5-20)$$

其中，HC 指的是"住房成本"，它是基于中等收入房主每月住房支出的中位值；TC 是指"交通成本"，这是通勤目的的直接货币成本；HI 指"家庭收入"，即中等收入家庭的年收入中位数③④。CNT 与 CTOD 的这一研究思路，为住房负担能力的测度提供了一种更加真实和准确的衡量标准，逐步得到国际学者的认可⑤⑥⑦⑧⑨。住房与交通可支付指数在实践中也得到了城市管理者的认可，芝加哥把这一指数作为城市 2040 规划的一种方法⑩。

---

① Schleith. D., M. Horner, "Commuting, Job Lusters, and Travel Burdens: Analysis of Spatially and Socioeconomically Disaggregated Longitudinal Employer – Household Dynamics Data". *Transportation Research Record: Journal of the Transportation Research Board*, 2014, (2452). pp. 19 – 27.

② CNT. "H + T Index Methods". http://htaindex.cnt.org/about/. 2015 – 03 – 31.

③ CNT. "H + T Index Methods". http://htaindex.cnt.org/about/. 2015 – 03 – 31.

④ CNT. (Center for Neighborhood Technology), MTC. (Metropolitan Transportation Commission). Bay Area Housing and Transportation Affordability: A Close Look, 2009.

⑤ Currie G., Senbergs Z. Exploring Forced Car Ownership in Metropolitan Melbourne, 2007.

⑥ Hall T., *Urban Geography*. Third edition. Routledge Contemporary Human Geography, 2006.

⑦ Kellett J., Morrissey J., Karuppannan S. The Impact of Location on Housing Affordability, 2012.

⑧ Isalou A. A., Litman T., Shahmoradi B., "Testing the Housing and Transportation Affordability Index in A Developing World Context: A Sustainability Comparison of Central and Suburban Districts in Qom, Iran". *Transport Policy*, 2014, 33, pp. 33 – 39.

⑨ Meead Saberi, Hongzhi Wu, Richard Amoh – Gyimah, et al., "Measuring Housing and Transportation Affordability: A Case Study of Melbourne, Australia", *Journal of Transport Geography*, 2017, 65, pp. 134 – 146.

⑩ CNT. Driving: A Hard Bargain. http://htaindex.cnt.org/. 2010 – 07 – 01/2014 – 10 – 31.

但是，CNT 与 CTOD 的研究认为居民住房选择所支付的全部成本包括住房成本和交通成本两个部分。显然，CNT 与 CTOD 的这一研究存在两个方面的缺憾：一是其中的住房成本按家庭住房月支出的中位数计算；二是交通成本由汽车拥有费、汽车使用费和公共交通费用（因变量）三部分构成，交通成本只计算了货币成本，缺乏对交通成本中时间成本因素的考虑。

随着城市化进程的加快和都市圈、城市群的崛起，国内的城市管理者越来越放纵城市边缘的扩张和发展，城市发展呈现出多中心化趋势和住区郊区化的特点。国内已有学者注意到这一特点并开始反思单纯从住房成本测度可支付能力的完整性和合理性，但是研究成果只有两篇，还存在较多空白。郑思奇、刘可婧采用北京 2005 年的交通调查数据以及网上获取的房价数据将北京市城八区划分为 64 个区块，通过对各个区块的通勤成本以及本区块的居住者在各个区块中就业的比例（可以被认为是本区块的居住者到各个区块的就业概率）进行加权平均，得到所研究区块的平均通勤时间成本，基于此，对不同类型家庭的住房与交通综合可支付性指数进行了研究①。这是国内学者开始关注并测度住房和交通综合可支付能力的第一项成果，具有很重要的意义和价值，更为可贵的是郑思奇、刘可婧超越了 CNT 与 CTOD 的研究方法，开始关注交通时间成本的概念。但研究中界定北京市区内部的交通区块范围较大，研究较为宏观，而且对交通时间成本的定义值得商榷。万斌莲、翟国方等学者首次从更加微观的街区层面对城市内部住房与交通可支付能力水平进行研究②，引入了交通网络分析的概念和分析方法③计算交通时间成本，这一研究思路卓有成效，填补了国内目前对交通与住房可支付能力研究的诸多空白。但是研究缺乏归类和分层分析，忽略了对低收入群体和保障性住房的关注。

---

① 郑思奇、刘可婧、孙伟增等：《住房与交通综合可支付性指数的设计与应用——以北京为例》，《城市发展研究》2011 年第 2 期。
② 万膑莲、翟国方、何仲禹等：《住房与交通可支付能力空间特征研究——以南京为例》，《经济地理》2016 年第 2 期。
③ 祁毅：《规划支持系统与城市公共交通》，东南大学出版社 2010 年版。

二 优化住房与交通综合可支付能力研究方法

在本章节的研究中，采用两种思路和方法核算住房与交通综合可支付能力，如表 5-3 所示：

表 5-3　　住房与交通综合可支付能力计算的两种方法

		家庭原单位法	个体化法
研究区范围		南京市域	城区八个区
家庭收入		按照当年统计的居民可支配收入划分低收入、中等收入、高收入	根据居民交通出行调查数据资料核算调查覆盖的所有家庭的平均收入
住房支出	新房	1. 分层思想：低收入家庭户均 60m^2，中等收入家庭户均 90m^2，高收入家庭层户均 144m^2 2. 按照首付三成，70% 贷款，贷款 30 年计算，不同层次家庭购买合意住房贷款还款额（等额本息法） 3. 月贷款还款额	按中等收入家庭户均 90m^2 按照 70% 贷款，贷款 30 年计算，计算调查覆盖的家庭购买合意住房贷款还款额
	二手房		
	租房（包括公租房）	月租金	
住房可支付能力		不同住房类型月支出/不同收入水平	月支出/平均收入
交通消费成本	时间成本	可达性计算：私家车、公交	交通调查：出行时间
	货币成本	私家车每月 1400 元 公交每月 174 元	交通调查：出行方式

续表

	家庭原单位法	个体化法
交通可支付能力	不同方式的交通支出/不同收入水平	交通支出/平均收入
住房与交通综合可支付能力	（不同住宅类型支出＋不同交通方式支出）/不同收入水平	（住房支出＋交通支出）/各小区平均收入

注：这里在"住房支出"的计算中依然沿用本书在第五章中提出的分层标准住房的概念。在第五章的使用剩余收入界定住房可支付能力时，提出了居民按照可支配收入分层分组的思想，并假定每一层次的家庭购买不同标准的住房。因为针对不同收入阶层的居民设定统一的住房标准是不合理的，掩盖了住房的梯度消费的特性。低收入层次家庭标准住房面积为 $60m^2$，中等收入家庭户均 $90m^2$，高收入家庭层户均 $144m^2$。

一种是个体化的住房与交通可支付能力计算，这种方法采用城市居民交通出行调查数据，衡量以家庭为单位的个体在住房与交通方面的综合支付能力。

个体化的住房与交通可支付能力的计算公式为：

$$H\&TAI = （月交通成本 + 月住房成本）/家庭月可支配收入$$
（个体化交通调查数据）

另一种是基于家庭原单位法的住房与交通可支付能力计算，它排除了个体和家庭选择对住房与交通综合可支付能力的影响，仅仅考虑不同区位对住房与交通可支付能力产生的影响。这种方法采用官方统计的较为宏观的大数据，衡量不同层次的居民家庭在住房与交通方面的综合支付能力。

家庭原单位法的住房与交通可支付能力的计算公式为：

$$H\&TAI = （月交通成本 + 月住房成本）/家庭月可支配收入$$
（统计年鉴数据）

每一种方法的计算分为两部分，一是住房成本，二是交通成本。

两种研究方法和研究思路有所不同，也有所叠加（见图5-6）。在个体化的综合负担计算中，研究将结合居民出行目的，采用收入支出法计算居民的通勤时间成本。

两种不同研究方法的数据来源见表5-4。

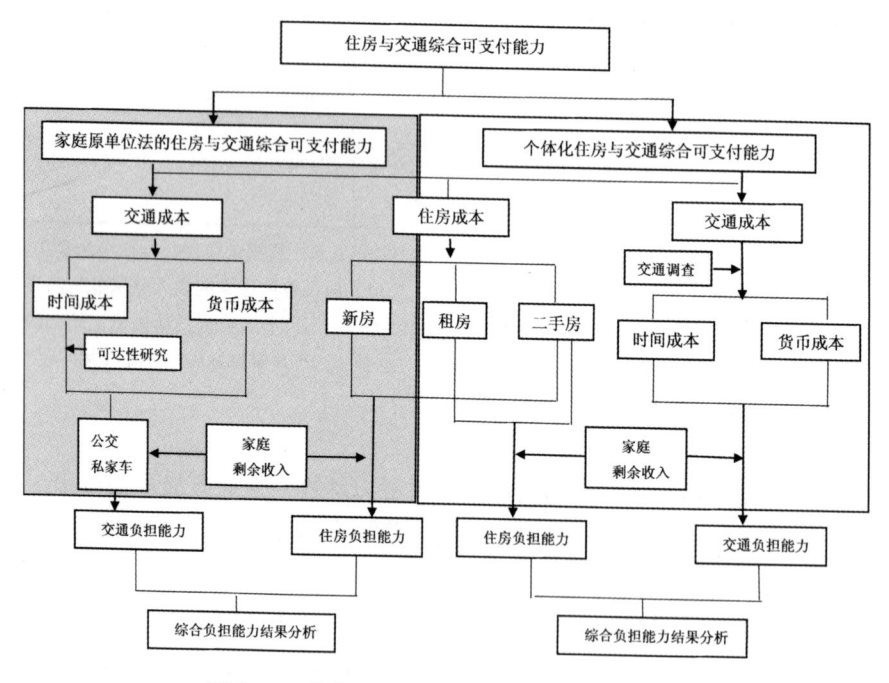

图 5-6　综合可支付能力两种研究方法的思路

表 5-4　　　　　　　　　　不同方法数据来源

数据来源 \ 研究方法	家庭原单位法	个体化法
住房成本	贝壳网、搜房网等	贝壳网、搜房网等
交通成本	可达性分析 城市道路现状图结合百度地图更新	交通出行调查
家庭收入	城市统计年鉴（分层）	交通出行调查（平均）

三　构建住房与交通综合可支付能力指数模型

CNT 与 CTOD 的研究认为居民住房选择所支付的全部成本包括住房成本和交通成本两个部分。显然，针对 CNT 与 CTOD 的这一研究存在的两个方面的缺憾，需要对 H&TAI 的三个变量进行了修改和优化：第一，TC_{m+t} 被用来代替 H&TAI 的"通勤成本"。这一新公式既包括通勤的直接货币成本（TC_m），也包括通勤时间成本（TC_t）。时间成本，又称时间价值，是指居民个人在交通过程中所花费的时间，包括交通时间、换乘时间和等待时间。这个时间的价值是由个体相应的机会成本的存在而得出的[1]。第二，家庭剩余收入（RI）取代了 H&TAI 的"家庭收入"。RI 是指家庭在一定时期内扣除非住房、最低生活必需消费后的剩余净收入总额。与以往对住房和交通综合支付能力的研究相比，本书的研究以不同层次收入家庭的剩余收入作为衡量综合可支付能力的收入指标。

1. 体现家庭非住房基本生活需要和居住需求的双重重视

为了体现对低收入家庭非住房基本生活需要和居住需求的双重重视，以家庭剩余收入（RI）作为可支付能力的计算基数。假定在一定时期，家庭的消费划分为两大类：住房消费和其他非住房基本生活消费，非住房基本生活消费包括七个项目：食品支出、衣着支出、家庭设备用品及服务支出、医疗保健支出、通信支出、教育文化娱乐服务支出、其他商品和服务支出[2]。在不影响基本生活必需的消费的前提下的家庭剩余收入，就构成了居民家庭可用于住房消费的最大份额。

则居民家庭的剩余收入可以表示为：

$$RI = Y - \sum_{k=1}^{n} P_i X_i \times \varepsilon \quad (5-21)$$

式中：RI——居民对某一类（i）消费品的消费支出额；

P_i——当期第 i 类消费品的市场价格；

$P_i X_i$——某一类（i）消费支出；

Y——户均可支配收入；

ε——不同家庭人数；

$i = 1, 2, \cdots, n$

$\sum_{k=1}^{n} P_i X_i$ 为家庭在一定时期内非住房基本消费总支出，Y 反映居民家

---

[1] 齐彤岩、刘冬梅、刘莹：《北京市居民出行时间成本研究》，《公路交通科技》2008 年第 6 期。

[2] 目前中国城市官方统计资料在对城市居民的消费支出统计中包括八项内容，其中"非住房基本生活消费"支出包括文中所列七项支出。

庭收入水平，$Y - \sum_{k=1}^{n} P_i X_i$ 则是家庭在满足基本非住房需求的消费支出后产生的剩余收入，可以用于扩展其他需求。这部分剩余收入会按照家庭的消费偏好和消费倾向，以一定比例（扩展消费系数）扩展某一类或者是几类消费上。但是，在本书的研究中假定家庭将首先考虑把这一部分剩余收入投入购房或租房消费的综合支出上。

2. 综合考量通勤的交通货币成本以及时间成本

现代城市中的家庭为了实现居住需求，交通成本（TC_{m+t}）正在不断增加。在本文中综合交通成本考察通勤成本，以每月22个工作日计算。计算公式如下：

$$TC_{m+t} = TC_m + TC_t \qquad (5-22)$$

TC_m是指交通货币成本，TC_t是指交通时间成本。

交通货币成本的计算分公共交通和私家车两种消费面，按照经验法，分别依据案例城市中公共交通费用中位数和私家车的购置成本、保险费用、燃油费用以及停车费用进行加权得出。

计算交通时间成本时，引入交通可达性，借助ArcGIS空间分析软件，利用成本加权距离法，基于平均出行时间作可达性评价，计算以通勤为目的的交通时间成本。从交通调查资料中筛选以通勤为出行目的有效数据，计算某一交通源小区到该类出行目的所有吸引点（其他所有交通小区）的交通可达性（以时间成本表征）的总和，采用加权成本距离分析法计算每一个交通源小区到其他所有交通小区的时间成本，利用节点、连线计算法则，充分考虑了不同交通方式的速度区别，引入了交通网络分析的概念和分析方法，运用迭代计算，在得出源对象到其他对象的所有可能路径累积时间成本的基础上，核算平均的累积时间成本，作为交通时间成本。

需要说明的是，计算交通时间成本选择私家车出行、公交出行（包括城市轨道交通出行）为居民主要出行方式，而步行方式所产生的时间成本则作为不同交通方式之间的转换而计入等待时间成本中。

然后对时间成本进行货币化处理，世界银行对时间货币化的推荐系数为：商务、工作出行的时间成本系数为1.33，上学出行时间成本系数为 0.15，其他非工作出行时间成本系数为 0.3①。按照 1.33 的时间成本系数来计算通勤时间成本，公式如下：

$$TC_t = TM \times 1.33 \times HW \qquad (5-23)$$

TC_t 是与通勤时间相等的货币成本；TM 是通勤总时间；HW 是通勤者的小时工资。

3. 设定更加合理的评判标准

目前对住房可支付能力的研究通常使用住房支出与总收入的比率，基于历史、制度和社会价值观等因素，大多数研究人员假设 25% 或 30% 作为此类公式下应被视为负担得起的标准②。也有学者以 50% 作为判断家庭是否存在严重住房支出负担的依据③④。另一个参照点是，为了控制金融风险，国内外银行经常以每月贷款额不超过个人月收入 50% 为标准，作为是否提供贷款的依据⑤。在 CNT 和 CTOD 的研究中，50% 也被用作相应的可承受性评估标准⑥。

在本书的研究中，出于对低收入家庭非住房基本生活需要和居住需求的双重重视和保证，参与综合可支付能力计算的 RI 首先扣除了非住房基本需求支出，因此假设所有 RI 都可以用于住房支出。因此，本书提出的综合承受能力评价标准与传统的综合承受能力评价标准有所不同，用 $H\&TAI = 1$ 作为判断住房负担是否难以承受的标准。当 $H\&TAI = 1$ 时，这意味着家庭将 100% 的 RI 用于住房综合支出，包括居住成本和综合交通成本，表明总体负担已经达到临界水平。以此作为评价标准的基本阈值，将评价进一步分为五个层次（见表 5-5）。$H\&TAI$ 比例越

---

① 齐彤岩、刘冬梅、刘莹：《北京市居民出行时间成本研究》，《公路交通科技》2008 年第 6 期。

② Burke T.；Ralston L.，"Measuring Housing Affordability". *Australian Housing and Urban Research Institute*, 2004, pp. 50 – 107.

③ Bogdon A. S., Can A., "Indicators of Local Housing Affordability: Comparative and Spatial Approaches". *Real Estate Economics*, 1997, 25 (1), pp. 43 – 80.

④ 万滕莲、翟国方、何仲禹等：《住房与交通可支付能力空间特征研究——以南京为例》，《经济地理》2016 年第 2 期。

⑤ Chen J., Hao J., Zheng L. Y., "Dynamic Price – to – Income ratio – – A New Way to Judge the Housing Affordability of Chinese Residents". *China Real Estate*, 2008 (01), pp. 25 – 28.

⑥ CNT. H + T Index Methods. http：//htaindex.cnt.org/about/. 2015 – 03 – 31.

大，意味着家庭的总体负担越大，相应的综合承受能力也就越弱。反之，H&TAI 比例越小，家庭整体负担越小，综合承受能力越强。当家庭将超过 100% 的 RI 用于居住综合支出（即 R&TAI＞1）时，必然有两种可能的倾向：一是挤压其他基本消费支出，造成用于其他生活消费的比例越来越少；另一个可能就是扩大家庭债务负担。这两种倾向都表明家庭的综合负担处于超负荷状态，可能导致家庭陷入贫困。

表 5－5　租房与交通综合可支付能力指数（R&TAI）分层

R&TAI（综合支出与剩余收入比）	0.2 以下	0.2—0.4	0.4—0.6	0.6—1	1 以上
负担情况	基本无负担	负担较轻	有一定负担	负担较重，但可承受	难以负担

注：上述五个层次的评价标准划分同样适用于对 RAI 和 TAI 单项指标的评价分析。

经过上述优化后的住房与交通综合可支付能力指数（H&TAI）公式如下：

$$H\&TAI = \frac{HC + TC_{m+t}}{RI} \quad (5-24)$$

其中 HC 为租赁成本，TC_{m+t} 为综合交通成本，RI 为家庭剩余收入。

为了比较增加交通成本前后的经济承受能力的变化，还需要分别计算住房支付能力指数（HAI）和交通支付能力指数（TAI）。

HAI 和 TAI 公式如下：

$$RAI = \frac{HC}{RI} \quad (5-25)$$

$$TAI = \frac{TC_{m+t}}{RI} \quad (5-26)$$

四　租赁住房综合可支付能力研究方法和指数模型

为了考察租赁住房市场居民的综合可支付能力以及公共租赁住房制度下的低收入群体的家庭综合可支付能力，本书还继续调整综合可支付能力指数模型用于租赁住房综合可支付能力的计算（见图5-7）。用租赁住房的租房成本（RC）取代 H&TAI 中的"住房成本"。基于拥有产权的房屋购买成本已不再相关，取而代之的是租房的直接租金成本，使之更符合租赁住房的研究要求，更加符合租房群体对于租赁住房的综合负担能力的考量要求。

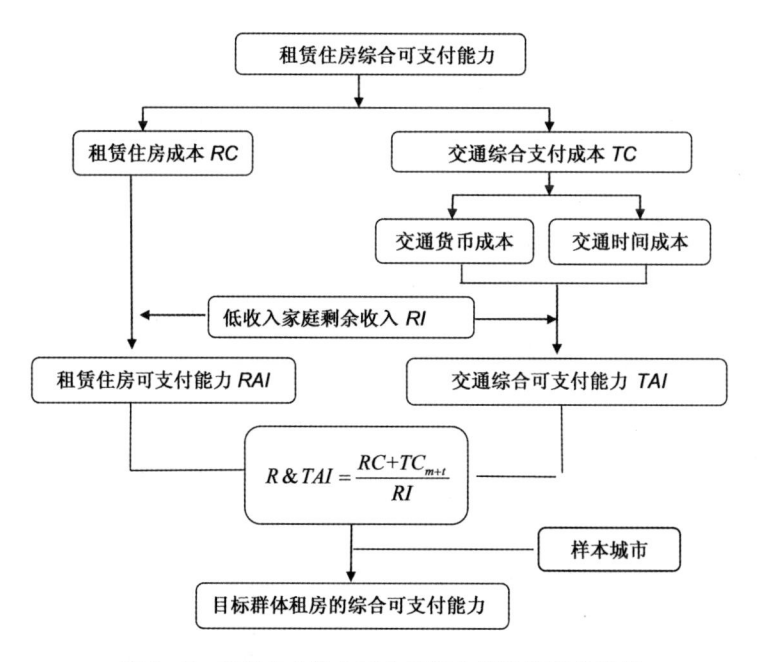

图5-7 租赁住房综合可支付能力指数的形成机理

经过调整后的租房与交通综合可支付能力指数（R&TAI）公式如下：

$$R\&TAI = \frac{RC + TC_{m+t}}{RI} \quad (5-27)$$

其中 RC 为租赁成本，TC_{m+t} 为综合交通成本，RI 为低收入家庭的剩余收入。

特别需要指出的是，相较之前的关于住房与交通综合可支付能力的研究，经过调整后的租房与交通综合可支付能力指数以公共租赁住房制度覆盖群体——收入较低家庭的剩余收入作为基数测算支付能力，旨在引导一个更加人性化和理性的家庭消费模式，考察在不影响家庭成员基本生活水平的情况下，低收入家庭可以承受的住房消费的范围，既强调适当的居住消费，又要强调包括食物、衣服、通信、教育、医疗等在内的其他生活必需品的合意消费。低收入家庭更可以据此预测是否存在由于租房和交通综合住房消费而导致家庭陷入贫困的可能性。

第三篇　居住正义的实证研究
——以南京为例

当代中国经历了城市化快速发展时期，2020年我国户籍人口城镇化率为45.4%[①]，但是，同期的居住在城镇的人口占比达63.89%[②]。城市化是人类社会发展的必然过程，城市化意味着人类的进步和社会的发展，另外，它同样意味着人口和经济活动在不断向城市集中。随着城市的土地和空间日益稀缺，城市积累的负担和压力也越来越沉重。城市中居住"失序"，甚至"无序"的非正义现象变得显著且突出。中国正面临着世界历史上最大规模的城乡人口迁移以及城市建设、城区改建、扩建以及资源承载力相对不足所带来的大量的城市发展问题。

---

　　① 此数据来源为《第七次全国人口普查公报（第七号）》第七次全国人口普查公报（第七号）http://www.stats.gov.cn/tjsj/tjgb/rkpcgb/qgrkpcgb/202106/t20210628_1818826.html。报告显示：2020年我国户籍人口城镇化率为45.4%，并标明此数据出自公安部。

　　② 此数据来源为《第七次全国人口普查公报（第七号）》第七次全国人口普查公报（第七号）http://www.stats.gov.cn/tjsj/tjgb/rkpcgb/qgrkpcgb/202106/t20210628_1818826.html。报告显示：居住在城镇的人口为901991162人，占全国总人口的63.89%。

第六章

实证研究城市的选取及研究范围界定

不同等级城市的城市规模、发展实力、城市空间以及城市人口的差别深刻影响着城市的土地购置、住房开发和交易规模以及供需结构，实证分析中需要选择具有较强代表性的实证研究城市，样本城市选择的不当可能导致分析结论的偏误。中国的大城市是居住正义问题进行实证研究的典型场景和重要切入点。一方面，特大城市土地和空间稀缺性更加明显，住房矛盾更加突出；另一方面，随着城市化进程的加快，租赁住宅在大城市中担负着解决流动人口及中低收入家庭住房问题的重任，作用更加凸显，需要通过研究寻找更好的发展路径。通过对大城市的实证研究，得出目前中国城市居住正义问题的相关结论，为政府调控住房市场提供更有针对性的政策建议。

第一节 案例城市的概况及研究基础

南京是中国的特大型城市、江苏省的政治中心。位于长三角地区西部，通江达海、承东启西、连南接北。经济发达，城市化水平较高，市场活跃度高，人口规模适中，人口流动性较强，并处于人口增长状态。从规模、能级以及实力等因素来看，选择南京作为案例城市具有较好的代表性。南京的城市空间几经变化已经显现出多中心发展的特点，江宁、河西、仙林等已经成为南京城市的新中心，由此，南京市已经呈现出明显的职住分离的现象，这对于研究居民的综合可支付能力更具有代表性和说服力。

一 案例城市的选取

本研究选择南京作为案例城市进行居住正义和住房综合可支付能力的定量定性研究。在中国的城市中,南京具有很好的代表性,主要是出于以下几点想法:

1. 综合实力较强,城市化水平较高,城市规模较大。南京作为中国东部沿海开放型城市,是中国长三角城市群中的核心城市,江苏省的政治中心,综合实力较强,市场活跃度高,城市化水平较高,城市规模较大,南京市的经济总量不断提升。(见表6-1)2016年,南京GDP总量首破万亿元大关,达到10503亿元,成为全国第11个GDP超万亿元的城市。2020年GDP总量达14817.95亿元,在全国城市中排第十位。2000年以来,南京城市居民人均可支配收入年均增长11.9%,2020年城镇居民人均可支配收入达到67553元。人口规模适中,处于低速增长态势,2020年南京市常住人口为931万人,常住人口城镇化率为86.8%。

表6-1　　改革开放以来南京城市综合实力不断提升的趋势

年份	市区面积（平方千米）	建成区面积（平方千米）	GDP（亿元）	人均GDP（元）	居民人均可支配收入（元）	城市化水平（%）
1978	840	116	34.42	844	/	37.91
1985	867	125	79.80	1723	/	48.67
1990	947	139	109.20	3472	/	49.65
2000	1026	201	1073.54	26255	6800	56.80
2005	4732	447	2411.11	40887	14997	76.24
2010	4733	502	5012.64	79427	28312	78.50
2015	6587	752	9720.77	118171	46104	81.40
2016	6587	774	10503.02	127264	49997	82.00
2020	6587	868	14817.95	159322	67553	86.80

注：表格中的数据来源于各年度《南京市统计年鉴》。其中2005年之前的总人口是户籍总人口,"人均GDP"指标是按户住人口计算;2010—2020年的"人均GDP"指标是按常住人口计算。

2. 在全国区位优势明显。从地理位置上看，南京拥有通江达海、承东启西、连南接北的优势，在中国政府2016年6月颁布的《长江三角洲城市群发展规划》中，南京被定位为"长三角城市群中唯一的特大城市"。长江三角洲区域范围包括上海市、江苏省、浙江省、安徽省全域，从长江三角洲整体区域范围看，南京是其地理中心，其城市地位仅次于中国的超大城市上海，是中国长三角地区经济比较发达的核心城市和国家重要门户城市。在《国家综合立体交通网规划纲要》[①]的现代化高质量国家综合立体交通网布局中，南京被定位为20个国际交通枢纽城市之一。

3. 人口流动性强、素质高，规模适中。南京市人口处于自然增长状态，由于较强的城市综合实力、优越的营商环境，南京成为中国主要人口净流入城市，2020年南京常住人口已经达到931.97万人（见表6-2）。住房的刚性需求正在不断扩大。

表6-2　　　　　南京市人口增长趋势和人口素质

年份	户籍总人口（万人）	常住人口（万人）	迁入人口（万人）	迁出人口（万人）	人口增长率（％）	受教育水平（10万人大学学历人数）（人）
2005	595.79	689.80	22.54	11.84	2.34	/
2006	607.23	719.06	23.19	13.25	2.18	/
2007	617.17	741.30	22.47	14.35	2.84	/
2008	624.46	758.89	20.25	14.47	2.51	/
2009	629.77	771.31	18.90	14.92	2.18	/
2010	632.42	800.76	17.70	15.76	1.22	26119
2011	636.36	848.10	15.39	13.75	3.68	/

---

① 2021年3月1日中共中央、国务院印发了《国家综合立体交通网规划纲要》，加快建设交通强国。到2035年，基本建成便捷顺畅、经济高效、绿色集约、智能先进、安全可靠的现代化高质量国家综合立体交通网，实现国际国内互联互通、全国主要城市立体畅达、县级节点有效覆盖，有力支撑"全国123出行交通圈"（都市区1小时通勤、城市群2小时通达、全国主要城市3小时覆盖）和"全球123快货物流圈"（国内1天送达、周边国家2天送达、全球主要城市3天送达）。

续表

年份	户籍总人口（万人）	常住人口（万人）	迁入人口（万人）	迁出人口（万人）	人口增长率（%）	受教育水平（10万人大学学历人数）（人）
2012	638.48	857.15	13.06	12.65	3.41	/
2013	643.09	869.65	14.22	12.48	4.21	/
2014	648.72	888.86	12.65	10.39	5.20	/
2015	653.40	897.29	10.69	7.74	4.14	/
2016	662.79	913.69	11.14	6.11	6.56	/
2017	680.67	919.20	19.59	6.35	6.91	/
2018	696.94	924.39	17.67	5.03	5.40	/
2019	709.82	928.16	15.25	5.22	4.13	/
2020	722.57	931.97	14.77	4.41	3.49	35229
2021	733.73	942.34	14.75	4.51	1.23	

注：1. 表格中的人口数据来源于南京统计局：《南京统计年鉴》，其中2020年数据是根据第七次全国人口普查数据调整后的数据。

2. 反映"受教育水平"的指标"10万人大学学历人数"来源于全国人口普查数据。为了保持数据来源的统一性以及科学性，只收录两次人口普查相对应年份的数据（人口普查数据来源于江苏统计局：《江苏省第七次全国人口普查公报第5号》、南京统计局：《南京市2010年第六次全国人口普查主要数据公报》）。

4. 城市空间不断扩大，交通成本增加。近年来，南京市行政区划不断调整、内部空间结构不断向城市四周扩展，南京作为特大型城市，已经显现出多中心发展的特点，江宁、河西、仙林等已经成为南京城市的新中心，由此，南京市已经呈现出明显的职住分离的现象。虽然南京的公共交通等城市基础设施建设速度加快，但是城市人口的增加、城市交通拥堵进一步增加了南京居民的通勤时间。一份基于百度"我的2014年上班路"的数据调查，参与者超过300万人，覆盖全国300多个城市。在这份调查报告中，南京以14.14公里的平均里程，以及41分钟的平均用时，在全国城市通勤里程和通勤时间上排名第7。其中，公共交通上班族的平均距离为15.3公里，需要耗时48分钟；开车族的平均距离相对短点，但也有12.7公里，用时35分钟。2016年第一财经商业数据中心发布的《中国智能出行 2015 大数据报告》显示，高峰拥堵延时指数（同里程通行时间是通畅时间的倍数），南京为 1.54。2021 年百度地图发布《2021 年度中国城市交通报告》，通过大数据客观反映了过去一年我国主要城市的交通状况，在这一份报告中，通勤时耗作为衡量各大城市交通效率的重要指标，综合体现城市的空间和宜居水平。在百城通勤时耗排名中，前十名城市依次为北京、上海、天津、重庆、广州、成都、大连、武汉、杭州、南京。南京以 37.86min 居第十位。可见，不断增加的通勤时间成本和货币成本，加重了南京城市居民家庭的居住负担。

表 6-3　　　　2021 年度百度地图发布的中国城市交通
报告中位列前十的城市及通勤时耗

年度排名	城市	年度平均通勤时耗（min）
1	北京	47.60
2	上海	42.89
3	天津	42.45
4	重庆	41.18
5	广州	40.09
6	成都	39.00
7	大连	38.67
8	武汉	38.53
9	杭州	38.02
10	南京	37.86

注：资料来源于 2021 年百度地图发布的《2021 年度中国城市交通报告》。其中的"通勤时间"以居住地或就业至少一端位于主城区（国家中心城市）/市辖区（非国家中心城市）范围内的通勤人口作为研究对象，将工作日高峰时段居住地与就业地之间的全方式单程通勤时耗进行聚合得到，其中主城区范围是根据政府公开数据、百度地图地理数据、人口热力数据等综合分析确定。

二　案例城市"标准住房"分层的标准和界定

对于"标准住房"分层的标准和界定，主要依据的是案例城市的保障性住房的相关规定、"国八条"中我国政府对各类住房及其标准的相关规定（见表6-4）。

表6-4　　　　　　　分层"标准住房"及划分的依据

分层"标准住房"	划分的依据	所面向的社会成员分层	分层"标准住房"的面积（m²）
经济适用房或小户型商品住房	2002年以来南京市经济适用住房实施管理细则以及相关政策	低收入家庭、户籍人口	60
普通商品住房	2006年九部委"国六条"中对中低收入群体的住房需求相关规定	中等收入家庭（包括中等偏下、中等、中等偏上收入家庭）	90
高端商品住房	2005年"国八条"中我国政府对普通商品住房和高端住房所作的明确的数量化表述；2005年南京市参照"国八条"的精神，根据南京的情况拟定的南京市普通商品住房和高端住房的界限标准	高收入家庭	144

　　2002年，南京市开始规模性建设经济适用住房，重点面向城市建设中国有、集体土地上被拆迁居民以及城镇"双困"家庭[①]。南京市经济适用房政策有明确的规定，经济适用房主要针对低收入家庭（当时的标准是家庭人均月收入在规定标准以下、人均住房建筑面积在规定标准以下、家庭人均财产符合认定最低标准，在实际运行中根据南京市人均最低收入标准的变化作相应调整），小户型经济适用房建筑面积控制在

---

① 2002年南京市房产管理局正式出台了《南京市经济适用住房建设供应细则》及《被拆迁困难户购买或承租经济适用住房的实施办法》，对经济适用房的建设和供应管理作出了明确的规范，规定经济适用住房主要套型为建筑面积40平方米、50平方米、65平方米左右三种。人均收入低于全市最低工资标准（当年人均月收入为460元），人均住房使用面积低于8平方米的南京市城镇居民家庭。

60平方米左右①。根据上述相关规定确定居民家庭收入分组中的低收入户的分层"标准住房"类型为小户型商品住房，面积为60平方米。

为了合理引导住房消费，促进住房价格的基本稳定和房地产业的健康发展，2005年5月国务院办公厅转发了原建设部、发展改革委、财政部、国土资源部、人民银行、税务总局、银监会七部委颁发的《关于做好稳定住房价格工作的意见》②。在"国八条"中以建筑面积在120平方米为界限，对"普通商品住房"和高档商品住房有了明确的数量化表述。南京市参照七部委"国八条"的精神③，拟定单套建筑面积144平方米为"普通商品住房"和高档商品住房的界限标准④。据此，本研究中确定南京市城市居民高收入家庭和最高收入家庭的分层"标准住房"为建筑面积为144平方米的高端住房。

高端住房以外的商品住房为普通商品住房，主要面向中等收入群体。中等收入群体包括中等偏下收入户、中等收入户和中等偏上收入户，大约涵盖了60%的社会人群。为了在土地资源稀缺的前提下引导

---

① 2004年南京市政府发布《南京市经济适用住房管理实施细则》，其中第23条规定：经济适用住房要根据本市居民的收入和居住水平等因素，合理确定户型面积和各种户型比例，以中小套型为主，小套住房面积控制在60平方米左右。为进一步规范南京市廉租住房和经济适用住房管理工作，2008年，南京市人民政府修订《南京市经济适用住房管理实施细则》，其中第17条再次明确"经济适用住房建筑面积控制在60平方米左右"。

② 由于市场需求偏大，部分地区投资性购房和投机性购房大量增加，以及住房供应结构不合理，开发建设成本提高等，导致一些地方住房价格上涨过快，影响了经济和社会的稳定发展。为抑制住房价格过快上涨，促进房地产市场健康发展，2005年3月26日国务院发布了一份关于切实稳定住房价格的通知，从房价、土地供应、供应结构、拆迁、消费观点、市场监测、检查等多方面切入，共八条。紧接着，5月国务院办公厅专门印发了七部委联合发布的《关于做好稳定住房价格工作的意见》，被称为"国八条"。

③ 根据"国八条"第五条的规定，各省、自治区、直辖市要根据实际情况，制定本地区享受优惠政策普通住房的具体标准。允许单套建筑面积和价格标准适当浮动，但向上浮动的比例不得超过上述标准的20%。据此，南京市拟定了符合本市的普通商品住房和高档商品住房的界限标准。

④ 为了认真贯彻《国务院关于促进房地产市场持续健康发展的通知》精神，全面落实国家宏观调控政策，2005年，南京市政府先后颁布了《关于切实稳定住房价格促进房地产业持续健康发展的意见》《关于做好稳定住房价格工作意见的通知》，对"普通住房"作了明确的标准界定：单套建筑面积在144平方米（含144平方米）以下。

一种合理的住房消费模式，2006年5月九部委联合发布"国六条"①，规定城市住房规划建设中应有比例不得低于70%的普通商品住房，为了更好地满足中低收入群体的住房需求，以建筑面积90平方米作为购房首付款20%的门槛条件。因此，我们设定中等收入家庭的分层标准住房为普通商品住房，建筑面积为90平方米。

三 研究基础数据来源

本研究中的基础数据资料主要有三个来源：

第一，"南京市年度国民经济和社会发展统计公报"（下文简称"统计公报"）、《南京市统计年鉴》。本章研究过程中计算"家庭剩余收入"时采用的"人均可支配收入"及其分层分组情况、"家庭户均人口""消费支出情况"等原始数据资料都来自南京"统计公报"、《统计年鉴》以及国家统计局南京调查队。

第二，南京市发展和改革委员会、南京市住房保障和房产局以及南京市交通局等部门官方统计数据资料和发布的官方文件。公共租赁住房租金价格数据来自南京市发展和改革委员会和南京市住房保障和房产局；计算交通货币成本的基础数据来自南京交通局。

第三，交通问卷调查数据。本研究中计算交通时间成本时所采用的基础数据来源于"南京市交通发展年度报告编制小组"于2016年10月所做的"南京市居民交通出行调查"（下文简称"交通调查"），调查按照"交通小区"来划分城市空间。问卷由四部分构成：（1）家庭基本特征，包括地址、家庭结构、交通工具拥有情况、家庭年收入、购车意愿等；（2）居民个人特征，包括性别、职业、年龄、受教育情况、是否拥有公交卡和驾照等；（3）居民一日出行调查记录，包括出行次序、出发时间、出发地地址及其性质、出行目的、出行方式、目的地地址及其性质、到达时间；（4）城市交通的意见和建议。调查选取工作日（周三）对南京市主城的9个区的住户进行了随机抽样入户调查，其中主城区鼓楼

---

① 2006年5月，原建设部、发展改革委、监察部、财政部、国土资源部、人民银行、税务总局、统计局、银监会九个部门联合发布《关于调整住房供应结构稳定住房价格的意见》。

区、玄武区、秦淮区、建邺区、栖霞区、雨花台区、江宁区七区中抽取40个街道，浦口区、六合区两个外围区抽取5个街道，共计45个街道，共获得470个"交通小区"的有效样本1999户、5930人，有效数据15389条。本章在研究过程中从这一份"交通调查"数据库中截取了"居民一日出行调查记录"的相关数据资料，对其中的有效数据，采用ArcGIS数据统计和空间分析方法进行处理，核算交通时间成本。

第二节　南京经济社会发展历程及城市能级提升

　　城市的经济社会发展创造着城市的经济价值、文化价值以及生态价值。在一定程度上，城市价值和能级决定着一个城市的房地产价值。对南京市的经济社会发展历程以及城市能级不断提升的过程进行梳理，有助于理解案例城市城市化进程与房地产业发展之间的互动关系。改革开放以来，南京以经济建设为中心，全力以赴谋发展，多措并举稳增长，经济发展稳中有进、量质齐升。长期以来，南京立足城市科教优势在贯彻创新驱动发展战略、以创新促发展方面始终走在全国前列。随着经济快速发展和城市整体实力的不断提升，南京不断强化在长三角区域和南京都市圈的经济、文化、科技、创新等中心地位，参与全球竞争合作，增强在国际上的影响力。

一　经济实力的不断增长奠定了城市发展的基础

　　南京始终坚持不懈谋发展，多措并举稳增长，经济发展稳中有进、量质齐升，高水平全面小康社会更加殷实，奠定了人民美好生活和南京开启迈向现代化新征程的物质保障。改革开放以来，南京经济持续快速发展，尤其是2000年以来，地区生产总值从2000年的1073.54亿元，2015年成功跨越万亿元大关，达到10015亿元，成为全国第11个地区生产总值达万亿级别的城市。2020年地区生产总值连跨5个万亿台阶，达到14817.95亿元，人均GDP达2.5万美元，增速居全省和东部GDP超万亿城市的首位。2021年GDP总量16355.32亿元，继续在全国城市中排第十位（见图6-1）。

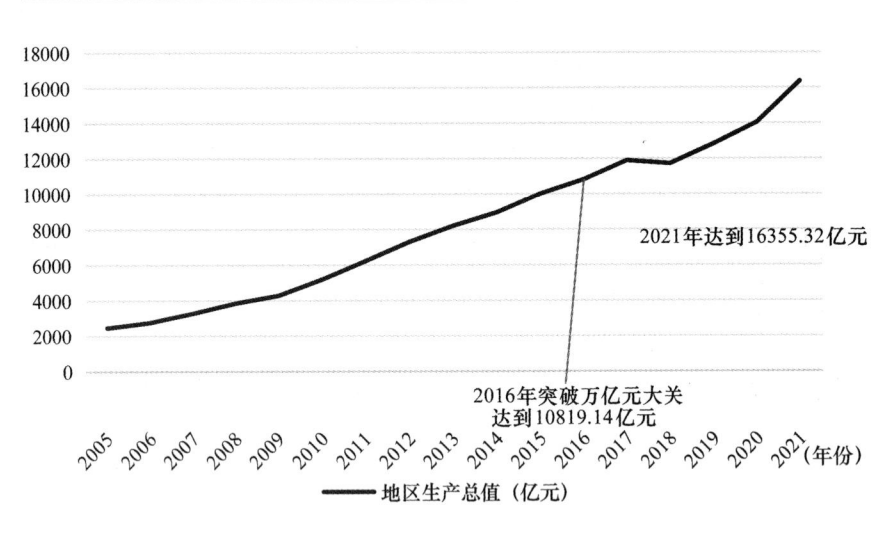

图 6-1 2005 年以来南京市经济总量增长趋势

　　稳定增长的数据背后是高质量发展的支撑。南京紧抓深化产业结构调整，构建现代产业发展新体系这一工作重点，不断推进南京经济发展提高质量、增加效益、增强后劲。按照"产业基础高级化、产业链现代化"要求，把智能制造作为扛鼎之举，依托大数据物联网等新技术，以高端化、智能化、绿色化、集群化为发展方向，促进企业制造装备升级和互联网化提升，积极出台配套措施，形成了"全面出击、多点开花"的推进格局，五大地标产业加速崛起，产业层次明显提升。《南京十四五规划纲要》提出要提升产业链现代化水平，实施 8 条重点产业链突破行动。2022 年更进一步明确了"2+2+2+X"创新型产业体系系列行动计划，以软件和信息服务业、新能源汽车、集成电路、人工智能、智能制造装备等几大产业链为主攻方向，着力做大产业规模、做高产业能级、做强产业竞争力，形成了提高科技产业整体竞争力的体系化工作机制，加快增强产业自主力。

　　2020 年以来面对新冠疫情带来的严峻考验和复杂多变的国内外环境，南京作为省会城市、中心城市、特大城市，在非常时期、关键时刻的主动作为、率先行动，提出应对疫情冲击、稳定经济运行、实现年度目标和全面小康目标的"南京方案"，为全国全省发展大局作出的"南京贡献"，充分彰显了南京的经济实力和产业基础优势，提升了南京的经济地位。

二 持续创新带动发展动能转变

高质量发展的活力来源于持续不断的创新。长期以来，南京立足城市科教优势在贯彻创新驱动发展战略、以创新促发展方面始终走在全国前列。从1987年获批全国科技体制改革试点城市，到从1995年率先构建"官、产、学（研）"一体化的科技成果转化机制；从2006年召开首次自主创新大会、宣布建设创新型城市，到2009年被列为全国唯一的科技体制改革试点城市，创新已成为南京鲜明的城市特色和坚实的发展根基。

"十三五"期间，南京更是千方百计抓创新，以创新为主要驱动力的发展方式已经形成。2017年底南京把创新驱动作为新时期立足全局、面向全球、聚焦关键、带动整体的核心发展战略，举全市之力建设具有全球影响力的"创新名城"，在顶层设计、源头创新、企业培育、融合创新等方面积极探索，先行先试，不断完善固化创新体系顶层组织架构，统筹规划创新名城建设总体任务，系统优化提升创新治理能力，推进以科技创新为核心、以体制机制改革为关键、以打造一流生态为目标的全面创新。新一轮的南京创新更加聚焦布局基础研究平台，前瞻性布局"一室一中心"等一批重大基础研究平台，探索基础研究、原始创新的体制机制，加强技术攻关和源头创新，提升原始创新能力，努力实现更多"从0到1"的突破。

久久为功的持久恒心，实至名归，南京城市创新实力不断增强，全球创新指数排名大幅跃升，根据世界知识产权组织发布的2020年全球创新指数，南京综合排名由2017年的全球第94位跃升到第25位，全球创新首位度的不断提高使南京更高层次链接全球创新资源，吸收多维创新要素融入"南京创新生态"。

三 在不断增强交通通行能力进程中提升城市职住平衡水平

近年来，随着经济快速发展和城市整体创新能力的不断提升，南京市交通技术和交通通行、运营能力得到极大提高（见图6-2、图6-3、图6-4）。

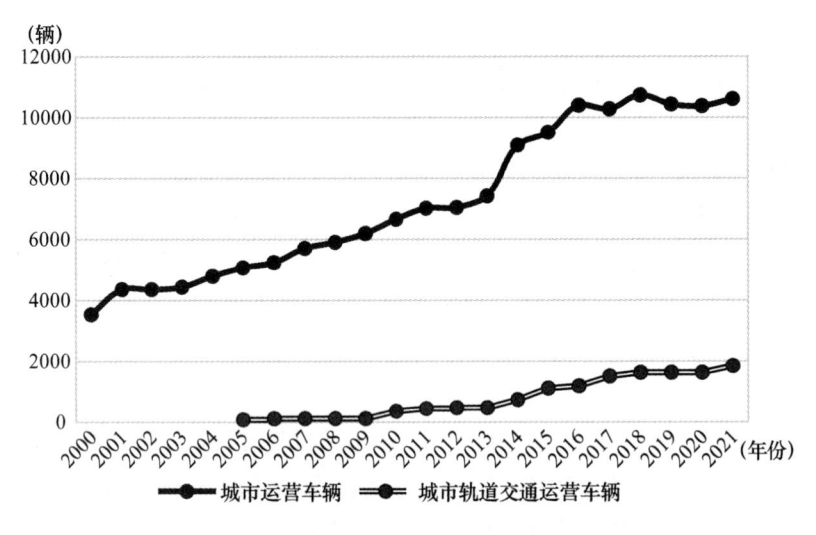

图6-2　南京市交通运营车辆增长趋势

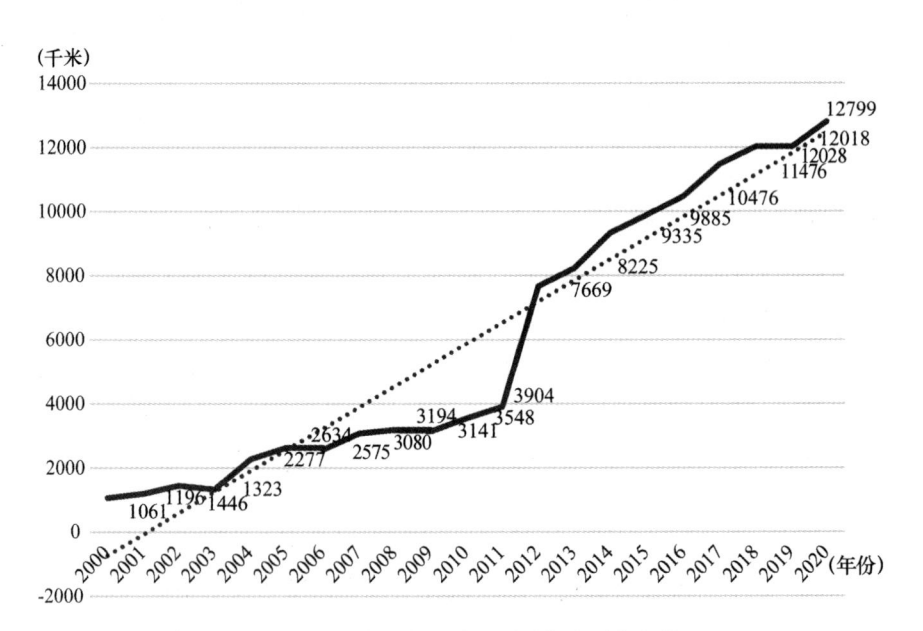

图6-3　南京市交通运营网总长度增长趋势

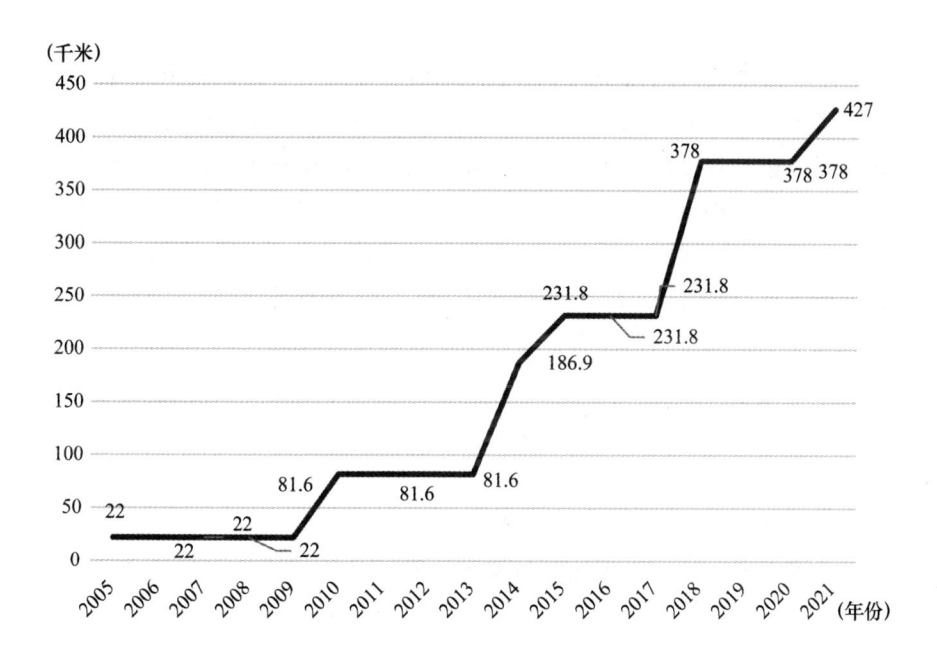

图 6-4 南京市轨道交通运营网总长度增长趋势

2021 年全市拥有城市公交汽电车 8762 辆。2005 年 9 月地铁一号线正式运营，南京成为国内第六个拥有地铁的城市，到 2021 年南京城市地铁线路总长达 427 千米，城市轨道交通营运车辆达 1850 辆。由于地铁运输快捷、便利，同时带来有序的交通和良好的乘车环境，所以极大改善了南京市的公共交通运输状况，缓解了南京城市的交通拥堵状况。交通信息化水平显著提升。建成由一个"数据中心"、四个一级平台、七个二级专题为架构的南京市综合运输管理系统。公交智能化应用示范工程项目通过验收，实现交通运输服务信息一站式查询。公交移动支付实现全覆盖。建成智慧港航管理平台，实现对港航基础设施资源、港口与航运市场全面信息化管理。绿色交通水平显著提高。顺利通过交通运输部绿色循环低碳交通运输区域性试点城市的验收。88.8% 运营公交车使用清洁能源，提升 35.9 个百分点，占比高于北上广。

四　在推进共同富裕共享发展成果过程中提升市民居住幸福度

南京坚持富民优先，推行各种惠民生举措，百姓的获得感、幸福感、安全感显著提升，连续多年获评中国最具幸福感城市，高水平全面小康社会的幸福成色更足。2020年全市居民人均可支配收入达到5.8万元，其中，城镇居民人均可支配收入33351元，增长2.7%，农村居民人均可支配收入14924元，增长3.7%。全市低保标准实现翻番，增加到每月945元，率先在全省实现医疗保险市级统筹，企业退休人员月人均养老金水平继续保持全省首位。新开工各类保障性住房590万平方米、竣工263万平方米，完成棚户区改造393万平方米。

五　在不断提升城市功能中提高城市能级

长期以来，南京以优化综合服务功能和优化城市人居环境为重点，发挥在扬子江城市群、南京都市圈和宁镇扬一体化中龙头带动作用，通过强化在长三角区域和南京都市圈的经济、文化、科技、创新等中心地位以及全国范围内的综合交通枢纽地位，建设长三角一体化发展战略支点、高质量发展创新引擎、国际化发展门户枢纽。不断提高城市基础设施密度和网络化程度，通过打造宁合经济走廊和宁滁合、沪杭合创新带，推进南京都市圈国家级跨省都市圈高质量发展，建设生态优美、交通顺畅、经济协调、市场统一、机制科学的黄金经济带，提升城市在区域发展中的引领力、资源配置能力。高质量建设江苏自贸区南京片区。突出制度创新，打造新时代改革开放新高地，建设具有国际影响力的自主创新先导区、现代产业示范区和对外开放合作重要平台，参与全球竞争合作，提升城市在国际上的影响力。

第三节　南京城市发展空间快速扩张及布局结构优化

南京是江苏唯一跨江布局的城市，南北狭长，发展空间非常有限，市域面积在江苏占第九位，与特大城市的发展定位不相适应。长期以来功能培育与要素集聚主要集中于主城，被束缚在相对狭小的行政区域内，明城墙以内37平方千米的面积上的人口密度达4万人之多，高质量发展、新兴产业扩散在空间上受到限制，创新空间需要重新整合。面对发展空间不足的天然短板，南京不是等靠要，而是创新思路，以调优城市空间布局来提升城市综合承载能力，在空间的合理布局上，协调市域内各个板块的发展。

一 改革开放以来逐步成熟的城市空间格局

改革开放来，南京城市空间及建设用地量不断拓展。从20世纪80年代中期到20世纪90年代中期，南京基本呈同心圆圈层式拓展，只有东北方向呈带状延伸。从20世纪90年代中期开始到21世纪初，随着《南京市城市总体规划（1991—2010）》实施，南京开始大力推进"一城三区"建设，明确了老城人口向外疏散、建设向河西新区集中、工业向东山开发区集中、高校向仙林大学城集中的发展方向，南京城市空间发展呈现向西（河西）拓展、向南（仙林、东山）拓展的趋势。在此之后又经过三次城市规划，不断地调整和优化城市布局，南京整个城市空间格局进入了一个新的阶段，坚持"南北田园、中部都市、拥江发展、城乡融合"原则，南京积极推进空间重构、板块重组、优势重塑的空间布局战略，推动"东西南北中"协调并进，即紫金山以东地区协调联动加速崛起、河西新城迈向更高水平国际化、南部片区打造制造业新增长极、国家级江北新区先行示范、主城中心区面向创新需求疏解功能提升品质。加快协同发展，破解区域发展能力和功能品质不平衡难题。

1978年改革开放以来，南京市前后共编制完成《南京市城市总体规划（1980—2000）》《南京市城市总体规划（1991—2010）》《南京市城市总体规划（2007—2020）》《南京市城市总体规划（2011—2030）》《南京市城市总体规划（2018—2035）》五次城市总体规划，南京城市功能定位、发展目标不断调整，空间结构从圈层式逐步转为多中心发展，地域范围和面积不断拓展，空间形态格局在优化中走向成熟（见表6-5）。

表 6-5 基于历次城市总体规划的南京城市定位和空间形态特征发展变化

历次规划	城市定位	目标	空间格局	规划地域面积（平方千米）
《南京市城市总体规划（1980—2000）》	著名古都，江苏省的政治、经济、文化中心	文明、洁净、美丽的园林化城市	圈层式布局构架：五个圈层：市—郊—城—乡—镇	4717
《南京市城市总体规划（1991—2010）》	著名古都，江苏省会，长江下游重要的中心城市	长江下游现代化中心城市，国际影响较大的历史文化名城，人与自然和谐共处的江滨城市	三个层次构：城市规划区—都市圈—主城	6516
《南京市城市总体规划（2007—2020）》	著名古都，江苏省会，国家重要的区域中心城市	迈向区域协调、城乡统筹、和谐发展的新都会	三个层次：市域、都市区、中心城区	6582
《南京市城市总体规划（2011—2030）》	江苏省省会，东部地区重要中心城市，国家历史文化名城，全国重要的科研教育基地和综合交通枢纽	经济繁荣、和谐宜居、生态良好、富有活力、特色鲜明的现代化城市	三个层次：市域、都市区、中心城区	6582
《南京市城市总体规划（2018—2035）》	江苏省省会，国家中心城市，国家历史文化名城，全球创新名城，全球创新名城，中国特色社会主义国际化城市	具有全球影响力的"创新名城、美丽古都"	南北田园，中部都市，拥江发展，城乡融合；一核三级	6582

注：表中资料是根据改革开放以来历次南京城市规划整理得来。

1. 《南京城市总体规划（1980—2000）》

1980 年完成的《南京城市总体规划（1980—2000）》①是南京历史上第一部得到国家正式批准的具有法律意义的规划性文件。地域范围包括南京市区及江宁、江浦、六合三县共 4717 平方千米。国务院批准确定的南京市城市性质为著名古都，江苏省的政治、经济、文化中心。这一次城市规划以"严格控制大城市规模"的方针为指导，以"把南京建设成为文明、洁净、美丽的园林化城市"为目标，以"两个中心"（江苏省的政治、经济、文化中心，在科技、文化上成为国际活动中心之一）、三个基地（以电子仪表、石油化工、汽车制造和建筑材料工业为主的现代化工业基地，科研教育基地和外贸出口基地）作为城市发展的定位。整个南京城市空间呈圈层式布局构架，以市区为主体，围绕市区由内向外，把市域分为各具功能又相互有机联系的主城、近郊、卫星城、乡、远郊镇五个圈层，分别承担蔬菜副食品基地、风景区、农田、山林的功能。在当时看来，这种"大中小城镇分工协作，城乡间隔发展"的布局，有利于控制主城规模、保持生态平衡，并能实现"城市要控制、事业要发展"的规模目标。②

2. 《南京城市总体规划（1991—2010）》

为了回应国家进入深化改革发展阶段的要求，适应宏观的社会经济背景已发生的深刻变化，为解决南京城市发展与人口增长等一系列问题，1989 年开始着手修编总体规划。1990 年完成《南京城市总体规划（1991—2010）》③，规划区范围为全部行政辖区，为 6516 平方千米④。《南京城市总体规划（1991—2010）》承袭和完善了《南京城市总体规划（1980—2000）》的圈层思想，在"市—郊—城—乡—镇"的构想上，把规划地域范围分为"城市规划区—都市圈—主城"三个层次。跳出南京老城和主城的地域范围，把南京置于区域协调发展和都市圈

---

① 《南京城市总体规划（1980—2000）》于 1981 年 6 月通过南京市人大常委会审议，1983 年 11 月得到国务院的正式批准。
② 南京规划局：《南京城市总体规划（1980—2000）》。
③ 《南京城市总体规划（1991—2010）》于 1995 年 1 月得到国务院的正式批准。
④ 《国务院关于南京市城市总体规划的批复》（国函〔1995〕8 号）http://www.gov.cn/zhengce/content/2010-11/12/content_5939.htm。

范围内的整体发展格局中进行规划。长江以南、绕城公路以内的地域为规划主城，以内涵发展为主，强化金融、贸易、科技、信息、服务职能，通过优化城市用地结构，大力发展第三产业，重点改善道路交通、加快基础设施建设，提高环境质量，保护古都特点。[①] 以主城为中心在周边形成都市圈格局，构筑"以长江为依托，以主城及外围城镇为主体，以绿色生态空间相间隔，以便捷的交通相联系的高度城市化地区"。

3.《南京城市总体规划（2007—2030）》

2007年，《南京城市总体规划（1991—2010）》的规划期限即将到期，同时经过十余年的发展，国内外以及南京的发展状况都已经发生了很多变化。结合国内外宏观发展背景和自身的阶段性特征，在国家宏观背景的指导下，南京展开了新一轮总体规划的编制工作。《南京城市总体规划（2007—2030）》规划范围包括南京全部行政区范围的6582平方千米，规划期限是到2020年，同时对2030年进行远期规划展望。这一次规划对城市空间形态的构想依然是分为三个层次：市域、都市区（包括六城区及六合区大部分、溧水柘塘地区）、中心城区（主城和东山、仙林和江北三个副城），但是对中心城市的架构已经明显带有多中心的规划思想。规划提出了"迈向区域协调、城乡统筹、和谐发展的新都会"的总目标，把南京定位成"著名古都、江苏省省会、国家重要的区域中心城市"，确定南京的城市职能是"国家历史文化名城、国家综合交通枢纽、国家重要创新基地、区域现代服务中心、长三角先进制造业基地、滨江生态宜居城市"[②]。

4.《南京城市总体规划（2011—2020）》

在《南京城市总体规划（2007—2030）》实施近五年之际，为了更加切合南京城市发展的需要，更加彰显文化古都、滨江城市、人文绿都有机融合的风貌特色，进行了规划修编。

《南京城市总体规划（2011—2020）》在评价《南京城市总体规划（2007—2030）》近期实施情况的基础上，对南京未来五年面临的发展

---

① 南京规划局：《南京城市总体规划（1991—2010）》。

② 南京规划局：《南京城市总体规划（2007—2020）》。

背景和问题进行了分析判断，以科学发展的目标导向与解决南京发展实际问题导向相结合的方法，提出南京近期发展策略和空间投放原则，6582 平方千米城市规划区范围内，实行城乡统一规划管理①，并以此作为指导南京近期城市发展和建设的行动计划。城乡空间布局沿袭了《南京城市总体规划（2007—2030）》，依然是市域、都市区和中心城区三个层次，范围没有发生变化。

2016 年国务院批复《南京市城市总体规划（2011—2020 年）》，确定南京的城市定位是江苏省省会，东部地区重要的中心城市，国家历史文化名城，全国重要的科研教育基地和综合交通枢纽，城市发展目标是经济繁荣、和谐宜居、生态良好、富有活力、特色鲜明的现代化城市。

《南京城市总体规划（2011—2020）》更加体现出多中心、多极化发展的规划思路，根据国家"设立并建设好南京江北新区，对于推进长江经济带建设、培育东部沿海地区率先转型发展"的要求②，提出做好南京江北新区规划建设的要求，逐步把江北新区建设成为自主创新先导区、新型城镇化示范区、长三角地区现代产业集聚区、长江经济带对外开放合作重要平台，努力走出一条创新驱动、开放合作、绿色发展的现代化建设道路。

5.《南京城市总体规划（2018—2035）》

2017 年下半年，南京市启动新一轮城市总体规划修编工作，2018 年 12 月完成《南京市城市总体规划（2018—2035）》。这是南京迈向"两个一百年"奋斗目标的城市战略规划，体现了南京争当"强富美高"新江苏建设排头兵、勇担国家赋予的重要使命③的重要特征，在"江苏省会、国家中心城市、国家历史文化名城、综合交通枢纽、全球创新名城、新时代中国特色社会主义国际化城市"的城市定位的基础上，立足世界维度，明确了建设具有全球影响力的"创新名城、美丽古都"、建设具有国际竞争力的国家中心城市的发展目标愿景。以

---

① 《国务院关于南京市城市总体规划的批复》（国函〔2016〕119 号）http：//www.gov.cn/zhengce/content/2016 - 07/12/content_5090434.htm。

② 《国务院关于同意设立南京江北新区的批复》（国函〔2015〕103 号）http：//www.gov.cn/zhengce/content/2015 - 07/02/content_9998.htm。

③ 南京规划局：《南京城市总体规划（2018—2035）》。

城市中心功能提升为主线，在未来的全球城市网络、在长三角一体化国家战略中谋划自身的定位，争当驱动长三角一体化发展的战略支点、推动长三角高质量发展的创新引擎、支撑长三角国际化发展的门户枢纽。

《南京城市总体规划（2018—2035）》立足生态"高度"，构建集约发展的城市空间格局，明确提出了"南北田园、中部都市、拥江发展、城乡融合"的市域空间格局。其中，南北田园分别位于北部的六合以及南部的溧水、高淳，中部都市则由江北新区以及江南主城两大区域组合而成。中心城区形成江南、江北两核格局，江南主城由"一核（老城、紫金山和玄武湖构成的古都文化核）六片（仙林、麒麟、河西、城南、东山、铁北片区）"组成，未来将是世界文化名城核心区、知识创新策源地和品质宜居城区。江北新主城由"一核两片"组成，一核是指江北新区核心，两片是大厂高新片区和浦口三桥片区，江北新主城是江北国家新区的核心以及南京辐射带动苏皖区域的重要功能承载区。①

《南京城市总体规划（2018—2035）》坚持以人民为中心，提出建设更具公平安全的宜居城市的理念，按照建设符合人民理想生活愿景的可持续发展城市的目标，加快补齐民生短板，提高民生供给质量。提供包容多样的住房保障，2035年规划新增城镇住房约240万套，供给保障性、改善型、享受型等多样化、可租可售的人才住房。构建便捷可达、多层次的城乡社区生活圈。在城市地区按照步行10分钟可达的空间范围划定居住社区，按照步行5分钟可达的空间范围划定基层社区。重点构建市域快线、城区干线、中运量轨道三个层次的轨交线网，引导形成绿色主导型城市交通模式与出行结构。

二 南京城市空间格局的变迁

通过梳理南京市的城市规划演进历程，可以看出自20世纪90年代起，南京城市建设和空间格局的变迁主要分为四个阶段（见表6-6）。

---

① 南京规划局：《南京城市总体规划（2018—2035）》。

表6-6 南京城市空间格局变迁

阶段	时间段	城市空间格局变化
同心圈层发展阶段	1995—2001年	建设以新街口为核心的南北东西主干道，空间向城墙以外拓展。在产业发展空间上，确立新街口商业中心地位，采取"退二进三"，工业布局逐步转移到城墙外围。城墙以内行政办公区、高校教育区、住房居住区为主
一城三区发展阶段	2002—2010年	多心开敞、轴向组团、拥江发展。以长江两岸和市域南北向交通主干线为主发展轴，沿着十字轴线重点发展河西新城、东山、仙林和江北三个新区，将城市空间扩展到城郊区域。河西新城和仙林逐步走向成熟，成为承载南京城市功能的主要区域
一主三副发展阶段	2011—2016年	聚焦新主城拓展带动周边城郊区域发展，在绕城公路以内打造"一主城"发展空间，同时升级仙林、东山、江北成为南京城市格局中三个具有综合独立功能的副中心。河西、仙林新主城逐步定型。以仙林为主体的栖霞和以东山为主体的江宁，在新副城城市建设拉动下，成为支撑南京快速成长的新兴增长极
主副新城发展阶段	2017年至今	全域发展的思路，从更大的空间尺度谋求城市发展空间拓展。确定"一中心、三副城、九新城、29个新市镇和若干个乡村新社区"这一覆盖城乡全域的城镇发展体系，将发展空间从"秦淮河"沿岸扩展到"扬子江"沿岸

注：表中的内容是作者根据南京市建委提供的南京市不同时期的城市建设成就资料整理而成。

一是同心圈层发展阶段（1995—2001年）

1992年，中央确立了建设社会主义市场经济体制后，我国城市化进程大大加快，特别是劳动力和人才流动以前所未有的速度加快向城市聚集。南京老主城"捉襟见肘"的狭隘空间严重制约了城市发展，生产要素的城市集聚无法满足。20世纪90年代中后期，南京在"一年见成效、三年面貌大变"的城市建设思想指导下，针对主城空间狭小的问题，以老城为重点，建设以新街口为核心的南北东西主干道，空间向城墙以外拓展。在产业发展空间上，确立新街口商业中心地位，采取"退二进三"，工业布局逐步转移到城墙外围。城墙以内以行政办公区、高校教育区、住房居住区为主。到2000年前后，南京城市空间骨干逐步形成，城市空间格局呈现出以新街口为中心的环绕主城的同心圆特征，老城区功能完善和齐备。

二是一城三区十字轴线发展阶段（2002—2010年）

进入21世纪，随着南京城市的快速扩张，老城区经过多年的集中发展集聚了优质公共资源，人口密度高。为了疏解老城区的人口压力和疏解城市功能，南京市主动转换城市空间发展思路，确定"多心开敞、轴向组团、拥江发展"的策略思路，以长江两岸和市域南北向交通主干线为主发展轴，变传统以主城为发展核心的城市空间战略为"一城三区"战略，沿着十字轴线重点发展河西新城，东山、仙林和江北三个新区，将城市空间扩展到城郊区域。此后历经10年，逐步形成了河西新城，仙林、东山、江北的城市空间发展雏形。其中，河西新城和仙林逐步走向成熟，成为承载南京城市功能的主要区域，城市空间主导下城市综合实力得到快速提升，土地价值也日益凸显。

三是一主三副两带一轴发展阶段（2011—2016年）

"一城三区"战略对南京的城市发展起到了重要的作用。但是，"十字轴线"上的新城发展并不均衡，受制于基础设施和公共服务等资源短缺，江北、东山发展相对滞后，综合功能仍有待提升。同时，在这一时期，国家层面的城市发展战略突出"城乡统筹"和"城乡一体"的理念。为了契合国家"城乡统筹"的发展战略，也为了提升副城对老主城以外的东部、南部、江北等区域周边地区的辐射带动服务能力，2010年前后，南京市根据城市发展状况进一步调整空间战略，提出

"一主城、三副城"的发展思路，简称"一城三副"。"一城三副"的核心理念是聚焦新主城拓展带动周边城郊区域发展，在绕城公路以内打造"一主城"发展空间，同时升级仙林、东山、江北成为南京城市格局中三个具有综合独立功能的副中心。在这一核心理念引导下，河西、仙林、东山形成了组团式发展模式，河西、仙林新主城逐步定型，东山、江北新主城雏形呼之欲出，为城市发展拓展了战略空间。以仙林为主体的栖霞和以东山为主体的江宁，在新副城城市建设拉动下，成为支撑南京快速成长的新兴增长极。2017年，南京城市综合实力在东部栖霞增长极和中部江宁增长极的强力支撑下，昂首进入我国万亿元城市俱乐部。

与此同时，为了进一步培育南京城市发展的战略空间，开始布局"两带一轴"城市战略空间。"两带"是指沿长江发展的两带，逐步形成"江北城镇发展带"和"江南城市发展带"。"一轴"是指沿宁连、宁高高速公路走廊形成的南北向"城镇发展轴"。通过"两带一轴"进一步带动周边城郊区域发展，拓展城市发展空间，增强城市要素资源承载力，积累与储备新的发展动能。2013年，南京行政区划做出调整，高淳、溧水撤县设区，呼应了"两带一轴"城市空间战略。

四是主副新城发展阶段（2017年至今）

2015年国务院批复同意将"南京江北新区"设立为第13个国家级新区，标志着南京市一直以来不断推进的"北进"城市空间战略得到国家层面的认可。这一时期，中央提出了推动新型城镇化战略、乡村振兴战略和城乡融合总体方略，"以县城和乡村为基底"的城乡融合发展路线图日益清晰。2017年，南京针对城乡发展矛盾，结合城市空间发展态势与快速演化的现实，首次提出全域发展的思路，从更大的空间尺度谋求城市发展空间拓展，确定"一中心、三副城、九新城、29个新市镇和若干个乡村新社区"的覆盖城乡全域的城镇发展体系，将发展空间从"秦淮河"沿岸扩展到"扬子江"沿岸。"一中心"是指"确立江南、江北两个主城，将东山、仙林、江北新区纳入主城范围，整体升格为中心城区"。"三副城"则将原来的"仙林、东山、江北"调整为"六合、溧水、高淳"。一方面将城市动能培育扩展到全域，另一方面将城市动能培育从中心城区下沉到更大的城乡空间，为推进城乡融合发展奠定了基础。

在这一发展战略引导下，江北新区的战略定位是逐步建设成为自主创新先导区、新型城镇化示范区、长三角地区现代产业集聚区和长江经济带对外开放合作重要平台。江北新区的设立，对南京未来发展具有强大支撑作用。2019 年 8 月，中国（江苏）自由贸易试验区获批设立。经过几年发展，江北新区已经成为支撑南京空间向北发展的强劲区域增长极。新空间拓展和新区建设为南京中心城市综合能级提升提供了双重动力。

第四节 南京土地制度和房地产业发展

土地要素承载着城市所有经济社会活动，是城市产业发展的中心环节，关系到城市经济发展和社会稳定。改革开放以来，经过 40 多年的发展，对应着国家政策，根据自身的发展要求不断调整和探索，南京建立起了多样化经营性用地有偿有期限使用和公益性用地划拨的供给制度，逐步形成了具有南京特点的土地有偿使用制度和完善的土地市场，促进了城市土地的有效开发和利用，调动了土地使用者的积极性。与此同时，南京积极推动住房制度改革，房地产业和住宅产业市场化程度不断提高的同时，建立多层次的住房供应体系及住房保障机制。

一 土地使用制度改革与土地市场的形成发展

土地要素在自然区位、交通区位和经济区位多重因素的共同作用下，形成不同城市空间布局下土地区位的优劣差异，并深刻影响土地要素的收益水平，从而形成土地级差生产力和地租、地价的差异。因而，城市土地供需及其地价水平在时空上处于动态变化之中，具有空间分异特征。

我国实行的是土地国有制和有偿使用制度，土地使用权市场化建立和发展受制度因素影响较大。改革开放以来，经过 40 多年的发展，建立起了多样化经营性用地有偿有期限使用和公益性用地划拨的供给制度，促进了城市土地的有效开发和利用，调动了土地使用者的积极性。

我国城市土地市场化改革和土地市场的发展演进大致经历了以下 5 个阶段：

表 6-7　　　　　　　中国经营性用地有偿使用演进的过程

阶段	土地使用权取得方式	相关法规和制度的出台	主要特征和规定
土地无偿划拨阶段（1949—1978 年）	无偿划拨		土地使用实行单一的无偿、无期限、无流动的行政划拨制度，所有土地不准买卖出租
有偿使用试点和初步建立阶段（1978—1988 年）	有偿使用	1979 年 7 月 1 日，全国人大通过《中华人民共和国中外合资企业经营法》	1979 年的中外合资企业经营法中规定如果场地使用权未作为中国合营者投资的一部分，合营企业应向我国政府缴纳使用费；1982 年深圳经济特区开始按照土地的不同等级向土地使用者收取不同标准的使用费①；1984 年抚顺、广州等城市也开始先后推行
土地市场化的流转制度建立阶段（1988—1990 年）		1988 年 4 月《宪法》修改；1988 年 12 月《土地管理法》修改；1990 年 5 月《城镇国有土地使用权出让和转让暂行条例》颁布	修改的《宪法》增加了"土地的使用权可以依照法律的规定转让"。修改后的《土地管理法》也作了相应规定，"国有土地和集体所有的土地的使用权可以依法转让，国家依法实行国有土地的有偿使用制度"。《城镇国有土地使用权出让和转让暂行条例》对国有土地使用权出让、转让以及出租、抵押、终止和划拨等问题都做出了明确规定

---

① 1987 年深圳特区首次公开拍卖出让了一幅 8588 平方米的土地 50 年的使用权，土地使用权第一次作为资产进入市场。

续表

阶段	土地使用权取得方式	相关法规和制度的出台	主要特征和规定
原有划拨土地改革阶段（1990—2002年）	有偿使用	1992年3月《划拨土地使用权管理办法》、1998年2月《国有企业改革中划拨土地使用权管理暂行规定》颁布	《划拨土地使用权管理办法》规定划拨土地转让必须补缴土地出让金。《国有企业改革中划拨土地使用权管理暂行规定》明确了在国有企业改革中划拨土地使用权，可采取国有土地使用权出让和租赁、土地使用权作价出资（入股）、土地使用权授权经营和土地使用权保留划拨方式予以处置
招拍挂土地制度阶段（2002年至今）		2002年4月《招标拍卖挂牌出让国有土地使用权规定》颁布	主要规范国有建设用地使用权的出让行为，规定经营性用地必须通过招标、拍卖或者挂牌的方式进行出让。促进土地资源合理配置，建立有偿、有期限有流动的土地有偿使用制度，从根本上解决了土地的市场化问题

注：表中内容是作者根据国家不同时期的经营性土地政策整理而成。

二 南京经营性土地使用制度改革和土地市场的形成与完善

1990年5月，国务院颁布施行《中华人民共和国城镇国有土地使用权出让和转让暂行条例》，开始在全国范围内进行城市土地使用制度改革，将过去城市土地无偿、无期限、无流动使用转变为有偿、有期限、有流动使用。南京对应着国家政策，根据自身的发展要求不断调整和探索，逐步形成了具有南京特点的土地有偿使用制度。南京经营性土地使用制度改革和土地市场的形成完善历程可以以1992年和2000年为界限分为三个阶段，这三个阶段的政策是有序连接和不断优化的。总体上讲，土地使用制度的改革促进了城市土地价值的显化，推动了城市旧城改造、城区土地"退二进三"的功能置换，促进了城市内部土地利用结构的优化。

1. 行政主导无偿划拨：1992年之前土地使用主要是通过行政划拨方式。

南京在1992年之前的土地市场实践中，是以无期限无偿的行政划拨方式为主，土地均为无偿使用，只有地随房买卖，没有单独的土地买卖，因而没有专门的土地市场。另外，在这一阶段南京结合旧城改造项目，行政统一划拨使用土地，用地单位无偿获得土地使用权，划出一部分地块进行拆迁及居民补偿安置房地产开发项目，补偿安置之余的剩余房产可入市。

1990年5月，国务院颁布施行《中华人民共和国城镇国有土地使用权出让和转让暂行条例》，开始在全国范围内进行城市土地使用制度改革，将过去城市土地无偿、无期限、无流动使用转变为有偿、有期限、有流动使用。南京市成立"南京市土地使用制度改革领导小组""南京市国有土地出让办公室"等机构，但是并没有开始真正意义上的土地制度改革和形成土地市场。

2. 行政主导有偿出让：以土地使用协议出让和以地补路为主要形式的有偿使用。

南京真正的土地市场化改革应该是从1992年开始的。1992年南京市政府发布"关于开展国有土地有偿使用有关事项的通知"，开启了以国有土地有偿使用为核心的土地市场化制度改革。这一次的改革初步形成了"协议出让"国有土地使用权制度，对符合条件的土地，用地单位不需要在公开市场取得土地，凭立项和规划条件就可申请办理土地出让手续，并缴纳相应出让金。1994年8月，"南京国有土地出让办公室"与南京市土地管理局建设用地处合署办公，统一管理全市土地市场，指导土地市场正常运作。1998年10月南京市国土管理局[①]专门成立了"国有企业改革土地资产处置工作小组"，支持国有企业改革，对原划拨土地使用权进行处置。

为了弥补城市建设资金不足和提高土地收益，1993年到2000年，南京政府采取"以地补路"[②]的方式，对承担市政建设任务，主要是拓

---

① 1996年，南京市土地管理局更名为南京市国土管理局。

② 1995年4月南京市政府批转《南京市市政建设项目复建补偿用地若干政策的意见》，提出"以地补路"的做法。

宽或新建城市道路的单位（房产开发公司），通过划拨道路沿路或者是其他区土地使用权的方式用于补偿前期建设资金（包括拆迁安置费），同时减少不承担市政建设任务单位的土地使用量。这是南京对国有土地有偿使用和市场化运作的一次尝试，对城市内部更新起到了一定的作用①。但是这项政策明显违背了市场供需规则，进入市场的土地规模并不是依据市场需求而定，而是从属于政府城市建设需要，具有很强的行政指令性和一定的超计划性②，没有从根本上解决土地收益不高的问题。

南京是继深圳之后较早进行土地市场化改革的城市，在这一阶段，配合国有土地市场化改革，南京开始形成土地市场。1992年成立"南京市房地产交易市场"，专门从事房地产交易。这一阶段南京土地制度和土地市场的特点主要有：第一，土地使用权处置的方式逐步多样化，主要有土地使用权出让、租赁、作价入股、授权经营和维持划拨5种。第二，结合年租金、企业改制中的土地资产处置、土地租赁，形成了多样化的供地方式，并开始重视盘活工业土地和提高土地利用效率③。第三，保证公共利益的保障效应，提出划拨方式供给经济适用住房建设④。第四，但是这一阶段，由于受到土地出让方式的影响，土地市场化水平还较低。

3. 市场化"招、拍、挂"：2000年以来土地使用权"招、拍、挂"和土地储备

从2000年开始，南京逐步实行土地的公开出让。2000年3月，《南京市国有土地使用权招标和拍卖管理办法》正式出台，成立"南京市国有土地招标和拍卖领导小组"，要求在南京市域内房产开发、商业、

---

① 截至1999年11月，"以地补路"政策为南京城市建设筹措资金累计达67.3亿元。

② 截至1999年底（从1993—1999年），预拨的土地量相当于9年以上的使用量，据统计2000年初依然有6平方公里的预拨的土地没有使用，一方面造成资金积压，另一方面也造成市场上的土地超出市场需求。

③ 2005年南京颁布《市政府关于加快推进主城区工业布局调整工作的意见》，将国有资产经营公司所属的土地使用权上市公开出让。

④ 1995年《南京市深化住房制度改革方案》，提出建设经济适用住房，其用地原则采用行政划拨。

办公、旅游、娱乐金融等具有经营性的用地必须在公开市场上通过"招、拍、挂"的方式出让国有土地使用权，土地"招、拍、挂"以净地为主。并要求清理纳入"招、拍、挂"范围的原"以地补路"项目土地等六类土地资源，收归政府通过"招、拍、挂"方式供地。文件的出台标志着全市的经营性土地真正开始进入市场化轨道，改变了以往以行政命令划拨和协议出让的方式，市场开始成为土地资源配置的主要手段和因素，南京土地市场更加公开、公平、公正。

2002年南京市成立了隶属市国土资源局的土地收购储备中心，实行"政府垄断、统一出让"的市场机制。市土地储备中心作为规范土地出让主体，代表政府储备土地，根据国民经济和社会发展规划、土地利用总体规划和城市规划，科学编制土地储备规划[①]；根据市场情况和土地供应安排，对被收储企业土地、城市剩余土地和其他政府储备的土地资产，通过看管、出租、抵押等形式，进行有效管理，2003年之后，在市场公开出让的土地中，土地储备中心出让所占比例逐步增大，土地市场管理和调节开始制度化[②]，土地利用效率不断提高。2006年[③]南京市基本形成了"统一管理，分头执行"的土地储备制度。

与市场化改革相适应，这一阶段以经营性用地实施"招、拍、挂"为核心，土地市场化进程加快（见表6-8），南京的土地市场也步入规范化发展阶段。自此，南京不断深化城市土地使用制度改革，形成由政府收购储备后再统一出让的政府主导的土地市场机制。总体上讲，土地使用制度的改革促进了城市土地价值的显化，推动了城市旧城改造、城区土地"退二进三"的功能置换，促进了城市内部土地利用结构的优化。

[①] 2003年会同南京规划局编制《南京市土地储备规划》，促进南京土地改革和储备有序开展。

[②] 2003年12月颁布《关于进一步治理整顿土地市场秩序的通知》，对规范土地市场运行起到了重要作用。

[③] 2006年12月，经市政府常务会议审议通过并以政府令的形式发布了《南京市土地储备办法》，在市级层面以地方政府规章的形式进一步明确了土地储备工作的相关方面。

表6-8　　　　　　　　南京土地有偿使用与市场化水平变化

阶段	时间	供地方式	特征	市场化水平
行政主导无偿划拨	1992年之前	划拨	无偿、无期限、无流动	非市场化
行政主导有偿出让	1992年5月—2000年	划拨+协议出让+以地补路	有偿	准市场化
市场化"招、拍、挂"	2000年以来	"招、拍、挂"+土地储备	有偿、有期限、有流动	市场化

三　南京住房制度改革、房地产业及住宅业发展历程

1. 南京市住房制度改革历程

南京市于1987年启动住房制度改革，其间经历了三个阶段，从"先行试点，单项改革"到1998年"综合配套，不断深化"，全面实施住房制度改革[①]，结束了实物福利分房的住房分配制度，再到2000年之后的住房政策和实践上取得重大突破，加快了城镇住房改革的市场化、货币化进程，南京的房地产业和住宅产业市场化程度不断提高的同时，建立多层次的住房供应体系及住房保障机制（见表6-9）。

表6-9　　　　　　　　南京市住房制度改革历程

阶段	时间	改革举措	住房属性
先行先试，单项改革	1987—1994年	国家、单位、个人三方合理负担住房，出售公房	福利属性、居住属性
综合配套，不断深化	1994—1998年	建立双轨制的住房供应体系 建立住房公积金制度 建立政策性和商业性并存的住房信贷体系，发展住房金融和住房保险	终结福利分房；住房的商品化和社会化

---

① 根据《国务院关于进一步深化城镇住房制度改革加快住房建设的通知》（国发〔1998〕23号）和《省政府批转省房改领导小组关于进一步深化城镇住房制度改革的实施方案》（苏政发〔1998〕89号）精神，南京市政府颁发宁政发〔1998〕278号《南京市进一步深化住房制度改革的实施方案》，南京市取消企事业单位住房实物分配，实行住房分配货币化，这调动了居民购房积极性，居民住房需求开始集中释放。

续表

阶段	时间	改革举措	住房属性
重大突破，多种供给	1998—2006 年	根据不同时期的经济发展特征，出台相关的房贷优惠、减免税等政策措施，鼓励居民购房 建立和完善以经济适用住房为主的多层次城镇住房供应体系 发放住房补贴 加快廉租房制度建设，稳步扩大廉租住房制度覆盖面	投资属性强化、商品属性和居住属性
住有所居	2007—2016 年	建立住房发展长效机制，加强保障性住房建设和管理	居住属性、投资属性
租购并举	2016 年以来	深化住房制度改革，以满足新市民的住房需求为主要出发点，以建立"购租并举"的住房制度为主要方向 因时、因势逐渐调整细化市场调控 住宅供应体系更加丰富：一手房、二手房、长租公寓、公租房、廉租房、保障房等多种政策性住房和多元业态并存	回归居住属性

注：表中的资料由作者根据南京市不同时期的住房制度和政策整理而来。

2. 南京市房地产投资总规模与增长速度变迁

2005—2020 年期间，南京市房地产开发投资快速增长（见表 6-10），房地产开发投资额由 2005 年的 296.14 亿元增至 2020 年的 2631.40 亿元，年均增长 15.04%；住宅投资规模由 2005 年的 209.02 亿元增至 2020 年的 1862.72 亿元，年均增长 16.18%。从总体趋势看，南京市房地产开发投资规模和住宅投资规模与全社会固定资产投资规模基本保持比较一致的增长波动规律，出现三个变动周期，分别为 2005—2009 年、2009—2014 年、2014—2020 年（图 6-5）。

表 6-10　　2005 年以来南京市房地产及住房投资规模

年份	全社会固定资产投资规模（亿元）	同比增长（%）	房地产投资规模（亿元）	同比增长（%）	房地产投资占全社会固定资产投资比重（%）	住宅投资规模（亿元）	同比增长（%）	住宅投资占房地产投资比重（%）
2005	1402.72	16.7	296.14	1.11	21.1	209.02	/	70.6
2006	1613.55	15.0	351.17	18.5	21.7	253.64	21.3	72.2
2007	1867.96	15.7	445.97	26.9	23.8	316.65	24.8	71.0
2008	2154.17	15.3	508.16	13.9	23.6	410.03	29.5	80.7
2009	2668.03	23.8	595.68	17.2	22.2	439.41	7.2	73.8
2010	3306.05	23.9	754.76	26.7	22.8	562.46	28.0	74.5
2011	4010.03	21.3	896.73	18.8	22.4	647.92	15.2	72.3
2012	4683.45	16.8	1015.76	13.3	21.7	676.36	4.4	66.6
2013	5265.55	12.4	1120.18	10.3	21.3	773.99	14.4	69.1
2014	5460.03	3.7	1125.49	0.47	20.6	796.27	2.9	70.7
2015	5484.47	0.4	1429.02	26.8	26.1	1080.97	35.7	75.6
2016	5533.56	0.9	1845.60	29.1	33.4	1392.76	28.8	75.5
2017	6215.20	12.3	2170.21	17.6	34.9	1569.52	12.7	72.3
2018	4718.05	9.4	2354.17	8.5	49.9	1574.54	0.32	66.9
2019	5082.77	7.7	2501.26	6.3	49.2	1735.85	10.2	69.4
2020	5418.23	6.6	2631.40	5.2	48.6	1862.72	7.3	70.8

注：1. 数据来源于各年度南京统计年鉴。

2. 由于国家固定投资统计方法制度改革，自 2018 年开始，全社会固定资产投资规模的数据按新制度执行，基期数同口径调整，因而出现 2018 年之后的数据与 2018 年之前的数据不相衔接的问题。

3. 按照 2018 年国家固定投资统计方法核算 2017 年南京市的全社会固定资产投资规模为 4312.06 亿元。

4. 本研究将通过观察全社会固定资产投资规模的增长幅度对比房地产、住房投资规模与全社会投资规模的同步性及拉动作用。

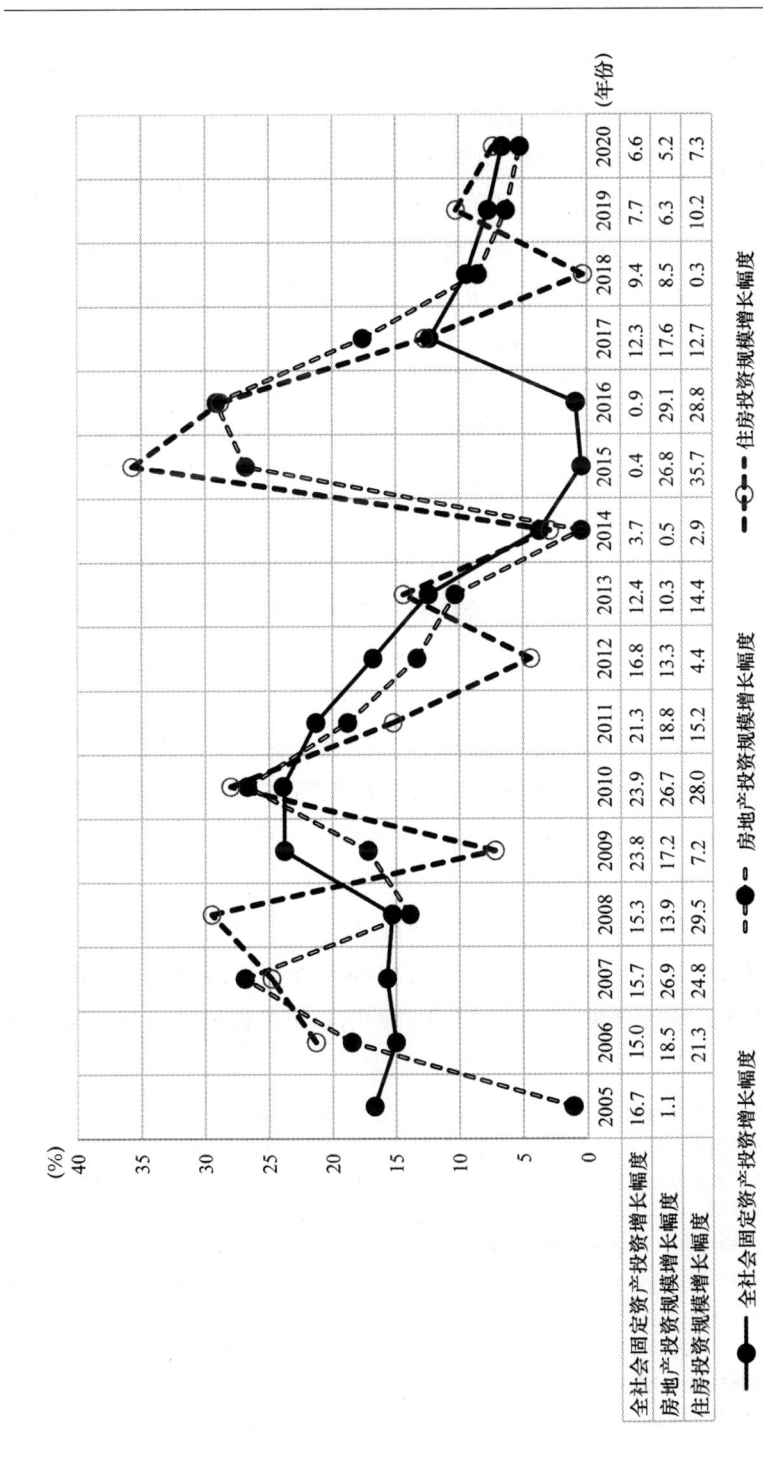

	2005	2006	2007	2008	2009	2010	2011	2012	2013	2014	2015	2016	2017	2018	2019	2020
全社会固定资产投资增长幅度	16.7	15.0	15.7	15.3	23.8	23.9	21.3	16.8	12.4	3.7	0.4	0.9	12.3	9.4	7.7	6.6
房地产投资规模增长幅度	1.1	18.5	26.9	13.9	17.2	26.7	18.8	13.3	10.3	0.5	26.8	29.1	17.6	8.5	6.3	5.2
住房投资规模增长幅度		21.3	24.8	29.5	7.2	28.0	15.2	4.4	14.4	2.9	35.7	28.8	12.7	0.3	10.2	7.3

图6-5 2005—2020年南京市全社会固定资产投资、房地产投资和住房投资规模增速

其中住房投资规模的波动更加活跃，2008年、2010年和2015年分别出现三次增幅高峰，然后迅速下跌达到较低位增速。这是与国家和南京市在这期间实施的住房调控政策密切相关。

1999—2004年，在国家"管严土地，看紧信贷"为主的宏观调控政策下，房地产开发投资和固定资产投资都快速增长，房改之后一路高升的房价和不断增长的住房需求激励着住房投资规模的增长。2005年的南京住房市场在国家宏观调控政策①的影响下，全市的住房出现了一次比较明显的下降。从2006年开始，经历了国家"国八条"以及一系列的调控之后，南京市的住房投资开始回暖，到2008年投资规模增速达到一个峰值。2010年南京市的房地产市场经历了房改之后的第二个黄金发展期，不论是土地市场还是住房需求（住宅价格上涨全面进入"万元时代"）都进入前所未有的高峰期，相应的住房投资规模也大幅度增长。针对快速增长的住房价格和不合理的买房市场，2011年2月南京市颁布第一次限购政策，要求本市户籍居民限购2套住房、非户籍居民限购1套并需缴纳1年以上社保。由此住房成交量显著下降，并影响了后来几年的住房供给、上市量以及住房投资规模，2014年住房投资规模增长只有2.9%。然而也是在2014年，青奥会在南京成功举办提升和扩大了这座文化之城的城市形象和影响力，吸引了更多的住房需求和多方投资，住房投资规模的增幅也随之在之后的2015年达到了历史最高值。2016年延续涨势，南京的地价过万②，土地溢价率高达78%，住房投资继续加大。为了抑制上涨过快的地价和住房价格，2016年9月南京市再次颁布限购令③，2017年开始南京市的住房价格和住房市场

---

① 2004年开始国家出台宏观调控政策措施，房地产投资的增长速度得到了一定的控制，但由于房地市场需求量过大，一些地区投资性购房不断增加，所以导致住房供应结构出现不合理的现象。为了控制住房价格上涨的速度，2005年3月我国政府推出了《关于切实稳定住房价格的通知》（国办发明电〔2005〕8号），被称为"国八条"。"国八条"的重大意义在于明确了楼市调控的几个原则。紧接着，在2005年，国务院及相关部委出台多项政策文件，调控目标由控制房地产投资规模过大的单一目标向既控制投资速度又要抑制商品住房价格上涨过快的双重目标转换。

② 2016年南京市土拍市场的均价是12889/平方米，当年共有52块楼面价超万元地价。同时土拍熔断机制、土拍摇号都显示了当年度南京市土地拍卖的火爆。

③ 2016年9月南京市发布"宁十三条"，被称为升级版的限购令。

需求回归理性，2018年住房投资规模增幅只有0.32%。

2018—2020年之间出现了一次很小幅度的波动，起源是2018年的南京人才引进政策。2018年5月南京市发布人才新政，2018年11月发布《南京市人才购买商品住房试行办法》，全市所有在售房源向海内外人才开放，并为人才购房开辟快速通道，这为南京市的住房市场注入新的活力，迅速化解了几年来积累的市场库存。随之2019年住房投资规模增长出现了一次小的反弹。但是，2020年受新冠疫情以及经济下行压力的影响，住房投资规模增速减缓。2021年以来，世界格局的变化、新冠疫情的不断扩大、地方教育学区政策以及宏观经济政策的变动等各种因素的影响传导至住房市场，住房投资规模的下降尚未到达这一周期的底部，目前仍处于下降趋势。

3. 南京市房地产业与经济增长正向相关，但是依赖程度不是很高

观察2005—2020年期间的房地产业增加值变化以及经济总量增长的情况（表6-11），可以看出南京市房地产业与经济总量发展趋势基本一致，近年房地产业增加值占生产总值比重基本保持在6%—7%内。但是长期看经济增长对房地产业的依赖程度不是很高。

南京房地产业增加值年平均增长18%，到2004年年底已达到88.24亿元。房地产业增加值增长围绕地区生产总值增长，16年中有4年房地产业增加值增长速度高于或持平于地区生产总值增长速度（图6-6）；房地产业增加值增长对地区生产总值增长的贡献度即房地产业增加值增量部分（当年房地产业增加值与前一年房地产业增加值之差）在地区生产总值增量部分（当年房地产业增加值与前一年地区生产总值之差）中的比重稳步提高并趋于稳定（图6-6）。

表6-11　　　　2005年以来南京房地产业增加值　　　　（万亿元;%）

年份	房地产业增加值	GDP增加值	房地产业经济贡献率	房地产业增加值增长幅度（同比增长）	GDP增长幅度（同比增长）
2005	88.30	2478.26	3.7	/	18.7
2006	123.85	2774.00	4.5	40.2	11.9

续表

年份	房地产业增加值	GDP增加值	房地产业经济贡献率	房地产业增加值增长幅度（同比增长）	GDP增长幅度（同比增长）
2007	156.00	3275.00	4.8	25.9	18.1
2008	206.50	3859.57	5.4	66.7	17.8
2009	317.85	4287.25	7.5	53.9	11.1
2010	315.79	5198.20	6.3	-0.6	21.2
2011	393.58	6230.20	6.4	24.6	19.8
2012	458.65	7306.54	6.4	16.5	17.2
2013	579.01	8199.49	7.2	26.2	12.2
2014	587.96	8956.05	6.7	1.5	9.2
2015	610.99	9720.77	6.3	3.9	8.5
2016	711.47	10819.14	6.8	16.4	8.0
2017	774.51	11894.00	6.6	8.8	9.9
2018	813.11	13009.17	6.3	8.8	9.4
2019	914.58	14045.15	6.5	12.4	7.9
2020	1048.80	14817.95	7.1	14.6	5.5

注：关于支柱产业占GDP的比重并没有明确的定义，但一般学界认为应在4%以上。南京市的房地产业自2006年以来一直保持在4.5%以上，2009年之后达到6%—7%。

房地产业持续增长，并保持与经济总量增长正向相关。从2005—2020年南京市房地产业增加值和经济总量增加值的动态关系看，房地产业与经济总量同向增长。GDP经济总量的增长表现为直接较平缓增长，而房地产业则更多表现为波动增长，如图6-6（1）所示。

虽然房地产业增长速度快于同期GDP增长幅度，2005—2020年年均增长21.32%，GDP年均增长12.9%，但是同期增量平稳，促进房地产业健康发展是推进经济稳健增长的有效路径。

充分发挥了支柱产业的作用。房地产业对GDP的贡献率经历了起步阶段（5%以下）和进入支柱产业阶段后（5%以上）两个阶段，从2005年的3.7%增至2020年的7.1%。房地产业具有较强的波及效应，可以拉动其他50个行业的增长，对经济总量增长的实际贡献率、拉动

(1) 房地产业增加值和经济总量同向增长

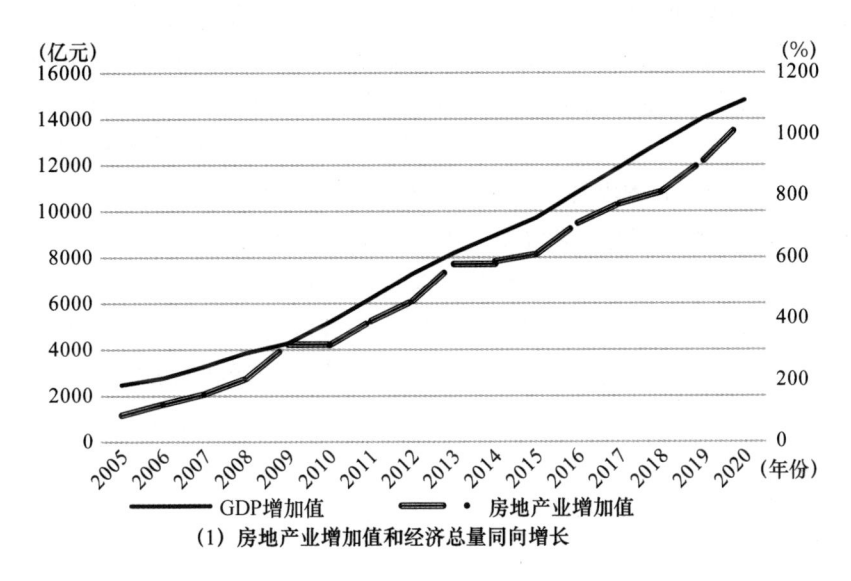

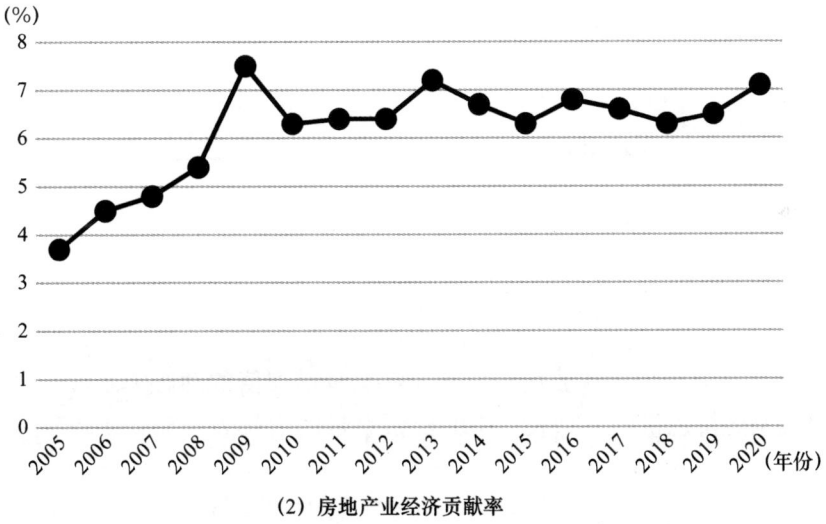

(2) 房地产业经济贡献率

图 6-6　2005—2020 年南京市房地产业与经济总量的动态关系

力不止 7.1%，起到实体经济的作用。房地产业 2020 年土地收入占地方财政 80%以上，占到财政收入 46%、房地产税收占到全国税收 20%，涉及近 10 万人就业、占到新增贷款超四成等，同时房地产业的发展还是防止金融、债务、通货膨胀的危机蓄水池。

城市面貌的变化。房地产业和住房投资的扩大推进了南京市主城住宅空间向郊区扩散，并促使相关生活配套设施向郊区扩散，从而影响了南京城市住宅空间的变化，进而导致南京市住宅地价空间的变化。

房地产业的增长与整体经济总量的增长同向但并不同步。从2005—2020年的增幅看，房地产业的增长与整体经济总量的增长并不显示出同步性，房地产业高增长年份的经济总量增长并没有显示出高增长的特征，同样房地产业低增长时也并没有拖累经济总量的增长，这在一定程度上表明南京市的经济增长对房地产业的依赖程度不是很高。房地产业的增长可能受更多因素影响而呈现出更加活跃的波动特征（图6-7），有6个年度增幅低于经济总量的增长。根据相关数据进行趋势预测，未来几年南京市的经济总量将保持一个平稳增长态势，但是房地产业增速可能会继续降低，2022—2023年出现负增长。

图 6-7 房地产业增长与 GDP 增长非同步性

事实上，需要从长期理性看待经济增长与房地产业之间的关系，经济增长对房地产业的过度依赖可能导致多重风险，房地产业作为主导产业对经济增长的带动作用是毋庸置疑的，但同时，房地产业的增长过快

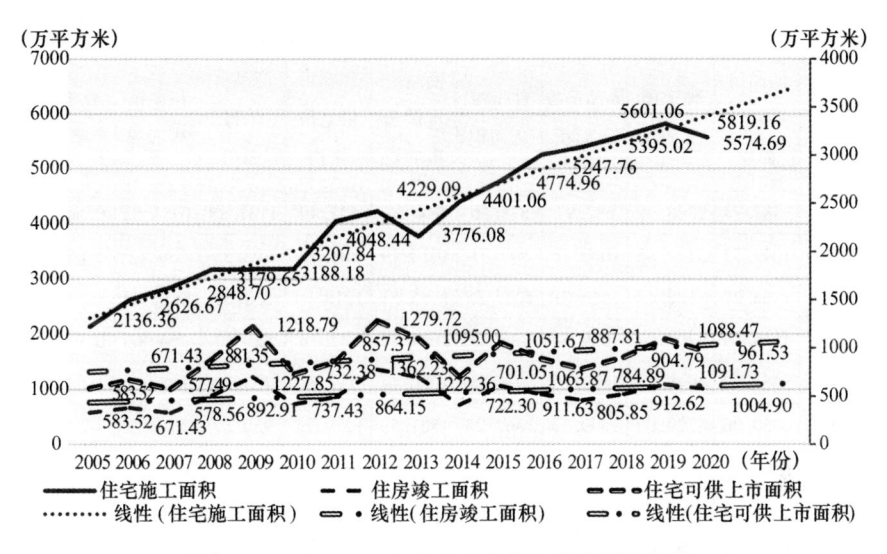

第六章 实证研究城市的选取及研究范围界定

图 6-8 2005—2020 年南京市住房供给增长趋势

对消费与投资的挤出效应也非常明显。尤其是在数字经济时代需要反思房地产业的贡献率问题。

4. 南京市商品住房建设与销售情况

2005 年以来，南京市每年的商品住房施工面积、竣工面积、新开工面积和商品房销售面积基本保持不断增长的趋势（表 6-12、图 6-8、图 6-9），住宅施工面积由 2005 年的 2136.36 万平方米增至 2020 年的 5574.69 万平方米，住宅销售面积由 2005 年的 892.54 万平方米增至 2020 年的 1213.81 万平方米。

表 6-12 2005 年以来南京商品房、住宅供需变化 （单位：万平方米）

年份	商品房施工面积	住宅施工面积	商品房竣工面积	住房竣工面积	商品房可供上市面积	住宅可供上市面积	商品房销售面积	住宅销售面积	住宅供销比
2005	2708.05	2136.36	646.08	583.52	646.08	583.52	943.81	892.54	0.65:1
2006	3321.95	2626.67	807.45	671.43	807.45	671.43	1010.50	940.99	0.71:1

续表

年份	商品房施工面积	住宅施工面积	商品房竣工面积	住房竣工面积	商品房可供上市面积	住宅可供上市面积	商品房销售面积	住宅销售面积	住宅供销比
2007	3582.74	2848.70	682.97	578.56	644.58	577.49	1137.88	1064.52	0.54∶1
2008	4097.72	3179.65	1062.26	892.91	1010.19	881.35	703.55	659.12	1∶1.33
2009	4366.07	3188.18	1516.28	1227.85	1455.51	1218.79	852.81	1114.03	1∶1.09
2010	4570.49	3207.84	1039.57	737.43	1034.77	732.38	823.17	754.82	0.97∶1
2011	5664.22	4048.44	1169.09	864.15	1086.14	857.37	767.70	680.89	1∶1.25
2012	6050.06	4229.09	1699.73	1362.23	1527.59	1279.72	950.87	876.25	1∶1.46
2013	5662.91	3776.08	1039.39	1222.36	1020.48	1095.00	1222.01	1143.15	0.89∶1
2014	6540.23	4401.06	967.40	722.30	881.49	701.05	1207.58	1124.73	0.62∶1
2015	7084.44	4774.96	1449.10	1063.87	1347.66	1051.67	1543.16	1429.18	0.75∶1
2016	7691.41	5247.76	1241.33	911.63	1139.30	887.81	1558.18	1406.29	0.63∶1
2017	8163.04	5395.02	1077.49	805.85	964.37	784.89	1429.61	1208.98	0.65∶1
2018	8664.39	5601.06	1245.44	912.62	1168.95	904.79	1224.20	986.11	0.92∶1
2019	8996.95	5819.16	1582.34	1091.73	1492.23	1088.47	1320.65	1137.19	0.96∶1
2020	8663.99	5574.69	1448.42	1004.90	1325.30	961.53	1324.67	1213.81	0.79∶1

注：表中数据来源于各年度《南京统计年鉴》。

从图6-8上的趋势分析，南京市的住房施工面积增长较快，并且明显分为两个特征阶段，一个是2005—2013年增长相对平缓，2013年出现一次明显的回调下降趋势，第二个阶段是2013—2020年增长幅度较大，2019—2020年呈现下降态势。而更能真实体现住房供给的住房竣工面积和可上市面积的增长一直保持动态调整型缓慢增长趋势，其间出现5次小规模震荡，2007年、2010年、2013—2014年、2016—2017年、2020年出现负增长。

从市场需求和销量看（图6-10），2005—2020年，南京市的住房销售总量总体平稳，由于国家和南京市的调控政策变化，分别在2008年、2010—2011年以及2018年出现三次下降，同期销售也有所下降。

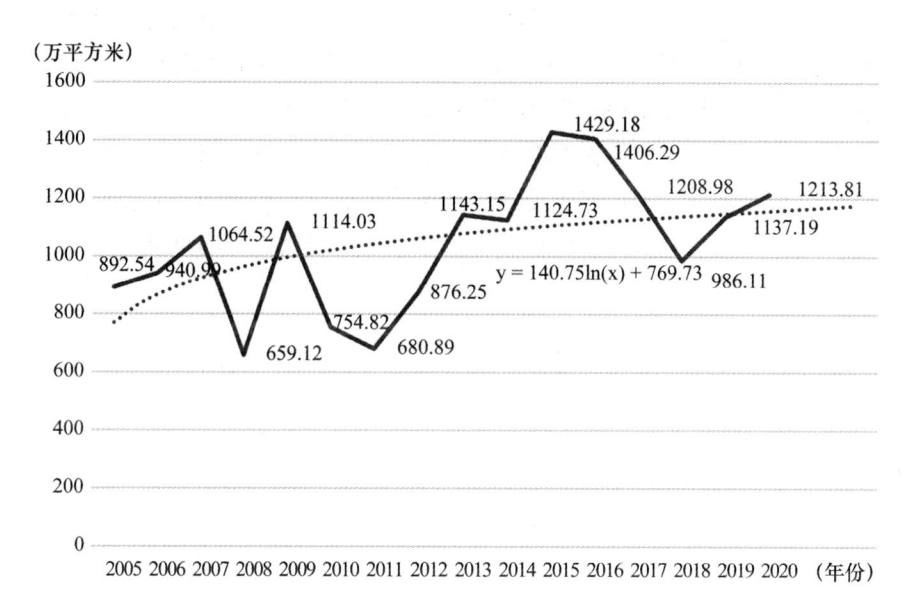

图 6－9　2005—2020 年南京市住房销售总量变化及趋势预测

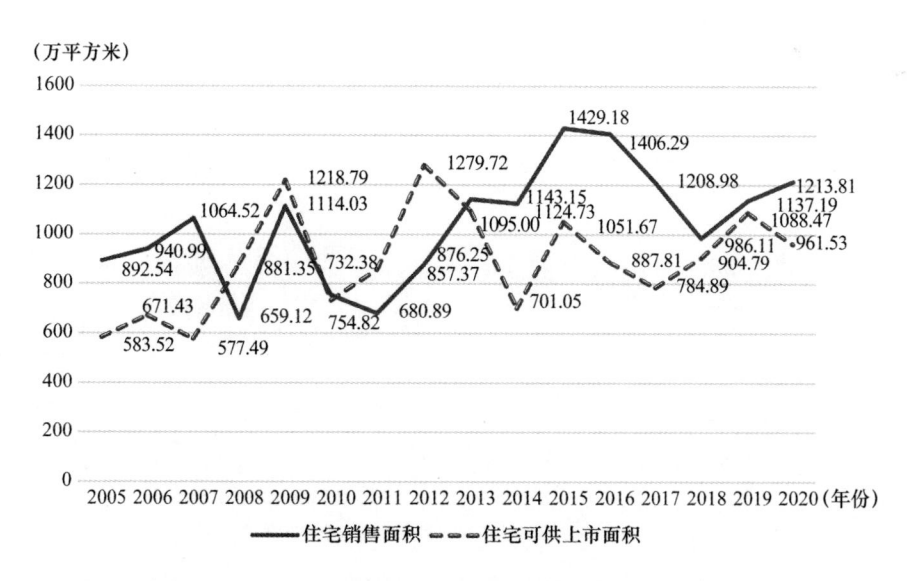

$y = 140.75\ln(x) + 769.73$

图 6－10　2005—2020 年南京市商品住房供销关系变化趋势

住宅销售面积　－－－住宅可供上市面积

南京市住房的供销大多数年份处于销量大于供给的状态（表6-12、图6-10），商品住房销售面积与竣工以及可供上市面积相比，存在一定差距，只在2008—2009年和2011—2012年，由于不断升级的调控新政导致市场成交量大幅缩减，形成两次短暂的供给超过市场销售的情况。目前来看，多数年份里的供销倒挂形成长期积累的房屋供应市场的缺口，存在一定程度的因供给不足导致住房价格上升的可能。

第七章

南京城市居民新建住房可支付能力

按照前文中论述的方法和构建的模型，本章节测算南京市不同收入层次家庭的非住房消费支出、家庭剩余收入和分层"标准住房"下的住房消费支出，考证住房消费支出是否超出家庭剩余收入，以衡量不同收入层次的居民对相应阶层设定的适宜规格的"标准住房"的承受能力和可获得性，反映城市居民实际的经济压力、住房可承受能力和居住权利的实现程度。通过识别和分析南京市居民一段时期内住房可支付能力的变动趋势，加以判断家庭的住房承受能力水平、不同阶层居民住房可得性和住房权利的实现程度的变化情况。

第一节 南京居民住房可支付能力指数测算

借鉴 ELES 模型确定不同收入层次的家庭基本消费需求支出，这一支出可以被视为居民家庭最低生活成本，据此可以计算得出家庭户均可以用于住房消费的最大支出额，这一最大支出额与家庭年均住房消费贷款还贷额相比，可以反映出居民实际的承受能力。由于 2015 年后南京统计年鉴中关于居民消费支出的数据统计口径发生变化，因而分别测度 2015 年和 2019 年南京城市居民住房可支付能力指数，揭示各类家庭住房承受能力的水平。

一 数据来源及居民分层分组

实证研究中，测算城镇居民家庭非住房消费支出（居民家庭最低生活成本）及剩余收入时用到的数据来源于南京市统计局提供的官方统计资料。家庭基本消费支出调查数据包括八个项目：食品支出（C_1）、衣着支出（C_2）、居住支出（C_3）、家庭设备用品及服务支出（C_4）、医疗保健支出（C_5）、交通和通信支出（C_6）、教育文化娱乐服务支出（C_7）、其他商品和服务支出（C_8）。家庭年收入（Y）为相应的分层的家庭年可支配收入数据。

正如前文所述，不论是从分层消费的理论上分析，还是从采集的实证数据的考证中，我们都可以发现居民收入层次不同，各项消费表现出一定的差异性和明显的层次性。基于此，在本节的研究中对居民家庭按照收入多少进行合理的划分层次，以反映不同收入层次家庭非住房消费支出的层次性、差异性。划分的标准和依据是当年度南京统计资料中的家庭可支配收入。南京统计资料中将居民家庭按照可支配收入由低到高划分为五个层次：低收入组、中等偏下收入组、中等收入组、中等偏上收入组、高收入组。本研究采用这样的分层标准对南京居民进行分组并测算讨论住房可支付能力指数。2015年各收入层次的人均可支配收入分别为22542元、33881元、41892元、54230元、87896元。2019年各收入层次的人均可支配收入分别为低收入组为32131元、中等偏下收入组为46915元、中等收入组为59325元、中等偏上收入组为75955元、高收入组为120456元。

二 2015年南京居民家庭住房可支付能力指数测算

1. 南京居民家庭非住房消费支出

根据南京市统计局等相关部门的资料，南京市城市居民家庭消费支出共八个项目（表7-1）。

表7-1 南京城市居民家庭人均消费和可支配收入情况（2015年）

单位：元

指标	低收入组	中等偏下收入组	中等收入组	中等偏上收入组	高收入组
C_1	8975	11252	11211	12537	16199
C_2	2434	1799	2644	4165	6858
C_3	1127	2131	1764	2566	2371

续表

指标	低收入组	中等偏下收入组	中等收入组	中等偏上收入组	高收入组
C_4	1900	2356	2512	3192	6334
C_5	1667	1843	2189	3029	4760
C_6	2706	1902	8698	5644	12469
C_7	3411	4006	6498	9012	12662
C_8	950	630	872	1451	3600
Y	22542	33881	41892	54230	87896

注：1. 食品支出（C_1）、衣着支出（C_2）、居住支出（C_3）、家庭设备用品及服务支出（C_4）、医疗保健支出（C_5）、交通和通信支出（C_6）、教育文化娱乐服务支出（C_7）、其他商品和服务支出（C_8）。下同。

2. 数据来源：《南京统计年鉴2016》。下同。

利用统计软件 EView 对时间序列上的南京城市居民家庭人均消费和可支配收入的数据进行分析，建立序列（变量）之间的统计关系式，并对 2015 年南京城市居民各项消费 ELES 模型的各项参数假设检验进行估值（表 7-2）。

表 7-2　　　　　　　　　计量模型估计（2015 年）

消费类别	Y 值	T 值	常数项	T 值	F 值	R^2
C_1	0.105	10.9	7001.883	13.75	118.86	0.9754
C_2	0.077	5.65	-137.875	-0.19	31.89	0.9140
C_3	0.016	1.72	1224.219	2.48	2.95	0.9485
C_4	0.069	7.64	-71.171	-0.15	58.41	0.9210
C_5	0.050	12.19	293.298	1.35	148.56	0.9802
C_6	0.151	3.04	-1000.148	-0.38	9.21	0.7544
C_7	0.149	8.73	-53.311	-0.06	76.26	0.9622
C_8	0.045	4.57	-671.247	-1.28	20.92	0.8746

2015年南京城市居民可支配收入前的系数均为正值（表7-2中Y值），这表明南京居民家庭的各项消费支出随着家庭可支配收入的增长都有所增加。另外，计算得到的各回归模型R^2较高，表明模型的拟合度较好。各指标的F值检验也充分表明模型较显著。通过假设检验，可以得出结论：居民家庭的可支配收入的增加是居民消费支出的重要影响因素。

根据计量模型各参数估计值，可以计算出模型各估计值（表7-3）：

表7-3　南京城市居民ELES模型估计值（2015年）

消费类别	b_i	边际消费倾向	基本消费需求
C_1	7001.883	0.105	9046.780
C_2	-137.875	0.077	1372.715
C_3	1224.219	0.016	1536.090
C_4	-71.171	0.069	1281.812
C_5	293.298	0.050	1270.178
C_6	-1000.148	0.151	1959.354
C_7	-53.311	0.149	2860.344
C_8	-671.247	0.045	211.184

在2015年南京市城市居民家庭的各项消费支出中，对交通和通信支出、教育文化娱乐服务支出的边际消费倾向较高（见表7-3）。南京市城市居民更愿意将收入增加部分更多地用于改善交通条件、提高教育文化娱乐水平和交往通信支出，之后才会将剩余收入用于居住消费。

根据以上计量模型的估计值，代入式5-6、式5-7中，得到不同收入家庭的非住房消费支出（C_{nh}）和户均剩余收入额（HRI），如表7-4所示：

表7-4 不同收入层次的家庭户均住房最大消费支出计算（2015年）

项目	低收入户（20%）	中等偏下收入户（20%）	中等收入户（20%）	中等偏上收入户（20%）	高收入户（20%）
平均每户家庭人口（人）	2.82	2.61	2.59	2.52	2.61
人均可支配收入（元）	22542	33881	41892	54230	87896
人均无住房消费基本生活支出（元）	18002.37	18002.37	18002.37	18002.37	18002.37
人均剩余收入（元）	4539.63	15878.63	23889.63	36227.63	69893.63
户均剩余收入（元）	12801.76	41443.23	61874.15	91293.63	182422.38

2. 2015年南京居民住房可支付能力指数

根据以上计量模型所得出的不同收入家庭的非住房消费支出（C_{nh}）、年户均剩余收入额（HRI）以及年均住房消费贷款还贷额（PMT），代入式5-10中，可以计算出南京各层次居民住房可支付能力指数值，如表7-5所示：

表7-5 南京各层次居民住房可支付能力指数（2015年）

组别	$\sum_{k=1}^{n} P_i X_i$	C_{nh}	$Y - C_{nh} \times \varepsilon$	PMT	$MHAI$
1	19538.46	18002.37	12801.76	38208.11	0.3350
2	19538.46	18002.37	41443.23	67308.84	0.6157
3	19538.46	18002.37	61874.15	67308.84	0.9192
4	19538.46	18002.37	91293.63	67308.84	1.3563
5	19538.46	18002.37	182422.38	102260.82	1.7838

注：1. 根据2015年南京统计资料中将居民家庭按照可支配收入由低到高划分对居民进行分层分组，表中的1、2、3、4、5组分别对应五个收入层次：低收入组、中等偏下收入组、中等收入组、中等偏上收入组、高收入组。各组的人均可支配收入分别为22542元、33881元、41892元、54230元、87896元。

2. 本章研究中假设了一个相对固定的其他生活成本"标准"消费，为了获得一定时期居民住房可支付能力的最大值，假设居民的其他生活成本只为满足其基本需求，是居民为了维持最基本的生活水平的消费支出，这就假设了除最低收入阶层之外的其他收入阶层以牺牲其一部分生活支出为代价，换取支撑标准住房的住房消费。

3. 中等收入阶层的标准住房面积为90m²，故2、3、4组分别对应中等偏下收入户、中等收入户、中等偏上收入户组的 PMT 值均为67308.84元。

3. 2015 年南京居民住房可支付能力分析

通过对 2015 年南京市居民住房消费可支付能力指数的测算可得出三个方面的结论：

（1）在所有 5 个组别中的家庭中没有出现户均剩余收入为负值（这将导致 MHAI 值为负数）的情况，这表明南京的家庭基本上都能在满足基本生活消费支出之外，都还具有不同水平的住房消费能力。

（2）低收入户、中等偏下收入户、中等收入户这三个组，虽然其对应的 MHAI 值大于 0，但是分布在 0.3350—0.9192，表明这三个收入层次的家庭住房承受能力和水平程度较低，居于这三个收入层次的居民如果把家庭剩余收入用作住房消费支出，购买与该收入层次相对应的"标准住房"，会造成一定程度的家庭贫困现象。

（3）对于中等偏上收入组、高收入组的家庭，家庭 MHAI 值大于 1，表明他们不存在住房承受能力问题，这些家庭在满足非住房消费支出之外，具有较强的扩展住房消费的能力，完全可以承担与该收入层次相对应的"标准住房"消费支出，而不至于入不敷出，造成贫困。除此之外，他们甚至还可以扩展其他消费需求，如投资其他资产。

图 7-1 中的 1、2、3、4、5 组分别对应低收入组、中等偏下收入组、中等收入组、中等偏上收入组、高收入组五个收入层次，他们的家庭住房可支付能力分别在不同的区域里，表明他们的住房可支付能力的不同。1、2、3 收入组的家庭在满足基本生活需求之后，剩余收入不足以支付住房消费，也就是在住房消费满足后将导致非住房消费不足，即"住房引致贫困"，针对这样的低收入家庭，政府应予以补贴满足其合理的住房消费需求。4、5 收入组消费组合区域（D 区域）的家庭在满足非住房基本消费需求以及基本的住房需求之后，还可以同时扩展其他需求，既可以提高非住房基本消费需求的品质，也可以改善住房条件，或者可以选择投资消费。

三 2019 年南京居民家庭住房可支付能力指数测算

1. 南京居民家庭非住房消费支出

2015 年开始，南京统计资料中对居民家庭消费支出的统计不再区分收入组，而是统一给定八项基础消费的平均支出额（表 7-6）。因

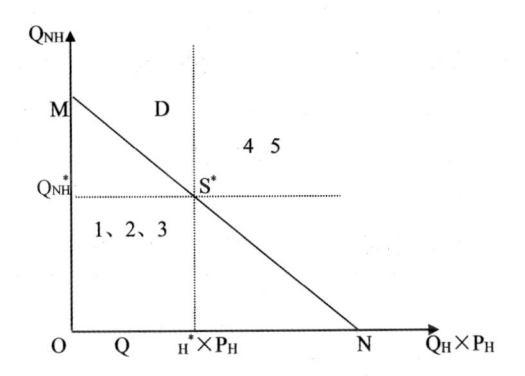

图 7-1　南京市 2015 年居民住房可支付能力指数分组说明

注：图轴 O-$Q_H \times P_H$ 为住房消费，O-Q_{NH} 轴为非住房消费。住房的最低消费位于点 $Q_H^* \times P_H$（$Q_H^* \times P_H$ 是根据不同收入状况而确定的不同等级家庭"标准"住房消费）。而非住房消费的最低消费位于点 Q_{NH}^*（Q_{NH}^* 为根据商品的市场价格而假设的一个相对固定的其他生活成本"标准"消费——最低生活成本）。MN 为一定期限内假定的家庭收入曲线。可以看出，家庭收入经过非住房、住房消费分配后，消费组合落在图中不同区域内的家庭具有不同的组合消费能力和住房支付能力。

而，2016—2019 年的居民家庭住房可支付能力指数的测算中的居民家庭基本消费额以统计年鉴中公布的当年度的基本消费额的平均值计算。

表 7-6　　　　　南京城市居民基本消费支出（2019 年）

消费类别	基本消费需求（元）
C_1	9072
C_2	2455
C_3	7933
C_4	2047
C_5	2090
C_6	4529
C_7	6759
C_8	1048

注：食品支出（C_1）、衣着支出（C_2）、居住支出（C_3）、家庭设备用品及服务支出（C_4）、医疗保健支出（C_5）、交通和通信支出（C_6）、教育文化娱乐服务支出（C_7）、其他商品和服务支出（C_8）。

这在一定程度上提高了中低收入家庭用于生活其他需求的非住房基本消费需求总量，降低了中低收入家庭的剩余收入（用于计算剩余收入的人均可支配收入，见表7-7），即可用于住房消费的最大贷款额。但是这并不影响对居民家庭住房可支付能力的判断。

表7-7　南京城市居民人均可支配收入情况（2019年）

指标	低收入组	中等偏下收入组	中等收入组	中等偏上收入组	高收入组
人均可支配收入（元）	32131	46915	59325	75955	120456

注：数据来源：《南京统计年鉴2020》。

2019年居民家庭非住房消费支出（C_{nh}）和户均剩余收入额（HRI），如表7-8所示：

表7-8　不同收入层次的家庭户均住房最大消费支出计算（2019年）

项目	低收入户（20%）	中等偏下收入户（20%）	中等收入户（20%）	中等偏上收入户（20%）	高收入户（20%）
平均每户家庭人口（人）	2.81	2.81	2.81	2.81	2.81
人均可支配收入（元）	32131	46915	59325	75955	120456
人均无住房消费基本生活支出（元）	28000	28000	28000	28000	28000
人均剩余收入（元）	4131	18915	31325	47955	92456
户均剩余收入（元）	11608.11	53151.15	88023.25	134753.55	259801.36

2. 2019年南京居民住房可支付能力指数

根据以上计量模型所得出的不同收入家庭的非住房消费支出（C_{nh}）、年户均剩余收入额（HRI）以及年均住房消费贷款还贷额（PMT），代入式5-10中，可以计算出南京各层次居民住房可支付能力指数值，如表7-9所示：

表7-9　　南京各层次居民住房可支付能力指数（2019年）

组别	$\sum_{k=1}^{n} P_i X_i$	C_{nh}	$Y - C_{nh} \times \varepsilon$	PMT	MHAI
1	35933	28000	11608.11	76955.76	0.1508
2	35933	28000	53151.15	115433.64	0.4604
3	35933	28000	88023.25	115433.64	0.7625
4	35933	28000	134753.55	115433.64	1.1673
5	35933	28000	259801.36	184693.92	1.4067

3. 2019年南京居民住房可支付能力分析

通过对2019年南京市居民住房消费可支付能力指数的测算，同样可得出三个方面的结论：

（1）在所有5个组别中的家庭中没有出现户均剩余收入为负值（这将导致MHAI值为负数）的情况，这表明南京的家庭基本上都能在满足基本生活消费支出之外，都还具有不同水平的住房消费能力。

（2）低收入户、中等偏下收入户、中等收入户这三个组，虽然其对应的MHAI值大于0，但是分布在0.1656—0.8862，表明这三个收入层次的家庭住房承受能力和水平程度较低，居于这三个收入层次的居民如果把家庭剩余收入用作住房消费支出，购买与该收入层次相对应的"标准住房"，会造成一定程度的家庭贫困现象。

（3）对于中等偏上收入组、高收入组的家庭，家庭MHAI值大于1，表明他们不存在住房承受能力问题，这些家庭在满足非住房消费支出之外，具有较强的扩展住房消费的能力，完全可以承担与该收入层次相对应的"标准住房"消费支出，而不至于入不敷出，造成贫困。除此之外，他们甚至还可以扩展其他消费需求，如投资其他资产。

图7-2中的1、2、3、4、5组分别对应低收入组、中等偏下收入组、中等收入组、中等偏上收入组、高收入组五个收入层次，他们的家庭住房可支付能力分别在不同的区域里，表明他们的住房可支付能力的不同。1、2、3收入组的家庭在满足基本生活需求之后，剩余收入不足以支付住房消费，也就是在住房消费满足后将导致非住房消费不足，即"住房引致贫困"，针对这样的低收入家庭，政府应予以补贴满足其合

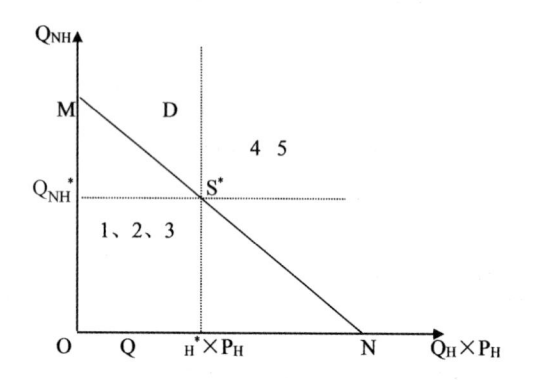

图 7-2　南京市 2019 年居民住房可支付能力指数分组说明

注：图轴 $O-Q_H \times P_H$ 为住房消费，$O-Q_{NH}$ 轴为非住房消费。住房的最低消费位于点 $Q_H^* \times P_H$（$Q_H^* \times P_H$ 是根据不同收入状况而确定的不同等级家庭"标准"住房消费）。而非住房消费的最低消费位于点 Q_{NH}^*（Q_{NH}^* 为根据商品的市场价格而假设的一个相对固定的其他生活成本"标准"消费——最低生活成本）。MN 为一定期限内假定的家庭收入曲线。可以看出，家庭收入经过非住房、住房消费分配后，消费组合落在图中不同区域内的家庭具有不同的组合消费能力和住房支付能力。

理的住房消费需求。4、5 收入组消费组合区域（D 区域）的家庭在满足非住房基本消费需求以及基本的住房需求之后，还可以同时扩展其他需求，既可以提高非住房基本消费需求的品质，也可以改善住房条件，或者可以选择投资消费。

第二节　南京居民住房可支付能力变化趋势分析

为了使得对南京居民住房可支付能力的分析和研究更加连贯和科学，本节按照上述的 ELES 模型和剩余收入的研究思路，对 2005—2020 年南京城市居民住房可支付能力指数进行测度，探讨在这一时期内各收入层次家庭住房承受能力的变化趋势。

一　数据来源及居民分层分组说明

测算 2005—2020 年南京居民家庭非住房消费支出、剩余收入及可支付能力指数时用到的基础数据来源于南京市统计局提供的官方统计资料。

对于居民的分组，2005—2020 年的分组依据依然是各收入层次的人均可支配收入。但是有两点需要特别说明：一是南京市统计局官方统计资料中对居民家庭可支配收入分组情况在 2013 年发生变化的说明。2005—2012 年间的南京统计资料，根据可支配收入把居民家庭按照由低到高划分为七个层次，分别对应为最低收入户，低收入户，中等偏下户，中等收入户，中等偏上户，高收入户，最高收入户，与之相对应，下文对居民家庭的分组分层为 1—7 组。而 2013 年之后的统计资料中将居民家庭按照可支配收入由低到高划分为五个层次：低收入户、中等偏下收入户、中等收入户、中等偏上收入户、高收入户。相对应，在文中的分组分层为 1—5，分别对应低收入组、中等偏下收入组、中等收入组、中等偏上收入组、高收入组。虽然出现组别和组数的差别，但是，两个阶段的组别划分其实是有一定连贯性的，2005—2012 年按照城市居民人均可支配收入划分的七个组别中最低收入户和低收入户划入 2013—2019 年的"低收入组"中，2005—2012 年按照城市居民人均可支配收入划分的七个组别中"高收入组"和"最高收入组"合并为 2013—2020 年分组中的"高收入组"。因而，这样的分组分层是具有连续性的，这就保证了本书对 2005—2020 年南京居民可支付能力指数测算的可行性和科学性。二是 2005—2012 年按照城市居民人均可支配收入划分的七个组别中"最低收入组"的说明。通过计算发现，"最低收入组"的居民的家庭剩余收入为负值，这说明，这一组别家庭的收入是不足以支撑家庭住房消费的，对于市场上的商品住房他们没有支付能力，他们的住房问题只能通过政策性路径解决。同时为了保证研究的一贯性（2013—2020 年的统计资料中已经把这一组并入低收入组），在整个研究过程中，没有把这一组专门列出。即本节的分析和研究中依然采用当年度的居民家庭可支配收入作为分层标准对南京居民进行分层，2013 年之前分为 6 个组，2013—2020 年分为 5 个组分别测算和讨论他们住房可支付能力指数,并连续考察 2005—2020 年变化趋势。

表 7 – 10　2013 年前后两个阶段的收入组别划分具有一定连贯性

阶段	收入分组划分					
2005—2012	最低收入组	低收入组	中等偏下收入组	中等收入组	中等偏上收入组	高收入组	最高收入组
2013—2020	低收入组	中等偏下收入组	中等收入组	中等偏上收入组	高收入组		

注:根据各年份《南京统计年鉴》收入组划分标准整理。

二　南京居民住房可支付能力指数计算(2005—2020 年)

根据 2005—2021 年各年度的相关数据,计算得出各个年份不同收入家庭的非住房消费支出(C_{nh})、年户均剩余收入额(HRI)以及年均住房消费贷款还贷额(PMT),代入式 4 – 10 中,可以计算出 2005—2021 年南京各层次居民住房可支付能力指数值(具体计算过程可见书后的附录 1),如表 7 – 11 所示:

表 7 – 11　2005—2020 年南京各层次居民住房可支付能力指数

年份	组别	$\sum_{k=1}^{n} P_i X_i$	C_{nh}	$Y - C_{nh} \times \varepsilon$	PMT	MHAI
2005	1	4495.228	4446.27	-1267.13	4488.98	-0.2822
	2			6966.70	4488.98	1.5519
	3			14072.31	16130.71	0.8713
	4			24846.12	16130.71	1.5402
	5			39158.08	16130.71	2.4275
	6			52752.49	39809.18	1.3251
	7			84790.01	39809.18	2.1299

续表

年份	组别	$\sum_{k=1}^{n} P_i X_i$	C_{nh}	$Y - C_{nh} \times \varepsilon$	PMT	MHAI
2006	1	6335.024	6019.56	-1570.30	4943.03	-0.3176
	2			6150.47	4943.03	1.2442
	3			15901.14	17734.29	0.8966
	4			25955.42	17734.29	1.4635
	5			40710.52	17734.29	2.2955
	6			57691.35	48374.82	1.1925
	7			97691.61	48374.82	2.0194
2007	1	6764.096	6158.73	-1105.49	5371.99	-0.2057
	2			8014.19	5371.99	1.4918
	3			19394.69	22039.22	0.8801
	4			30607.38	22039.22	1.3887
	5			46310.84	22039.22	2.1012
	6			68672.43	58377.47	1.1763
	7			121742.43	58377.47	2.0854
2008	1	7647.324	6974.68	2285.89	5399.37	0.4233
	2			7946.74	5399.37	1.4718
	3			22827.89	24120.84	0.9463
	4			34227.31	24120.84	1.4189
	5			53213.48	24120.84	2.2061
	6			75758.95	69345.85	1.0924
	7			124702.66	69345.85	1.7982
2009	1	6126.576	5626.92	3392.84	6975.55	0.4863
	2			12902.38	6975.55	1.8496
	3			30679.36	28625.74	1.0717
	4			43483.54	28625.74	1.5190
	5			64667.46	28625.74	2.2590
	6			94491.77	64345.85	1.4684
	7			138048.09	64345.85	2.1454

续表

年份	组别	$\sum_{k=1}^{n} P_i X_i$	C_{nh}	$Y - C_{nh} \times \varepsilon$	PMT	MHAI
2010	1	8608.338	8141.09	3597.77	7345.00	0.4898
	2			11332.46	7345.00	1.5328
	3			28274.35	38317.39	0.7378
	4			41272.09	38317.39	1.0771
	5			67292.97	38317.39	1.7561
	6			97266.74	79315.41	1.2263
	7			149259.32	79315.41	1.8818
2011	1	10543.925	9928.68	4249.03	15657.22	0.2713
	2			12505.98	15657.22	0.7987
	3			32474.46	64558.43	0.5031
	4			51599.13	64558.43	0.7992
	5			75360.87	64558.43	1.1673
	6			106032.09	108249.21	0.9795
	7			162805.74	108249.21	1.5039
2012	1	12002.116	11121.09	8047.32	20693.18	0.3889
	2			17441.16	20693.18	0.8428
	3			38673.12	60977.77	0.6342
	4			55353.76	60977.77	0.9077
	5			82413.56	60977.77	1.3515
	6			112022.81	99716.81	1.1234
	7			174789.38	99716.81	1.7528
2013	1	13410.881	12371.13	18218.19	39030.24	0.4667
	2			42050.66	68649.84	0.6125
	3			63201.92	68649.84	0.9206
	4			86891.79	68649.84	1.2657
	5			164758.53	102756.35	1.6034

续表

年份	组别	$\sum_{k=1}^{n} P_i X_i$	C_{nh}	$Y - C_{nh} \times \varepsilon$	PMT	MHAI
2014	1	16394.464	15144.88	15644.54	43974.36	0.3557
	2			41854.14	75645.45	0.5532
	3			59685.23	75645.45	0.7891
	4			90124.59	75645.45	1.1914
	5			169789.75	127444.43	1.3323
2015	1	19538.460	18002.37	12801.76	38208.11	0.3350
	2			41443.23	67308.84	0.6157
	3			61874.15	67308.84	0.9192
	4			91293.63	67308.84	1.3563
	5			182422.38	102260.82	1.7838
2016	1	29772	23258.00	4838.40	57546.96	0.0841
	2			39231.36	86320.44	0.4544
	3			65560.32	86320.44	0.7594
	4			73664.64	86320.44	0.8534
	5			206383.68	138112.80	1.4943
2017	1	31385	24501.00	8025.84	71935.92	0.1116
	2			45056.60	107903.88	0.4175
	3			73130.60	107903.88	0.6777
	4			112537.84	107903.88	1.0429
	5			223851.64	172646.16	1.2966
2018	1	33537	26126.00	10168.92	70594.92	0.1441
	2			48128.94	105892.44	0.4545
	3			80102.10	105892.44	0.7564
	4			123318.60	105892.44	1.1645
	5			242156.22	169427.88	1.4292

续表

年份	组别	$\sum_{k=1}^{n} P_i X_i$	C_{nh}	$Y - C_{nh} \times \varepsilon$	PMT	MHAI
2019	1	35933	28000.00	11608.11	76955.76	0.1508
	2			53151.15	115433.64	0.4604
	3			88023.25	115433.64	0.7625
	4			134753.55	115433.64	1.1673
	5			259801.36	184693.92	1.4067
2020	1	35854	27485.00	16550.75	76265.64	0.2170
	2			59230.91	114398.52	0.5178
	3			95733.97	114398.52	0.8368
	4			145001.19	114398.52	1.2675
	5			274880.95	183037.56	1.5017

注：1. 表中的数据是根据各年度的《南京统计年鉴》提供的基础数据资料计算得来。

2. 表中的"组别"采用上文中的情况说明的分组分层方法，确保本书的研究连续考察2005—2021年南京居民可支付能力指数的可行性和科学性。

3. 研究中假设了一个相对固定的其他生活成本"标准"消费。为了获得一定时期居民住房可支付能力的最大值，假设居民的其他生活成本只为满足其基本需求，是居民为了维持最基本的生活水平的消费支出，这就假设了除最低收入阶层之外的其他收入阶层以牺牲其一部分生活支出为代价，换取支撑标准住房的住房消费。

4. 研究中对分层次的"标准住房"做了三个层次的划分：低收入阶层的标准住房面积为60 m²，中等收入阶层的标准住房面积为90m²，高收入阶层为144 m²。故2005—2012年的分组中1、2组，3、4、5组，6、7组的PMT值是一样的；2013—2020年的分组中2、3、4组的PMT值是一样的。

三 2005—2020年南京居民住房可支付能力分析

为了更加直观地考察2005—2015年南京居民的住房可支付能力指数的变化趋势，这里把上一节中计算出的2005—2015年南京各收入层次居民住房可支付能力指数值放到坐标图中进行分析。

图7-3中（1）（2）（3）显示出2005—2007年的南京各层次居民住房可支付能力相近：

通过图7-3显示：（1）1组的家庭收入在支付了基本生活需求之后的剩余收入为负值，说明这一部分家庭的收入已不足以满足其合意的

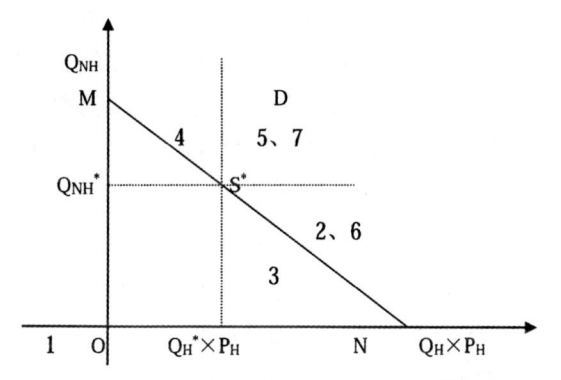

第七章　南京城市居民新建住房可支付能力　　161

（1）南京市 2005 年居民住房可支付能力分组说明

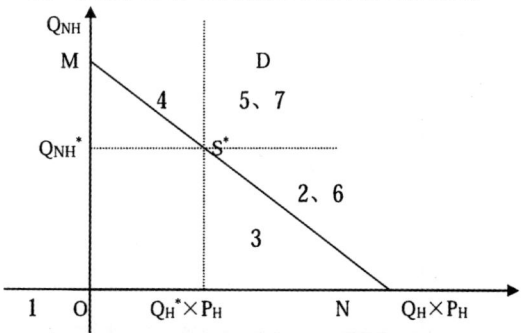

（2）南京市 2006 年居民住房可支付能力分组说明

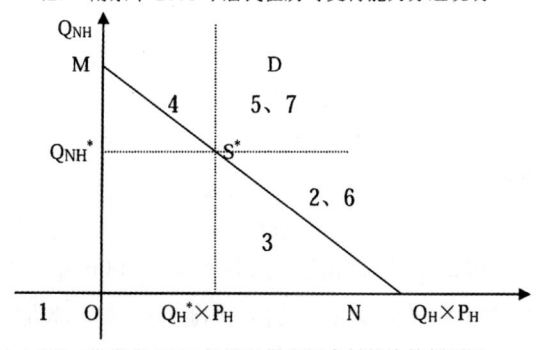

（3）南京市 2007 年居民住房可支付能力分组说明

图 7-3　南京市 2005—2007 年居民住房可支付能力分组说明

注：图中的 1、2、3、4、5、6、7 组分别对应最低、低、中等偏下、中等、中等偏上、高、最高七个收入层次，他们的家庭住房可支付能力分别在不同的区域里，表明他们的住房可支付能力的不同。

基本生活消费，更无从谈起扩展住房消费。(2) 3 组的家庭在满足基本生活需求之后，剩余收入不足以支付住房消费，也就是说此类家庭在实现住房消费后，结果将导致非住房消费不足，住房消费扩大明显会挤压其他生活消费，甚至可能导致家庭陷入贫困。针对这样的低收入家庭，政府应予以补贴满足其正常的住房消费。(3) 2、4、6 组消费组合区域的家庭具有住房支付能力，在满足一种基本需求后可以扩展另一种需求的支出。(4) 5、7 组的住房支付能力指数落在了 D 区域，这表示中等偏上收入组和最高收入组的居民既能满足非住房、住房基本需求，而且还可以同时扩展两种需求。

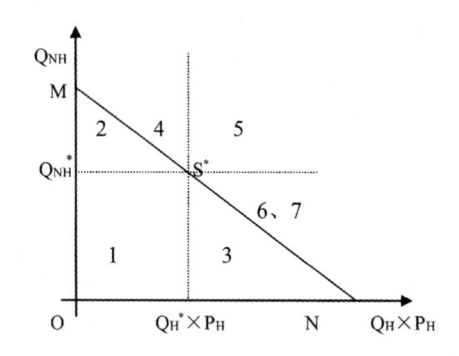

图 7-4　南京市 2008 年居民住房可支付能力分组说明

注：图中的 1、2、3、4、5、6、7 组分别对应最低、低、中等偏下、中等、中等偏上、高、最高七个收入层次，他们的家庭住房可支付能力分别在不同的区域里，表明他们的住房可支付能力的不同。

图 7-4 显示的 2008 年的情况与 2005 年、2006 年、2007 年的情况发生了变化：(1) 1 组的最低收入组居民随着收入的增加，可支付能力状况得到改善，住房可支付能力指数不再为负值，说明他们的收入可以承担合意的生活需求，但是依然不能承受购买相应住房的负担。在满足合意的基本生活需求之后，剩余收入不足以支付住房消费，也就是说这一类家庭在实现住房消费后，结果将导致非住房基本生活消费不足，住房消费扩大可能使得家庭陷入贫困。针对这样的低收入家庭，政府应提供更好的住房保障政策，如租赁住房，以实现他们的居住权利。(2) 2

组的低收入组居民尽管家庭年均可支配收入的绝对值不是很高，但是，由于他们相对应的"标准住房"面积较小，并且可以享受政府的住房保障津贴或者购买经济适用住房，这一层次的居民家庭的可支付能力反而很高。针对这样的中低收入家庭，政府应继续加大力度予以补贴，满足其合理的住房消费和改善性住房需求。(3) 3 组的中等偏下收入组家庭的住房可支付能力处于临界值，在满足一种基本需求后不可以扩展另一种需求的支出。(4) 4、6、7 组的居民家庭具有较好的住房支付能力，在满足一种基本需求后可以扩展另一种需求的支出。(5) 通过计算的结果，可以发现第 5 组的中等偏上收入家庭的住房可支付能力最强，达到 2.2061，既能满足非住房、住房基本需求，而且可以同时扩展两种需求。说明相对于这一群体的收入情况，对于目前给予他们的 90 平方米的"标准住房"可能偏小，这一部分居民家庭可以考虑扩展改善性住房需求。

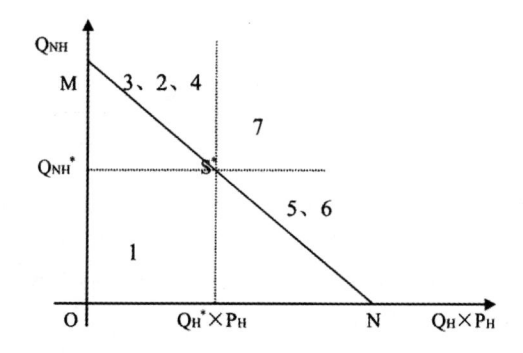

图 7-5　南京市 2009 年居民住房可支付能力分组说明

注：图中的 1、2、3、4、5、6、7 组分别对应最低、低、中等偏下、中等、中等偏上、高、最高七个收入层次，他们的家庭住房可支付能力分别在不同的区域里，表明他们的住房可支付能力的不同。

与 2008 年相比，图 7-5 显示的是 2009 年的情况：(1) 1 组的最低收入组居民随着收入的增加，可支付能力状况继续得到改善，他们的收入可以承担基本生活需求，但是依然不能承受购买相应住房，在满足基本生活需求之后，剩余收入依然不足以支付住房消费。(2) 2 组的低收入组居民可支付能力依然保持较高的水平,原因同 2008 年,一是他们相对应的"标准住房"面积较小,二是可以享受政府的住房保障津贴或者购买经济适用住房。(3) 3 组的中等偏下收入组家庭的住房可支付能力明显得到改善,达到了 1.0717,说明这一层次的家庭合意消费与收入状况基本持平。(4) 4、5、6 组的居民家庭依然具有较好的住房支付能力,在满足一种基本需求后可以扩展另一种需求的支出;7 组的最高收入家庭,住房可支付能力最强,既能满足非住房、住房基本需求,而且还可以同时扩展两种需求。(5) 改善性需求群体明显增大。

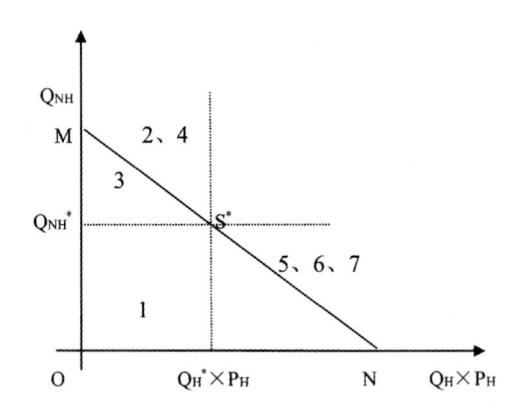

图 7-6 南京市 2010 年居民住房可支付能力分组说明

注:图中的 1、2、3、4、5、6、7 组分别对应最低、低、中等偏下、中等、中等偏上、高、最高七个收入层次,他们的家庭住房可支付能力分别在不同的区域里,表明他们的住房可支付能力的不同。

图 7-6 显示的是 2010 年的情况:(1) 和 2008 年相比,1 组的最低收入组居民家庭可支付能力基本相当,收入可以承担合意的基本生活需求,但是依然不能承受购买相应住房,在满足基本生活需求之后,剩余收入依然不足以支付住房消费。(2) 2 组的低收入组居民可支付能力比上一年略有下降,但是依然可以在满足基本生活需求之后扩展住房需求。(3) 2010 年,3 组的中等偏下收入组家庭的住房可支付能力下降明显,只有 0.7378。主要原因在于 2010 年度居民家庭的非住房基本生活消费支出明显增加,拖累居民家庭的剩余收入减少,而中低收入家庭

的收入在满足其他合意的生活基本需求后不可以扩展住房需求的支出。(4) 4、5、6 组的居民家庭依然具有较好的住房支付能力,在满足一种基本需求后可以扩展另一种需求的支出;7 组的最高收入家庭,住房可支付能力最强,但相比 2009 年有所下降。(5) 也是由于同样的原因,2010 年度居民家庭的非住房基本生活消费支出明显增加,具有改善居住品质的中高收入家庭的住房可支付能力也都有所下降,但是,并不影响这些群体改善居住条件的总体能力。

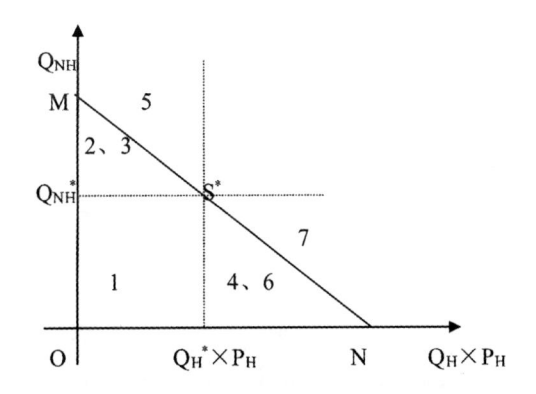

图 7-7 南京市 2011 年居民住房可支付能力分组说明

注:图中的 1、2、3、4、5、6、7 组分别对应最低、低、中等偏下、中等、中等偏上、高、最高七个收入层次,他们的家庭住房可支付能力分别在不同的区域里,表明他们的住房可支付能力的不同。

2011 年的情况如图 7-7 所示,变化最大的是 2 组的低收入居民家庭的可支付能力。具体情况为:(1) 1 组的最低收入组居民的住房可支付能力指数在 2011 年下降到 0.2713,这一层次居民家庭收入在承担基本生活需求之后,基本无法扩展其他的消费需求了。(2) 2 组的低收入组居民可支付能力下降至 1(1 为收支平衡点)以下,只有 0.7987,在满足基本生活需求之后不再能够扩展住房需求。其中主要的原因是政府的经济适用房政策和住房保障政策发生变化,这一层次的居民家庭要用剩余收入参与住房市场购买相应的"标准住房",这对于低收入组居民家庭显得不可承受。(3) 3 组、4 组的中等偏下收入组家庭和中等收入家庭的住房可支付能力指数都在1以下，分别为0.5031、0.7992，表明这两层次的家庭在满足一种基本需求后不可以扩展另一种需求的支出。(4) 6组的居民家庭在满足一种基本需求后可以承受扩展住房需求的支出，7组的最高收入家庭，住房可支付能力最强，但相比2010年继续下降。(5) 住房支付能力超过1的群体在减少，居民的总体支付能力在下降。

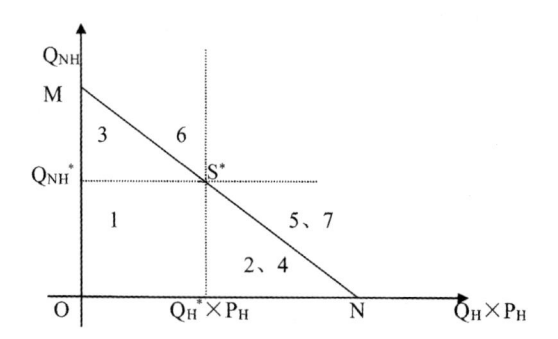

图7-8　南京市2012年居民住房可支付能力分组说明

注：图中的1、2、3、4、5、6、7组分别对应最低、低、中等偏下、中等、中等偏上、高、最高七个收入层次，他们的家庭住房可支付能力分别在不同的区域里，表明他们的住房可支付能力的不同。

与2011年以及之前的各年情况相比，2012年的住房可支付能力表现出两极分化的特点，即出现低收入家庭的住房支付能力越来越低，高收入家庭的可支付能力一直较高趋势，如图7-8所示：(1) 1组的最低收入组的居民的住房可支付能力指数为0.3889，这一层次居民家庭收入依然无法通过市场行为扩展其他的消费需求。(2) 2组、3组、4组的低收入组家庭、中等偏下收入组家庭和中等收入组家庭的住房可支付能力指数都在1以下，分别为0.8428、0.6342、0.9077。低收入组家庭、中等偏下收入组家庭这两层次的家庭在满足一种基本需求后，如果继续扩展住房需求，可能要承受一定的压力；中等收入组家庭的可支付能力有了明显改善，住房可支付能力指数趋近于1，可以通过一定的杠杆实现或者是扩展住房需求。(3) 6组的高收入组居民家庭和7组的最高收入组家庭，住房可支付能力最强，在满足基本生活需求后可以扩展住房需求。

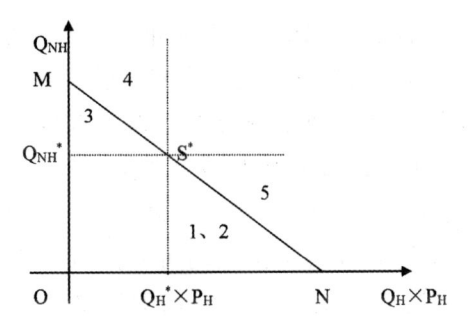

第七章　南京城市居民新建住房可支付能力　　167

（1）南京市 2013 年居民住房可支付能力分组说明

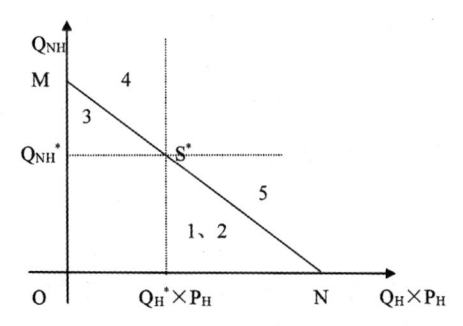

（2）南京市 2014 年居民住房可支付能力分组说明

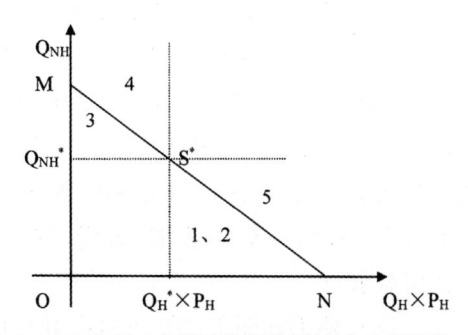

（3）南京市 2015 年居民住房可支付能力分组说明

图 7-9　南京市 2013—2015 年居民住房可支付能力分组说明

注：图中的 1、2、3、4、5 组分别对应低收入组、中等偏下收入组、中等收入组、中等偏上收入组和高收入组五个收入层次，他们的家庭住房可支付能力分别在不同的区域里，表明他们的住房可支付能力的不同。

从表 7-11 中可以看出，2013—2015 年南京居民住房可支付能力分组出现组别和组数的变化。2013—2015 年的南京官方统计资料中将居民家庭按照可支配收入由低到高划分为五个层次，分组 1—5 分别对应这五个层次。这里 1—5 组别划分和 2013 年之前的 1—7 组别划分是有一定连贯性的，2005—2012 年按照城市居民人均可支配收入划分的七个组别中"最低收入组"划入 2013—2015 年的分组中"低收入组"中；2005—2012 年按照城市居民人均可支配收入划分的七个组别中"高收入组"和"最高收入组"合并为 2013—2015 年的分组中"高收入组"。

2013—2015 年的南京居民住房可支付能力依然保持着低收入家庭和高收入家庭在可支付能力上的两极分化的特点和趋势，如图 7-9 (1)(2)(3) 所显示。具体分析：(1) 2013—2015 年，1 组的低收入组居民的住房可支付能力指数有了很大的提高，分别为 0.5823、0.7452 和 0.7397，表明这一层次居民家庭收入状况有了很大改善，虽然依然不可以通过市场行为扩展住房消费需求，但是通过一定的政策性金融工具和住房保障机制可以考虑住房需求。(2) 2 组的中等偏下收入组家庭的住房可支付能力指数分别为 0.6125、0.5532、0.5107，中等偏下收入组家庭在满足基本生活需求后，扩展住房需求可能要承受较大的压力。(3) 3 组的中等收入家庭 2013—2015 年 3 年的住房可支付能力指数都在 1 以下，分别为 0.9206、0.7891、0.7624，2013 年的住房可支付能力指数甚至是趋近于 1，虽然可以考虑在政策支持下扩展住房需求，但是住房需求会挤压其他生活消费。(4) 4 组的中等偏上收入组居民家庭和 5 组的高收入组家庭，住房可支付能力比较强，在满足基本生活需求后可以继续扩展住房需求。

2016 年的住房可支付能力如图 7-10 所示：(1) 1 组的低收入组居民家庭在满足合意的基本生活需要之后的剩余收入仅有不足 5000 元，住房可支付能力较前几年下降较大。他们的收入可以承担基本生活需求，但是在满足基本生活需求之后，剩余收入依然不足以支付住房消费。(2) 2 组、3 组、4 组虽然同为中等收入家庭，但是不论是可支配收入状况、家庭剩余收入，还是住房可支付能力都有所不同。2 组的中等偏低收入组居民可支付能力低于 0.5，满足合意的基本生活需要之后

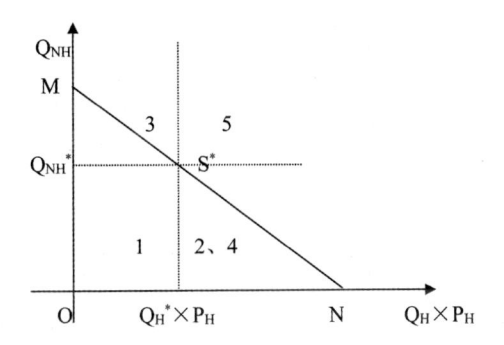

第七章　南京城市居民新建住房可支付能力　　169

图 7-10　南京市 2016 年居民住房可支付能力说明

注：图中的 1、2、3、4、5 组分别对应低收入组、中等偏下收入组、中等收入组、中等偏上收入组、高收入组五个收入层次，他们的家庭住房可支付能力分别在不同的区域里，表明他们的住房可支付能力的不同。

扩展住房需求的能力不是很高。4 组的中高收入群体的住房可支付能力为 0.8534，比较接近平衡点。如果获得政策性支撑可以很好地实现住房权利。(3) 5 组的居民家庭，收入状况非常好，年剩余收入可达 20 万以上，具有较好的住房支付能力，在满足一种基本需求后可以扩展另一种需求的支出。(4) 从 2016 年的分组分析看，改善性需求群体明显减少。

2017—2020 年间，南京居民住房可支付能力的层次分化非常明显，大致分化为三个层面：低收入家庭—中低收入家庭—中高收入家庭。低收入家庭和高收入家庭在可支付能力上两极分化的特点和趋势也更加明朗。具体来看图 7-11 所示：(1) 2017—2020 年，1 组的低收入组的居民的住房可支付能力指数一直处于非常低的水平，分别为 0.1116、0.1441、0.1508 和 0.2170。从数据看，这一时期的低收入组的居民的住房可支付能力甚至是低于 2008—2013 年期间的。(2) 2 组、3 组的中等收入和中等偏下收入群体的可支付能力一直低于 1。中等偏下收入组家庭的住房可支付能力指数分别为 0.4175、0.4545、0.4604 和 0.5178，中等偏下收入组家庭在满足基本生活需求后，扩展住房需求可能要承受较大的压力。3 组的中等收入家庭在 2017—2020 年 4 年的住房可支付能

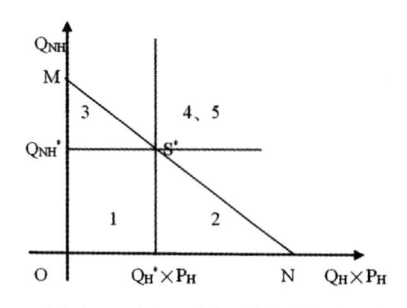

(1) 南京市2017年居民住房可支付能力分组说明

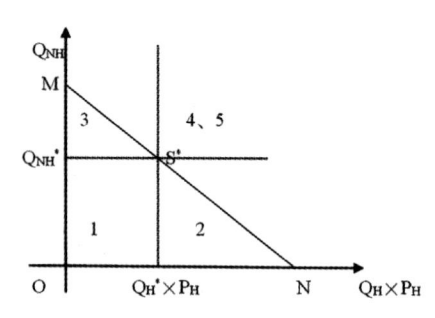

(2) 南京市2018年居民住房可支付能力分组说明

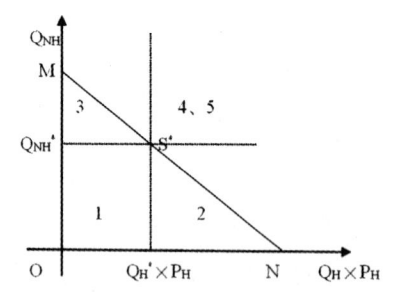

(3) 南京市2019年居民住房可支付能力分组说明

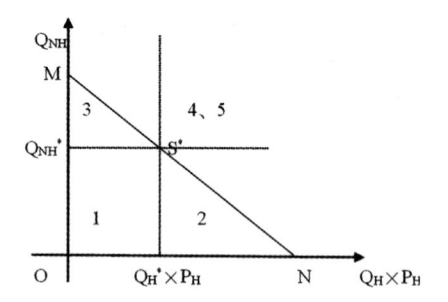

(4) 南京市2020年居民住房可支付能力分组说明

图 7-11 南京市 2017—2020 年居民住房可支付能力分组说明

注：图中的1、2、3、4、5组分别对应低收入组、中等偏下收入组、中等收入组、中等偏上收入组、高收入组五个收入层次，他们的家庭住房可支付能力分别在不同的区域里，表明他们的住房可支付能力的不同。

力指数分别为 0.6777、0.7564、0.7620 和 0.8368，2020 年的住房可支付能力指数趋近于 1，可以考虑在政策支持下扩展住房需求，但是住房需求会挤压其他生活消费。(3) 4 组的中等偏上收入居民家庭和 5 组的高收入家庭，住房可支付能力比较强，而且是在稳步提高，在满足基本生活需求后可以继续扩展住房需求。

四 2005—2020 年南京居民住房可支付能力趋势变化特征

1. 阶段性特征和变化趋势

比较分析 2005—2020 年间的南京居民住房可支付能力（表 7-

12），可以得到关于南京居民住房可支付能力的阶段性特征和变化趋势（表7-13）。

表7-12 南京2005—2020年居民分层（组别）住房可支付能力指数 MHAI

年份	低收入组		中等偏下收入组	中等收入组	中等偏上收入组	高收入组	
	最低收入组	低收入组	中等偏下收入组	中等收入组	中等偏上收入组	高收入组	最高收入组
2005	-0.2822	1.5519	0.8713	1.5402	2.4275	1.3251	2.1299
2006	-0.3176	1.2442	0.8966	1.4635	2.2955	1.1925	2.0194
2007	-0.2057	1.4918	0.8801	1.3887	2.1012	1.1763	2.0854
2008	0.4233	1.4718	0.9463	1.4189	2.2061	1.0924	1.7982
2009	0.4863	1.8496	1.0717	1.5190	1.2590	1.4684	2.1454
2010	0.4898	1.5328	0.7378	1.0771	1.7561	1.2263	1.8818
2011	0.2713	0.7987	0.5031	0.7992	1.1673	0.9795	1.5039
2012	0.3889	0.8428	0.6342	0.9077	1.3515	1.1234	1.7528
2013	0.4667		0.6125	0.9206	1.2657	1.6034	
2014	0.3557		0.5532	0.7891	1.1914	1.3323	
2015	0.3350		0.6157	0.9192	1.3563	1.7838	
2016	0.0841		0.4544	0.7594	0.8534	1.4934	
2017	0.1116		0.4175	0.6777	1.0429	1.2966	
2018	0.1441		0.4545	0.7564	1.1645	1.4292	
2019	0.1508		0.4604	0.7625	1.1673	1.4067	
2020	0.2170		0.5178	0.8368	1.2675	1.5017	

表7—13　南京2005—2020年间居民住房可支付能力阶段性特征

收入分层 \ 阶段划分	2005—2007年	2008—2010年	2011—2013年	2013—2020年
低收入组	家庭剩余收入不足，其中最低收入居民家庭甚至不足以支付保障性住房都不足以支付	低收入家庭收入状况改善，但是最低收入家庭可支付能力依然很低；低收入家庭在经济适用住房等保障性政策的支持下，支付能力较强	由于经济适用住房等保障性政策的弱化，低收入家庭应对完全市场化的住房价格，可支付能力降到1以下	由于住房市场价格的走高，低收入家庭的可支付能力下降趋势明显
中等偏下收入组	由于保障性政策的收入门槛，中等偏下家庭不能享政策红利，因而可支付能力一直不高，并持续下降		住房价格的上涨等多种因素使得中等收入家庭的可支付能力下降，并逐步与中等偏上家庭之间拉开差距	
中收入组	可支付能力比较平稳	中等收入及中等偏下家庭的可支付能力降低		居民住房可支付能力的层次分离非常明显
中等偏上收入组	从长期的趋势来看，与中等偏上收入家庭相对应的"标准住房"面积较大，即这一部分家庭可以在90平方米的基础上选择更大面积或者是更高品质的改善住房			
高收入组	支付能力一直较好		中低收入家庭和高收入家庭可支付能力上开始出现两极分化的趋势；改善性需求群体明显减少	
总体特征	居民可支付能力总体比较好			

注：表中的特征论述是根据前文的实证分析整理得来。

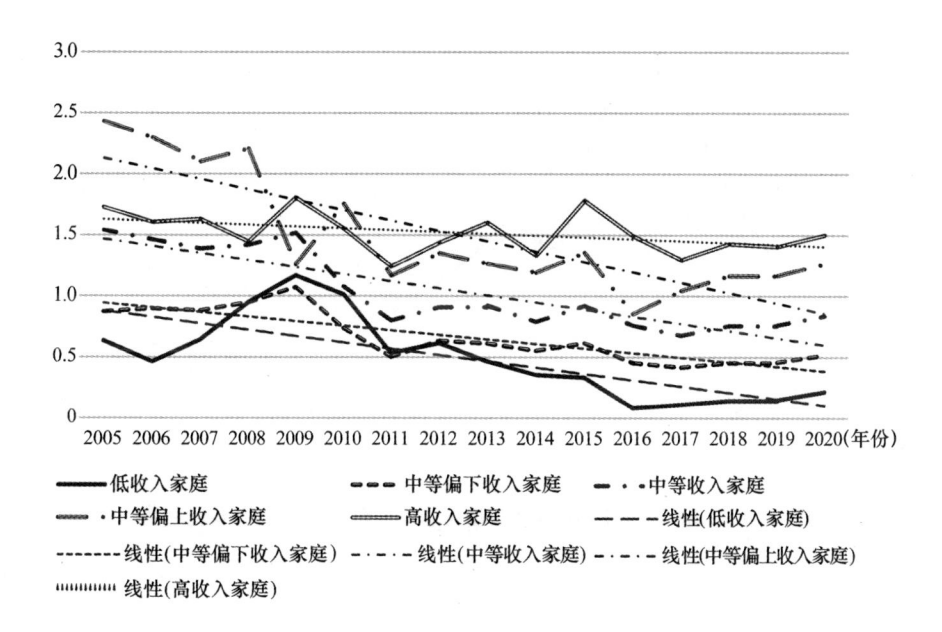

图 7-12　2005—2020 年南京居民 MHAI 变化总趋势

从总体上来看，2005—2020 年间南京居民的住房可支付能力是呈现一个缓慢下降的趋势。其中低收入群体和中等偏下收入群体的住房支付能力一直处于很低的水平。

2. 分层特征

低收入家庭：家庭剩余收入不足，其中最低收入居民家庭甚至对于保障性住房都不足以支付。低收入家庭收入状况改善。但是最低收入家庭可支付能力依然很低。低收入家庭在经济适用住房等保障性政策的支持下，支付能力较强。由于经济适用住房等保障性政策的弱化，低收入家庭应对完全市场化的住房价格，可支付能力降到 1 以下。2012 年以来，由于住房市场价格的走高，低收入家庭的可支付能力下降趋势明显。

中等偏下收入家庭：由于保障性政策的收入门槛，中等偏下收入家庭不能享受政策红利，一直要以不高的家庭剩余收入面对日益上涨的住房市场价格，因而可支付能力一直不高，2012 年以来，持续下降。

中等收入家庭：可支付能力比较平稳。住房价格的上涨等多种因素

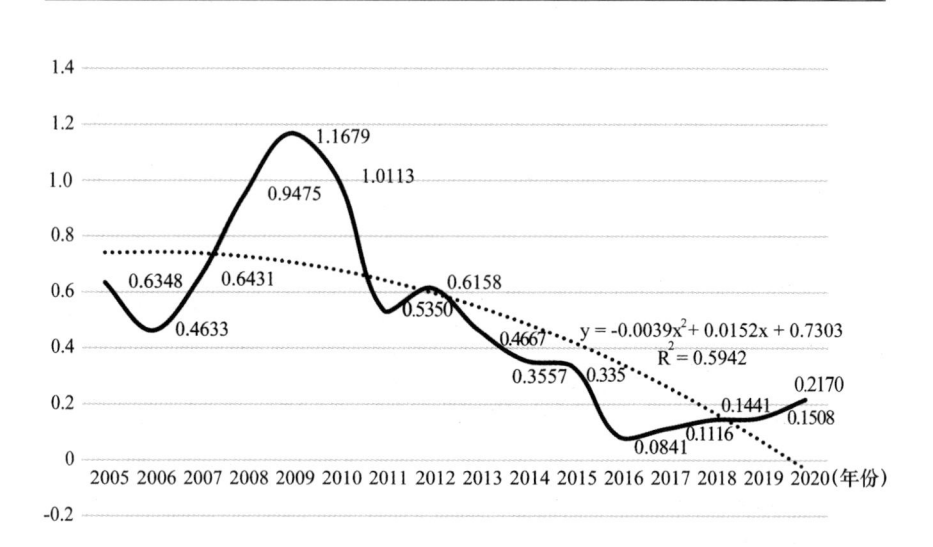

图 7-13　2005—2020 年南京低收入居民家庭可支付能力变化趋势

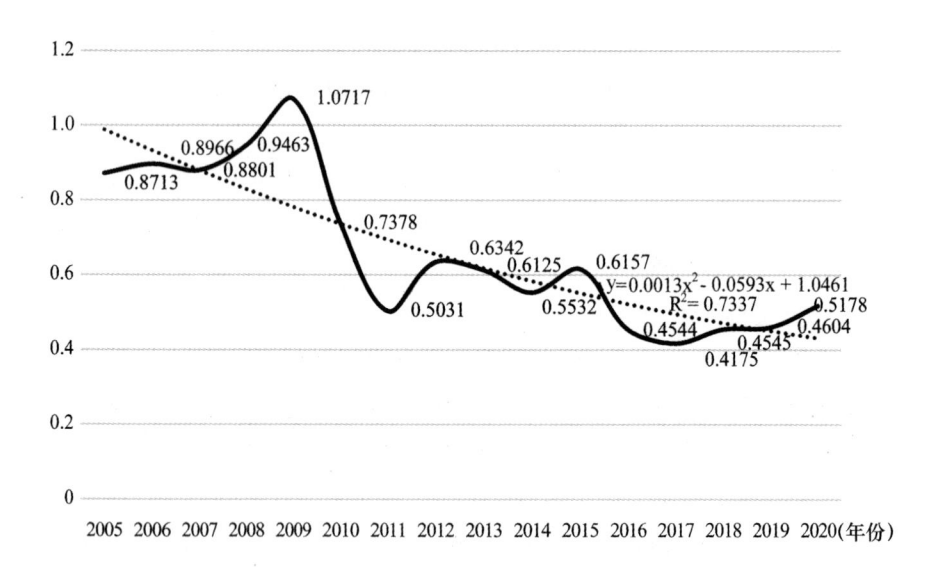

图 7-14　2005—2020 年南京中等偏下收入居民可支付能力变化趋势

促使中等收入家庭的可支付能力下降，并逐步与中等偏上收入和高收入群体之间拉开差距。

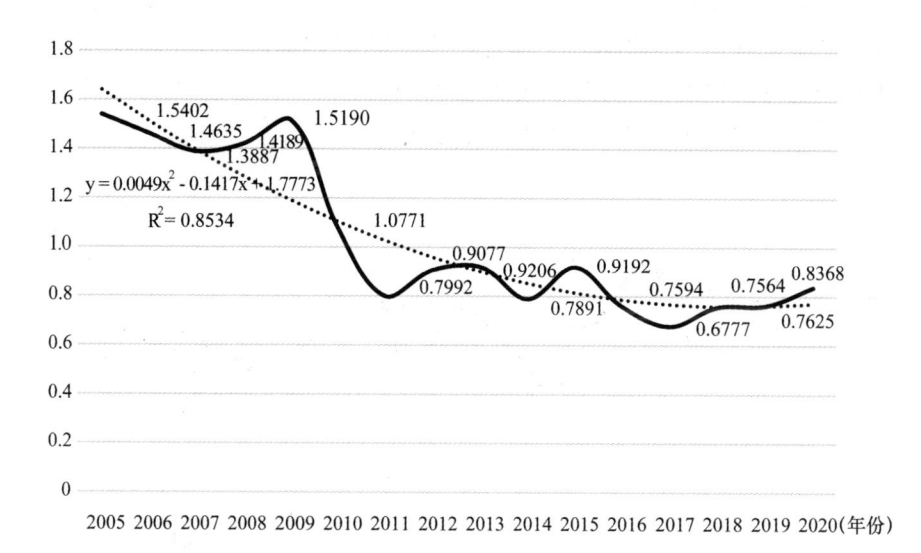

图 7 – 15　2005—2020 年南京中等收入居民可支付能力变化趋势

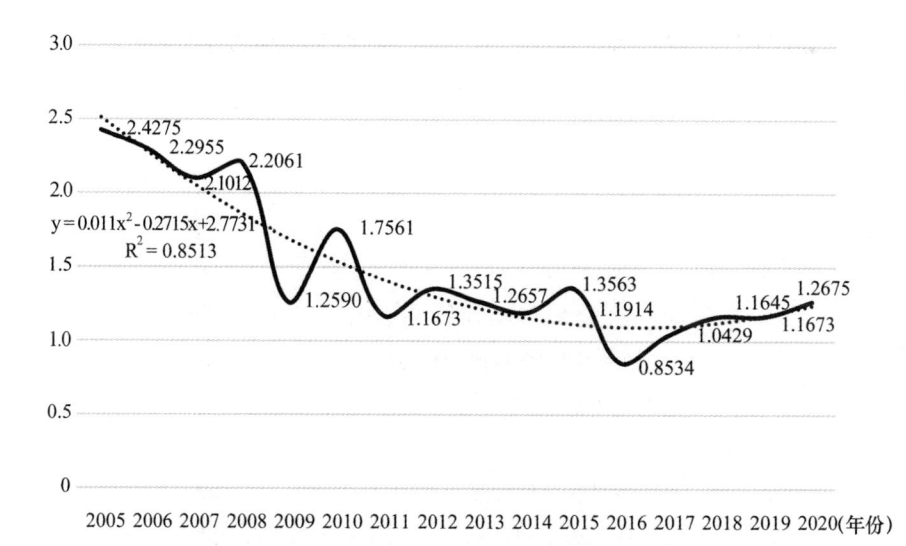

图 7 – 16　2005—2020 年南京中等偏上收入居民家庭可支付能力变化趋势

中等偏高收入家庭：从长期的趋势来看，与中等偏上收入家庭相对应的"标准住房"面积较小，即这一部分家庭可以在90平方米的基础上选择更大面积或者是更高品质的改善性住房。

高收入家庭住房可支付能力一直较好。

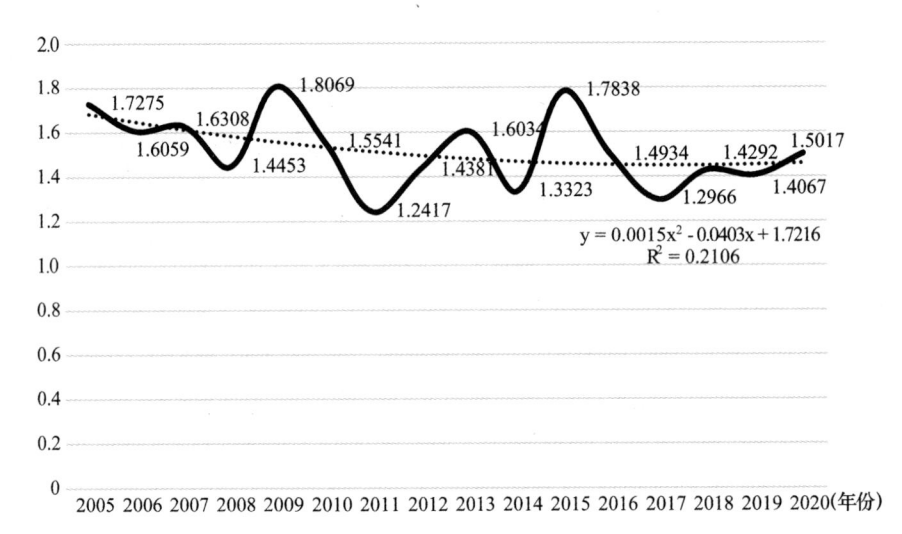

图7-17 2005—2020年南京高收入居民家庭可支付能力变化趋势

第八章

南京市住房供需结构

为了满足城市中不同收入层次居民家庭差别化的消费需求选择，对于住房供给方来说，就应该针对社会成员的有效需求提供各种类型的住房，否则就可能会出现不同层次的供需之间的断层和不同层次住房需求之间的挤压和倒灌，进而形成居住非正义现象。因而有必要考察南京的住房市场是否针对不同需求提供不同的住房供给，从而保证居民家庭住房权利的实现，从这一角度来探讨案例城市居住正义问题。

第一节 南京不同层次居民住房有效需求量及需求结构

依据居民可承受的最高住房消费支出额计算南京居民家庭住房有效需求及需求结构。为了更加连贯、科学地分析和研究南京居民住房实际需求，需要对2005—2020年南京城市居民住房实际需求及其结构进行测度，揭示在这一时期内各收入层次家庭住房实际需求及需求结构的变化趋势。

一 居民分层分组及数据来源

实证研究依然遵循分层原则，在本节的研究中对居民家庭按照收入多少进行合理的层次划分，以反映不同收入层次家庭非住房消费支出的层次性、差异性。划分的标准和依据依然是当年度南京统计资料中的家庭可支配收入。南京统计资料中将居民家庭按照可支配收入由低到高划分为五个层次：低收入组、中等偏下收入组、中等收入组、中等偏上收

178　第三篇　居住正义的实证研究

入组、高收入组。本书的研究采用这样的分层标准对南京居民进行分组并测算讨论住房有效需求量。

测算城镇居民家庭非住房消费支出（居民家庭最低生活成本）及剩余收入时用到的数据来源于南京市统计局提供的官方统计资料。家庭基本消费支出调查数据包括八个项目：食品支出（V_1）、衣着支出（V_2）、居住支出（V_3）、家庭设备用品及服务支出（V_4）、医疗保健支出（V_5）、交通和通信支出（V_6）、教育文化娱乐服务支出（V_7）、其他商品和服务支出（V_8）。家庭年收入（Y）为相应的分层的家庭年可支配收入数据。

二　2015年南京不同收入层次居民"标准住房"实际需求量

根据《南京统计年鉴（2016年）》的资料，南京市城市居民家庭消费支出共八个项目，具体的情况如表8-1所示：

表8-1　南京城市居民家庭人均消费和可支配收入情况（2015年）

（单位：元）

指标	低收入户	中等偏下收入户	中等收入户	中等偏上收入户	高收入户
V_1	8975	11252	11211	12537	16199
V_2	2434	1799	2644	4165	6858
V_3	1127	2131	1764	2566	2371
V_4	1900	2356	2512	3192	6334
V_5	1667	1843	2189	3029	4760
V_6	2706	1902	8698	5644	12469
V_7	3411	4006	6498	9012	12662
V_8	950	630	872	1451	3600
Y	22542	33881	41892	54230	87896

注：1. 食品支出（V_1）、衣着支出（V_2）、居住支出（V_3）、家庭设备用品及服务支出（V_4）、医疗保健支出（V_5）、交通和通信支出（V_6）、教育文化娱乐服务支出（V_7）、其他商品和服务支出（V_8）。下同。

2. 数据来源《南京统计年鉴（2016年）》。下同。

根据表8-1中数据指标，利用统计软件EView进行分析，得到2015年南京城市居民各项消费ELES模型估计值，见表8-2所示：

表8-2　　　　　　　计量模型估计（2015年）

消费类别	Y	T值	常数项	T值	F	R^2
V_1	0.105	10.9	7001.883	13.75	118.86	0.9754
V_2	0.077	5.65	-137.875	-0.19	31.89	0.9140
V_3	0.016	1.72	1224.219	2.48	2.95	0.9485
V_4	0.069	7.64	-71.171	-0.15	58.41	0.9210
V_5	0.050	12.19	293.298	1.35	148.56	0.9802
V_6	0.151	3.04	-1000.148	-0.38	9.21	0.7544
V_7	0.149	8.73	-53.311	-0.06	76.26	0.9622
V_8	0.045	4.57	-671.247	-1.28	20.92	0.8746

根据表8-2中确定的模型估计值，可以通过ELES模型计算出各种消费的基本需求估计值，如表8-3所示：

表8-3　　南京城市居民ELES模型估计值（2015年）

消费类别	b_i	边际消费倾向	基本消费需求
V_1	7001.883	0.105	9046.780
V_2	-137.875	0.077	1372.715
V_3	1224.219	0.016	1536.090
V_4	-71.171	0.069	1281.812
V_5	293.298	0.050	1270.178
V_6	-1000.148	0.151	1959.354
V_7	-53.311	0.149	2860.344
V_8	-671.247	0.045	211.184

根据以上计量模型计算的各种消费的基本需求估计值，得出不同收入家庭的非住房消费支出和户均剩余收入额，如表8-4所示。

表 8-4　不同收入层次家庭户均住房最大消费支出计算（2015 年）

项目＼层次	低收入户	中等偏下收入户	中等收入户	中等偏上收入户	高收入户
平均每户家庭人口（人）	2.82	2.61	2.59	2.52	2.61
人均可支配收入（元）	22542	33881	41892	54230	87896
人均无住房消费基本生活支出（元）	18002.37	18002.37	18002.37	18002.37	18002.37
人均剩余收入（元）	4539.63	15878.63	23889.63	36227.63	69893.63
户均剩余收入（元）	12801.76	41443.23	61874.15	91293.63	182422.38

将居民的户均剩余收入作为家庭住房消费最大值，按照居民家庭可支配收入由低到高划分为五个层次：低收入户、中等偏下收入户、中等收入户、中等偏上收入户、高收入户，并赋予不同收入层次的居民以不同的住房标准面积偏好，见表 8-5。

表 8-5　不同收入层次居民标准住房（2015 年）

项目	低收入户	中等偏下收入户	中等收入户	中等偏上收入户	高收入户
标准住房类型	小户型商品房	普通商品住房	普通商品住房	普通商品住房	高档商品住房
对应住房均价（元/m²）	18432	18432	18432	18432	18432
对应住房平均面积（m²）	60.00	90.00	90.00	90.00	144.00
家庭住房消费最大值（元）	12801.76	41443.23	61874.15	91293.63	182422.38

以家庭住房消费最大值为年还款额，代入按揭还款公式，即可求出该类家庭可支付的最大住房总价及户均具有支付能力的住房需求面积，及实际需求量。

按揭还款公式为：

$$V = \frac{A}{i}\left[1 - \frac{1}{(1+i)^n}\right]$$

式中：V——按揭贷款总额；

A——年还款额；

i——贷款年利率；

n——贷款年限；

户均可支付住房总价 P：

$$P = \frac{V}{70\%} = \frac{1}{70\%} \frac{A}{i} \left[1 - \frac{1}{(1+i)^n}\right]$$

某一类标准住房需求总面积 S_0

$$S_{0k} = \sum S \times Q_0 \times \partial_i$$

其中：S_{0k}——对应标准住房需求总面积；

Q_0——人口总数；

∂_i——某一收入层次居民占人口总户数比重；

取可支配收入的对数（按照统计部门公布的五分组或者是七分组收入值）$\mu = \sum_{i=1}^{m} v_i \ln x_i$，$\sigma = \sqrt{\sum_{i=1}^{m} v_i (\ln x_i)^2 - \mu^2}$；居民收入 x_i 服从对数正态分布，即 $\ln x_i \sim N(\mu, \sigma^2)$；按照设定的中等收入的上下限，根据分布函数求出低收入、中等收入、高收入群体比重 ∂_i。

由于不同类型的标准住房面积标准不同，需求面积的总量并不能合理地反映出对应收入层次居民的住宅需求情况。因此，本书的研究采用与家庭数量相关性更密切的住房套数作为需求量的单位进行计算。

根据分组和相应层次的住房标准进行分组测算讨论实际需求量和需求结构，见表 8-6。

表 8-6　　南京市针对不同收入阶层的"标准住房"
实际需求量及需求结构（2015 年）

分层 项目	低收入户	中等偏下 收入户	中等 收入户	中等偏上 收入户	高收入户
标准住房	小户型住房	普通商品住房			高档商品住房
对应分层人口占比（%）	46.4	46.9			6.7

续表

分层\项目	低收入户	中等偏下收入户	中等收入户	中等偏上收入户	高收入户
对应住房均价（元/m²）	18432	18432	18432	18432	18432
对应住房平均面积（m²）	60.00	90.00	90.00	90.00	144.00
户均剩余收入（元）	12801.76	41443.23	61874.15	91293.63	182422.38
户均可支付住房总价（元）	247745.08	802026.75	1197414.42	1766752.63	3530314.31
户均可购买住房面积（m²）	13.44	43.51	64.96	95.85	191.53
对应标准住房总面积（m²）	14039997.1		71906760.4		28890920.5
标准住房需求套数（套）	234000		798964		200631
标准住房需求比例（%）	18.96		64.76%		16.28%

三 2020年南京不同收入层次居民"标准住房"实际需求量及需求结构

计算2020年的南京不同收入层次居民的"标准住房"的实际需求（见表8-7）。

表8-7 不同收入层次家庭户均住房最大消费支出计算（2020年）

层次\项目	低收入户	中等偏下收入户	中等收入户	中等偏上收入户	高收入户
平均每户家庭人口（人）	2.77	2.77	2.77	2.77	2.77
人均可支配收入（元）	33460	48868	62046	79832	126720
人均无住房消费基本生活支出（元）	27485	27485	27485	27485	27485

续表

层次 项目	低收入户	中等偏下收入户	中等收入户	中等偏上收入户	高收入户
人均剩余收入（元）	5975	21383	34561	52347	99235
户均剩余收入（元）	16550.75	59230.91	95733.97	145001.19	274880.95
家庭住房消费最大值（元）	16550.75	59230.91	95733.97	145001.19	274880.95

按照居民家庭可支配收入由低到高划分为五个层次：低收入户、中等偏下收入户、中等收入户、中等偏上收入户、高收入户，并赋予不同收入层次的居民以不同的住房标准面积偏好，见表8-8。

表8-8　　　不同收入层次居民标准住房（2020年）

层次 项目	低收入户	中等偏下收入户	中等收入户	中等偏上收入户	高收入户
标准住房类型	低价商品房	普通商品住房			高档商品住房
对应住房均价（元/m²）	28512	28512	28512	28512	28512
对应住房平均面积（m²）	60.00	90.00			144.00
家庭住房消费最大值（元/年）	16550.75	59230.91	95733.97	145001.19	274880.95

根据分组和相应层次的住房标准进行分组测算讨论不同收入层次家庭可用于住房消费的最大支出额，依据此数据进一步测算住房的实际需求量和需求结构，见表8-9。

表8-9 南京市针对不同收入阶层的"标准住房"需求量（2020年）

项目 \ 层次	低收入户	中等偏下收入户	中等收入户	中等偏上收入户	高收入户
对应分层人口占比（%）	37.60	50.8			11.6
标准住房类型	小户型商品房	普通商品住房			高档商品住房
住房均价（元/m²）	28512	28512	28512	28512	28512
对应住房平均面积（m²）	60.00	90.00	90.00	90.00	144.00
户均住房最大消费支出（元/月）	1379.23	4935.91	7977.83	12083.43	22906.75
户均可支付住房总价（元）	367687.21	1315858.70	2126801.31	3221309.23	6106684.66
户均可购买住房面积（m²）	12.89	46.15	74.59	112.98	214.18
对应标准住房总面积（m²）	12625943.1	103105061.0			64723198.1
标准住房需求套数（套）	210432	1145612			449467
标准住房需求结构（%）	11.65%	63.45%			24.89%

四 南京"标准住房"需求量及需求结构变动趋势

为了更加连贯、科学地分析和研究南京居民住房实际需求与供给结构的变化，本节按照上一章节的方法，对2005—2020年南京城市居民住房实际需求及其结构进行测度，揭示各收入层次家庭住房实际需求及需求结构的变化趋势。

1. 数据来源及居民分层分组说明

测算2005—2020年南京居民家庭非住房消费支出、户均剩余收入及户均实际可支付住房消费最大值时用到的基础数据来源于各年度南京市统计局提供的官方统计资料。

对于居民的分组，2005—2020 年的分组依据依然是各收入层次的人均可支配收入。但是有两点需要特别说明：一是南京市统计局官方统计资料中对居民家庭可支配收入分组情况在 2013 年发生了变化。2005—2012 年间的南京统计资料，根据可支配收入把居民家庭按照由低到高划分为七个层次，分别对应为最低收入户，低收入户，中等偏下户，中等收入户，中等偏上户，高收入户，最高收入户。与之相对应，下文对 2005—2012 年居民家庭的分组分层为 1—7 组。而 2013 年之后的统计资料中将居民家庭按照可支配收入由低到高划分为五个层次：低收入户、中等偏下收入户、中等收入户、中等偏上收入户、高收入户。相对应，在文中 2013—2020 年的分组分层为 1—5，分别对应低收入组、中等偏下收入组、中等收入组、中等偏上收入组、高收入组。虽然出现组别和组数的差别，但是，两个阶段的组别划分其实是有一定连贯性的，2005—2012 年按照城市居民人均可支配收入划分的七个组别中最低收入户和低收入户划入到 2013—2020 年分组中的"低收入组"中，2005—2012 年按照城市居民人均可支配收入划分的七个组别中"高收入组"和"最高收入组"合并为 2013—2020 年分组中的"高收入组"。因而，这样的分组分层是具有连续性的（见表 8-10），这就保证了本书对 2005—2020 年南京住房需求结构测算的可行性和科学性。二是 2005—2012 年按照城市居民人均可支配收入划分的七个组别中"最低收入组"的说明。通过计算发现，"最低收入组"的居民的家庭剩余收入为负值，这说明，这一组别家庭的收入是不足以支撑家庭住房消费的，对于市场上的商品住房他们是没有支付能力，他们的住房问题只能通过政策性路径解决。同时为了保证研究的一贯性（2013—2020 年的统计资料中已经把这一组并入低收入组），在整个研究过程中，没有把这一组专门列出。即本节的分析和研究中依然采用当年度的居民家庭可支配收入作为分层标准对南京居民进行分层，2013 年之前分为 7 个组，2013—2020 年分为 5 个组分别测算和讨论他们住房需求量，并连续考察 2005—2020 年变化趋势。

表8-10　2013年前后两个阶段的收入组别划分具有一定连贯性

阶段\分组	收入分组划分					
2005—2012	最低收入组	低收入组	中等偏下收入组	中等收入组	中等偏上收入组	高收入组	最高收入组
2013—2020	低收入组		中等偏下收入组	中等收入组	中等偏上收入组	高收入组

注：根据各年份《南京统计年鉴》收入组划分标准整理。

2. 南京居民家庭"标准住房"实际需求结构变动趋势

2005—2020年南京居民家庭"标准住房"实际需求结构的变化，见表8-11。

表8-11　南京"标准住房"需求结构变动趋势（2005—2020年）

年份/指标	分组	低收入户	中等偏下收入户	中等收入户	中等偏上收入户	高收入户
不同收入层次对应"标准住房"		经济适用房或小户型商品住房	普通商品房			高档商品房
对应分层"标准住房"面积（m²）		60—90（取最低值60m²）	90—144（取最低值90 m²）			144以上（取最低值144m²）
2005	"标准住房"需求比例（%）	69.11	26.81			4.08
2006	"标准住房"需求比例（%）	64.60	30.47			4.93
2007	"标准住房"需求比例（%）	61.51	32.63			5.86
2008	"标准住房"需求比例（%）	58.31	35.13			6.56
2009	"标准住房"需求比例（%）	57.17	34.91			7.92
2010	"标准住房"需求比例（%）	54.09	36.39			9.52
2011	"标准住房"需求比例（%）	36.44	52.75			10.81
2012	"标准住房"需求比例（%）	30.03	53.98			15.99

续表

年份/指标	分组	低收入户	中等偏下收入户	中等收入户	中等偏上收入户	高收入户
2013	"标准住房"需求比例（%）	31.31		58.46		10.23
2014	"标准住房"需求比例（%）	24.42		62.40		13.18
2015	"标准住房"需求比例（%）	18.96		64.76		16.28
2016	"标准住房"需求比例（%）	7.06		70.84		22.10
2017	"标准住房"需求比例（%）	9.99		68.49		21.52
2018	"标准住房"需求比例（%）	11.12		65.50		23.38
2019	"标准住房"需求比例（%）	10.65		65.05		24.30
2020	"标准住房"需求比例（%）	11.65		63.45		24.89

注：1. 自2011年开始，由于南京市的经济适用房政策的实施发生了一些变化，官方的统计年鉴等资料中经济适用房已经没有相应的施工、上市以及价值等相关数据，低收入家庭相对应的标准住房的均价不再以经济适用住房的价格为准，低收入家庭的剩余收入的实际购买能力下降，影响实际需求量和需求结构。低收入户的需求挤压中等收入群体的中等户型普通商品住房。

2. 2016年后的基础数据有一定的变化，南京统计资料中不再提供分层的家庭消费支出额、家庭人口数，计算中以家庭各项消费的平均值和家庭平均人口数替代2016年之前的分层的家庭消费支出额、家庭人口数，低收入家庭非住房消费支出额增加，相应的可用于住房的支出减少，影响了这部分居民的实际需求，因而消费结构的结果产生一定变异，但是并不影响整体的趋势性特征。

3. 为了节省正文的篇幅，正文中的表格只列出各年份的需求结构数据，各年份需求量的计算过程可见全文后的附录。

南京市2005—2020年的住房需求结构的变化趋势特征：

第一，经济适用房或小户型商品住房的有效需求呈现明显的下降趋势（图8-3），2016—2020年有了小幅的增长。

第二，普通商品住房的实际需求在波动中不断上升（图8-4），但是，2016年以来出现小规模需求下降。

第三，大户型及高档商品住房的实际需求不断增加（图8-5）。

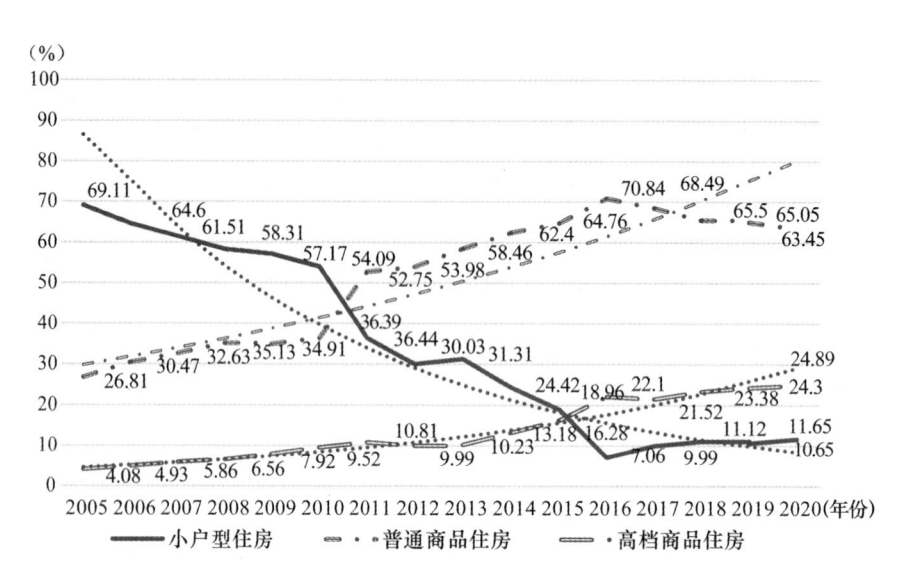

图 8-1　南京不同层次"标准住房"需求结构变动趋势

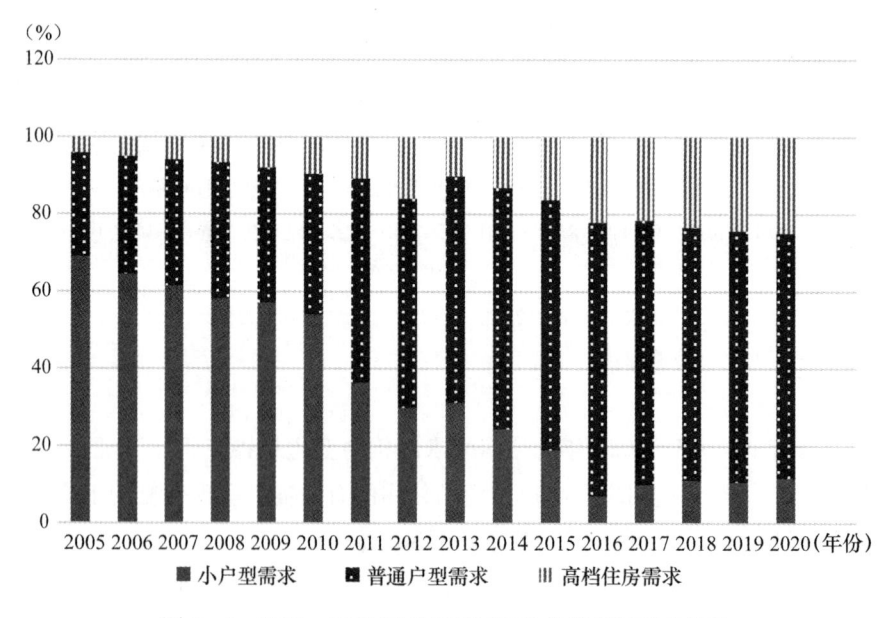

图 8-2　2005—2020 年南京不同层次住房实际需求结构

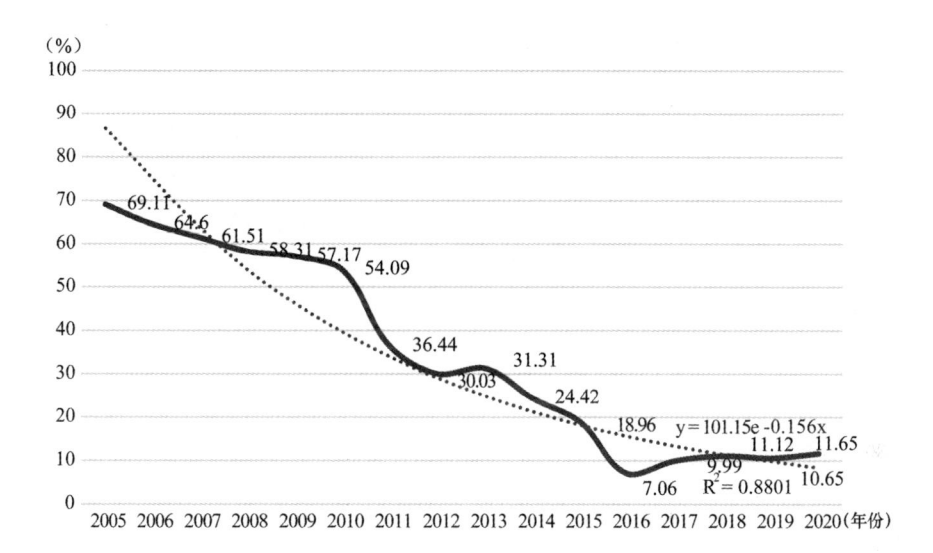

第八章　南京市住房供需结构　189

图 8-3　南京 2005—2020 年经济适用房或小户型商品住房的有效需求变化趋势

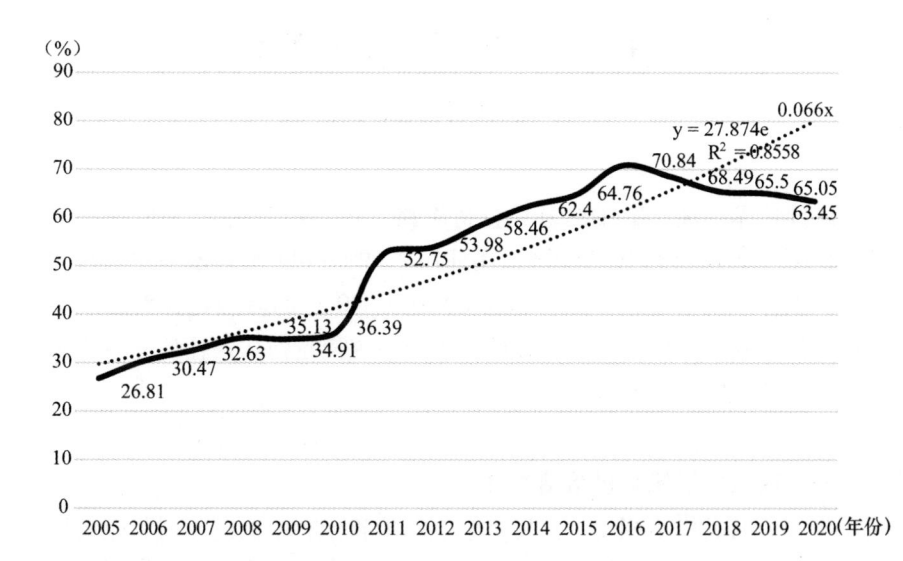

图 8-4　南京 2005—2020 年普通商品住房的有效需求变化趋势

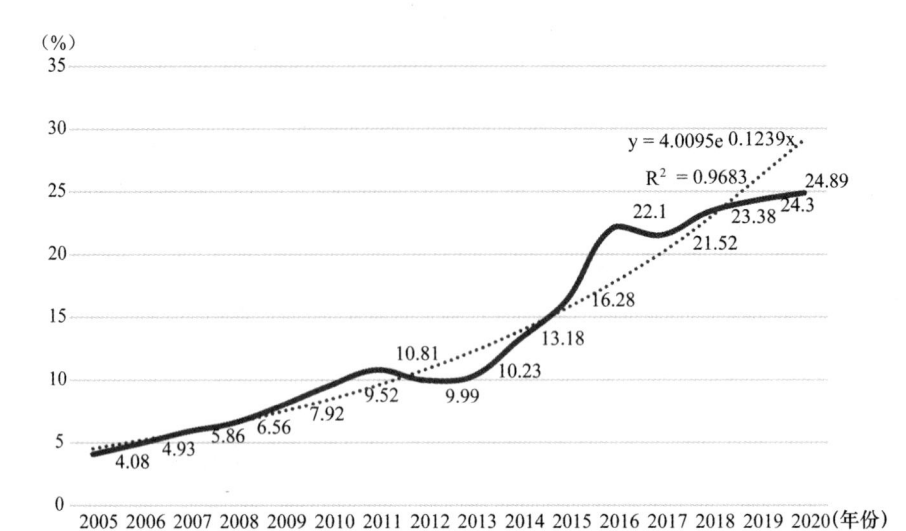

图 8-5 南京 2005—2020 年大户型（高档）商品住房的有效需求变化趋势

第二节 南京居民住房有效需求与实际供给均衡性

继续依循前文研究中的分层分析思路，将住房分为 60—90 平方米的小户型（2010 年前包括经济适用住房）、90—144 平方米的中等户型和 144 平方米以上的大户型，基于 2007—2020 年的微观数据对南京市的住房供给进行结构性分析，在此基础上呈现南京市居民住房有效需求和实际供给之间的均衡性。

一 南京住房实际供给结构分析

与一般商品供给相比，住房供给更加依赖于有限的、相对稳定的土地供给，因而更具有刚性特征，缺乏弹性。住房供给在一定时期里具有层次性，包括现实供给、储备供给以及潜在供给（见表 8-12），也可以分为增量供给和存量供给。

表 8 – 12　　　　　　　　　　住房供给的层次性

层次划分	特征
现实供给	已经进入流通领域，可随时销售或出租的住宅，又称住宅上市量，其主要部分是现房，也包括期房。这是住宅供给的主导和基本的层次
储备供给	可以进入市场，但是住宅生产者出于一定考虑（如住宅开发商或销售商的市场营销手段和策略）暂时储备起来不上市的这部分住宅。需要注意的是，这种储备供给层次的住宅与通常所说的空置房不同
潜在供给	已经开工正在建造的或者已竣工而未交付使用的未上市住宅，以及一部分过去属于划拨或福利分配的但在未来可能进入市场的住宅。住宅的三个供给层次处于动态变化和转换过程中

本研究中采用实际供给来分析研究南京市住房供给结构，依然使用"住房套数"作为住房供给的统计单位，根据南京市统计局公布的官方资料——"南京市商品住房"，计算得出2007—2020年南京市商品住房的实际供给量及供给结构（表 8 – 13）。

表 8 – 13　　南京市住房供给数量及供给结构变化趋势（2007—2020 年）

年份	指标	经济适用房或小户型商品房（60—90m^2）	普通商品房（90—144m^2）	高档商品住房（144m^2 以上）
2007	当年竣工面积（m^2）	878142	4747760	159740
	竣工住房价值（万元）	144598	858659	27917
	当年竣工套数（套）	10134	41146	809
	套均面积（m^2）	86.05	113.39	197.45
	供给比例（%）	19.46	78.99	1.55
2008	当年竣工面积（m^2）	1356300	6607000	965800
	竣工住房价值（万元）	158600	1473800	323900
	当年竣工套数（套）	16790	61252	5481
	套均面积（m^2）	78.22	106.68	176.20
	供给比例（%）	20.10	73.34	6.56

续表

年份	指标	经济适用房或小户型商品房（60—90m²）	普通商品房（90—144m²）	高档商品住房（144m²以上）
2009	当年竣工面积（m²）	1835000	9284200	1159300
	竣工住房价值（万元）	362500	2435300	337100
	当年竣工套数（套）	24821	86154	6469
	套均面积（m²）	72.95	107.22	176.16
	供给比例（%）	21.13	73.36	5.51
2010	当年竣工面积（m²）	3342000	2078149	1954166
	竣工住房价值（万元）	781670	564080	680374
	当年竣工套数（套）	45915	14694	9255
	套均面积（m²）	72.48	141.43	211.15
	供给比例（%）	65.72	21.03	13.25
2011	当年竣工面积（m²）	3679062	2398667	2563767
	竣工住房价值（万元）	1008082	699391	773802
	当年竣工套数（套）	50500	22935	15950
	套均面积（m²）	72.85	104.75	160.74
	供给比例（%）	56.52	25.63	17.85
2012	当年竣工面积（m²）	7192889	3994146	2435274
	竣工住房价值（万元）	1933547	936122	904631
	当年竣工套数（套）	93512	34368	10845
	套均面积（m²）	76.92	116.22	224.55
	供给比例（%）	67.41	24.77	7.82
2013	当年竣工面积（m²）	647107	1071528	328717
	竣工住房价值（万元）	187809	274791	117751
	当年竣工套数（套）	8264	10055	1366
	套均面积（m²）	78.30	106.57	240.64
	供给比例（%）	41.98	51.07	6.95

续表

年份	指标	经济适用房或小户型商品房（60—90m²）	普通商品房（90—144m²）	高档商品住房（144m² 以上）
2014	当年竣工面积（m²）	3008252	3002988	1211671
	竣工住房价值（万元）	947762	953028	487818
	当年竣工套数（套）	39266	25948	6257
	套均面积（m²）	76.61	115.73	193.65
	供给比例（%）	54.94	36.31	8.75
2015	当年竣工面积（m²）	4982521	3137696	2518474
	竣工住房价值（万元）	1337922	999714	1173617
	当年竣工套数（套）	63613	30322	11052
	套均面积（m²）	78.32	103.48	227.87
	供给比例（%）	60.59	28.88	10.53
2016	当年竣工面积（m²）	3527381	3485151	2103722
	竣工住房价值（万元）	1271368	1184955	1440866
	当年竣工套数（套）	44407	36769	10147
	套均面积（m²）	79.43	94.79	207.32
	供给比例（%）	48.62	40.26	11.12
2017	当年竣工面积（m²）	3851458	2628792	1578249
	竣工住房价值（万元）	1123272	996120	762668
	当年竣工套数（套）	50550	26967	7532
	套均面积（m²）	76.19	97.48	209.53
	供给比例（%）	59.43	31.71	8.86
2018	当年竣工面积（m²）	3733979	4091529	1300687
	竣工住房价值（万元）	1388778	2853371	1104000
	当年竣工套数（套）	43097	77332	6063
	套均面积（m²）	86.64	52.91	182.09
	供给比例（%）	34.07	61.13	4.80

续表

年份	指标	经济适用房或小户型商品房（60—90m²）	普通商品房（90—144m²）	高档商品住房（144m²以上）
2019	当年竣工面积（m²）	3683290	5539415	1694640
	竣工住房价值（万元）	1407805	2817813	1088899
	当年竣工套数（套）	45967	46057	8937
	套均面积（m²）	80.13	120.27	189.62
	供给比例（%）	45.53	45.61	8.86
2020	当年竣工面积（m²）	4042566	4244996	1761451
	竣工住房价值（万元）	1736146	2942499	2000735
	当年竣工套数（套）	52047	34047	7699
	套均面积（m²）	77.67	124.68	228.79
	供给比例（%）	55.49	36.30	8.21

注：1. 表中的基础数据来源于各年度《南京统计年鉴》。

2. 其中2007年、2008年的基础数据统计口径只分为经济适用住房和高档住房两种类型，计算中采用以当年度住房供给总量减去经济适用住房和高档住房两者的总和作为普通商品住房的供给量，这实际上是将小户型商品住房纳入普通商品住房类别中了，从而抬高了2007—2008年的普通商品住房的供给比例，压低了小户型商品住房的供给比例，但并不影响高档住房的结构变化。

3. 表中的"高档商品住房"包括当年度144m²大户型商品住房以及别墅等类型高档住房。下同。

分析南京市2005—2020年住房供给结构的变化（表8-14、图8-6）。

表8-14　南京住房供给结构变动趋势（2005—2020年）

年份	实际供给套均面积（m²）			供给结构
	小户型商品房（经济适用房）	普通商品房	高档商品房	
2007	86.05	113.39	197.45	19.46∶78.99∶1.55
2008	78.22	106.68	176.20	20.10∶73.34∶6.56
2009	72.95	107.22	176.16	21.13∶73.36∶5.51

第八章　南京市住房供需结构　195

续表

年份	实际供给套均面积（m²）			供给结构
	小户型商品房（经济适用房）	普通商品房	高档商品房	
2010	72.48	141.43	211.15	65.72：21.03：13.25
2011	72.85	104.74	160.74	56.52：25.63：17.85
2012	76.92	116.22	224.55	67.41：24.77：7.82
2013	78.30	106.57	240.64	41.98：51.07：6.95
2014	76.61	115.73	193.65	54.94：36.31：8.75
2015	78.32	103.48	227.87	60.59：28.88：10.53
2016	79.43	94.79	207.32	48.62：40.26：11.12
2017	76.19	97.48	209.53	59.43：31.71：8.86
2018	86.64	52.91	182.09	34.07：61.13：4.80
2019	80.13	120.27	189.62	45.53：45.61：8.86
2020	77.67	124.68	228.79	55.49：36.30：8.21

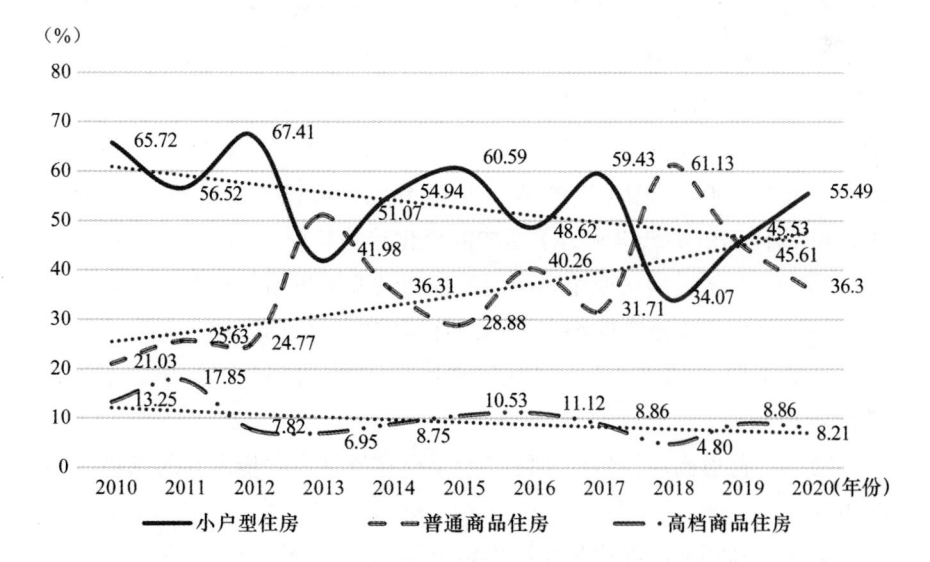

图8-6　2010—2020年南京住房供给结构总体变化趋势

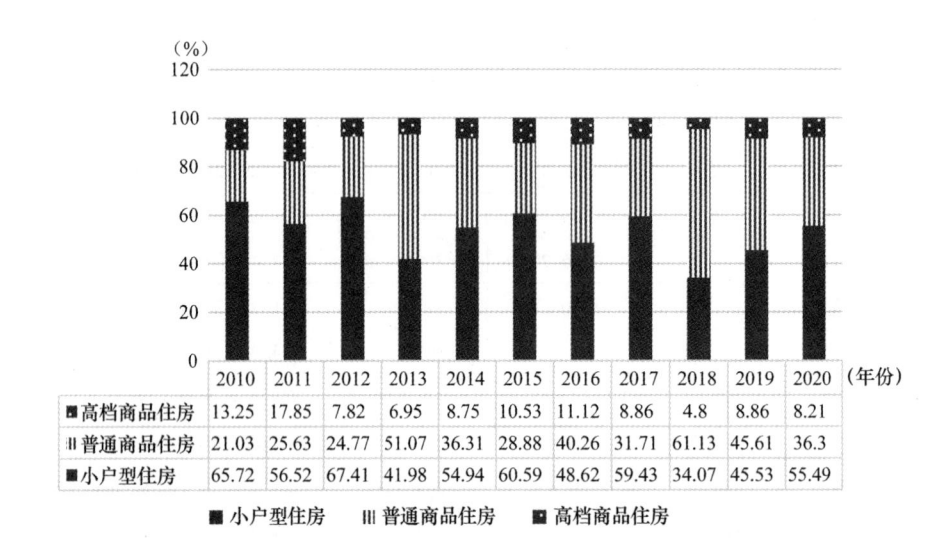

年份	2010	2011	2012	2013	2014	2015	2016	2017	2018	2019	2020
高档商品住房	13.25	17.85	7.82	6.95	8.75	10.53	11.12	8.86	4.8	8.86	8.21
普通商品住房	21.03	25.63	24.77	51.07	36.31	28.88	40.26	31.71	61.13	45.61	36.3
小户型住房	65.72	56.52	67.41	41.98	54.94	60.59	48.62	59.43	34.07	45.53	55.49

图 8-7　2010—2020 年南京不同户型住房供给占比结构

其中 2007 年、2008 年的基础数据统计口径也只分为经济适用住房和高档住房两种类型，计算中将小户型商品住房纳入普通商品住房类别中了，从而抬高了 2007—2008 年的普通商品住房的供给比例，压低了小户型商品住房的供给比例，但并不影响高档住房的结构变化。为了更加客观、科学反映南京市居民住房供需结构均衡性，我们在总体趋势分析中只分析 2009—2020 年的结构变化情况。可以发现南京市 2007—2020 年的住房供给结构和需求结构的变化趋势特征：

第一，经济适用房或小户型商品住房的实际供给不断下降。

线性分析，南京市的小户型商品住房的实际供给呈现出在波动中逐步下降的态势（图 8-8），其中 2018—2020 年出现一波规模较大的增长。

第二，普通商品住房的实际供给呈现在波动中逐步上升的态势（图 8-9）。

第三，高档商品住房的实际供给下降趋势比较明显（图 8-10）。

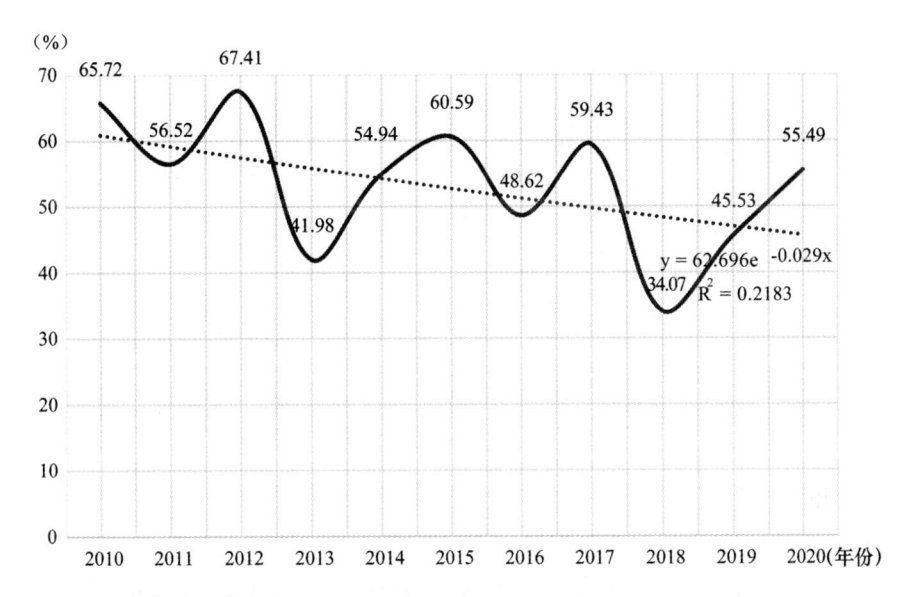

第八章 南京市住房供需结构 197

图8-8 南京2010—2020年经济适用房或小户型商品住房的实际供给变化趋势

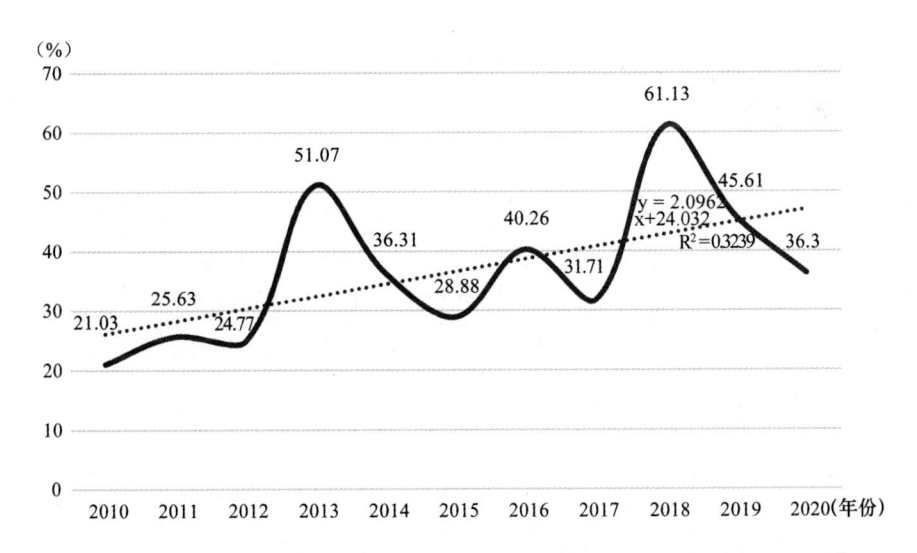

图8-9 南京2010—2020年普通商品住房的实际供给变化趋势

198　第三篇　居住正义的实证研究

图 8－10　南京 2010—2020 年高档商品住房的实际供给变化趋势

二　南京市居民住房有效需求与实际供给均衡性分析

1. 2020 年度南京市居民住房有效需求与实际供给的均衡性

我们先来分析对比 2020 年度南京市居民住房有效需求（见表 8－15）与实际供给（见表 8－16）的均衡性。

表 8－15　2020 年南京市针对不同收入阶层的"标准住房"有效需求结构

层次＼项目	低收入户	中等偏下收入户	中等收入户	中等偏上收入户	高收入户
标准住房类型	小户型商品房	普通商品住房	普通商品住房	普通商品住房	高档商品住房
对应住房平均面积（m²）	60.00	90.00	90.00	90.00	144.00
户均住房最大消费支出（元/月）	1379.23	4935.91	7977.83	12083.43	22906.75
标准住房需求套数（套）	210432		1145612		449467
标准住房需求结构（%）	11.65		63.45		24.89

注：高档商品住房包括当年度的 144 m² 大户型商品住房以及别墅等类型高档住房。

表 8-16　　　　2020 年南京市住房供给数量及供给结构

指标＼户型	小户型商品住房（90m² 以下）	普通商品住房（90—144m²）	高档商品房（144m² 以上）
当年竣工面积（m²）	4042566	4244996	1761451
竣工住房价值（万元）	1736146	2942499	2000735
套均面积（m²）	77.67	124.68	228.79
当年度增量供给（套）	52047	34047	7699
当年度增量供给结构（%）	55.49	36.30	8.21
总量供给（2007—2020 年）（套）	588883	548046	107862
总量供给结构（%）	47.31	44.03	8.66

注：1. 总量供给包括增量供给和一定时期的存量供给。
　　2. 高档商品住房包括当年度的 144 m² 大户型商品住房以及别墅等类型高档住房。

对 2020 年度南京居民住房有效需求与住房供给进行比较，如表 8-17 所示。

表 8-17　　　　2020 年南京市住房供给需求结构比较

指标	小户型商品房（90m² 以下）	普通商品房（90—144m²）	高档商品房（144m² 以上）
分层标准住房面积（m²）	60—90	90—144	144 以上
住房有效需求量（套）	210432	1145612	449467
	1805511		
有效需求结构（%）	11.65	63.45	24.89
实际供给套均面积（m²）	77.67	124.68	228.79
当年度增量供给（套）	52047	34047	7699
	93793		
当年度增量供给结构（%）	55.49	36.30	8.21
住房总量供给（套）	588883	548046	107862
	1244791		
住房总量供给比例（%）	47.31	44.03	8.66
总需求：总供给	1.45：1		

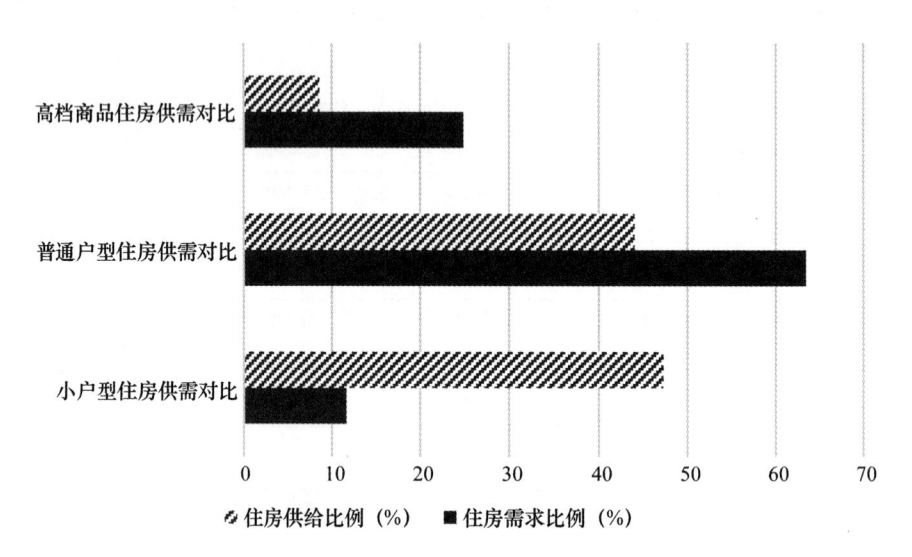

图 8-11　2020 年南京市居民各类型住房的有效需求与实际供给对比

从计算结果和比较分析来看 2020 年度南京市居民住房实际需求与供给的均衡性：

（1）居民的有效需求与实际供给处于非均衡状态

从总体需求和总供给上看，2020 年南京市居民的总体有效需求量是 1805511 套，而供给总量为 1244791 套，需求供给比是 1.45：1，有效需求远大于供给，呈现出总量数据上严重的供不应求非均衡状态。

（2）住房的实际供给与居民的有效需求呈现出产品结构的非均衡

2020 年南京市 90m² 以下的小户型商品住房的实际供应比例大大超过了居民的有效需求比例，呈现出总量数据上的供过于求非均衡状态。而 90—144m² 中等户型普通商品住房的实际供应比例小于居民的有效需求比例，呈现出总量数据上的供不应求非均衡状态。高档商品住房的有效需求比例远远大于其实际的供给比例，144m² 以上的高端住房的实际供应比例只有 8.66%，远远小于居民的实际有效需求比例 24.89%，呈现出总量数据上严重的供不应求非均衡状态。

2. 2011—2020 年南京市居民住房有效需求与实际供给变化

将 2011—2020 年期间南京城市居民住房有效需求结构和住房实际

供给结构的变化趋势进行对比分析,得到表8-18显示的南京市住房有效需求和实际供给的均衡性分析。

表8-18　　住房需求和供给的均衡性(2012—2020年)

年份	指标	小户型商品房	中户型普通商品房	高档商品房
2011	标准住房面积(m²)	60—90	90—144	144以上
	实际供给套均面积(m²)	72.85	104.75	160.74
	有效需求量(套)	359278	520006	106556
			985840	
	有效需求结构(%)	36.44	52.74	10.82
	当年度增量供给(套)	50500	22935	15950
			89385	
	当年度增量供给结构(%)	56.49	25.65	17.86
	住房总量供给(套)	148160	226181	37964
			412305	
	住房总量供给结构(%)	35.93	54.85	9.22
	总需求:总供给		2.39:1	
2012	标准住房面积(m²)	60—90	90—144	144以上
	实际供给套均面积(m²)	76.92	116.22	224.55
	有效需求量(套)	426165	638513	118037
	有效需求结构(%)		1182715	
	当年度增量供给(套)	30.03	53.98	15.99
		93512	34368	10845
	当年度增量供给结构(%)		138725	
	住房总量供给(套)	67.41	24.77	7.82
		241672	260549	48809
	住房总量供给结构(%)		551030	
	总需求:总供给	43.85	47.28	8.87
			2.14:1	

续表

年份	指标	小户型商品房	中户型普通商品房	高档商品房
2013	标准住房面积（m²）	60—90	90—144	144 以上
	实际供给套均面积（m²）	78.30	106.57	240.64
	有效需求量（套）	408118	762025	133242
			1303385	
	有效需求结构（%）	31.31	58.46	10.23
	当年度增量供给（套）	8264	10055	1366
			19685	
	当年度增量供给结构（%）	41.98	51.07	6.95
	住房总量供给（套）	249936	270604	50175
			570715	
	总量供给结构（%）	43.79	47.41	8.80
	总需求：总供给		2.28：1	
2014	标准住房面积（m²）	60—90	90—144	144 以上
	实际供给套均面积（m²）	76.61	115.73	193.65
	有效需求量（套）	290427	742271	156832
			1189530	
	有效需求结构（%）	24.42	62.40	13.18
	当年度增量供给（套）	39266	25948	6257
			71471	
	当年度增量供给结构（%）	54.94	36.31	8.75
	供给总量（套）	289202	296552	56432
			642186	
	供给总量结构（%）	45.03	46.18	8.79
	总需求：总供给		1.85：1	

续表

年份	指标	小户型商品房	中户型普通商品房	高档商品房
2015	标准住房面积（m²）	60—90	90—144	144 以上
	实际供给套均面积（m²）	78.32	103.48	227.87
	有效需求（套）	234000	798964	200631
			1233595	
	有效需求结构（%）	18.96	64.76	16.28
	当年度增量供给（套）	63613	30322	11052
			104987	
	当年度增量供给结构（%）	60.59	28.88	10.53
	供给总量（套）	352815	326874	67484
			747173	
	供给总量结构	47.21	43.75	9.04
	总需求：总供给		1.65∶1	
2016	标准住房面积（m²）	60—90	90—144	144 以上
	实际供给套均面积（m²）	79.43	94.79	207.32
	有效需求量（套）	85847	862016	268839
			1216702	
	有效需求结构（%）	7.06	70.84	22.10
	当年度增量供给（套）	44407	36769	10147
			91323	
	当年度增量供给比例（%）	48.62	40.62	11.12
	供给总量（套）	397222	363643	77631
			838496	
	供给总量结构（%）	47.43	43.37	9.20
	总需求：总供给		1.45∶1	

续表

年份	指标	小户型商品房	中户型普通商品房	高档商品房
2017	标准住房面积（m^2）	60—90	90—144	144以上
	实际供给套均面积（m^2）	76.19	97.48	209.53
	有效需求量（套）	116761	800089	251304
		1168154		
	有效需求结构（%）	9.99	68.49	21.52
	当年度增量供给（套）	50550	26967	7532
		85049		
	当年度增量供给结构（%）	59.43	31.71	8.86
	供给总量（套）	447772	390610	85163
		923545		
	供给总量结构（%）	48.48	42.29	9.22
	总需求：总供给	1.26:1		
2018	标准住房面积（m^2）	60—90	90—144	144以上
	实际供给套均面积（m^2）	86.64	52.91	182.09
	有效需求量（套）	152239	899282	320929
		1372450		
	有效需求结构（%）	11.12	65.50	23.38
	当年度增量供给（套）	43097	77332	6063
		126492		
	当年度增量供给结构（%）	34.07	61.13	4.80
	供给总量（套）	490869	467942	91226
		1050037		
	供给总量结构（%）	46.74	44.56	8.70
	总需求：总供给	1.30:1		

续表

年份	指标	小户型商品房	中户型普通商品房	高档商品房
2019	标准住房面积（m²）	60—90	90—144	144 以上
	实际供给套均面积（m²）	80.13	120.27	189.62
	有效需求量（套）	157273	960639	358864
			1476776	
	有效需求结构（%）	10.65	65.05	24.30
	当年度增量供给（套）	45967	46057	8937
			100961	
	当年度增量供给结构（%）	45.53	45.61	8.86
	总量供给（套）	536836	513999	100163
			1150998	
	总量供给结构（%）	46.64	44.65	8.71
	总需求：总供给		1.28∶1	
2020	标准住房面积（m²）	60—90	90—144	144 以上
	实际供给套均面积（m²）	77.67	124.68	228.79
	有效需求量（套）	210432	1145612	449467
			1805511	
	有效需求结构（%）	11.65	63.45	24.89
	当年度增量供给量（套）	52047	34047	7699
			93793	
	当年度增量供给结构（%）	55.49	36.30	8.21
	供给总量（套）	588883	548046	107862
			1244791	
	供给总量结构（%）	47.31	44.03	8.66
	总需求：总供给		1.45∶1	

3. 南京市居民住房需求与供给均衡性分析

（1）从总体趋势看，住房的有效需求与实际供给结构总体不均衡

分析总需求与总供给结构的总体趋势，如图 8-12 显示，南京住房

市场的需求供给结构一直处于不均衡状态。

随着居民收入的增加，居民家庭的实际消费能力不断提升，同时，2011—2020 年南京的人口处于稳定增长期，整体的有效需求显示出在波动中增长的态势，实际年均增长 7.4%。而同期供给增长特点是平稳（除了 2012 年增长幅度特别大），年均增长达 13.31%，增速达有效需求增长的近 2 倍。

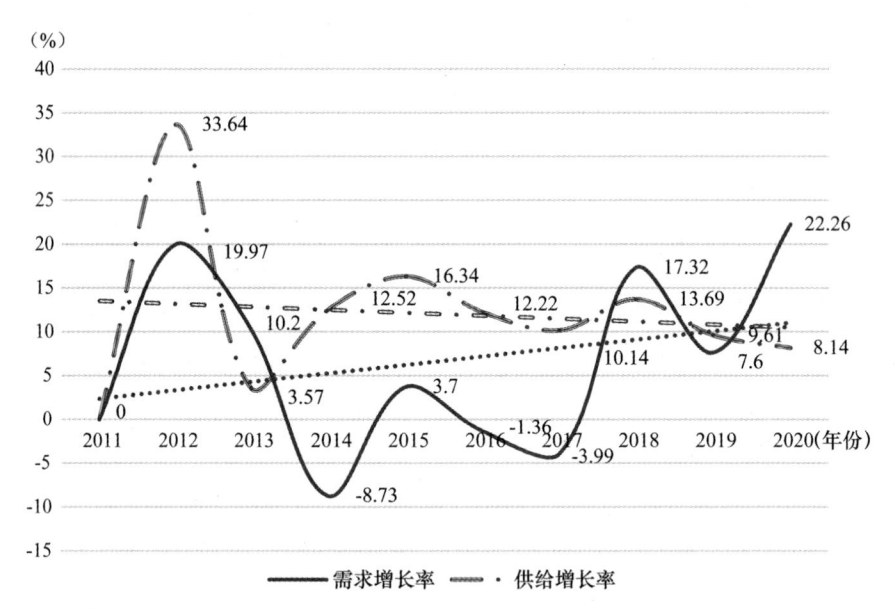

图 8-12　2011—2020 年南京住房有效需求和实际供给增长率波动

但是，从总需求与总供给的偏离程度（以总需求与总供给的比值来表征）上，住房供给能力依然不能满足同期居民的实际需求，2011—2013 年期间总需求超过总供给的两倍，之后多年保持在 1.30—1.80。2020 年居民的有效需求大幅度增长，总需求与总供给的偏离程度在保持了连续六年的下降趋势后大幅反弹至 1.45∶1。

表 8-19　南京居民 2012—2020 年住房总需求与总供给结构分析

年份 指标	需求总量（套）	增长（%）	供给总量（套）	增长率（%）	总需求：总供给
2011	985840	/	412305	/	2.39:1
2012	1182715	19.97	551030	33.64	2.14:1
2013	1303385	10.20	570715	3.57	2.28:1
2014	1189530	-8.73	642186	12.52	1.85:1
2015	1233595	3.70	747173	16.34	1.65:1
2016	1216702	-1.36	838496	12.22	1.45:1
2017	1168154	-3.99	923545	10.14	1.26:1
2018	1372450	17.32	1050037	13.69	1.30:1
2019	1476776	7.60	1150998	9.61	1.28:1
2020	1805511	22.26	1244791	8.14	1.45:1

（2）住房的有效需求与实际供给结构不均衡类型化分析

第一，小户型商品住房。

首先，有效需求与实际供给处于非均衡状态。从表 8—20 中的数据可以看出，2011—2016 年有效需求与实际供给处于非均衡状态，需求减弱，但是实际供给逐步增多。从 2017 年开始，随着南京市居民家庭对小户型商品住房的有效需求增强，有效需求与实际供给之间开始趋向均衡，实际供应与有效需求匹配度转为正值，但是依然表现出供给大于需求的特征。

其次，有效需求与实际供给的增长趋势相脱节（见图 8-13）。2011—2020 年期间，供给总量一路平稳攀升，而有效需求总量呈现较快的下降趋势。2014 年之前供给增长与较高的市场需求形成较好的匹配关系，但是 2014 年形成均衡拐点之后，并没有根据市场需求的变化对供给量进行政策调整，继续加大小户型住房的供给，形成了供给与需求逐步脱离的特点。

表 8-20 南京居民 2012—2020 年小户型住房需求与供给结构分析 （套；%）

指标 年份	小户型 需求 总量	增量 需求	增量需求 对住房需 求总量的 贡献度	小户型 供给 总量	增量 供给	增量供给 对住房供 给总量的 贡献度	增量需求 与增量供 给匹配度
2011	359278	/	/	148160	50500	12.25	-2.45
2012	426165	66887	5.65	241672	93512	16.97	0.33
2013	408118	-18047	-1.38	249936	8264	1.45	-0.95
2014	290427	-117691	-9.89	289202	39266	6.11	-1.61
2015	234000	-56427	-4.57	352815	63613	8.51	-0.53
2016	85847	-148153	-12.17	397222	44407	5.30	-2.29
2017	116761	30914	2.64	447772	50550	5.47	0.48
2018	152239	35478	2.58	490869	43097	4.11	0.62
2019	157273	5034	0.34	536836	45967	4.01	0.08
2020	210432	53159	2.94	588883	52047	4.18	0.70

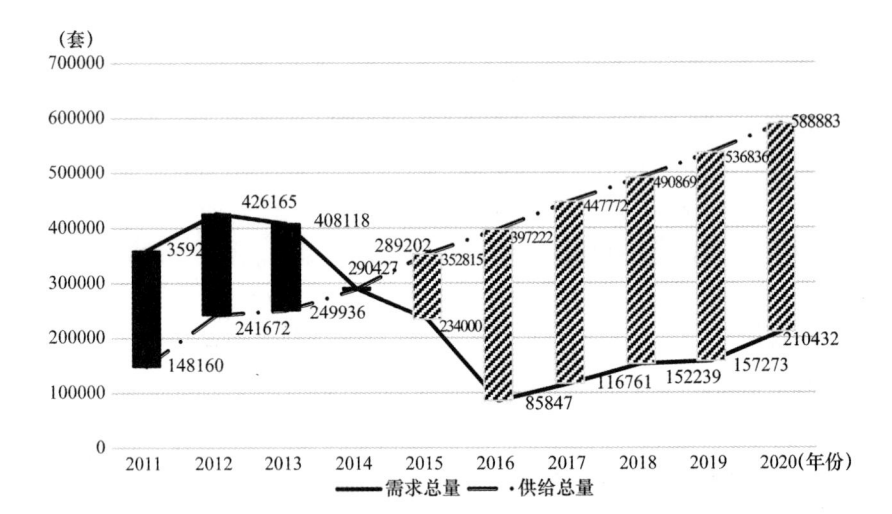

图 8-13 2011—2020 年小户型住房有效需求对比当年供给总量的偏离趋势

最后，需求增量对需求总量的贡献度与供给增量对供给总量的贡献度变化不同步。当需求增量对需求总量的贡献度下降甚至出现负值时，应及时调整当年这一类型住房的供给，形成与需求增量变化同步的供给增量，从而达成很好的相关性，才能更好匹配市场需求，促进房地产市场健康平稳发展。但是，从 2011—2020 年南京市的需求增量对需求总量的贡献度与供给增量对供给总量的关系看（图 8-14），2013—2016年期间需求增量对需求总量的贡献度为负值，但是同期市场供给增量对供给总量的贡献度不仅是正值，还显示出增长的态势。而 2017 年以来需求增量对需求总量的贡献度逐步增长，但是同期市场供给增量对供给总量的贡献度却呈现下降的趋势（图 8-16）。

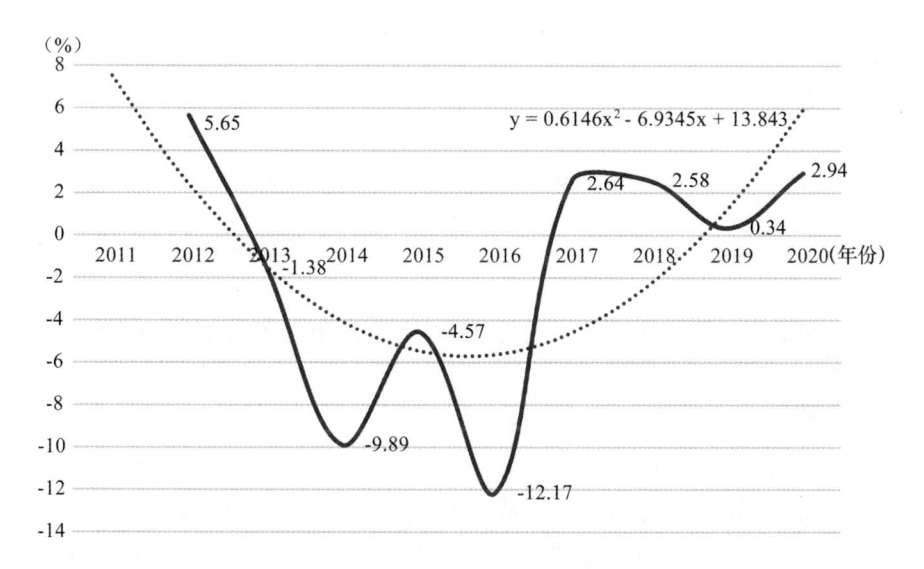

图 8-14　2011—2020 年小户型住房有效需求增量
对当年需求总量的贡献度及增减趋势

2011—2020 年期间的住房需求对需求总量的贡献度呈现出明显的两个阶段，如图 8-14 所示：2011—2016 年，南京住房市场的有效需求增量对需求总量的贡献度是在波动中逐步下降，2016 年之后，有效需求增量对需求总量的贡献度逐年增长。

2011—2020 年期间的住房供给对供给总量的贡献度呈现出三个波动阶段，如图 8-15 所示：2011—2013 年，南京住房市场的供给增量对供给总量的贡献度快速下降，2013—2015 年，供给增量对供给总量的

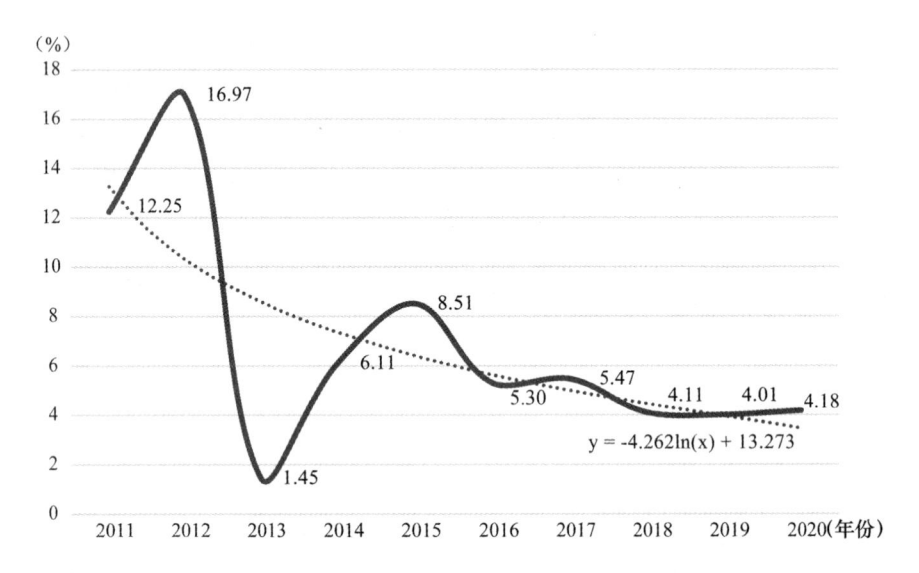

图 8-15　2011—2020 年小户型住房供给增量对当年供给总量的贡献度及增减趋势

贡献度提升较快，2016 年之后，供给增量对供给总量的贡献度波动下降。

第二，中等户型普通商品住房。

首先，有效需求与实际供给同向增长，但是需求总量一直远远大于供给总量，处于非均衡状态。从表 8-18 中的数据可以看出，2011—2020 年南京居民对中户型住房的有效需求一直在增长中，实际供给也同步逐步增长。但是长期以来，供给量一直小于需求量，累积形成的差额越来越大。

其次，有效需求与实际供给的增长趋势呈正相关，但是长期延续需求大于供给的趋势（见图 8-17），不利于住房市场的健康平稳发展。2011—2020 年期间，南京居民对中户型住房的有效需求和市场供给总量都呈现一路平稳增长的趋势。而有效需求总量的增长趋势明显快于实际供给。尤其是近两年来，居民对中户型的需求增长更显示出快速增长的趋势。如果没有根据有效需求的变化对供给量进行政策调整，加大中户型住房的供给，将会在一定程度上扩大供给与需求逐步脱离的程度。

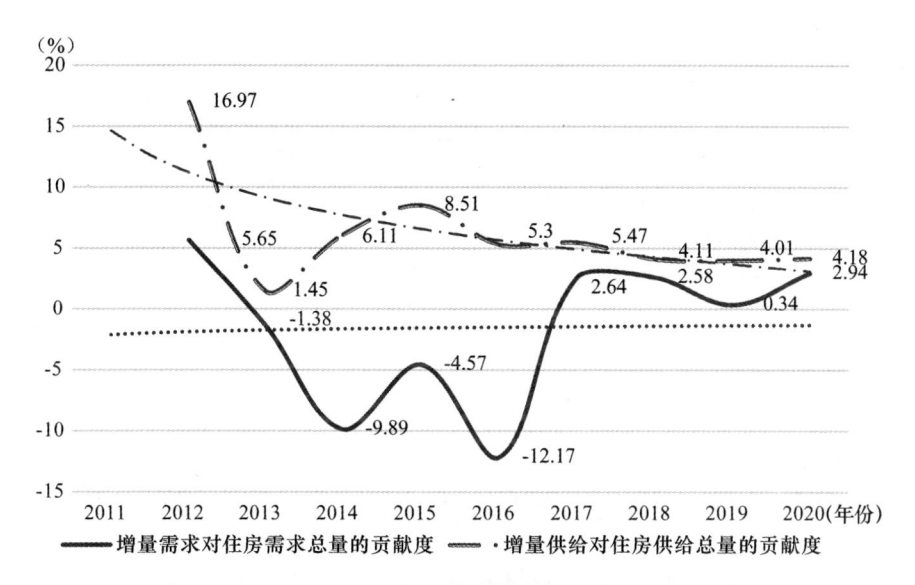

第八章 南京市住房供需结构 211

图 8-16 2011—2020 年小户型住房增量需求的贡献度与
供给增量的贡献度非同步性

表 8-21 南京居民 2012—2020 年中户型住房需求与供给结构分析 (套;%)

指标 年份	中户型需求 总量	增量 需求	增量需求 对住房需 求总量的 贡献度	中户型 供给 总量	增量 供给	增量供给 对住房供 给总量的 贡献度	增量需求 与增量供 给匹配度
2011	520006	/	/	226181	22935	5.56	/
2012	638513	118507	10.02	260549	34368	6.24	1.61
2013	762025	123512	9.48	270604	10055	1.76	5.39
2014	742271	-19754	-1.66	296552	25948	4.04	-0.42
2015	798964	56693	4.59	326874	30322	4.06	1.13
2016	862016	63052	5.18	363643	36769	4.38	1.18
2017	800089	-61927	-5.30	390610	26967	2.92	-1.82
2018	899282	99193	7.23	467942	77332	7.36	0.98
2019	960639	61357	4.15	513999	46057	4.01	1.03
2020	1145612	184973	10.24	548046	34047	2.74	3.73

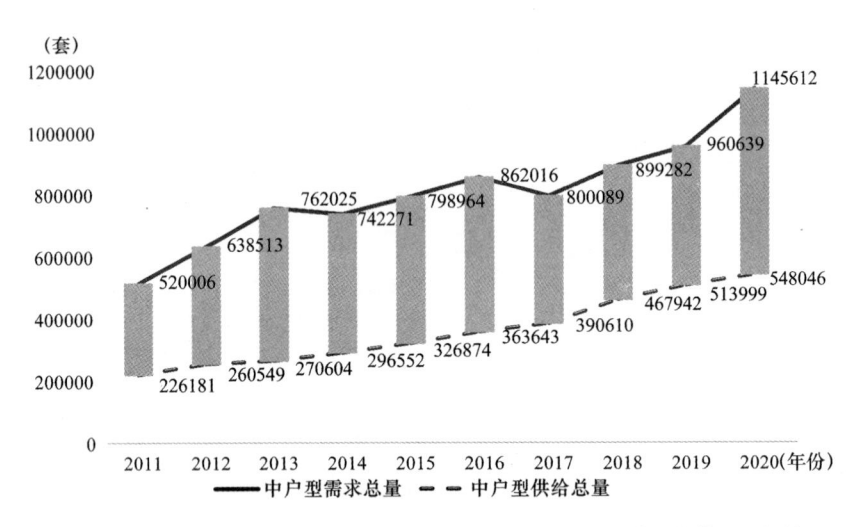

图 8 – 17　2011—2020 年中户型住房有效需求对比当年供给总量趋势呈正相关

最后，需求增量对需求总量的贡献度与供给增量对供给总量的贡献度的相关性呈现两个阶段（图 8 – 18、图 8 – 19、图 8 – 20）。2011—2018 年之间呈同步变化趋势。从 2011—2018 年南京市的需求增量对需求总量的贡献度与供给增量对供给总量的关系看，居民对中户型住房的需求增量对需求总量的贡献度的变化虽然有一定程度的波动，但是与同期市场供给增量对供给总量的贡献度的变化趋势基本处于同一震荡幅度中。2019—2020 年两年期间的变化趋势显示出非同步特征。2020 年居民对中户型住房的有效需求增量增加非常明显，对当年需求总量的贡献度达到 10.24 的高值，但是同期的中户型住房的实际供给增量下降明显。

第三，大户型和高档商品住房。

首先，不断增长的收入激发了居民的有效需求，从表 8 – 22 中的数据可以看出，2011—2020 年南京居民对大户型住房的有效需求的增长幅度明显快于实际供给增长幅度，连续多年的累积需求总量与供给总量的差距越来越大，处于非均衡状态。累积而成的消费需求可能会挤压中小户型的住房需求，造成住房结构总体的不均衡问题出现。

其次，有效需求与实际供给的增长趋势呈正相关，2011—2020 年期间，南京居民对中户型住房的有效需求和市场供给总量都呈现一路平

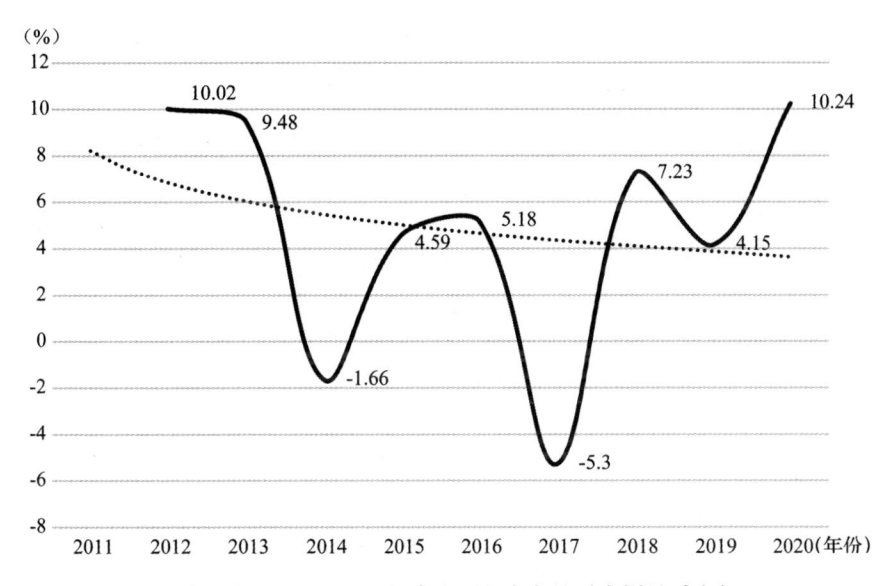

图 8-18　2011—2020 年中户型住房有效需求增量对当年
需求总量的贡献度及增减趋势

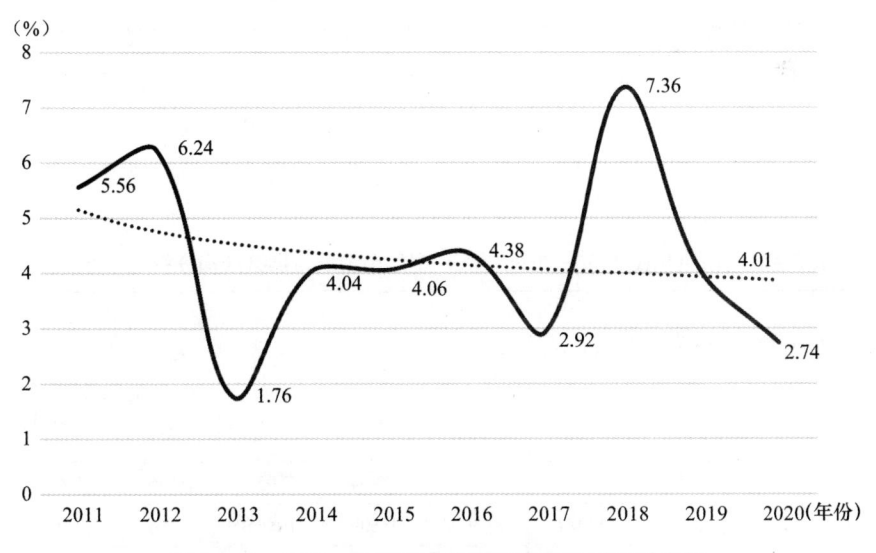

图 8-19　2011—2020 年中户型住房供给增量对当年
供给总量的贡献度及增减趋势

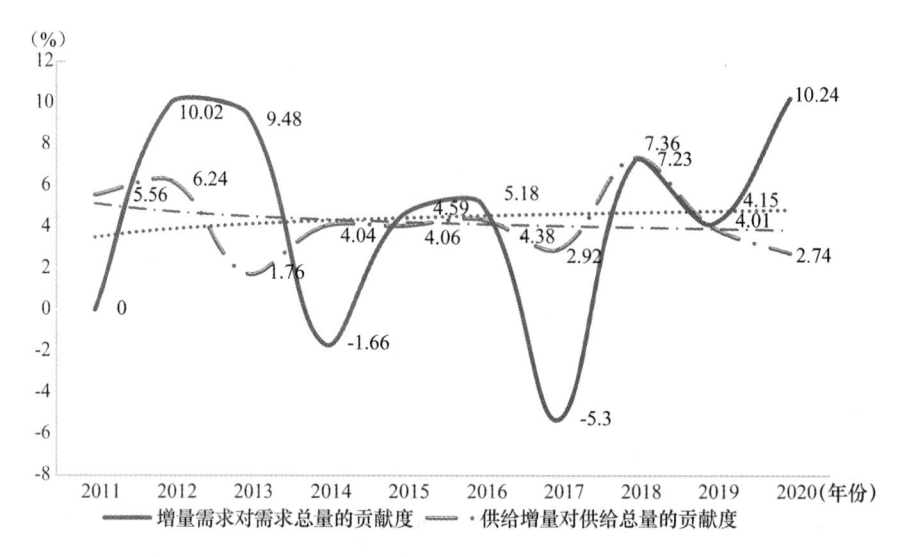

**图 8-20　2011—2020 年中户型住房增量需求的贡献度与供给
增量的贡献度呈同步性**

稳增长的趋势（图 8-21）。但是有效需求总量的增长趋势明显快于实际供给，长期累积需求大于供给的趋势，不利于住房市场的健康平稳发展。尤其是自 2016 年以来，居民对大户型的改善型需求增长趋势非常明显。如果没有根据有效需求的变化对供给量进行政策调整，加大对大户型住房的供给，将会在一定程度上加大供给与需求逐步脱离的程度。

表 8-22　南京居民 2012—2020 年大户型住房需求与供给结构分析　（套；%）

指标 年份	大户型 需求 总量	增量 需求	增量需求 对住房需 求总量的 贡献度	大户型 供给 总量	增量 供给	增量供给 对住房供 给总量的 贡献度	增量需求 与增量供 给匹配度
2011	106556	/	/	37964	15950	3.86	/
2012	118037	11481	0.97	48809	10845	1.96	0.49
2013	133242	15205	1.17	50175	1366	0.24	4.87
2014	156832	23590	1.98	56432	6257	0.97	2.04

续表

指标 年份	大户型需求总量	增量需求	增量需求对住房需求总量的贡献度	大户型供给总量	增量供给	增量供给对住房供给总量的贡献度	增量需求与增量供给匹配度
2015	200631	43799	3.55	67484	11052	1.47	2.41
2016	268839	68208	5.61	77631	10147	1.21	4.63
2017	251304	-17535	-1.50	85163	7532	0.82	-1.82
2018	320929	69625	5.07	91226	6063	0.58	8.74
2019	358864	37935	2.57	100163	8937	0.78	3.29
2020	449467	90603	5.02	107864	7699	0.62	8.09

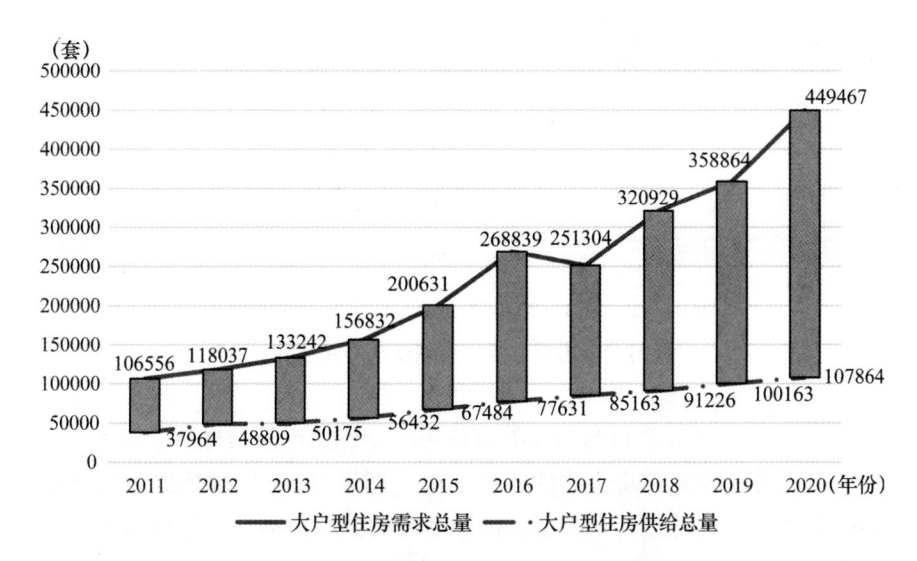

图 8-21　2011—2020 年大户型住房有效需求对比当年供给总量的偏离趋势

最后，从 2011—2020 年南京市大户型住房的需求增量对需求总量的贡献度与供给增量对供给总量的关系看，居民对大户型的需求增量对需求总量的贡献度与供给增量对供给总量的贡献度变化呈反向相关（图 8-24）。2011—2020 年南京市大户型住房的需求增量对需求总量的贡献度在波动中一路上升（图 8-22），但是同期市场供给增量对供给总量的贡献度却呈现下降的态势（图8-23）。当需求增量对需求总量的贡献度不断上升时，应及时调整增加当年这一类型住房的供给，形成与需求增量变化同步的供给增量，从而达成很好的相关性，才能很好匹配市场需求，促进房地产市场健康平稳发展。

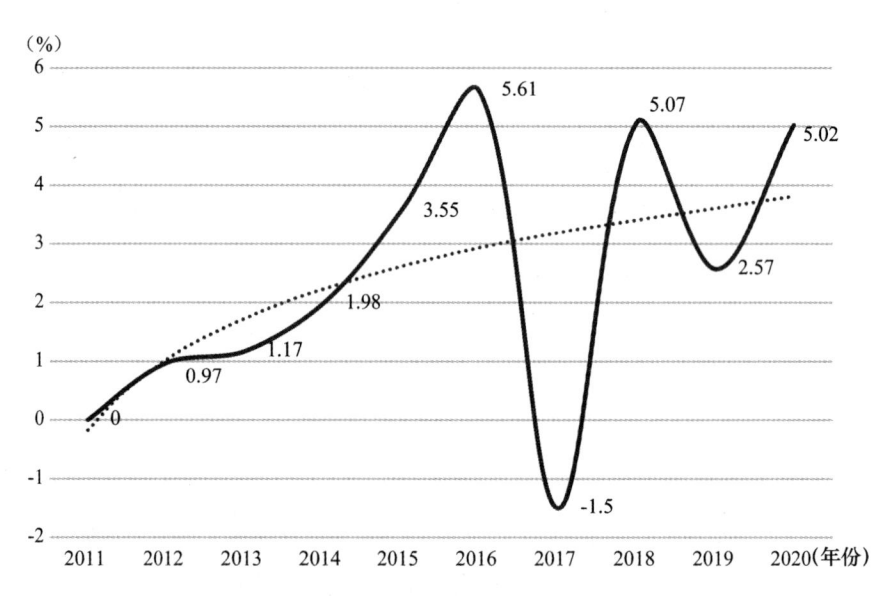

图8-22 2011—2020年大户型住房有效需求增量
对当年需求总量的贡献度及增减趋势

（3）住房实际供给与居民的有效需求呈现出产品结构的非均衡

深入分析南京住房供给的产品结构（图8-25，图中数据为当年度供给需求增量对总量的贡献度，产品类型按照小户型、中等户型和大户型来划分），可以发现，长期以来，随着居民收入水平的不断提升，居民的改善型需求在不断增加，表现在需求供给的关系上，就体现出小户型住房的需求在减少，但是供给却在增长，而大户型和中户型的住房的需求在增长，但是，实际供给的增量却跟不上需求的增长，尤其是大户型住房的需求供给偏离度在逐渐加大。实际供给与居民的有效需求呈现出产品结构的非均衡，这也可以用来解释为什么总的供需比例已经达到了供大于需，但实际上居民仍然不能购买到合意住房的现象。

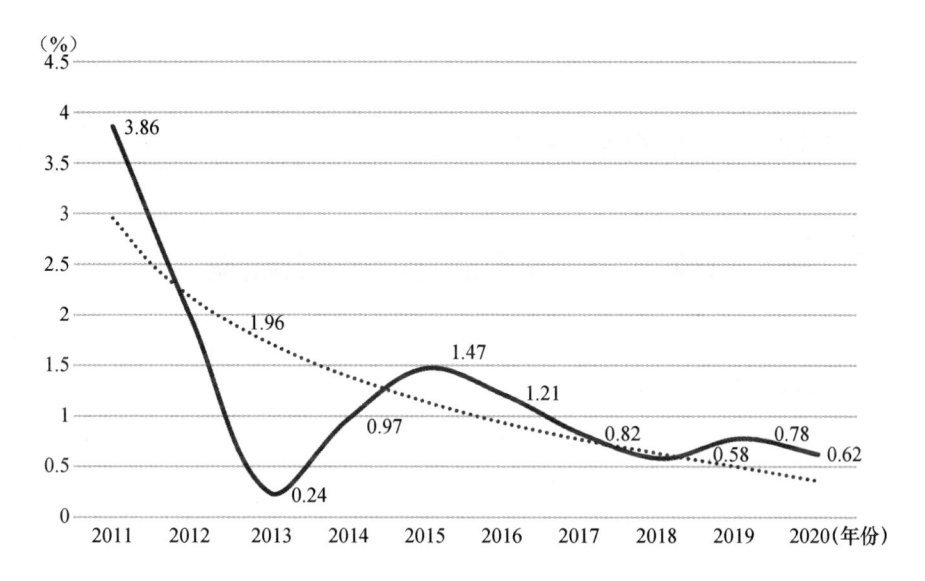

第八章 南京市住房供需结构 217

图8-23 2011—2020年大户型住房供给增量
对当年供给总量的贡献度及增减趋势

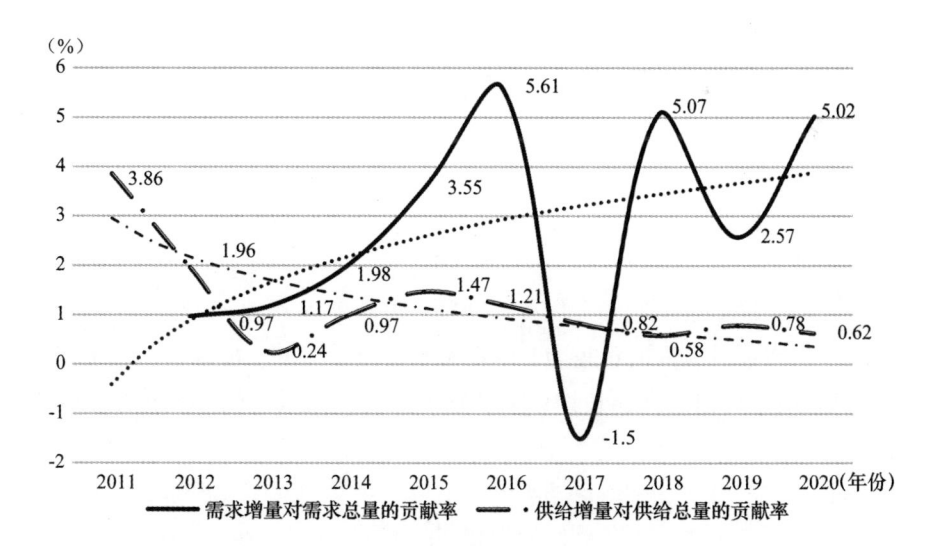

图8-24 2011—2020年大户型住房增量需求的贡献度与
供给增量的贡献度非同步性

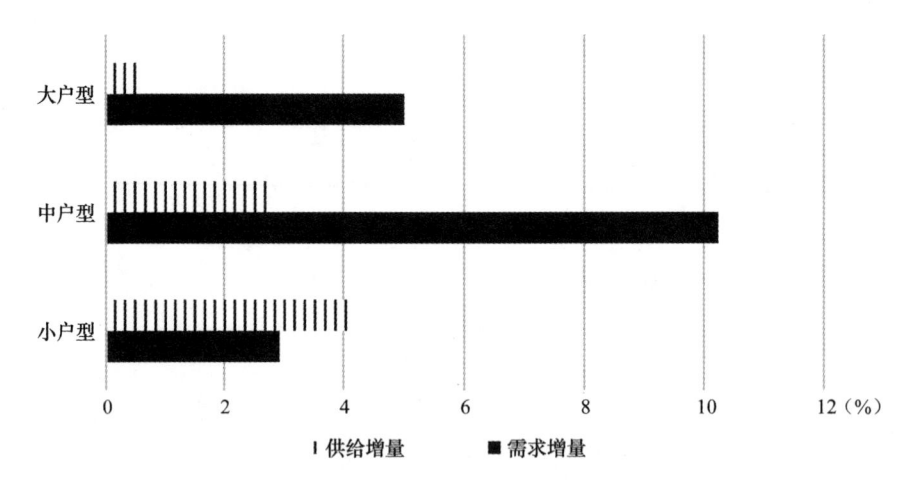

图 8-25　2020 年南京住房产品需求与供给关系对比

第九章

南京市住房与交通综合可支付能力

城市空间蔓延、多中心化趋势和住区郊区化导致通勤距离和交通成本的不断增加。本章节为了更全面地衡量城市居民住房可支付能力和居住正义问题，借鉴美国住房与交通可支付能力指数（H&TAI），引入交通成本来考察居民住房的综合负担水平。对只计算了交通货币成本的美国住房与交通可支付能力指数进行修正，基于可达性分析计算通勤交通时间成本，衡量不同区位交通小区和不同层次的居民家庭在住房与交通方面的综合支付能力，探析南京市居民住房权利的实现程度。

第一节 家庭原单位法的居民交通与住房综合可支付能力

家庭原单位法是排除家庭选择和差异的研究方法，基于交通成本平均值、按统一收入进行住房与交通综合可支付能力计算。在这种方法中仅仅考虑不同区位对住房与交通可支付能力产生的影响，这种方法的目的和好处就在于能更加全面地覆盖研究区范围内的居民层次，从居民收入层次的维度来分析和比较不同层次居民家庭的住房与交通综合可支付能力。

一 家庭原单位法的收入计算和居民分层

家庭原单位法的研究区范围包括南京整个市域。居民家庭收入主要依据家庭可支配收入进行分层。根据南京市统计局公布的 2014 年度《南京统计年鉴》，2013 年南京城市居民的年人均可支配收入分为五个层次：低收入层次平均收入 18675 元、中等偏下收入层次平均收入 28421 元、中等收入层次平均收入 36494 元、中等偏上收入层次平均收入 46852 元、高收入层次平均收入 75497 元；南京市 2013 年的户均人口为 2.68 人/户。按照南京城市居民家庭月可支配收入分层：低收入层次家庭月平均收入 4171 元、中等偏下收入层次家庭月平均收入 6347 元、中等收入层次家庭月平均收入 8150 元、中等偏上收入层次家庭月平均收入 10464 元、高收入层次家庭月平均收入 16861 元。在本节计算中，按照月收入水平对居民家庭划分三个层次：低收入层次家庭，月平均收入 4171 元；中收入层次家庭月平均收入 8320 元；高收入层次家庭月平均收入 16861 元，展开分析研究，其中中收入组是取中等偏下收入组、中等收入组和中等偏上收入组加权平均值。

二　住房成本及住房可支付能力

住房成本采用每月住房支出进行计算。把住房分为三种类型：新房、二手房、租房。租房按每月租金计算支出。新房和二手房主要通过南京房地产交易中心网站上以及搜房网（http://nanjing.fang.com/）、我爱我家、链家等房地产经纪机构网站收集，分别获知不同交通小区内或者是相近区域住房的平均销售单价。

租房数据覆盖 258 个交通小区，新房数据覆盖 107 个交通小区，二手房数据覆盖 271 个交通小区，楼盘总量 11469 个。（见表 9-1）

表 9-1　家庭原单位法的住房成本计算中各区统计的楼盘的数量

分类	总量	鼓楼	建邺	玄武	雨花	秦淮	江宁	栖霞	浦口	六合
新房	501	39	53	22	36	33	129	49	86	54
二手房	6667	912	424	474	401	484	1614	806	1188	364
租房	4301	642	439	366	210	583	936	572	355	198

根据资料显示，所统计的各区的新房平均价格为 23123 元/m^2，二手房的平均价格为 18531 元/m^2，租赁房屋价格为 2615 元/月。然后根据分层消费的思想，采用 60 平方米、90 平方米、144 平方米分别作为

低收入居民、中等收入居民和高收入居民的住房面积标准，计算总房价和每月的按揭还款额。按揭贷款按贷款70%，贷款30年和2015年3月1日启用的公积金5年以上贷款年利率4%为基准，采用等额本息还款法计算，计算公式为：

每月还款额 = 贷款本金×月利率×（1＋月利率)^n／
[（1＋月利率)^n－1]（其中 n 是还款月数）

最终住房成本用每月按揭还款额和租金表示，并核算不同收入层次家庭的住房可支付能力（HAI）（见表9－3）。

在本章节中将居民的住房可支付能力划分为五类（见表9－2）。

表9－2　　　　　　　住房可支付能力 HAI 分类

HAI（支出收入比）	0.2 以下	0.2—0.3	0.3—0.5	0.5—1	1 以上
负担情况	基本无负担	可承受负担	有一定负担	负担很重	难以负担

表9－3 南京不同收入层次的住房可支付能力（家庭原单位法的 HAI)

家庭分类	新房	二手房	租房
低收入家庭（20%）	1.32	0.91	0.58
中等收入家庭（60%）	0.98	0.68	0.36
高收入家庭（20%）	0.41	0.33	0.19

综合考察居民收入层次、住房市场上的住房分类两个维度，按照低、中、高不同收入水平的住房支付能力来分类考察，低收入家庭的住房支付能力很弱，只能承受租房的负担，难以负担购买新房的压力，二手房的购买能力也是比较弱。中等收入阶层对于购买新房压力很大，可以承受购买二手房和租房负担。对于高收入阶层，购买新房、二手房都处于可支付范围，基本不存在较重的住房负担。

与采用剩余收入法计算的居民住房可支付能力（MHAI）相比，研究思想和计算方法虽然有所不同，但研究结果是相符的。剩余收入法计算的结果（MHAI）显示，2013年南京市居民中60%的居民对于本层次标准住房可得性弱，对应的低收入家庭、中等偏下收入家庭和中等收入家庭在满足家庭的基本生活需求之后的剩余收入不足以支付购买住房的消费，可能会产生"住房引致贫困"的现象。而在本节中采用原单位法计算结果显示：20%的低收入群体根本没有购买新房的承受能力，而60%的中等收入阶层购买新房的可支付能力已经接近难以负担的界限1了，说明整体的中等收入阶层的大多数住房支付能力弱，购买新房会严重影响居民的生活质量，甚至是造成贫困。

三 交通成本及交通可支付能力

本章节的交通成本计算，区别于美国仅计算交通货币成本的方法，采用广义的交通成本计算法，加入了交通时间成本因素度量研究区的交通负担：

总交通支出成本 = 交通时间成本 + 交通货币成本

（1）家庭原单位法的交通时间成本

首先，要选择居民通勤出行交通方式。

通常情况下，城市交通系统内主要包括私家车出行、公交出行、城市轨道交通出行、出租车出行以及步行自行车出行等交通方式。本章节以计算居民通勤时间为主要目的（南京的通勤时间已经达到70分钟，故单纯选择步行和自行车方式作为通勤方式的居民比例应该不大），所以选择私家车出行、公交出行、城市轨道交通出行、出租车出行方式为居民主要出行方式进行考察，而步行方式所产生的时间成本则作为不同交通方式之间的转换而计入等待时间成本中。

其次，计算通勤时间成本。

本章节计算通勤时间成本中引入交通可达性，借助ArcGIS空间分析软件，利用成本加权距离法，基于平均出行时间作可达性评价，从而计算通勤时间成本。由于本章节所作的研究是基于特定交通小区的个体化的调查资料，所以这里的交通可达性是一个点的交通可达性（时间），是指在一种特定出行目的下，该点（某一交通源小区）到该类出行目的所有吸引点（其他所有交通小区）的交通方便程度（以时间表征可达性）的总和。

采用加权成本距离分析法计算每一个交通源小区到其他所有交通小

区的时间成本,采用节点、连线计算法则,充分考虑了不同交通方式的速度区别,引入了交通网络分析的概念和分析方法,运用迭代计算,在得出源对象到其他对象的所有可能路径累积时间成本的基础上,核算和采用平均的累积时间成本。

可达性计算的数据处理如下:

根据南京市6条地铁线路的长度,和某一时段百度地图的全程出行耗时,得到每条地铁线路的平均运行速度,最终地铁平均速度按35 KM/H计算。

表9-4　　　　　　　　南京地铁线路运行速度及信息

	1	2	3	10	S1	S8
长度(KM)	38.9	37.59	44.9	21.6	35.8	45.2
运行时间(MIN)	70	68	79	39	50	73
运行速度(KM/H)	33.3	33.2	34.1	33.2	43.0	37.2

注:截至2017年10月南京已经开通9条地铁线路。但是由于本章节中其他相关数据均为2013年的数据,所以这里只截取截至2013年南京已开通的6条地铁数据资料。

由于出行交通方式的不同,行驶速度也会相应存在差别。相关学者的研究表明,在同等条件下,公交车的行驶速度会比私家车慢10KM/H,根据研究结果本章节在可达性计算中采用的行驶速度和时间消费成本如表9-5、表9-6所示。由于本章节研究范围为南京市中心城区,所以未考虑地形因素如海拔、坡度等对通勤速度的影响。成本值表征移动10KM所需要的分钟数。

表9-5　　　　　　　　不同等级路网中的行驶速度

	快速路	主干路	次干路	支路	地铁
私家车速度(KM/H)	80	60	40	30	/
公交速度(KM/H)	70	50	30	20	35

表9-6　　　　　　　　不同出行方式的时间价值系数表

成本	快速路	主干路	次干路	支路	地铁	一般水系	大型水系
私家车	8	10	15	20	/	500	1000
公交	8.6	12	20	30	17	500	1000

由可达性分析可以得到公交出行和私家车出行两种不同的消费面，并进一步选取具有房价数据的282个交通小区作为源对象，分别计算它们在公交和私家车两个消费面下的可达性，最后使用ArcGIS中的栅格数据统计功能，得到每个源对象到其他所有交通小区的平均时间，共计564个数据。

本章节把每个交通小区的平均可达性时间作为该交通小区居民单程出行的平均时间，并通过计算得到每个家庭的总通勤时间。

家庭总通勤时间＝户均就业人口（1.45人/户）×单程通勤时间×2

计算结果显示，南京市居民公交出行的平均通勤时间为48分钟，私家车出行的平均通勤时间为45分钟。

最后，依据人均月可支配收入对时间成本进行货币化。

人均小时工资按人均月可支配收入除以每月工作22天，每天工作8小时得到。世界银行对时间货币化的推荐系数为：商务、工作出行的时间成本系数为1.33，上学出行时间成本系数为0.15，其他非工作出行时间成本系数为0.3。按照1.33的时间成本系数来计算通勤时间成本：

通勤交通时间成本＝家庭总通勤时间×1.33×小时工资收入

（2）家庭原单位法的交通货币成本计算

家庭原单位法的交通成本计算采用较为简单的方式。分为公交出行和小汽车出行两种，公交出行按每个家庭每月174元计算（每人120元，每户通勤人口1.45人），小汽车出行按每月1400元计算（由购置成本、燃油费、年保险、停车等费用平均得出）。

按照上述方法，排除家庭、个体出行目的和就业选择对交通成本的影响，以每一个交通小区到所有小区的平均通勤时间来表征交通时间成本，通勤以往返时间计算。按照计算结果南京居民公交出行的平均通勤时间为 48 分钟，私家车出行的平均通勤时间为 45 分钟，由于在可达性分析中，没有考虑公共交通出行的等待和换乘的时间成本，因此，为了更加合理地计算居民出行的时间成本，在公交出行的时间成本货币化过程中，加入 20 分钟等待和换乘的时间。这样，以居民公交出行的平均通勤时间为 68 分钟，私家车出行的平均通勤时间为 45 分钟核算居民的交通时间成本，再计算出南京居民交通负担能力（见表 9 - 8）

在本章节中将交通可支付能力指数划分为五类（见表 9 - 7）。

表 9 - 7　　　　　　　　交通负担能力指数分类

支出收入百分比	10%—12%	12%—15%	15%—17%	17%—20%	20% 以上
负担情况	基本无负担	可承受负担	有一定负担	较大负担	负担较重

表 9 - 8　　　　　南京不同收入层次家庭的交通负担能力

| 家庭分类 | 低收入 | 中等收入 | | 高收入 | | 加权平均值 |
	选择公交出行家庭	选择公交出行家庭	选择私家车出行家庭	选择公交出行家庭	选择私家车出行家庭	
交通负担	0.16	0.13	0.18	0.12	0.13	
占比	20%	40.5%	19.5%	13.5%	6.5%	
						0.144

依然按照低收入、中等收入和高收入三类家庭和公交出行和私家车出行两类出行方式综合考察居民收入和出行方式两个维度。结果显示，低收入家庭的交通负担有一定压力（由于考虑到低收入家庭的收入状况可能无力承担私家车购置成本和使用成本，本章节仅以公交出行作为低收入家庭的出行方式，这里不考虑低收入家庭私家车出行这一类情况，不计算私家车出行在低收入水平下的负担状态），而中等收入家庭如果选择私家车出行会感觉负担较重。加权平均后，居民总体平均交通负担为 0.144，处于可承受范围内，但是，居民中依然有 39.5% 的家庭（低收入家庭公交出行和中等收入家庭私家车出行的总和）交通负担超出可

承受范围，有一定负担。

四 家庭原单位法的南京居民住房与交通综合可支付能力分析

万滕莲、翟国方、何仲禹等提出采用对居民家庭住房与交通综合可支付能力进行判断，他们以60%作为判断是否可以承受的界限。这一五分法和60%的标准界限是借鉴了美国学者的研究结论。在美国的相关研究中，学者以30%作为居民住房可承受的界限标准，以15%为交通可承受的界限标准，加总后45%作为居民综合负担可承受界限。但是，美国学者的交通成本的计算只计算了交通的货币成本，与此不同，万滕莲、翟国方、何仲禹等在计算交通成本时，加入了时间成本的负担概念，因此以60%作为判断是否可以承受的界限标准。在本章节研究中，借鉴万滕莲、翟国方、何仲禹等提出采用五分法，住房与交通综合可支付能力的分析采用60%标准作为判断是否可以支付的标准界限，60%表示居民家庭将收入的60%用于住房和交通综合支出，剩余40%甚至更多用于其他生活消费，这表明综合负担比较轻微。同理推论，当居民家庭把占到收入的80%、100%、120%、120%以上用于住房和交通综合支出，那么用于其他生活消费的比例越来越少，这表明家庭的综合负担处于较重、极重、难以负担、严重超出负荷的状态。如表9-9所示：

表9-9　　　　　　　住房和交通综合负担能力分类

支出收入百分比	60%以下	60%—80%	80%—100%	100%—120%	120%以上
负担情况	轻微负担	负担较重	负担极重	难以负担	严重超出负荷

结合住房负担和交通负担的计算结果，南京居民交通与住房综合负担能力如表9-10所示。综合考察居民收入（三个层次）、住房市场上的住房分类（新房、二手房、租房）和出行方式（公交出行和私家车出行）三个维度，可以得到"低收入家庭—公交—新房""低收入家庭—公交—二手房""低收入家庭—公交—租赁房""低收入家庭—私家

车—新房""低收入家庭—私家车—二手房""低收入家庭—私家车—租赁房";"中等收入家庭—公交—新房""中等收入家庭—公交—二手房""中等收入家庭—公交—租赁房""中等收入家庭—私家车—新房""中等收入家庭—私家车—二手房""中等收入家庭—私家车—租赁房";"高收入家庭—公交—新房""高收入家庭—公交—二手房""高收入家庭—公交—租赁房""高收入家庭—私家车—新房""高收入家庭—私家车—二手房""高收入家庭—私家车—租赁房"共计应是18种情形组合。由于考虑到低收入家庭的收入状况可能无力承担私家车购置成本和使用成本,本章节仅以公交出行作为低收入家庭的出行方式,这里不考虑低收入家庭私家车出行这一类情况,不计算私家车出行在低收入水平下的负担状态,所以一共是六种类型家庭的共计15种情形组合。

首先计算六类家庭的分类指数,共得出15组关于南京居民住房和交通综合负担能力的数据(见表9-10)。

然后再利用各类家庭所占的比例以及公交出行和私家车出行的比例,通过加权平均的方法得到每一类住房的综合指数(见表9-10)。2013年南京城市居民平均每百户家庭拥有私家车32.5辆(32.5%)(《2013年南京统计年鉴》),根据这一数据,这里把公交出行和私家车出行的比例定为32.5%:67.5%。

表9-10　南京居民交通和住房综合负担能力指数（*H&TAI*）

家庭分类	出行方式分类	新房	二手房	租房
低收入家庭（20%）	公交（不考虑私家车出行）	1.48	1.07	0.74
中等收入家庭（60%）	公交	1.11	0.81	0.49
	私家车	1.16	0.86	0.54
高收入家庭（20%）	公交	0.53	0.45	0.31
	私家车	0.54	0.46	0.32
加权平均值		1.07	0.79	0.48

对照住房和交通综合负担能力的分类指标值（表 9-10）来具体分析南京居民的综合负担可承受能力：

第一，从综合可支付水平看，对低收入家庭的研究分为三种不同的情景：(1) 新房；(2) 二手房；(3) 租房。其不同情景的平均负担水平分别为 1.48、1.07、0.74，即对低收入家庭来讲，仅租房的综合负担处于可承受范围内。

第二，对选择公交出行的中等收入家庭来讲，购买新房的家庭平均综合负担水平是 1.11，购买二手房的家庭平均综合负担水平是 0.81，租房家庭平均综合负担水平是 0.49，购买二手房和租房的平均负担属于可支付范围，购买新房对于选择公交出行的中等收入家庭显得负担较重。而对选择私家车出行的中等收入家庭来讲，住房与交通可综合支付能力分析，新房、二手房、租房三种不同情景的平均综合负担水平略高于公交出行的中等收入家庭，分别为：1.16、0.86、0.54，购买二手房和租房的平均负担基本处于可支付范围内。

第三，选择公交出行的高收入家庭，新房、二手房、租房三种不同情景的平均综合负担分别为：0.53、0.45、0.31；选择私家车出行的高收入家庭，新房、二手房、租房三种不同情景的平均综合负担分别为：0.54、0.46、0.32。从这一组数据可以看出，无论是选择公交出行还是选择私家车出行方式，高收入家庭购买新房都不存在综合负担，对于二手房和租房来讲，综合负担相对更轻。

第四，从总体来看，新房综合可支付能力指数是 1.07，说明南京居民对于新房的综合负担能力很重，其中占比 80% 的低收入人群和中等收入人群，难以支付购买新房的综合负担。二手房综合可支付能力指数是 0.79，虽然处于可承受的范围，但是存在一定的压力，其中低收入阶层依然无法承担购买二手房的综合负担。租房的综合可支付能力指数是 0.48，表明对于租房来讲，中心城区能基本达到 60% 以下全覆盖，综合负担相对轻，对所有家庭来说租房不存在综合负担。

从低、中、高不同收入水平的交通和住房综合支付能力来看，低收入家庭的住房和交通的综合支付能力很弱，只能承受租房＋公交的综合负担，难以负担购买新房和二手房。中等收入阶层对于购买新房，综合负担处于不可承受范围，可以承受购买二手房和租房负担。对于高收入阶层，购买新房、二手房都处于可支付范围，基本不存在较重的综合负担。

第五，与采用剩余收入法计算的居民住房可支付能力（MHAI）相比，研究结果基本是相符的。详细分析见后文。

第二节　个体化家庭交通与住房综合可支付能力

个体化法是基于对一定数量居民进行交通问卷调查得到相关数据，基于受调查的居民的家庭收入、出行记录计算居民家庭交通与住房综合可支付能力的一种方法。住房可支付能力用住房支出收入比表征。而交通成本则采用广义定义，既包含时间成本又包含直接货币成本。最终，住房与交通可支付能力用住房支出和交通支出与家庭收入之比来表征。在这种方法中不仅考虑不同区位对住房与交通可支付能力产生的影响，也体现更小的单元划分和个体化的家庭选择对住房与交通可支付能力产生的影响。

一　研究区范围界定及数据来源

基于交通调查的综合指数分析以及空间分析选取南京市中心城区为研究对象，研究区范围包括建邺、玄武、秦淮、鼓楼、雨花台区的全部和六合、浦口、栖霞、江宁的部分区域（见图9-1）。采用交通出行调查中的交通小区划分城市空间单元，其中交通小区主要依据人口数据划分，共计470余个。

本节研究中个体化的交通成本数据来源于2020年10月南京市居民交通出行调查。该调查选取工作日（周三）对南京市8个区（除六合区）的住户进行了随机抽样入户调查，其中主城六区中抽取35个街道，外围城区（浦口区、江宁区）抽取5个街道，共得到样本1999户，5930人，有效数据5864人，数据15389条。问卷由四部分构成：（1）家庭基本特征，包括地址、家庭结构、交通工具拥有情况、家庭年收入、购车意愿等；(2) 居民个人特征，包括性别、职业、年龄、受教育情况、是否拥有公交卡和驾照等；(3) 居民一日出行调查记录，包括出行次序、出发时间、出发地地址及其性质、出行目的、出行方式、目的地地址及其性质、到达时间；(4) 城市交通的意见和建议。

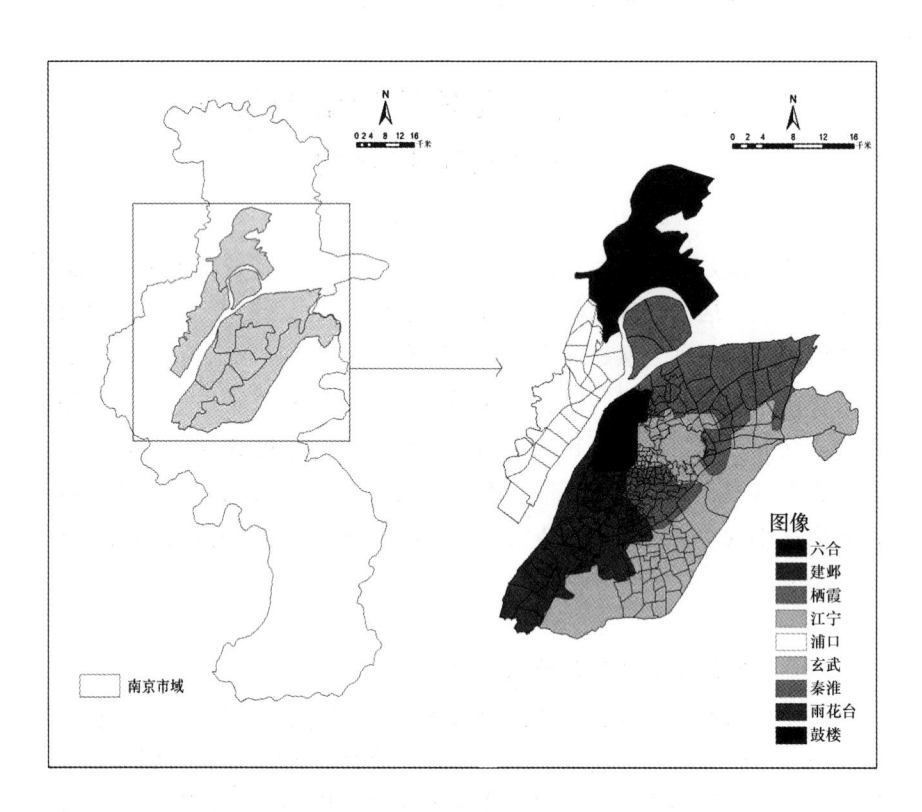

图 9-1　个体化综合可支付能力研究区范围界定①

二　个体化交通调查中居民的收入状况

对调查区域的南京居民的收入状况进行统计分析（表 9-11）。

---

① 图中所用"南京市域"底图源自中华人民共和国民政部行政区划图，审图号：GS (2022) 1873。研究区范围包括建邺、玄武、秦淮、鼓楼、雨花台区的全部和六合、浦口、栖霞、江宁的部分区域。下文中所有的图都是在研究区范围内根据研究结果（居民可支付能力数据）自行绘制，文中不再标注。

个体化交通调查问卷中将家庭年收入分为：少于1万；1万—2万；2万—5万；5万—10万；10万—15万；15万—20万；大于20万，共计七个层次。按照当年的户均人数（2.68人/户）计算7个层次的家庭人均年收入。本次调查共得到关于居民收入的有效样本1787户。如果把交通调查的问卷数据中的居民收入状况，对照当年《南京统计年鉴》中对家庭收入水平的划分标准，将家庭收入划分为低收入、中等偏下、中等、中等偏上和高收入五个层次，结果显示，被调查家庭的收入水平以中等偏下为主、中等收入次之，高收入家庭较少。

表9-11　　调查区域内南京市居民家庭收入状况分析

分层	户均年收入	人均年收入	户数	占比	对应当年统计年鉴居民可支配收入分层
1	少于1万	少于3732	45	2.5%	低收入组（人均低于18675元）
2	1万—2万	3732—7463	220	12.3%	低收入组（人均低于18675元）
3	2万—5万	7463—18657	701	39.2%	低收入组（人均低于18675元）
4	5万—10万	18657—37313	524	29.5%	中等偏下收入组（人均18675元）
5	10万—15万	37313—55970	183	10.2%	中等收入组（人均28421—36494元）
6	15万—20万	55970—74627	56	3.1%	高收入组（人均75497元）
7	20万以上	多于74627	58	3.2%	高收入组（人均高于75497元）

分别截取每一收入区间的中位数（1万、1.5万、3.5万、7.5万、12.5万、17.5万、20万）为标准，加权平均得到不同交通小区的平均家庭年收入，处于当年统计年鉴中对家庭收入水平的划分标准的中等收入组水平。并进一步计算得出小区每户家庭月平均收入为8039元。这一均值处于当年统计年鉴中对家庭收入水平的划分标准的中等收入水平。

三 交通成本和交通可支付能力

1. 交通时间成本

在南京市居民交通出行调查的问卷数据中包含了居民每次出行的出发时间、到达时间和出行目的的内容。本章节的交通成本计算只涉及通勤交通成本,因此按照居民出行的目的提取了所有以工作和回程为目的的出行次序以及出行时间和到达时间,并分别按照个体和家庭的顺序,统计了每个家庭的日通勤出行时间,并以交通小区为空间单元得出每个交通小区的家庭平均通勤时间。统计共有131个交通小区拥有交通时间成本数据,从居民的出行调查中可以统计出,各交通小区的人均通勤出行用时为74分钟/天(与家庭原单位法计算的通勤时间相近)。

根据交通调查中的家庭收入数据可得到人均小时工资收入(约17.04元),并最终计算得出每一个交通小区的时间成本。交通时间成本 = 家庭总通勤时间 × 1.33 × 小时工资收入,时间成本货币化大约为1677.4元。

2. 交通货币成本

根据居民出行记录中每次出行的交通方式和交通目的,提取所有以工作和回程为目的的出行次序,按公交车单次1.2元,打车单次15元,地铁单次4元,摩托车平均每月200元,小汽车每月1400元(燃油费和停车费共932.14元,再加上购置成本损耗和保险费),计算统计每个家庭的日交通成本支出,按每月22个工作日,计算得出每个家庭每月的交通费用支出,并按交通小区统计,得到每一个交通小区家庭每月的平均交通货币支出。被调查者的人均交通月支出为190元,主城居民的交通直接货币支出相对较低,以100元以下和100—200元为主,主城外围,雨花区、浦口区的货币支出相对较高,以200—400元为主,部分区域交通月直接支出超过600元/人。

从家庭交通总支出看,调查区域平均家庭交通月支出为1877元/户,以1500—2500元为主。

可见,调查区域的南京居民的交通可支付能力为23.35%,高于家庭原单位法计算的交通可支付负担水平(14.4%)。

四 住房成本和住房可支付能力

和家庭原单位法的计算一样，个体化交通调查中的住房成本依然采用每月住房支出进行计算。把住房分为三种类型：新房、二手房、租房。租房按每月租金计算支出。从南京房地产交易中心网站上以及搜房网、我爱我家、链家等房地产经纪机构网站收集二手房和市场化租赁房的数据，分别获知交通调查中所覆盖的不同交通小区内或者是相近区域住房的平均销售单价。所统计的各区的新房平均价格为 23123 元/m^2，二手房的平均价格为 18531 元/m^2，租赁房屋价格为 2615 元/月。按照中等收入居民的住房面积标准，计算总房价和每月的按揭还款支付额。按揭贷款还是采用等额本息还款法。最终住房成本用每月按揭还款额和租金表示。

计算的结果显示，调查区域的南京居民家庭的二手房住房支付负担水平为 62.48%，与家庭原单位法计算的结果基本相近。如果依然以 30% 作为住房可支付标准进行比照，从现状调查看，调查区域南京居民的二手房的住房负担较重，处于负担极重水平。从租房角度看，调查区域南京居民的平均可支付能力为 29.92%，稍高于可支付标准，其住房负担相对较轻。

五 基于交通调查截面数据的南京市居民交通与住房综合可支付能力

从调查区域居民的交通和住房综合支付能力来看，居民二手房的综合支付能力为 85.83%，租赁住房的综合支付能力为 53.27%，二手房月综合支出为 6900 元，租房的住房与交通月平均支出为 4283 元，可见，二手房的住房和交通的综合支付能力很弱。这和家庭原单位法研究结论是相一致的，中等收入阶层对于购买二手房，综合负担处于不可承受范围，购房对大多数家庭来说仍然是难以承受的负担，只能承受租房的综合负担，难以负担购买新房和二手房。

将居民交通与住房综合可支付能力指数（H&TAI）与采用剩余收入法计算的居民住房可支付能力（MHAI）相比较，我们发现研究结果基本是相符的。剩余收入法计算的结果（MHAI）显示，2013 年南京市居民中60%的居民对于本层次标准住房可得性弱，对应的低收入家庭、中等偏下收入家庭和中等收入家庭在满足家庭的基本生活需求之后的剩余收入不足以支付购买住房的消费，可能会产生"住房引致贫困"的非正义现象。而家庭原单位法住房与交通综合可支付能力指数（H&TAI）的研究结果更显示：20%的低收入群体和60%的中等收入阶层对于购买新房的可支付能力都处于不可承受范围，即有80%的居民对于本层次标准住房可得性非常弱，购买新房会严重影响80%居民的基本生活质量，甚至是造成贫困。而且，加入了通勤成本之后的居民交通与住房综合可支付能力指数（H&TAI）的研究结果显示，不能有效实现住房权利的居民家庭比例增加了20%，说明现代城市中，交通成本加重了居民的住房综合负担。

第三节　公共租赁住房覆盖群体的住房综合可支付能力

公共租赁住房是中国住房保障制度的核心环节，已经逐步成为实现社会较低收入居民以及流动人口住有所居目标的有效途径，体现了中国特色社会主义制度下住房正义的价值取向。这一制度的可持续发展一直是学界和政府管理者关注的焦点。本节将住房和交通综合可支付能力的研究方法引入保障性住房领域，构建公共租赁住房租房和交通综合可支付能力指数（R&TAI）。以公共租赁住房制度下居民租房和交通综合支出与家庭剩余收入的比值为准，聚焦公共租赁住房制度覆盖群体——城市较低收入家庭，通过对他们租房和交通综合支付成本的计算，考察公共租赁住房制度下居民综合可支付能力。

一　保障性住房可支付能力研究基础

中国住房保障制度改革开始于1998年前后，最初的住房保障制度体系主要包括住房公积金制度、经济适用房制度、廉租房制度等。随着改革的不断深入和城市化水平的提高，经济适用房、廉租房在实践中出现了权力寻租、分配不公、户籍限制、门槛歧视的问题和缺陷。为了解决这些弊端,从 2010 年开始在全国部分城市进行公共租赁住房制度的改革试点。2012 年中央政府颁布《公共租赁住房管理办法》,逐步在全国推行"三房并轨"改革,把曾经发挥过一定保障作用的经济适用房、廉租房并入公共租赁住房体系统一管理,只租不售,公共租赁住房成为中国住房保障制度的核心环节。

  传统的住房可支付能力研究通常采用一定时期内房价收入比来衡量[①],多是从中位数收入家庭[②]获得住房产权的角度研究可支付能力,对租赁住房可支付能力的研究并不多见,而且可能由于低收入群体的小众化和公共租赁住房制度的发展历史较短等原因,学者们对低收入群体的关注和公共租赁住房的可支付能力研究更是很少涉及。中国学者胡晓龙、王雪珍基于租赁住房的市场价格对上海市低收入群体租房可支付能力进行了有益探讨,认为"大城市低收入群体受货币支付能力制约,难以靠自己的力量到市场上租房以解决居住问题"[③]。城市中的低收入群体可以租住公共租赁住房,而公共租赁住房是准公共产品,具有较强的福利性,在实践中,公共租赁住房的价格要远低于市场租赁价格,胡晓龙、王雪珍的研究采用租赁住房市场价格作为基数测度相对目标群体可支付能力可能错估了他们的租房可支付能力。Ernest Uwayezu,Walter T. de Vries 聚焦 the Low – Income Urban Dwellers 进行住房可得性研究[④],但是忽略了空间和地域因素的影响。低收入群体的家庭可支付能力越是低,他们越是可能选择低成本的住房,低成本的住房往往伴随着空间上

---

  ① 吴刚:《城市居民住房支付能力研究——基于 2000—2008 年我国 10 城市的经验数据》,《城市发展研究》2009 年第 9 期;陈杰、郝前进、郑麓漪:《动态房价收入比——判断中国居民住房可支付能力的新思路》,《中国房地产》2008 年第 1 期。

  ② National Association of Realtors, NAR. Housing Affordability Index Methodology [EB/OL]. http://www.realtor.org/topics/housing – affordability – index/methodology. 2015 – 03 – 31. 全美不动产经纪人协会(National Association of Realtors, NAR)提出了住房可支付性指数(Housing Affordability Index, HAI)的概念和方法,用以考察住宅市场上中位数收入水平的家庭通过按揭贷款方式对中位数价位的住宅的承受能力。

  ③ 胡晓龙、王雪珍等:《大城市夹心层群体租房可支付能力——基于"剩余收入法"》,《社会科学家》2012 年第 10 期。

  ④ Ernest Uwayezu, Walter T. de Vries, "Access to Affordable Houses for the Low – Income Urban Dwellers in Kigali: Analysis Based on Sale Prices". *Land* 2020, 9 (3), 85; https://doi.org/10.3390/land9030085 – 16 March 2020.

通勤距离的增加和交通成本的提高,很多情况下低收入群体为了选择较低成本的住房资源所付出的交通成本甚至可能会超出住房成本,成为一笔很大的负担。因而,对于低收入群体的可支付能力的评估,在数据可获得的情况下更应该关注交通成本,完整地反映他们为实现住房的基本需求所支付的全部成本,不仅包括租房成本,否则将会在评估住房支付能力的过程中产生偏差。我国已有学者从中等收入住房困难家庭的角度出发,研究了不同房价水平、不同住房面积对研究对象住房可支付能力的影响。杨赞、张蔚等注意到了住房的交通可达性问题,对公共租赁住房的可达性做了研究①,但是,杨赞、张蔚的研究把可支付性和可达性两者分离,并没有给出一个综合的结论,难以判断交通成本对综合可支付能力产生的影响。从目前的研究来看,由于缺乏对交通因素和空间因素的考虑,因此多数研究并未为居民提供更为切实的住房决策参考。

把住房和交通综合可支付能力研究方法应用到对公共租赁住房制度覆盖群体——城市较低收入家庭的研究,考察在中国城市中公共租赁住房综合可支付能力,并探索公共租赁住房制度可持续发展的影响因素。创新主要在这样三个方面:

一是通过修正 H&TAI,构建公共租赁住房租房和交通综合可支付能力指数(Renting and Transportation Affordability Index:R&TAI),以租房综合负担(租房与交通综合支出)与家庭剩余收入的比值为准,来考察居民综合可支付能力。

二是引入由于居住区位所引致的综合交通成本的概念,包括交通时间成本和货币成本,并纳入租房综合负担的计算中去。采用交通出行问卷调查和交通网络分析的方法,以更加微观的交通小区为空间单元对交通时间成本进行研究。

三是将 R&TAI 模型应用到对公共租赁住房制度覆盖群体——城市较低收入家庭的研究中,填补对低收入人群以及保障性住房综合可支付能力研究的空白,增强住房可支付性问题研究的完整性。

---

① 杨赞、张蔚等:《公共租赁住房的可支付性和可达性研究:以北京为例》,《城市发展研究》2013 年第 10 期。

首先在综合考虑租房成本和通勤交通成本的评价思路下，构建租房与交通综合可支付指数（R&TAI）模型，阐释每一个指标值的计算方法，主要包括租房成本、交通成本以及家庭剩余收入额（扣除非住房最低生活消费支出成本）；依然是选择南京作为案例城市进行公共租赁住房综合可支付能力的定量研究，分别讨论公共租赁住房制度下，南京居民的租房可支付能力、交通可支付能力以及租房和交通综合可支付能力；在此基础上，得出相关结论，随着城市空间的不断扩张和职住分离，交通支出在很大程度上影响着城市低收入群体的住房综合可支付能力，也影响着公共租赁住房制度的可持续发展，城市管理者和居民家庭在制定城市发展政策和家庭预算方案时应充分考虑到这一影响因素。

二 构建公共租赁住房租房与交通综合可支付指数

前文中已经提到的，2006 年美国 Center for Neighborhood Technology（CNT）与 Center for Transit – Oriented Development（CTD）同时提出考虑住房成本和通勤成本的住房可支付性评价思路，他们构建了住房和交通可支付能力指数（Housing and Transportation Affordability Index：H&TAI）：家庭对住房和通勤的可支付性（H&TAI）=（住房成本 + 通勤交通成本）/ 家庭收入。其中的"住房成本"是以住房拥有者的月支出中位数，包括抵押贷款、物业税、房屋保险、产权费等；"交通成本"为用于通勤目的的货币成本，"家庭收入"为中等收入家庭的中位数年收入。

本节对这一评价方法中的三个变量进行修正和优化，并运用到公共租赁住房制度。

（1）以租房成本 RC 代替购房成本。正因为是公共租赁住房制度下的综合可支付性研究，住房成本不再是购买住房的成本，而应是租房成本 RC。

（2）以综合交通成本 TC_{m+t} 代替通勤货币成本，不仅包括交通货币成本（TC_m），还包括交通时间成本（TC_t）。时间成本又名时间价值，指居民个体在出行过程中所消耗的时间，包括乘车、换乘和等候时间等。时间因存在机会成本而产生价值①。

(3) 以家庭剩余收入 RI 代替家庭收入。家庭剩余收入是指一定时期内家庭总收入中扣除最低生活消费支出后的剩余收入总额。相较之前的关于住房与交通综合可支付能力的研究，本节以公共租赁住房制度覆盖群体家庭的剩余收入作为基数测算可支付能力，更需要强调人性化的理性家庭消费，考察在不影响家庭基本生活水平的情况下，低收入家庭可以承受的住房消费的范围，既强调适当的住房消费，又强调包括食物、衣服、通信、教育、医疗等在内的其他生活必需品的合意消费，低收入家庭可以据此预测是否存在由于租房和交通综合住房消费而导致家庭陷入贫困的可能性。

那么，经过修正的租房与交通综合可支付能力的计算公式为：

$$R\&TAI = \frac{RC + TC_{m+t}}{RI}$$

这里 RC 为租房成本，TC_{m+t} 为交通综合成本，RI 为家庭剩余收入。计算分为两步，一是分别计算扣除非住房最低生活消费支出成本的家庭剩余收入额、交通成本以及租房成本；二是计算租房与交通综合可支付指数。

1. 家庭剩余收入（RI）

假定在一定时期，较低收入家庭的消费划分为两大类：住房消费和其他非住房基本生活消费，非住房基本生活消费包括七个项目：食品支出、衣着支出、家庭设备用品及服务支出、医疗保健支出、通信支出、教育文化娱乐服务支出、其他商品和服务支出。在不影响基本生活必需消费的前提下的家庭剩余收入，就构成了居民家庭可用于住房消费的最大份额。

则居民家庭的剩余收入可以表示为：

$$RI = Y - \sum_{k=1}^{n} P_i X_i \times \varepsilon$$

式中：RI——居民的家庭剩余收入；

---

① 齐彤岩、刘冬梅、刘莹：《北京市居民出行时间成本研究》，《公路交通科技》2008 年第 6 期。

P_i——当期第 i 类消费品的市场价格；

P_iX_i——某一类（i）消费支出；

Y——户均可支配收入；

ε——不同家庭人数；

$$i = 1, 2, \cdots, n$$

$\sum_{k=1}^{n} P_iX_i$ 为家庭在一定时期内非住房基本消费总支出，Y 反映居民家庭收入水平，$Y - \sum_{k=1}^{n} P_iX_i$ 则是家庭在满足基本非住房需求的消费支出后产生的剩余收入，可以用于扩展其他需求。

这部分剩余收入会按照家庭的消费偏好和消费倾向，以一定比例（扩展消费系数）扩展某一类或者是几类消费上。但是，在本章研究中假定家庭将首先考虑把这一部分剩余收入投入租房消费的综合支出上。

2. 综合交通成本（TC_{m+t}）

本节的综合交通支出成本只计算通勤成本，以每月 22 个工作日计算，计算公式如下：

$$TC_{m+t} = TC_m + TC_t$$

TC_m 为家庭货币成本，TC_t 为家庭时间成本。

交通货币成本的计算分公共交通和私家车两种消费面，按照经验法，分别依据案例城市中公共交通费用中位数和私家车的购置成本、保险费用、燃油费用以及停车费用进行加权得出。

计算交通时间成本时，从"居民一日出行调查记录"资料中筛选以通勤为出行目的有效数据，以交通小区为单位，借助 ArcGIS 空间分析软件，基于交通小区的平均出行时间作可达性评价，核算通勤时间成本。

需要说明的是，本节计算交通时间成本选择私家车出行、公交出行（包括城市轨道交通出行）为居民主要出行方式，而步行方式所产生的时间成本则作为不同交通方式之间的转换而计入等待时间成本中。

然后对时间成本进行货币化处理，世界银行对时间货币化的推荐系数为：商务、工作出行的时间成本系数为 1.33，上学出行时间成本系数为0.15，其他非工作出行时间成本系数为0.3①。按照1.33的时间成本系数来计算通勤时间成本，公式如下：

　　交通时间货币化成本 = 总通勤时间 × 1.33 × 小时工资收入

3. 综合评价标准的设定

目前的可支付能力的研究通常采用住房支出与总收入之比的方法，基于历史、制度和社会价值等因素的考虑，大多以25%或者30%为是否具有负担能力的衡量标准，也有学者以50%作为判断家庭是否存在严重住房负担的依据（国内外银行为控制金融风险，也通常以月贷款额不得超过月收入的50%作为是否提供贷款的依据②）。在Center for Neighborhood Technology（CNT）与Center for Transit‑Oriented Development（CTD）的研究中，也是以50%为评价标准界限。

在本节中，出于对低收入居民的其他生活消费和居住需求的双重尊重，是以租房的综合成本与家庭的剩余收入的比值来衡量可支付能力。家庭剩余收入已经预先剔除了用于其他生活消费的支出，假定剩余收入都可以用于租房消费。因而，本节对研究群体的综合可支付能力的综合评价标准的设定就与其他学者有所不同，是以 $R\&TAI=1$ 作为判断是否可以承受的标准界限，当 $R\&TAI=1$，表示居民家庭将剩余收入的100%用于租房和交通综合支出，这表明综合负担已经达到临界点。依此为临界点，评价分为五个层次③（表9-12），比值越大，说明家庭综合负担就越大，住房可支付能力较弱；比值小，则说明家庭的住房可支付能力较强。当居民家庭把剩余收入的100%以上用于租房和交通综合支出，即 $R\&TAI>1$，那么势必会有两种可能，一个是挤压其他基本消费支出，造成用于其他生活消费的比例越来越少；另一个可能就是扩大家庭债务负担。这两种倾向都表明家庭的综合负担处于超出负荷的状态，可能造

---

① 齐彤岩、刘冬梅、刘莹：《北京市居民出行时间成本研究》，《公路交通科技》2008年第6期。

② Bogdon A. S., Can A., "Indicators of Local Housing Affordability: Comparative and Spatial Approaches". *Real Estate Economics*, 1997, 25 (1), pp. 43 – 80.

③ 为了对比加入交通成本前后的支付能力的变化，本章还分别对公共租赁住房的租房可支付能力指数和交通可支付能力指数进行了单项的核算，这两个单项指数的评析也都按照五个层次分析。

成家庭贫困。

表9-12　租房与交通综合可支付能力指数（R&TAI）分类

R&TAI（综合支出与剩余收入比）	0.2以下	0.2—0.4	0.4—0.6	0.6—1	1以上
负担情况	基本无负担	负担较轻	有一定负担	负担较重，但可承受	难以负担

三　南京公共租赁住房租房和交通综合可支付能力

1. 公共租赁住房制度覆盖群体的家庭剩余收入

南京市统计局定期公布关于居民分层收支状况的统计数据，其中以"可支配收入"为变量将居民家庭由低到高划分为五个层次：低收入、中等偏下收入、中等收入、中等偏上收入、高收入。本节根据这一分类选取低收入和中等偏下收入家庭为定量研究对象。按照这五个层次家庭分类截取相关数据，包括家庭人口数量、人均可支配收入以及家庭基本消费情况等，计算得出这两个收入层次家庭的非住房基本消费支出和家庭剩余收入额（表9-13）。

表9-13　南京市低收入及中等偏下收入家庭剩余收入（2019年）

项目	低收入	中等偏下
平均每户家庭人口（人）	2.82	2.79
人均可支配收入（元）	29732	43193
人均无住房消费基本生活支出（元）	24126	26126
人均剩余收入（元）	5606	17076
户均剩余收入（元）	15808.92	47616.93

2. 南京公共租赁住房租房成本及租房可支付能力

《南京市公共租赁住房管理办法》及《南京市公共租赁住房和廉租住房并轨运行实施细则》规定：由政府投资建设（筹集）并运营管理

的公共租赁住房面积应在 40—60 平方米。公共租赁住房的标准租金,实行政府定价,参照市场租金,按照略低于同地段、同类型普通商品住房市场租金水平核定。2019 年南京由政府投资建设的公共租赁住房的政府核定月租金为每平方米 16 元①。按照这一标准,40—60 平方米公共租赁住房的租房成本为每月 640—960 元,年租房成本为 7680—11520 元。

从单项的租房可支付能力来看,南京低收入家庭的租房可支付能力在 0.48—0.72,可以承担 40—60 平方米的公共租赁住房;中等偏下收入居民家庭租房可支付能力指数在 0.16—0.24,可以轻松承担 60 平方米的公共租赁住房,而且家庭剩余收入依然有盈余。

3. 交通成本及交通可支付能力

第一,交通货币成本

货币成本核算分为公交出行和私家车出行两种消费面:

公交出行的货币成本:按照南京城市现行(2019 年 3 月 30 开始实施的新规)的公共交通价格中位数(每人单次 5 元)、每户就业人口 1.87 人计,南京市居民家庭就业人口的公交通勤的交通货币成本约为 411.4 元/月。

私家车出行的货币成本:考虑到本节研究对象——低收入和中等偏下收入家庭——的家庭收入状况,在计算私家车消费面上的交通货币成本时,假定选择经济型轿车(这一点在"南京交通出行调查"中也得到了印证),购置成本约为 10 万元(经济型轿车的中国市场价格),年保险费为 4000—5000 元,百公里耗油量为 8 升。因出行目的为工作,一般情况下,单位提供停车场所,停车费用低于市场价格,约为每年 900—1000 元。以此计算,南京市居民私家车通勤出行的交通货币成本约为 1362 元/月。

因而,公交和私家车两种消费面的家庭交通货币成本分别为

---

① 2019 年 8 月 6 日,南京市发展和改革委员会、南京市住房保障和房产局联合发文《关于公共租赁住房(凤泰园和凤康园)标准租金的通知》(宁政办价费字〔2019〕448 号),确定丁家庄二期公共租赁住房标准租金为 16 元/月·m²。该公共租赁住房周边同类型普通商品住房市场租金水平为 26 元/月·m² 至 31 元/月·m²。

4936 元/年和 16344 元/年。

第二，交通时间成本

从"交通调查问卷"中截取具有有效数据的交通小区作为源对象，共计 282 个，分别计算它们在公交和私家车两个消费面下的可达性，使用 ArcGIS 中的栅格数据统计功能，得到每个源对象到其他所有交通小区的平均时间，共计 564 个数据。计算结果显示，南京市居民公交出行的平均通勤时间为 48 分钟，私家车出行的平均通勤时间为 45 分钟（图 9-2）。

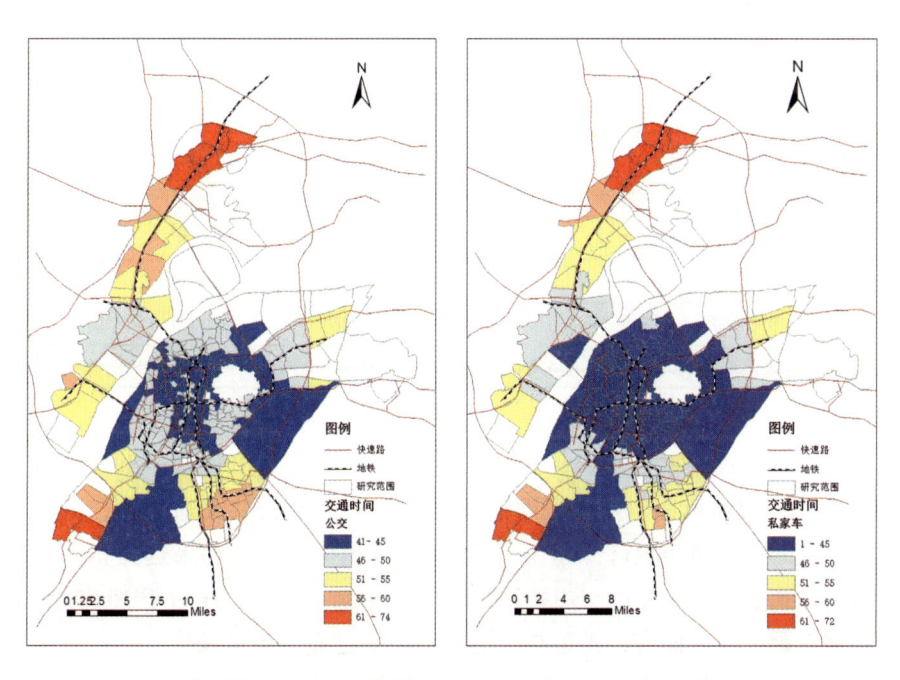

图 9-2 南京市居民一日公交通勤时间（左）和一日私家车通勤时间（右）

由于在可达性分析中没有考虑公共交通出行的等待和换乘的时间成本，因此，为了更加合理地计算居民出行的时间成本，在公交出行的时间成本货币化过程中，加入 5 分钟等待和换乘的时间。这样，以居民公交出行的平均通勤时间为 53 分钟，私家车出行的平均通勤时间为 45 分钟核算居民的交通时间成本。

依据 2019 年南京市低收入和中等偏下收入居民的人均可支配收入

额，对交通时间成本进行货币化处理（低收入和中等偏下收入居民的人均小时工资分别为 14.07 元/时和 20.45 元/时）。这样，低收入—公交出行、低收入—私家车出行、中等偏下收入—公交出行、中等偏下收入—私家车出行四种不同消费面的交通时间成本分别为 4363 元/年、3705 元/年、6343 元/年和 5385 元/年。

第三，交通成本及交通可支付能力

按照收入（低收入、中等偏下收入）和出行方式（公交出行、私家车出行）两个控制变量，形成四组关于交通成本及交通综合负担能力的指数数据（表 9-14）。

表 9-14　南京公共租赁住房交通综合负担能力指数（TAI）

家庭分类	通勤方式分类	TC_t 交通时间成本/元	TC_m 交通货币成本/元	TC_{m+t} 交通成本/元	TAI
低收入家庭	公共交通	4363	4936	9299	0.59
	私家车	3705	16344	20049	1.29
中等偏下收入家庭	公共交通	6343	4936	10979	0.42
	私家车	5385	16344	21729	0.46

对于低收入家庭来说，如果通勤方式选择公交出行，一年大约有 9299 元的交通负担，可见，即使选择经济实惠的公共交通通勤，低收入家庭的交通负担也已经超出了 7680 元的租房负担。如果选择私家车消费方式通勤，一年的交通费用约为 20049 元，显然，相对于 15808 元的家庭剩余收入而言，光是交通负担一项就已显得不可承受。

对于中等偏下收入家庭而言，两种通勤方式下的交通负担能力指数都在 0.5 以下，他们的通勤方式选择公交出行还是私家车出行都是可负担的。

4. 南京公共租赁住房租房和交通综合可支付能力

按照低收入家庭和中等偏下收入家庭两种家庭分类、公共租赁住房 40m² 和 60m² 的分类以及公共交通和私家车通勤的分类，可以形成关于南京公共租赁住房制度下八种组合情况下的综合可支付能力指数 R&TAI 数据（表 9-15）。

表9-15　南京公共租赁住房租房和交通综合负担能力指数（R&TAI）

家庭分类	出行方式分类	RI 剩余收入/元	$RC + TC_{m+t}$ 租房和交通综合成本/元	R&TAI
低收入家庭	公共交通	15808.92	16979（40m² + 公共交通通勤）	1.07
			20819（60m² + 公共交通通勤）	1.32
	私家车		27729（40m² + 私家车通勤）	1.75
			31569（60m² + 私家车通勤）	1.99
中等偏下收入家庭	公共交通	47616.93	18659（40m² + 公共交通通勤）	0.39
			22499（60m² + 公共交通通勤）	0.47
	私家车		29409（40m² + 私家车通勤）	0.62
			33249（60m² + 私家车通勤）	0.70

综合考察可支付能力，在加入交通成本因素之后，低收入家庭 R&TAI 全部超出 1 之上。在选择 40 平方米的公共租赁住房情况下，公交出行消费面上的综合可支付能力指数为 1.07，处于难以负担的边缘。不论是扩大居住面积，选择 60m² 的公共租赁住房（通勤成本为公共交通通勤成本），还是改善通勤方式，选择私家车出行（居住面积选择最小的 40m²），家庭综合负担都处于超负荷状态，可支付能力指数分别为 1.32 和 1.75。显然，低收入家庭最多只能承受 40 平方米公共租赁住房 + 公交方式通勤的综合负担，选择面积超出 40 平方米的公共租赁住房或者是选择私家车出行都是不可负担的。

中等偏下收入家庭的情况要好很多，他们在选择 60 平方米的公共租赁住房情况下，选择公共交通通勤的 R&TAI 是 0.47，负担不是很重，而选择私家车出行的 *R&TAI* 是 0.70，会感觉有一定压力，但依然可以承受。

四　南京公共租赁住房覆盖群体的住房综合可支付能力评价

把综合可支付能力的研究思路应用到公共租赁住房制度上，通过对相对应的制度覆盖群体的综合可支付能力的实证分析，探索公共租赁住房制度可持续发展的影响，得出这样一些结论：

第一，从单项支出看：如果单纯从公共租赁住房的租房成本来看，租房成本本身并不影响城市较低收入居民的可支付能力，中国城市管理者对公共租赁住房的租金定价相对比较合理，也就是说，租金本身并不成为公共租赁住房制度可持续发展的主要影响因素。本节中的南京样本研究显示，在剔除了基本生活消费之后，低收入家庭的剩余收入为 15808 元，中等偏下收入家庭的剩余收入为 47616 元。在不考虑交通因素的情况下，南京较低收入家庭的租房成本在 7680—11520，租房可支付能力在 0.16—0.72，可以轻松承担 60 平方米的公共租赁住房，按照 2019 年的南京市户均人口 2.83 人计算，人均居住面积约为 21 平方米，达到了中国政府规定的小康住房水平，而且家庭剩余收入依然有盈余。

第二，从综合支付能力看：研究结果显示，在考虑空间布局和交通因素的情况下，南京城市中低收入居民家庭只能选择 40 平方米公共租赁住房 + 公交方式通勤，此时的人均居住面积约为 14 平方米，家庭剩余收入没有盈余拓展其他家庭消费，选择面积超出 40 平方米的公共租赁住房或者是选择私家车通勤，都将可能造成家庭陷入贫困。持续增加的交通费用降低了低收入人群及其家庭的可支付能力，从综合可支付能力的角度来看，公共租赁住房政策并没有真正减轻低收入家庭的综合负担。

第三，识别中国公共租赁住房制度可持续发展的影响因素：公共租赁住房以及其他保障性住房的空间布局及交通因素将成为影响公共租赁住房制度可持续发展的主要影响因素。本书构建公共租赁住房综合可支付能力指数，通过研究发现由空间布局引致的交通因素对居民综合可支付能力的影响较大，对于低收入人群，交通费用在生活成本中所占比重很大，加重了这部分家庭的综合负担。在中国的很多城市里，由于地价原因，公共租赁住房以及其他的保障性住房一般都被布局在比较偏远的城市郊区或者是城市新开发的"新城"，这些区域一般公共设施不完善，交通成本相对高。现代城市规模的不断扩张、保障性住房的空间布局不合理以及由此引致的交通成本提高将成为影响公共租赁住房制度可持续发挥正向作用的主要因素。

第四，从优化空间布局上看：可达性的提高能够在很大程度上节省交通成本。政府在制定公共租赁住房相关政策时，不应只关注保障性住房的租金定价环节，更应关注如何优化空间布局和提高保障性住房周边的交通可达性。一方面，政府在进行新的保障性住房项目时，前期应做好建设规划，选择交通可达性高的地区，做好基础设施综合规划，避免和逐步减少高综合负担区域的出现；另一方面，交通及相关部门也可根据住房负担和交通负担的比较结果，调整和优化城市交通基础设施的建设规划，提高城市边缘地区的交通可达性，或通过混合居住、工作达到提高租房与交通综合可支付能力的目标。

第五，从居民消费选择上看：居民家庭在制定家庭住房消费预案时，应提升消费感知和风险感知能力，理性进行租购选择和空间区域选择。随着城市化水平的不断提高，中国的城市为了提升承载力，多采取多中心发展模式或者是单一中心的发展模式来不断扩张城市空间，城市空间的增长和规模的扩大带来了交通距离的延长，对于城市通勤者来说，交通时间成本和货币成本在不断增加。在此背景下，居民在制定家庭住房消费预案时，会在住房成本（购房或者是租房价格）和交通成本之间进行权衡，尤其是对于中低收入家庭来说，在有限的可支配收入总额的条件下，更要综合考虑家庭实际需求和预期、家庭收入水平的变化、不同类型住房的空间分布情况以及不同出行消费面下的综合负担等因素，选择恰当的住房消费模式和类型，以减少综合负担，提升家庭生活质量。

第十章

南京市居民住房可支付能力空间分异

空间分析是对于地理空间现象的定量研究,从研究对象的空间位置、分布、形态、距离、方位等方面来挖掘所研究问题的潜在信息。借助 ArcGIS 空间分析软件,从不同交通小区的微观视角和行政区划的中观视角,分新房、二手房、租房三种情形,对南京城市居民住房与交通综合可支付能力的空间分布情况进行比较分析,并从空间分布差异的角度来分析居住正义问题。

第一节 交通成本及交通可支付能力的空间分布

随着南京城市蔓延、住区郊区化以及行政区划的不断调整、城市基础设施建设的加快,江宁、河西、仙林等已经成为南京城市的新中心,南京的城市发展格局显示出多中心发展的特点以及居住与就业空间分离的现象。空间分异研究结果显示公交和私家车出行的低时间成本区域主要集中在鼓楼、建邺、秦淮、玄武和雨花台区的东北部等区域,而板桥、东山、仙林、浦口和六合等区域的交通时间则相对较高。公交和私家车出行的时间成本空间差异主要体现在主城,在主城范围内,私家车能基本实现 45 分钟通勤圈,但公交车只能基本实现 50 分钟全覆盖。

一 交通成本空间分布特点

1. 分交通小区居民通勤时间和交通成本空间分布

在上一章节的交通成本研究中,以调查问卷所覆盖的交通小区为单位,排除了家庭、个体出行与就业选择对交通成本的影响,以每一个交通小区到达所有小区的平均通勤时间来表征交通时间成本，通勤以往返时间计。

采用交通可达性计算被调查家庭的一日公交和一日私家车通勤时间，结果显示，南京市公交出行者的平均通勤时间为 48 分钟，私家车出行者的平均通勤时间为 45 分钟。

考察南京居民通勤时间的空间分布（图 10-1）。

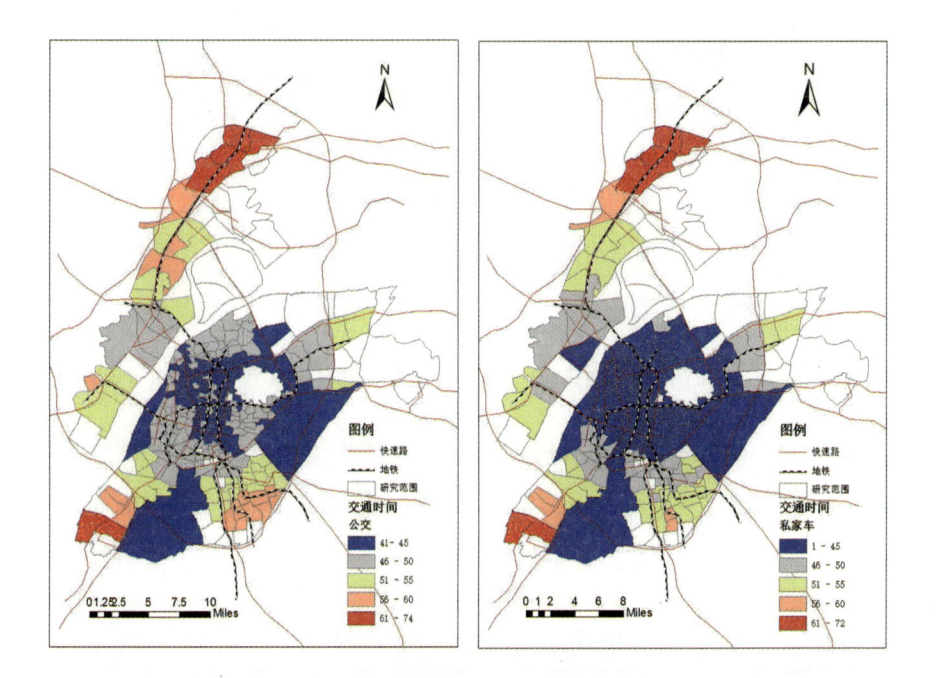

图 10-1　南京市居民一日公交通勤时间（左）和一日私家车通勤时间（右）

交通时间成本按照小时平均工资（17.04 元/时）转化成货币成本，加上交通货币成本（交通货币成本计算采用直接给定的方式，分为公交出行和小汽车出行两种，公交出行按每个家庭每月 174 元计算，小汽车出行按每月 1400 元计算），得出交通成本总额，公交车出行的平均交通成本为 1523 元，私家车出行的平均交通成本为 2207 元。其空间分布如图 10-2 所示。

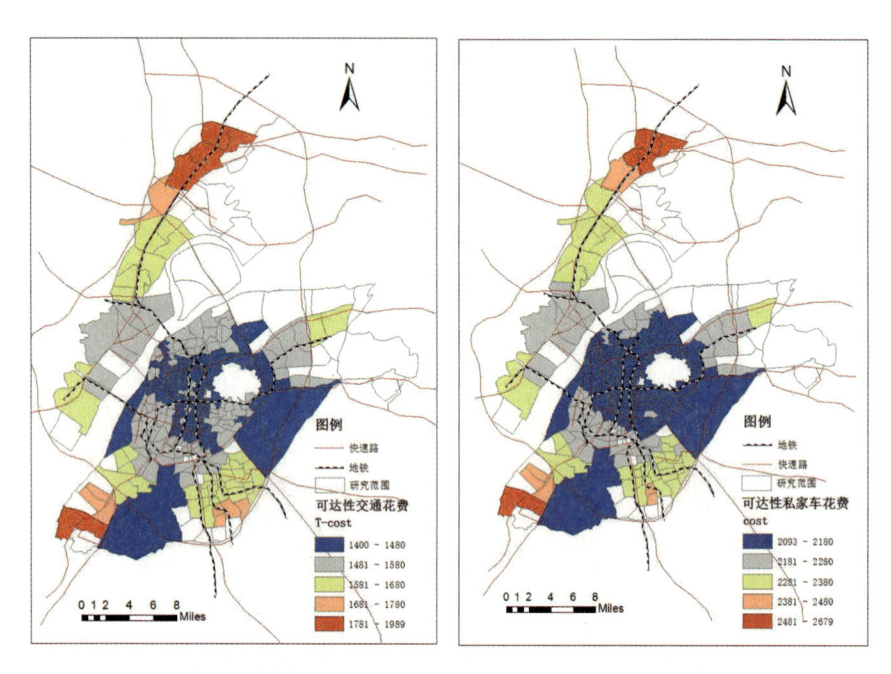

图 10-2　南京居民公交出行月交通支出（左）和私家车月交通支出（右）

2. 分行政区划居民通勤时间和交通成本空间分布

按照南京 8 个城区划分，分别考察南京市各个区的居民通勤时间和交通成本（表 10-1）。

表 10-1　　　　　　　南京市分区划居民家庭交通成本　　（单位：分钟；元）

区划	公交通勤时间	公交通勤月交通支出	私家车通勤时间	私家车通勤月交通支出
鼓楼区	44	1489	42	2174
玄武区	45	1516	41	2132
秦淮区	45	1497	43	2165
建邺区	47	1553	45	2264
栖霞区	48	1545	46	2246
江宁区	49	1574	47	2215
浦口区	52	1578	49	2293
雨花台区	56	1697	54	2443
六合区	62	1773	60	2427

第十章 南京市居民住房可支付能力空间分异 251

分行政区划的居民一日公交和一日私家车通勤时间和通勤成本的空间分布如图 10-3、图 10-4 所示。

(1) 公交通勤时间　　　　　　(2) 私家车通勤时间

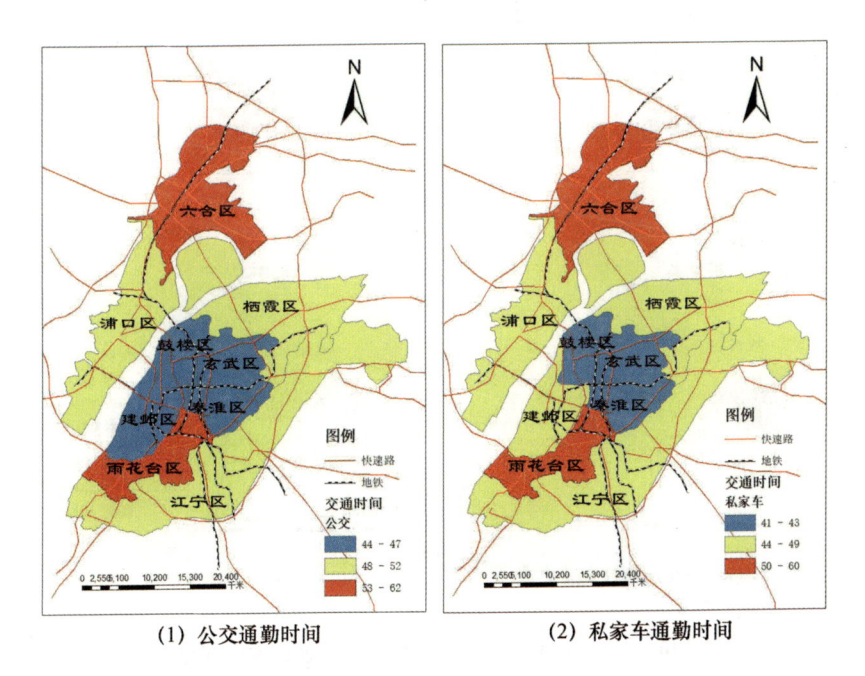

图 10-3　南京市分区划各区居民的一日通勤时间空间分布

3. 交通时间和交通成本空间分布的特征分析

从分行政区和交通小区的交通时间的空间分布看，南京市居民一日通勤时间呈现出由主城向外围城区逐渐递增的环状结构，公交和私家车出行的低时间成本区域主要集中在主城，即鼓楼、建邺、秦淮、玄武和雨花台区的东北部，而板桥、东山、仙林、浦口和六合等区域的通勤时间则相对较高，特别是六合和板桥地区，通勤时间达到 60 分钟以上。此外，公交和私家车出行的内部时间成本空间差异主要体现在主城范围内，即在主城范围内，私家车能基本实现 45 分钟通勤圈，但公交车只能基本实现 50 分钟全覆盖。

从居民的月交通支出空间分布看，由于未受到直接货币支出的影响（货币成本由于没有根据出行距离度量，而是根据出行方式直接给定），

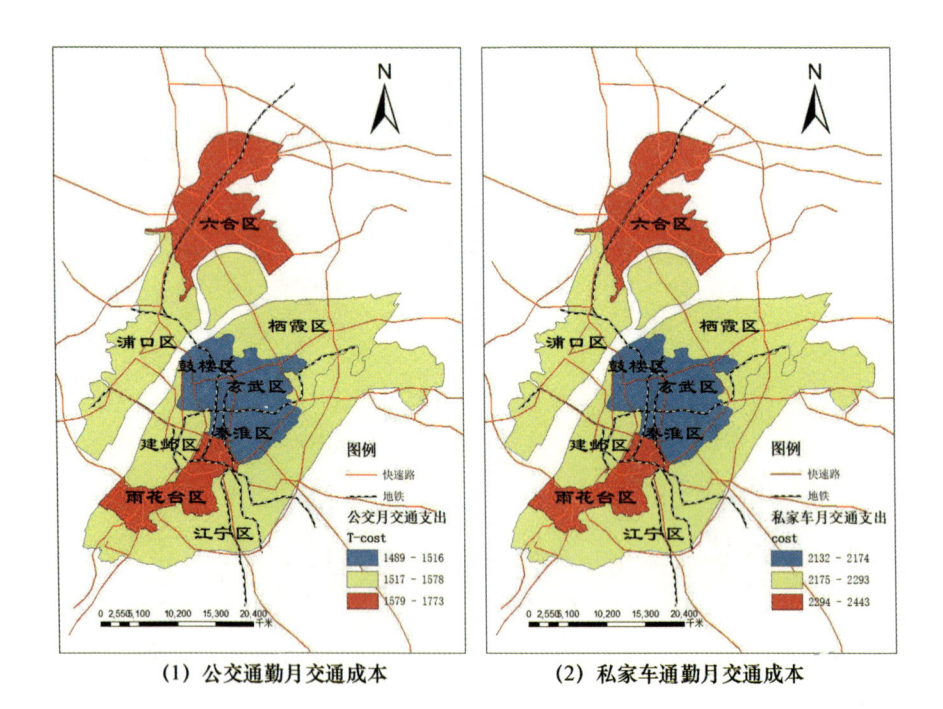

(1) 公交通勤月交通成本　　　　　(2) 私家车通勤月交通成本

图 10-4　南京市分区划各区居民月交通成本空间分布

因此公交与私家车出行的费用空间差异与时间成本空间差异相似，也呈现出由主城向外围城区逐渐递增的环状结构特征。

二　交通可支付能力空间差异性分析

根据前文所述的方法，从居民收入和出行方式两个维度，对调查区域的南京居民的交通可支付能力进行统计分析，依然按照居民的可支配收入把居民家庭分为低收入家庭、中等收入家庭和高收入家庭，除去低收入家庭外，每一类家庭按照出行方式分为两类：公交出行和私家车出行，共分五大类。

1. 分交通小区居民家庭交通可支付能力空间分布

以调查问卷所覆盖的交通小区为单位，考察南京市居民的交通可支付能力的空间分布特点，如图 10-5 所示。

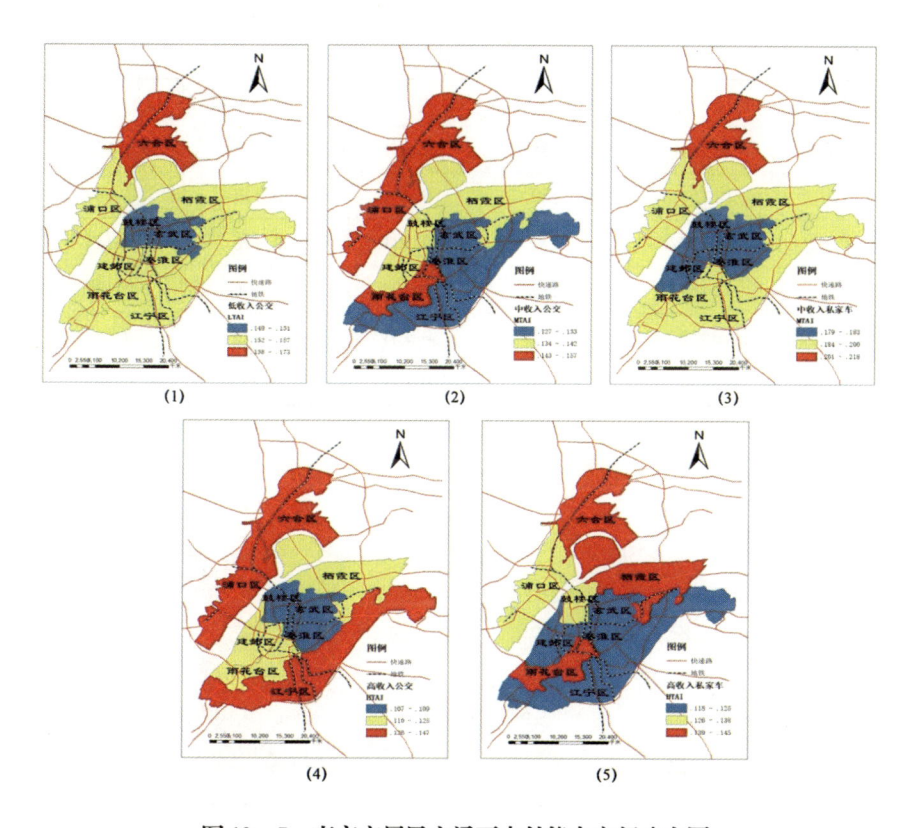

图 10 - 5　南京市居民交通可支付能力空间分布图

注：（1）低收入家庭公交出行（2）中等收入家庭公交出行（3）中等收入家庭私家车出行（4）高收入家庭公交出行（5）高收入家庭私家车出行

2. 分行政区划居民家庭交通可支付能力空间分布

按照行政区划划分分别考察南京市居民家庭交通可支付能力（见表 10 - 2）。

表 10 - 2　南京市分行政区划居民家庭交通可支付能力

区划	低收入公交	中等收入公交	中等收入私家车	高收入公交	高收入私家车
鼓楼区	0.151	0.137	0.179	0.109	0.135
玄武区	0.149	0.133	0.183	0.107	0.118
秦淮区	0.153	0.129	0.179	0.109	0.125

续表

区划	低收入公交	中等收入公交	中等收入私家车	高收入公交	高收入私家车
建邺区	0.154	0.135	0.181	0.116	0.123
栖霞区	0.154	0.142	0.189	0.117	0.140
江宁区	0.153	0.135	0.181	0.116	0.123
浦口区	0.157	0.157	0.193	0.136	0.138
雨花台区	0.156	0.147	0.201	0.125	0.142
六合区	0.173	0.152	0.218	0.147	0.145

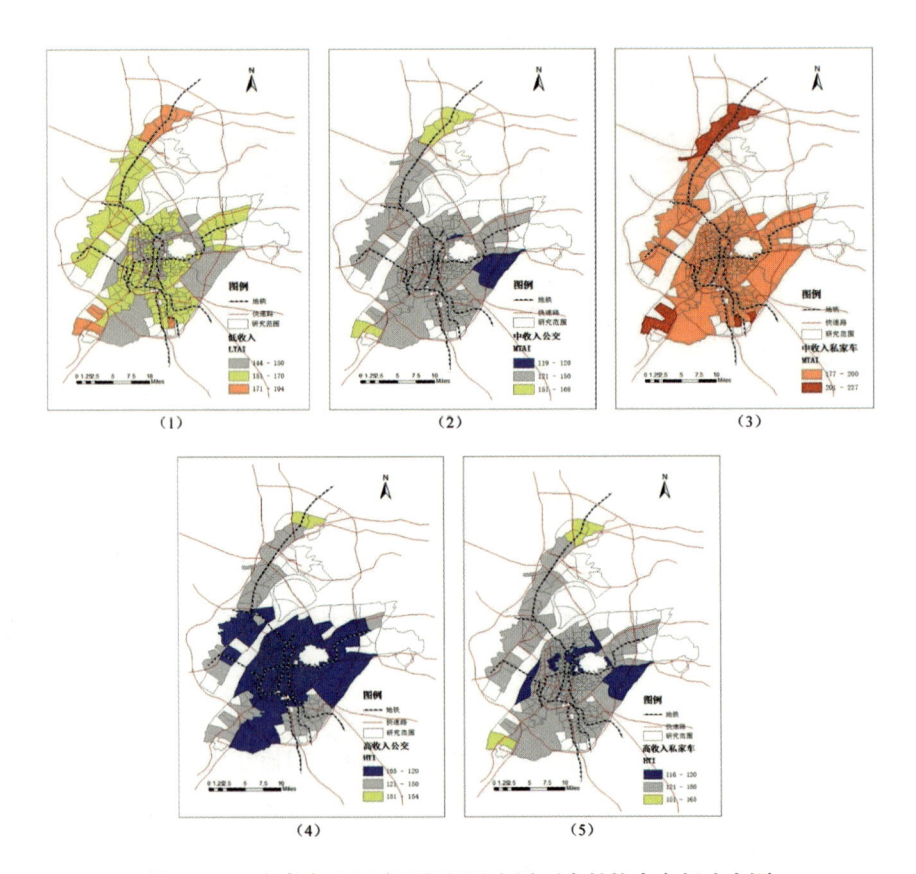

图 10-6 南京市分行政区划居民交通可支付能力空间分布图

注：（1）低收入家庭公交出行（2）中等收入家庭公交出行（3）中等收入家庭私家车出行（4）高收入家庭公交出行（5）高收入家庭私家车出行

3. 交通可支付能力空间分布特征分析

图 10-5（1）和图 10-6（1）显示的分别是分交通小区和分行政区的以低收入家庭为研究对象的交通可支付能力指数。可见，低收入家庭公交出行的交通可支付能力指数，中心城区附近的小区交通可支付能力指数在 14%—15%，内环线以外和以内大部分区域处于 15%—17% 水平，板桥新城南部以及六合地区的交通可支付能力指数相对较高，在 17%—19.4%。

对于中等收入家庭来讲，如图 10-5（2）、10-5（3）和图 10-6（2）、10-6（3）所示。图 10-5（2）、图 10-6（2）是中等收入家庭公交出行的交通可支付能力指数空间分布。对于中等收入公交出行的家庭来讲，南京中心城区除板桥和六合的部分地区可支付水平超过 15% 外，其他地区的可支付水平在 12% 到 15%，中等收入公交出行的交通负担相对较轻。图 10-5（3）、图 10-6（3）是中等收入家庭私家车出行的交通可支付能力指数空间分布。相较于公交出行，私家车出行的负担水平明显升高，对于中等收入家庭来讲，交通可支付性水平在 17.7% 到 20%，部分区域甚至超过了 20%。

对于高收入家庭来讲，无论是选择公交出行方式还是私家车出行，在城区内的交通负担都较轻，如图 10-5（4）、10-5（5）和图 10-6（4）、10-6（5）所示。图 10-5（4）、图 10-6（4）是高收入家庭公交出行的交通可支付能力指数空间分布。可以看出，对于高收入家庭来说，如果选择公交出行方式，交通可支付能力指数能基本实现主城区 10% 到 12% 全覆盖，主城外围在 12%—15%。高收入家庭私家车出行的交通可支付能力指数的空间分布如图 10-5（5）、10-6（5）所示，对于高收入家庭来讲，私家车出行的交通负担相对较低，除少部分区域在 12% 以下外，研究区主要处于 12%—15% 的水平，六合部分地区在 15% 以上。

第二节　居民家庭住房成本及住房可支付能力的空间差异

分析南京市中心城区各区块的新房及二手房的平均价格空间分布状况，总体来看，主城以及河西地区的房价水平相对较高，仙林新城次之，板桥、浦口、六合、麒麟地区的住房负担相对较轻。从居民收入层次看，对于中等及中等以下的低收入家庭来讲，住房负担水平整体仍然较重，而住房压力也会严重影响到居民的生活质量。对高收入群体来讲，南京市大部分地区都处于可支付能力范围。租房价格的空间格局稍异于新房和二手房，从价格空间分布看，主城外围地区如板桥、麒麟、浦口、六合等地租金相对较低，可支付性强；江宁和主城大部分地区价格稍高，河西和仙林地区的租金最高，部分甚至超过10000元。

一　新房的住房成本及住房可支付能力的空间分布特征

南京市中心城区各交通小区新房平均价格空间分布及居民新房住房成本和住房可支付能力的空间分布见图10-7。

图10-7（1）标示了南京市中心城区各交通小区新房的平均价格的空间分布状况，中心城区新房的平均价格为23123元每平方米。总体来看，主城以及河西地区的房价水平相对较高，以24000—30000元每平方米为主，部分地区在30000元每平方米以上。栖霞区的仙林新城次之，以18000—24000元每平方米为主，建邺区的板桥和江北新区的浦口、六合的房价水平相对较低，在5000—10000元每平方米左右。

从低、中、高不同收入层次的居民家庭的住房可支付能力看，低收入水平家庭的住房负担较重，仅六合区的部分小区处于可支付状态；其次浦口、六合以及板桥新城的部分地区住房负担较重，可支付性水平在30%—50%；此外，研究区范围内的长江以南小区的住房负担大多在50%以上，很多小区甚至超过了1，严重超出居民家庭可承受的负荷。综上可以看出，对于低收入家庭来讲，购置新房的负担过

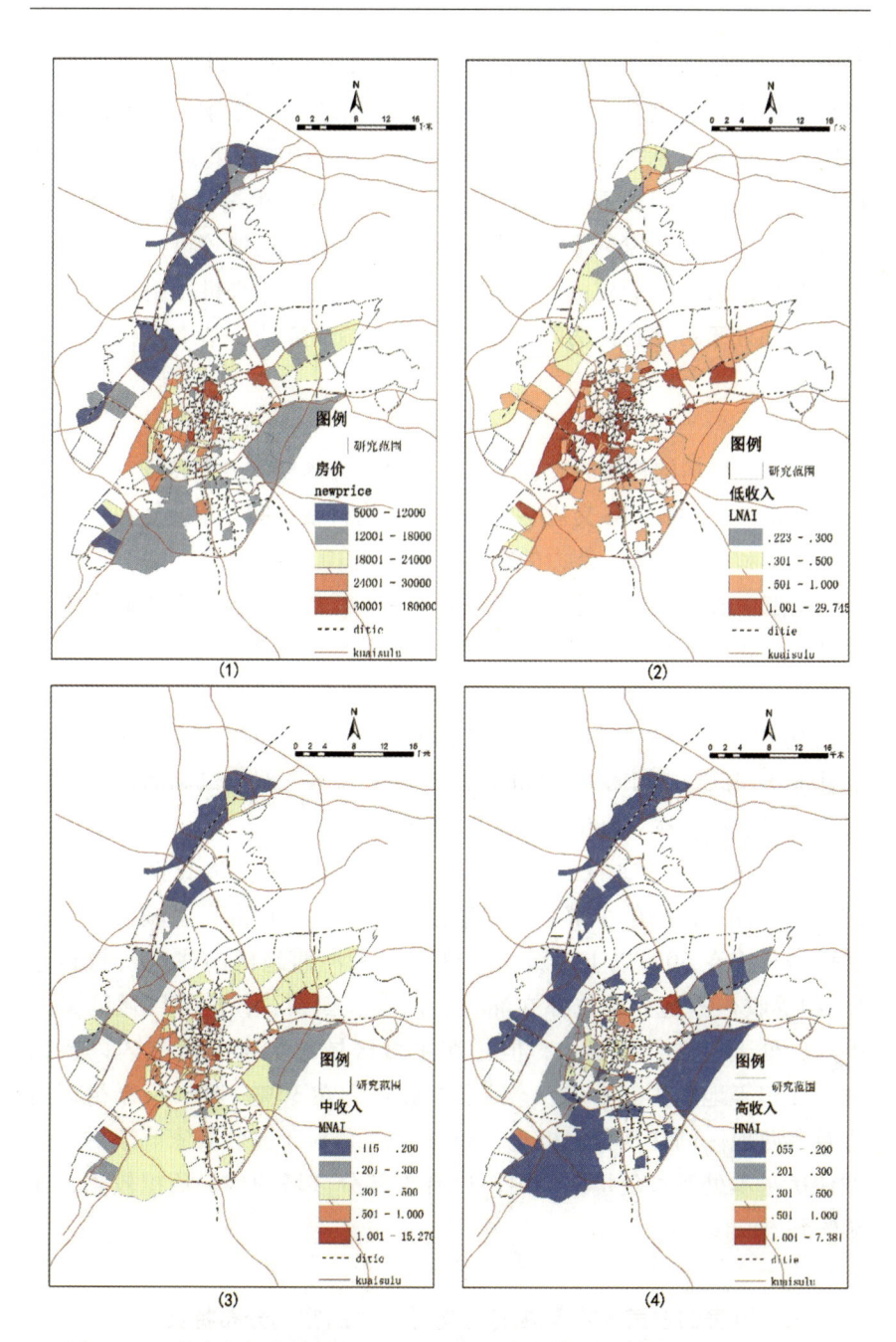

第十章 南京市居民住房可支付能力空间分异　257

图 10-7　南京市新房价格空间分布及居民新房住房可支付能力的空间分布

注：(1) 新房价格 (2) 低收入新房负担 (3) 中收入新房负担 (4) 高收入新房负担

于艰巨，即使依靠30年的住房贷款，仍难以实现。对于中等收入家庭来讲，浦口、六合、麒麟地区的住房负担较轻，符合30%的可支付标准；江宁和仙林次之，住房负担在30%到50%；其余地区特别是河西地区和紫金山周围住房负担达到50%以上，少量区域超过1。因此，对于中等收入家庭来讲，住房负担水平整体仍然较重，而住房压力也会严重影响到居民的生活质量。对高收入群体来讲，南京市大部分地区都处于可支付能力范围，除部分高端住宅外，基本不存在较重的住房负担。

二 二手房的住房成本及住房可支付能力的空间分布特征

南京市中心城区各交通小区二手房平均价格空间分布及居民二手房住房成本和住房可支付能力的空间分布见图10-8。

南京中心城区二手房平均价格为18531元每平方米，低于新房平均价格，二者在空间分布上的特点没有明显差异。栖霞区的麒麟、雨花台区板桥、浦口、六合的房价相对较低，在6000—12000元每平方米，江宁以及宁镇公路以北地区房价在12000—18000元每平方米，栖霞区的仙林和主城区以18000—24000元每平方米为主，新街口和河西地区的房价水平最高，在24000—45000元每平方米。

从不同收入家庭的二手房住房可支付能力看：对低收入家庭来讲，全城仅有六合的少部分区域勉强达到可支付标准，主城大部分区域住房负担在50%以上，新街口区域以及河西地区的住房负担超过1。中等收入家庭如果选择在浦口、六合、麒麟、板桥等区域购买二手房，处于可支付范围内，但是在主城区域的大部分范围内以及仙林、江宁等地购买二手房，家庭负担较重，在30%—50%。新街口周边及河西地区的住房负担极重，超过50%。对于高收入家庭来讲，全城住房基本处于可负担范围内，仅有少部分区域的住房负担较重，在30%到50%。

三 租房的住房成本及住房可支付能力的空间分布特征

南京市中心城区各交通小区租房平均价格空间分布及居民租房住房成本和住房可支付能力的空间分布见图10-9。

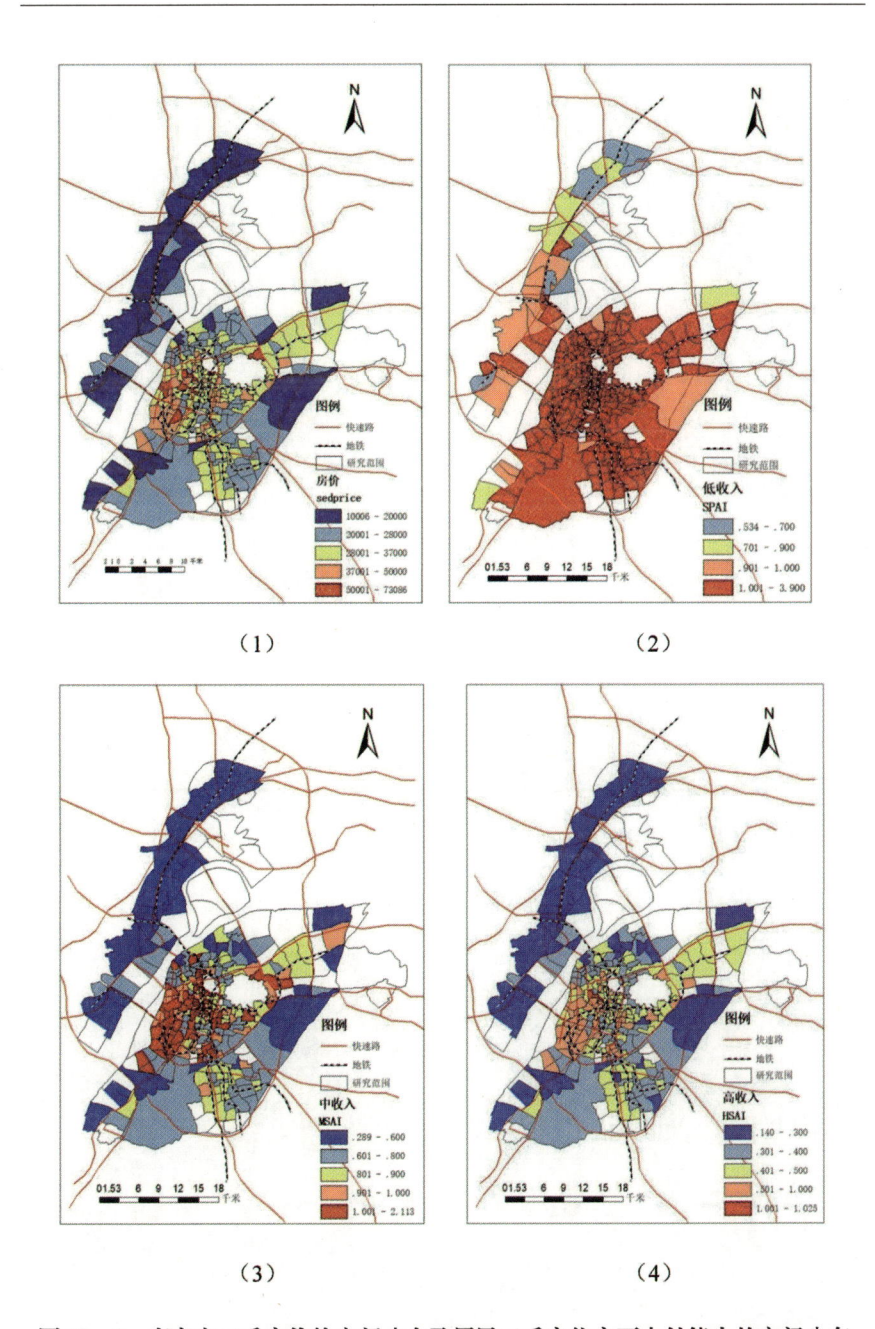

第十章 南京市居民住房可支付能力空间分异 259

图 10-8 南京市二手房价格空间分布及居民二手房住房可支付能力的空间分布

注：(1) 二手房房价 (2) 低收入二手房负担 (3) 中收入二手房负担 (4) 高收入二手房负担

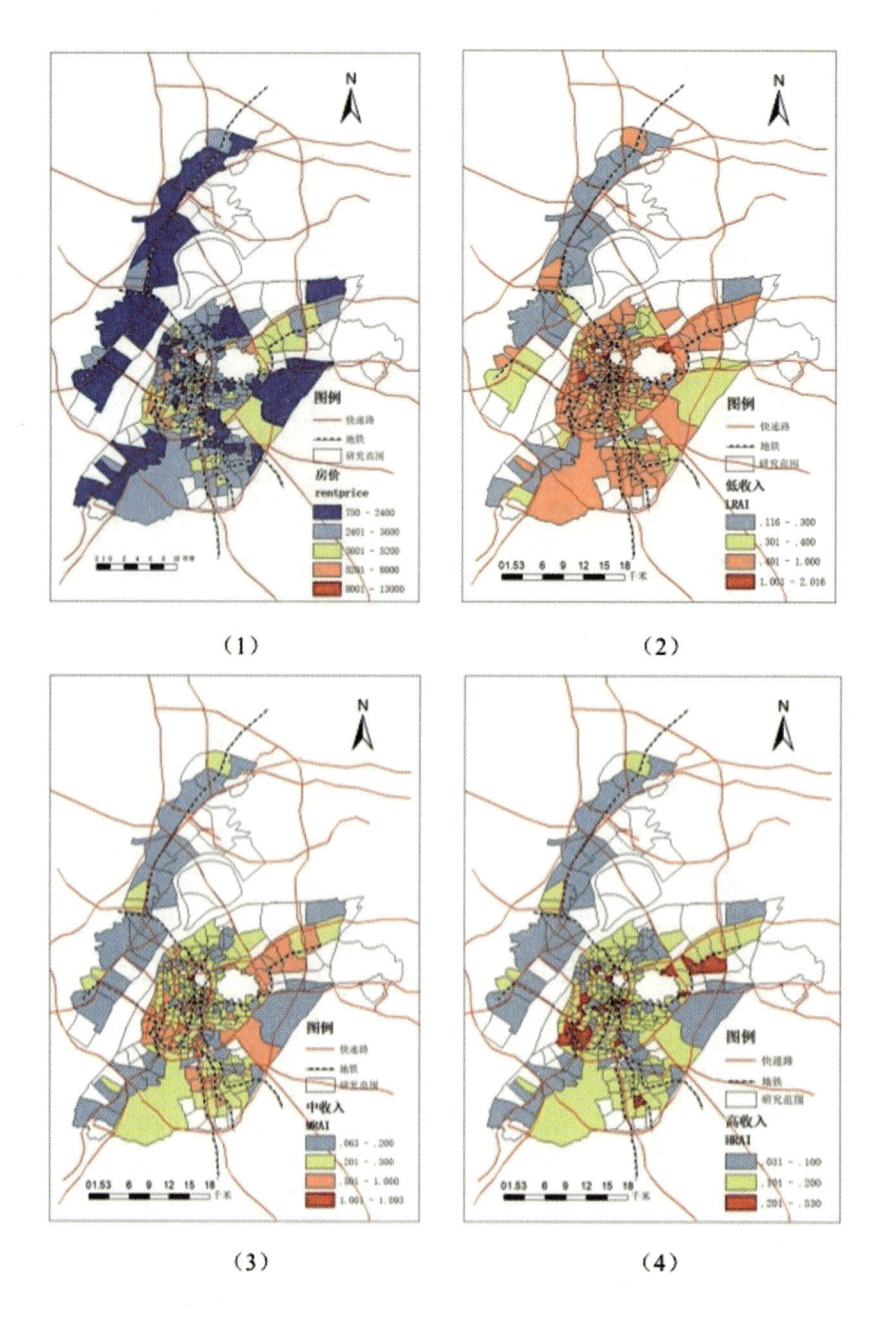

图 10-9 南京市租房价格空间分布及居民租房住房可支付能力的空间分布

注：(1) 租房房价 (2) 低收入租房负担 (3) 中收入租房负担 (4) 高收入租房负担

南京市租房平均价格为 2615 元每月，从价格空间分布看，主城外围地区如板桥、麒麟、浦口、六合等地租金相对较低，在 600—2000 元每月，江宁和主城大部分地区价格稍高，在 2000—3000 元每月，河西和仙林地区的租金最高，在 3000—5000 元每月，部分甚至超过 10000 元。租房价格的空间格局稍异于新房和二手房，新街口地区的租房价格不再突出。虽然新街口核心地区的房价仍然相对较高，但其周围房价多数处于中等和中等偏下水平。

从不同收入水平家庭的租房可支付能力看，低收入家庭在浦口、六合、麒麟以及板桥的部分地区具有可支付能力，江宁及主城大部分地区处于负担较重水平，在 30%—50%，河西和仙林地区的住房对低收入家庭来说仍难以负担。对中等收入家庭来讲，主城基本处于 30%，外围皆处于 20% 以内的可负担范围，仅少部分租房超出可支付标准。对高收入家庭来讲，研究区范围内全部达到了 20% 的租房可负担标准。

第三节　居民住房与交通综合可支付能力的空间分布

从居民住房和交通综合可支付能力的空间差异看，中心城区、河西、仙林地区的综合负担相对较高。江宁、麒麟、板桥的可支付能力水平在 60%—80%，主城及仙林的大部分地区住房与交通综合负担相对较重，处于不可承受范围。二手房综合可支付能力的空间格局也呈现出相同的特征，六合、浦口、板桥、麒麟处于 80% 的负担水平下，仙林和江宁地区以 80%—100% 的负担水平为主，主城大部分地区负担已超过 100%，部分地区超过 150%。租房的情况相对乐观，研究区大部分区域处于可承受范围，极少数地区超过 1。

一　低收入家庭交通与住房可支付能力空间分布

如前文所述，受到收入水平的影响，在考量交通与住房可支付能力时，本书的研究仅以公交出行作为低收入家庭的出行方式，并不考虑私家车出行在此收入水平下的负担状态。所以，对低收入家庭的综合可支付能力水平的研究分为公交出行下的三种不同的情景：（1）新房；（2）二手房；（3）租房。其不同情形的平均负担水平分别为148%、107%、57%，由此可见，低收入家庭在公交出行下选择租房，综合负担相对较轻，处于可承受范围内；但是选择购买住房（无论是新房还是二手房）的负担相对较重，超出了可承受的范围（图10-10）。

对低收入家庭来讲，在六合和浦口部分区域购买新房的综合可支付能力处于可支付的临界点60%上下，在江宁、麒麟、板桥购买新房的可支付水平介于60%—80%，负担比较重，如果选择在主城及仙林的大部分地区购买新房，住房成本与交通成本的综合负担已经超过1，超出可承受的范围。从二手房情况看，空间格局类似，六合、浦口、板桥、麒麟处于80%的负担水平下，仙林和江宁地区以80%—100%的负担水平为主，主城大部分地区负担已超过100%，部分地区超过150%。低收入家庭租房，负担水平较低，大部分区域处于60%的综合负担以下，极少数地区超过1。

二 中等收入家庭交通与住房可支付能力空间分布

对于中等收入家庭，在考量交通与住房可支付能力时，考虑了公交出行和私家车出行两种出行方式作为中等收入家庭的出行方式，考察公交出行方式下（1）新房；（2）二手房；（3）租房的负担状态，以及私家车出行方式下的（1）新房；（2）二手房；（3）租房的负担状态，共计六种不同的情形。

公交出行方式下（1）新房；（2）二手房；（3）租房的负担状态空间分布见图10-11。

对中等收入家庭来讲，选择公交出行方式，三种不同住房模式下的综合支付能力分别为：新房综合支付能力为111%、二手房综合支付能力能力为81%、租房综合支付能力为49%，选择购买二手房和租房的家庭，平均负担属于可支付范围。

其具体空间分布情况见图10-11：

选择在主城外围地区购买新房的中等收入家庭，其综合可支付能力处于60%以下，在河西地区以60%—80%为主，在玄武湖、紫金山等

第十章 南京市居民住房可支付能力空间分异 263

（1）

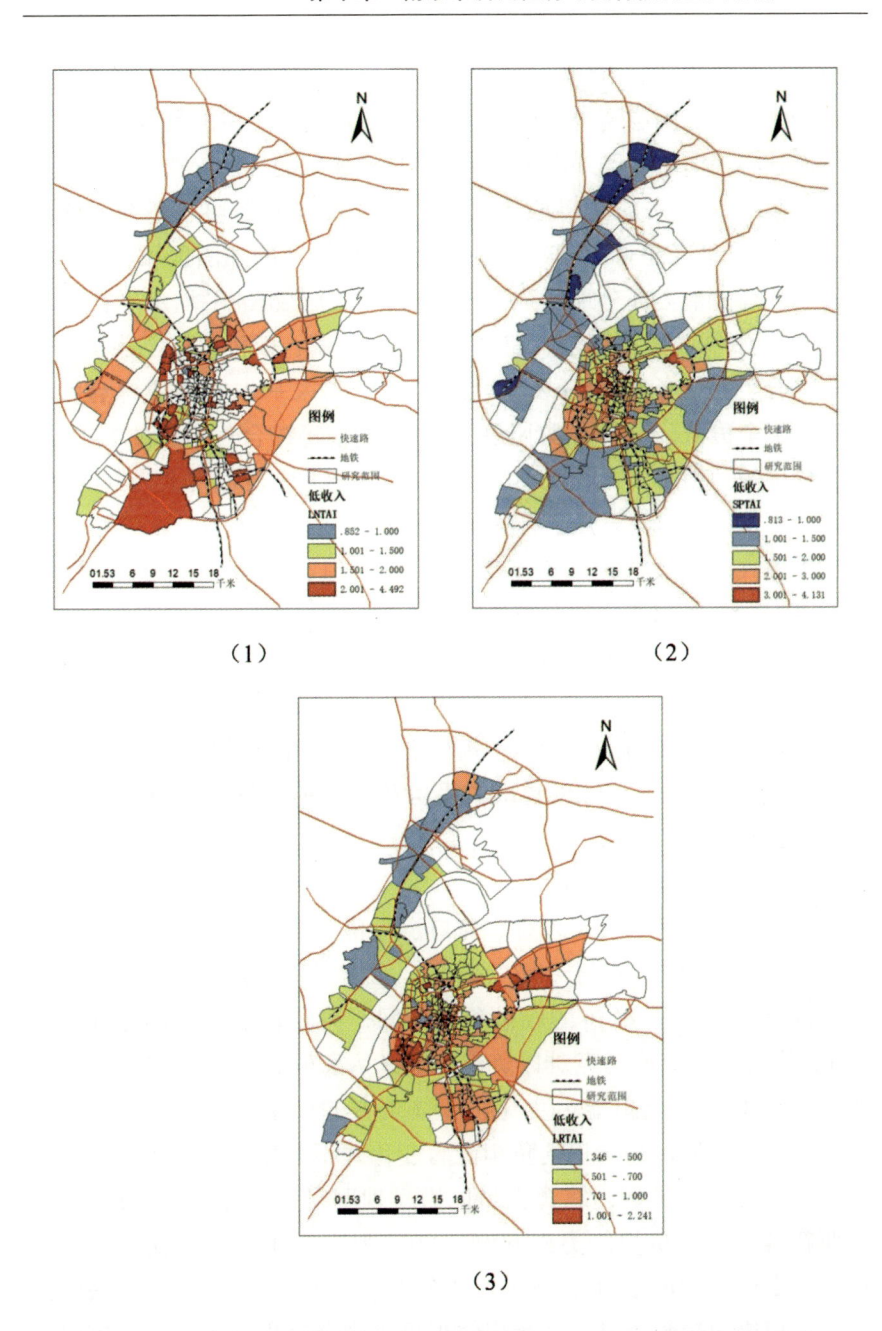

（2）

（3）

图 10-10 南京市居民低收入家庭公交出行交通与住房可支付能力空间分布
注：（1）新房 （2）二手房 （3）租房

部分地区，负担超过100%。购买二手房的综合负担能力的空间分布呈现出较为明显的圈层结构，显示出居民家庭购买二手房的负担能力从城市中心核心区向主城区外围区域和郊区层层递减的特征。选择在主城核心地区购买二手房的中等收入家庭，综合负担的平均水平在80%—100%，部分地区超过100%；选择在主城核心区的外围区域，如江北新区、河西南部大部分地区购买二手房，综合负担的平均水平在60%到80%。如果选择在六合、浦口、仙林、麒麟、板桥、江宁购买二手房，综合负担在60%以下。从租房看，研究区基本实现了综合负担60%以下全覆盖，仅极少数小区的高端住宅使得综合负担超过1，如紫金山周围的钟山高尔夫所在小区和其他别墅区所在小区。但总体来讲，租房的可支付能力明显强于新房和二手房。

中等收入家庭选择私家车出行方式下（1）新房；（2）二手房；（3）租房的负担状态空间分布见图10-12。

对选择私家车出行的中等收入家庭来讲，住房与交通可支付能力分析也分为三种情形：（1）新房；（2）二手房；（3）租房。购买新房综合负担分别为116%，购买二手房综合负担为86%，租房的综合负担为54%，可以看出二手房和租房的平均负担基本处于可支付范围内。

其具体空间分布的特征：

对于购买新房来讲，六合、浦口、板桥、麒麟和仙林的部分地区综合负担相对较低，处于30%—60%，仙林的部分地区以及主城的部分地区处于60%到80%的较重负担区间，河西和中心区部分地区超过1，中等收入家庭已经难以负担。选择私家车出行的中等收入家庭，购买新房的综合负担能力变化主要体现在购买主城区的新房负担加大，购买外围城区的新房的负担能力变化并不明显。从二手房综合负担能力的空间格局看，综合支付能力呈现明显的两分格局，即主城、河西新城的综合负担能力以60%—80%为主，外围（除仙林部分地区）以30%—60%为主。与公交出行相比，仙林与主城的地铁沿线小区负担增加较为明显。从租房情形看，同公交出行类似，私家车出行也能基本实现60%以下的负担水平，做到基本全覆盖。因此，对于中等收入租房的家庭来说，不论是选择私家车出行还是选择公交出

第十章　南京市居民住房可支付能力空间分异　　265

（1）

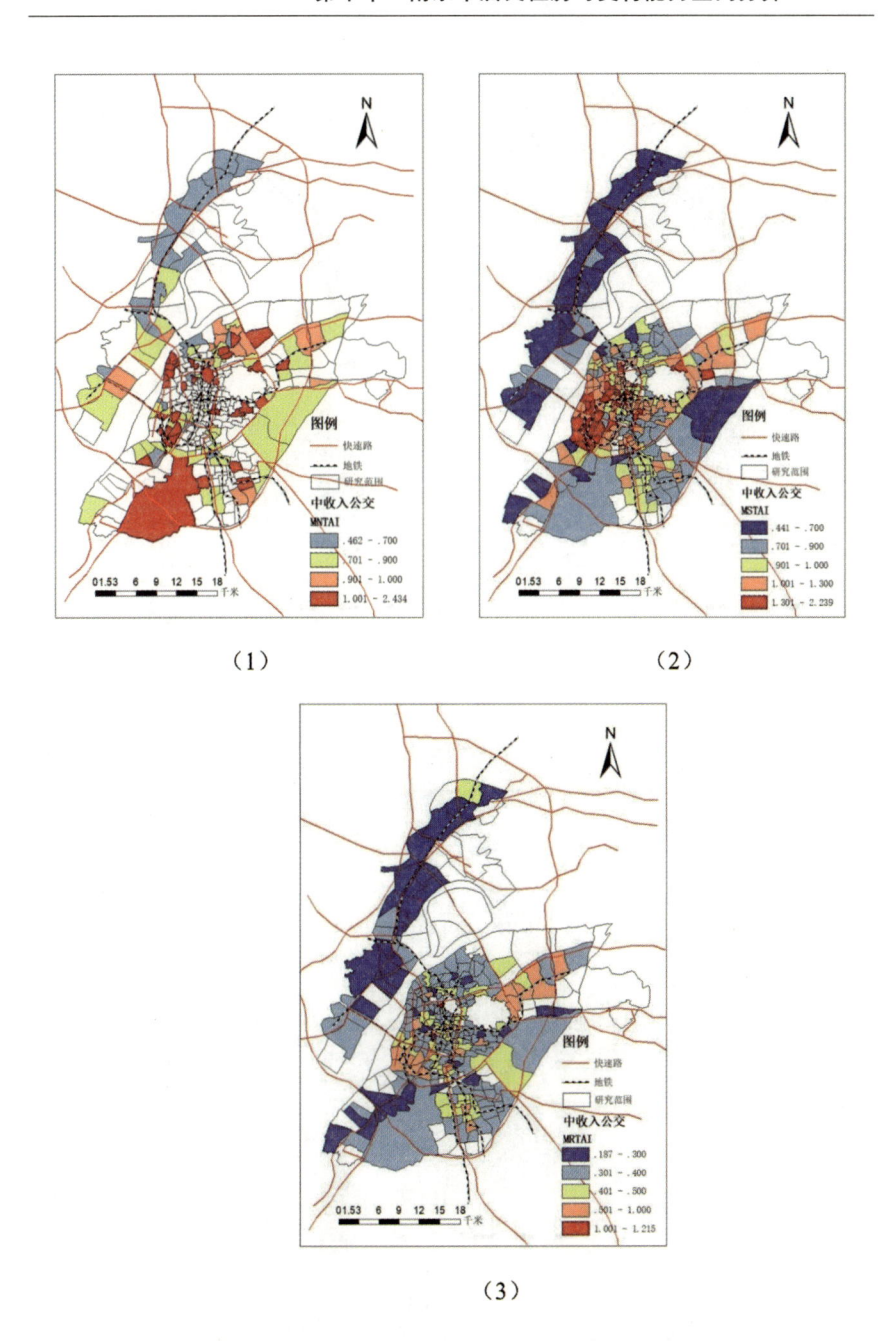

（2）

（3）

图 10-11　南京市居民中等收入家庭公交出行交通与住房可支付能力空间分布
　　注：（1）新房　（2）二手房　（3）租房

(1)

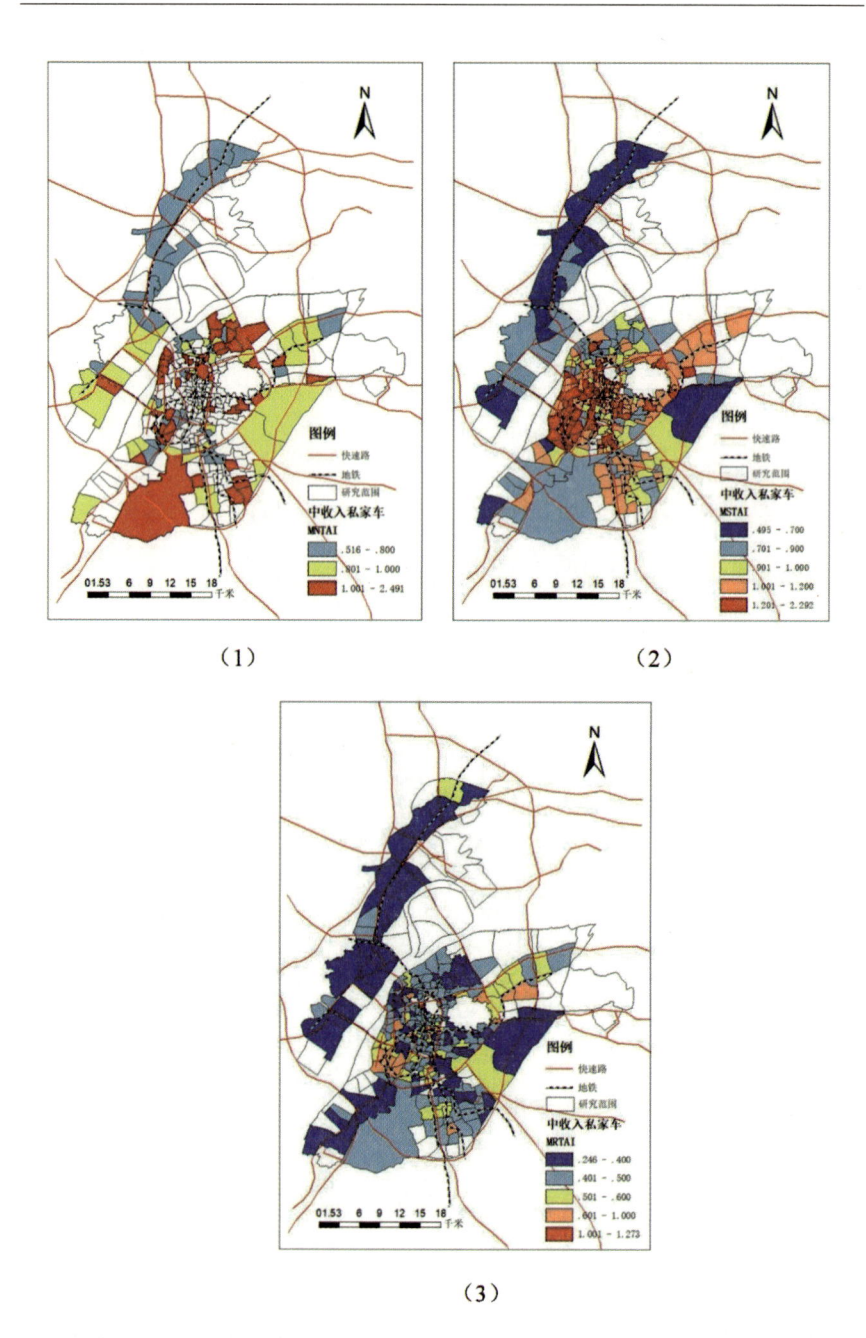

(2)

(3)

图 10-12 南京市居民中等收入家庭私家车出行交通与住房可支付能力空间分布

注：(1) 新房 (2) 二手房 (3) 租房

行,综合负担基本一样,即交通方式并不改变家庭负担水平。由此可以看出,即使交通成本相同,租房与买房的综合负担差异也对居民的实际负担产生了巨大影响。

三 高收入家庭交通与住房可支付能力空间分布

同样,对于高收入家庭,在考量交通与住房可支付能力时,也是分别考察公交出行方式下(1)新房;(2)二手房;(3)租房的负担状态,以及私家车出行方式下的(1)新房;(2)二手房;(3)租房的负担状态,共计六种不同的情形。

对高收入家庭来讲,选择公交出行方式,不论是购买新房,还是二手房和租房,已经不存在综合支付负担。购买新房选择公交出行,中心城区能基本达到综合负担全部低于60%。从空间差异看,中心城区、河西、仙林地区的负担仍然相对较高,超过30%,而浦口、六合、江宁、麒麟、板桥地区的负担能力较强,负担水平在30%以下。对于二手房和租房来讲,综合负担相对更轻,由于房源覆盖区域更广,因此能更清晰地反映出,对高收入家庭来说不存在综合负担问题。从内部差异看,新街口以北、河西地区的综合负担仍然相对较高,并呈现中心到外围递增的空间格局。三种不同住房类型在平均综合负担上的差距为新房53%,二手房45%,租房31%。

高收入家庭选择私家车出行的方式的综合负担水平与公交出行方式下的综合负担水平基本一样,三种不同住房类型的平均综合负担能力分别为新房54%,二手房46%,租房32%。说明对此类家庭来讲,不论是新房、二手房都已不存在综合负担,即高收入家庭可以任意选择住房地点、住房类型和出行方式(如图10-13、图10-14所示)。从内部空间差异看,私家车出行的空间格局与公交出行的空间格局类似,综合负担呈现中心高外围低的特征,且河西新城的负担能力相对较弱。

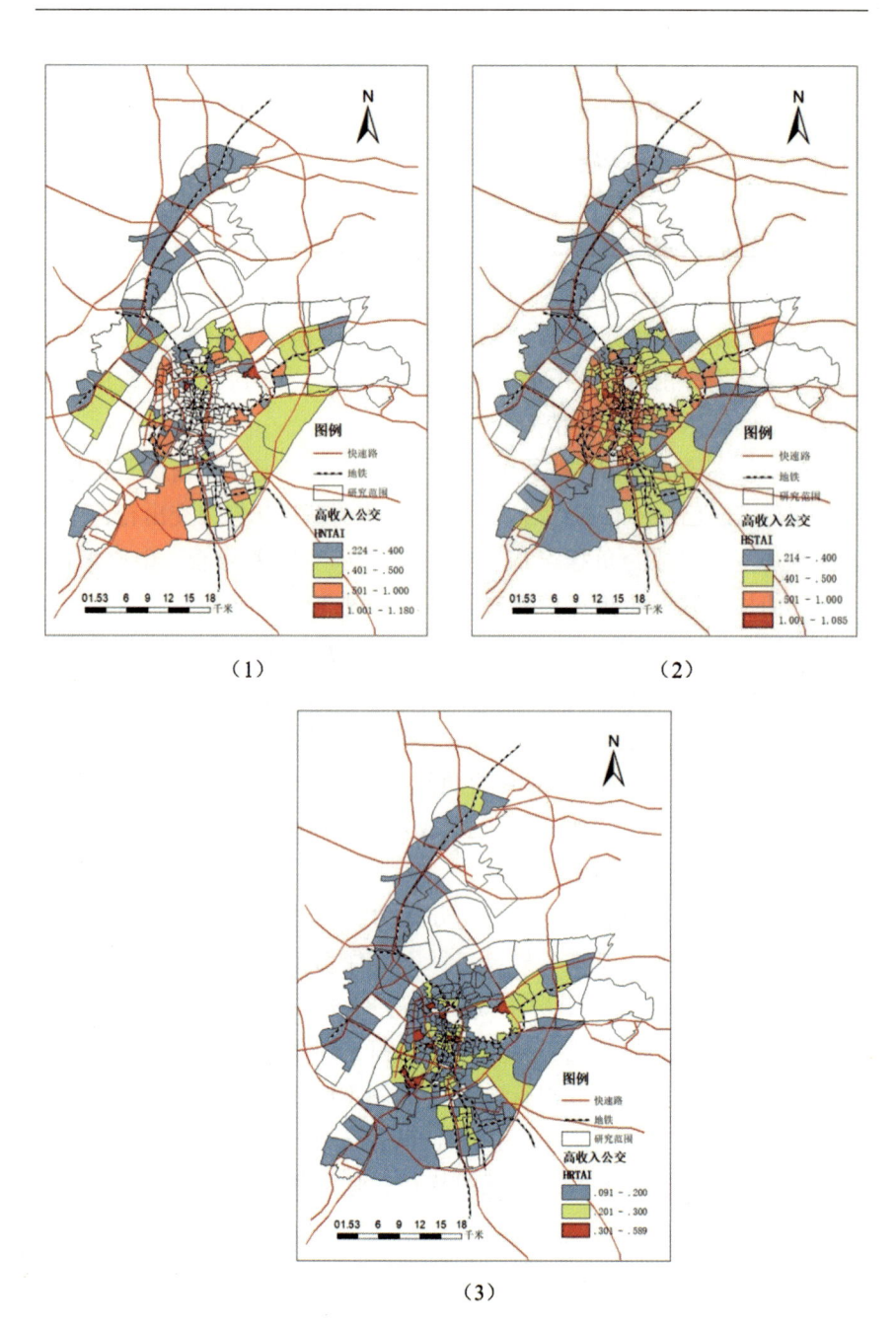

图 10-13　南京市居民高收入家庭公交出行交通与住房可支付能力空间分布

注：(1) 新房　(2) 二手房　(3) 租房

第十章 南京市居民住房可支付能力空间分异　269

（1）

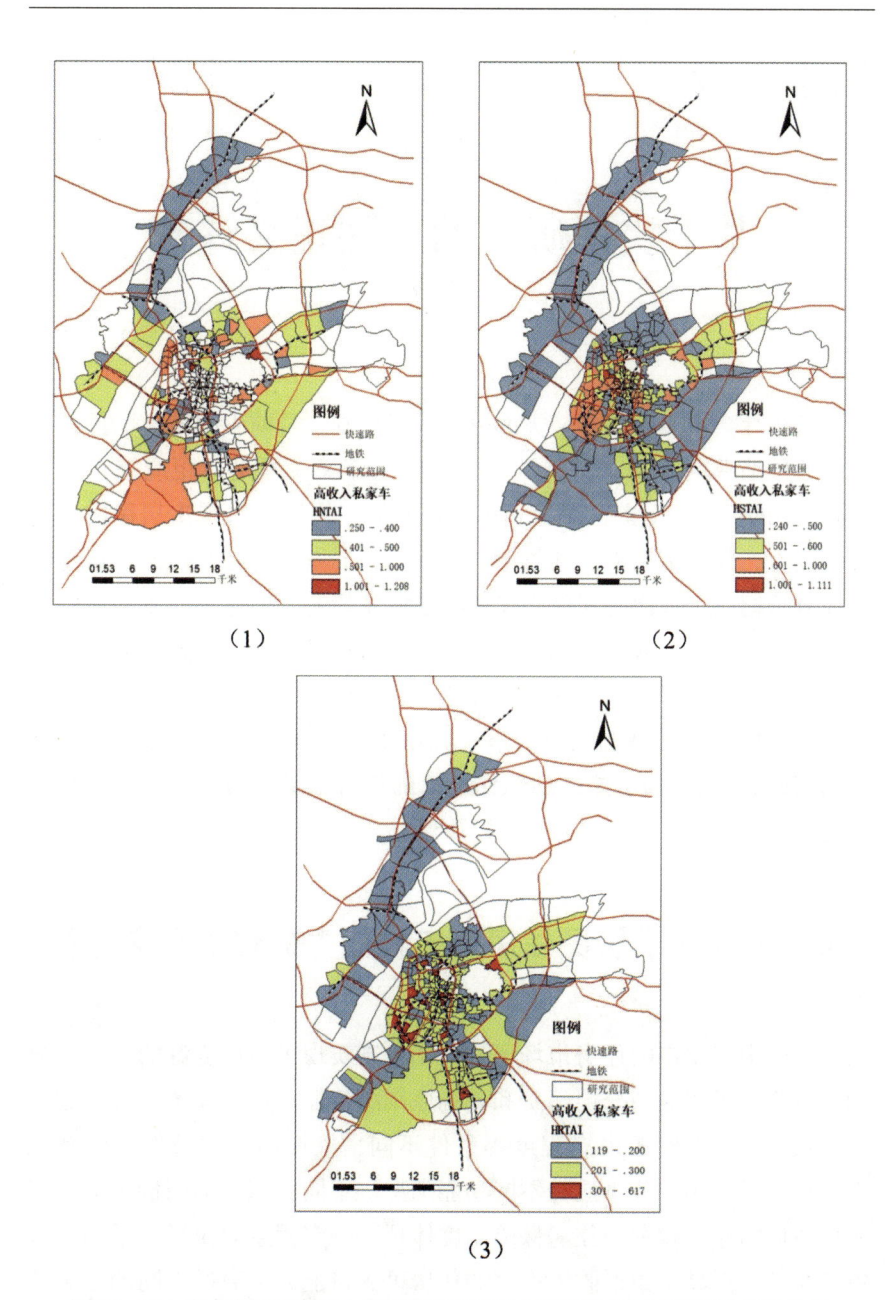

（2）

（3）

图 10-14　南京市居民高收入家庭私家车出行交通与住房可支付能力空间分布

注：（1）新房　（2）二手房　（3）租房

第十一章

基于实证研究的居住正义评判

基于社会主义市场经济下的分配正义原则,目前中国城市的居住正义是分层消费的正义,是承认个体差距的正义,但是差距应该保持在"合理"的范围内。前文第三篇中从样本城市不同收入层次居民的住房支付能力、住房市场需求和供给的均衡关系、城市中心城区的住房与交通综合负担三个方面对居住正义进行了定量研究。通过对样本城市的研究和观察,我们发现,中国大城市的住房市场显现出了明显的分层消费和过于严重的"差别"特征,居民家庭的住房可支付能力呈现下降趋势,住房梯度供需结构不够合理,无法支撑实现居住正义的"合理差距",住房空间分布不能达到职住平衡的相对正义状态并造成城市环境非正义。

第一节 基于居民住房可支付能力的住房正义分析

目前中国城市的住房市场通过市场机制实现了住房资源的差别化分配,显现出了明显的分层消费和差别原则的特征。社会成员及其家庭的收入状况、社会资源占有程度等条件不同,根据不同的条件和消费能力,在市场机制调节下选择不同功能类型、不同面积、不同价格的住房实现住房的基本权利。住房保障制度体现了一定程度的相对公平和人道主义原则,提高了中低收入家庭的住房可支付能力,通过不同的方式帮助了较低收入群体实现住房权利。但是,很显然居民居住权利实现的"差别"正在超出"合理"界限,尤其是中等收入阶层由于无法实现与之相适应的住房需求,一直处于住房支付的巨大压力之下,社会存在感和幸福感都不强。

一 住房保障制度体现了相对公平和人道主义原则

住房商品兼具个体消费的经济性和集体消费的社会性的特征。住房是一种特殊的商品，针对有能力支付与收入水平相当的住房的社会个体，住房是一个经济问题，供给与需求完全可以由市场机制调节。而对于中低及低收入群体，他们的收入水平无力通过市场解决住房困境，这就使得住房涉及社会的公平与和谐，成为社会问题，住房呈现出集体消费的特性。当市场失灵出现，市场机制无法配置作为集体消费品的住房资源时，政府必须要采取应对措施，承担起生产、供给和管理住房作为集体消费品的责任。政府要通过一定的顶层设计和政策调整实现住房领域的二次分配，实现住房领域的相对公平原则和人道主义。一部分社会成员及其家庭没有扩展住房消费的能力，通过政府在住房领域的二次分配的制度优惠政策，如经济适用房和限价商品房，增强了住房市场消费能力，从而通过购买住房实现了住房权利；还有一部分长期参与社会分配的能力比较弱的社会成员，政府通过廉租房、公共租赁住房制度建设以解决他们的住房问题。2010年之前实施的经济适用房制度，确实在一定程度上提升了低收入居民家庭的住房可支付能力。2005—2010年期间，南京最低收入居民家庭的住房可支付能力指数虽然较低，但是处于不断上升中（图11-1上图），而低收入居民的家庭住房可支付能力指数一直保持在1以上（图11-1下图），处于1.24—1.85，这一部分家庭虽然家庭收入的绝对值不是很高，但是，他们在政府住房政策的帮助之下，住房可支付能力是相对稳定的，完全可以用家庭的剩余收入拓展相应的住房需求。这表明了2010年之前的住房保障制度，尤其是经济适用房制度的实施，很好地体现了住房正义的相对公平原则和人道主义原则。

但是，随着经济的发展，城市规模的扩大，目前的住房保障制度的这一作用正在逐渐减弱，已经无法帮助低收入人群提升住房可支付能力、实现居住的基本权利。从2010年开始，由于实施过程中的诸多问题，南京经济适用房制度已经在事实上停止实施，这就造成了2011年的低收入居民的住房可支付能力指数突然降到0.79，之后一直处于波

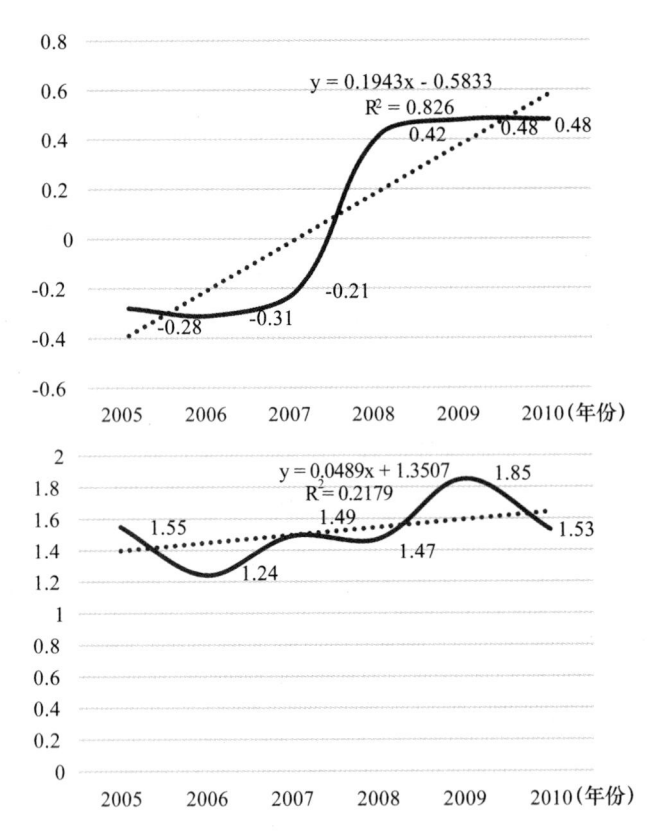

**图 11-1　2005—2010 年南京最低收入和低收入居民家庭
住房可支付能力处于不断上升中**

（上图为最低收入居民家庭，下图为低收入居民家庭）

动下降趋势中，2015 年下跌至 0.61，2020 年继续下降至 0.22（图 11-2），低收入人群的家庭剩余收入根本无法负担住房市场上相应的"标准住房"（60m²）的消费。

二　居住正义的"差别"正在超出"合理"界限

现阶段中国城市中的住房正义应该遵循合理差别原则，通过市场机制实现住房资源的合理差别化分配。社会成员及其家庭的收入状况、社会资源占有程度等条件不同，根据不同的条件和消费能力，在市场机制

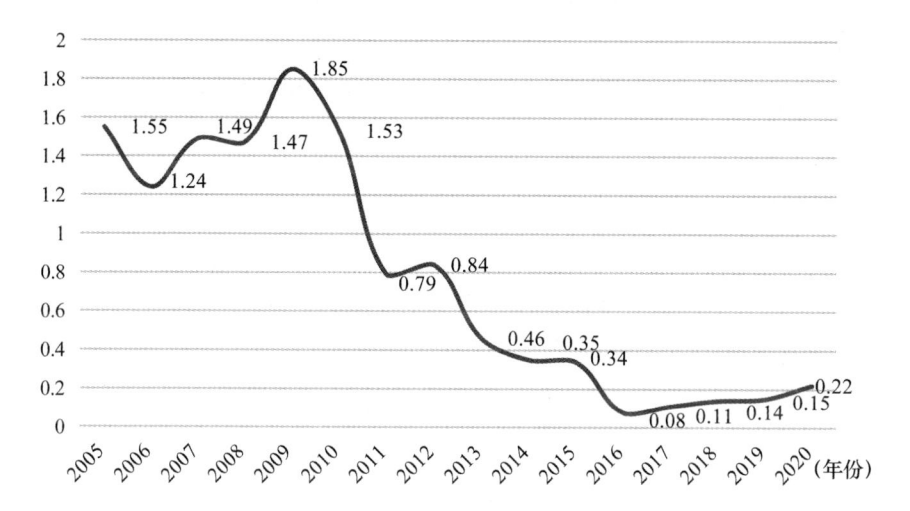

图 11-2　2005—2020 年南京低收入居民家庭住房可支付能力变动趋势

调节下选择不同功能类型、不同面积、不同价格的住房，以合理的差别化原则实现住房的基本权利。分层消费本身就是体现了这种差别原则，根据居民家庭的收入状况对其进行合理分层，并赋予每一层次家庭合理的住房消费标准。根据这样的原则和标准进行分析，研究结果显示（见表 11-1），在 2010 年之前的南京住房市场上还是体现了这种合理的差别原则的，居民从低到高的七个收入层次，他们根据自身不同的家庭收入状况，完全有能力承受相应层次的住房消费支出，在市场机制下选择合适自己家庭收入和消费偏好的住房而实现住房权利。

但是，2011 年之后，根据住房可支付能力指数显示，剩余收入不能拓展住房需求的居民家庭，也就是，对应分层标准住房不可得或可得性较弱居民家庭比例逐年增加，2011 年以来占据一半以上，2012 年甚至达到了 83.1% 的高值，近几年，随着居民收入的提高，这一比例有所下降，2020 年这一比值在 71.5%，但是依然是非常高。这些家庭通过市场行为是无法承受相应层次的住房、实现住房权利的。这样的一个比例说明现阶段住房市场的差别化已经完全超越了居住正义所应该遵循和倡导的差别合理化的界限。

表 11-1　　　　　　　南京市居民家庭住房可得性分析

年份	组别	MHAI	分层家庭所占比例（%）	对应分层标准住房不可得或可得性较弱居民家庭比例（%）
2005	1	-0.28	70.1	43.8
	2	1.55		
	3	0.87	26.2	
	4	1.54		
	5	2.43		
	6	1.33	3.7	
	7	2.13		
2006	1	-0.31	69.8	43.7
	2	1.24		
	3	0.89	26.4	
	4	1.46		
	5	2.29		
	6	1.19	3.8	
	7	2.02		
2007	1	-0.21	69	43.5
	2	1.49		
	3	0.88	27.1	
	4	1.39		
	5	2.10		
	6	1.18	3.9	
	7	2.08		
2008	1	0.42	68.5	43.4
	2	1.47		
	3	0.94	27.6	
	4	1.42		
	5	2.21		
	6	1.09	3.9	
	7	1.79		

续表

年份	组别	MHAI	分层家庭所占比例（%）	对应分层标准住房不可得或可得性较弱居民家庭比例（%）
2009	1	0.48	68.1	34.1
	2	1.85		
	3	1.07	27.8	
	4	1.51		
	5	1.25		
	6	1.46	4.1	
	7	2.14		
2010	1	0.48	67.9	43.3
	2	1.53		
	3	0.74	27.9	
	4	1.07		
	5	1.75		
	6	1.23	4.3	
	7	1.88		
2011	1	0.27	63.4	55.4
	2	0.79		
	3	0.50	32.4	
	4	0.79		
	5	1.16		
	6	0.97	4.2	
	7	1.50		
2012	1	0.38	58.4	83.1
	2	0.84		
	3	0.63	37.1	
	4	0.91		
	5	1.35		
	6	1.12	4.5	
	7	1.75		

续表

年份	组别	MHAI	分层家庭所占比例（%）	对应分层标准住房不可得或可得性较弱居民家庭比例（%）
2013	1	0.47	53.1	81.3
	2	0.61	42.3	
	3	0.92		
	4	1.26		
	5	1.60	4.6	
2014	1	0.36	48.6	78.8
	2	0.55	45.6	
	3	0.78		
	4	1.19		
	5	1.33	5.8	
2015	1	0.33	46.4	77.6
	2	0.61	46.9	
	3	0.91		
	4	1.35		
	5	1.78	6.7	
2016	1	0.08	44.8	76.3
	2	0.45	47.3	
	3	0.76		
	4	0.85		
	5	1.49	7.9	
2017	1	0.11	44.3	75.9
	2	0.41	47.5	
	3	0.67		
	4	1.04		
	5	1.29	8.2	

续表

年份	组别	MHAI	分层家庭所占比例（%）	对应分层标准住房不可得或可得性较弱居民家庭比例（%）
2018	1	0.14	43.3	74.9
	2	0.45		
	3	0.76	47.5	
	4	1.16		
	5	1.42	9.2	
2019	1	0.15	41.7	73.7
	2	0.46		
	3	0.76	48.1	
	4	1.16		
	5	1.41	10.2	
2020	1	0.22	37.6	71.5
	2	0.51		
	3	0.83	50.8	
	4	1.26		
	5	1.50	11.6	

三 居住正义陷入"中等收入陷阱"的矛盾

"中等收入陷阱"（Middle Income Trap）的概念最早是世界银行《东亚经济发展报告（2006）》提出的。这份报告是针对国家和经济体而言，中等收入陷阱具有两个特征，一是中等经济规模的经济体会出现经济增长的繁荣假象；二是中等经济规模的经济体会在一定时期进入一个经济滞涨期，从而不能在经济、社会多个方面达到高经济规模所能达到的水平，进入高收入国家行列。进入这个时期，一个经济体或者是一个国家在由不发达阶段进入中等经济规模阶段的过程中，一般会过度关注经济的增长，并能达到经济快速发展的结果，但是会由于过度关注经济的单边增长和经济快速发展而积累各种矛盾，并会在经济快速发展到一定规模之后集中爆发，从而造成社会发展、城市发展无法追赶经济"起飞"高速度，形成经济单边增长的繁荣假象。

"中等收入陷阱"是一个很宏观的经济概念,其实我们也可以借用这个概念来分析中观和微观经济现象,比如城市居住正义中的中等收入阶层收入增长和住房支付能力下降的矛盾现象。考察前文针对南京居民家庭住房可支付能力所作的研究,可以发现,中等收入阶层一直处于一种收入的绝对量不断快速增长(见图11-3),但是住房可支付能力一直处于持续下降趋势中,2011年之后甚至降到1以下(见图11-3),这个时候的中等收入居民家庭的剩余收入根本无法拓展住房需求,收入的增长与住房可支付能力指数处于负相关关系状态,中等收入阶层一直处于收入单边增长"繁荣假象"之中,这一阶层由于无法实现与之相适应的住房需求,一直处于住房支付的巨大压力之下,社会存在感和幸福感都不强。

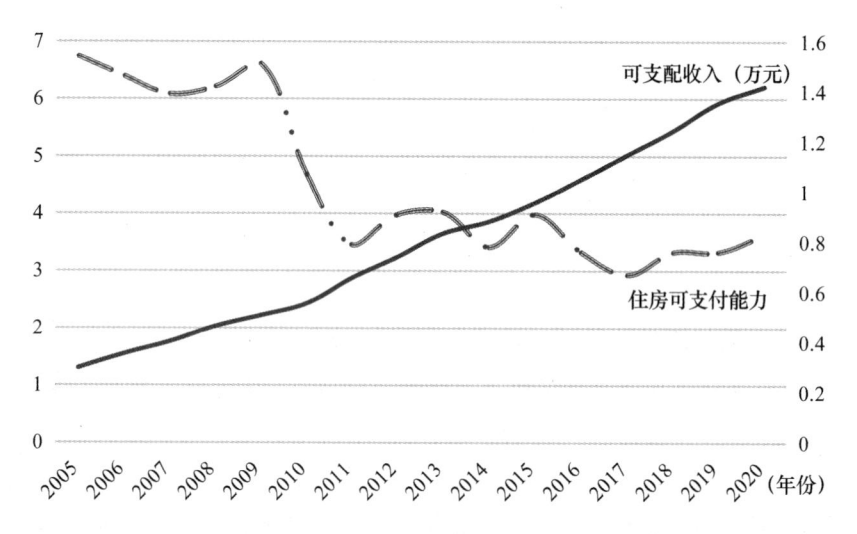

图11-3 南京中等收入居民家庭收入和住房可支付能力指数变化趋势比较

总之,通过对2005—2020年南京居民家庭的住房可支付能力做趋势变动分析,可以发现:第一,2005—2020年南京居民住房可支付能力是在逐渐减低的。第二,其中中等偏下收入组的居民的住房支付能力一直处于很低的水平。第三,低收入组居民的住房可支付能力在2010年出现分水岭,原因是住房保障政策的变动,即经济适用房制度的停止实施。

根据南京居民家庭住房的可支付性和可得性来衡量居住正义，得到以下结论：

（1）2010年之前的住房保障制度（经济适用房）的实施确保了低收入阶层的基本住房权利，体现了人道主义原则和社会主义相对公平原则。但是，随着经济的发展，城市规模的扩大，目前的住房保障制度已经无法实现低收入人群的这一基本权利。从2010年开始，由于实施过程中出现诸多问题，经济适用房制度停止实施，2011年的低收入居民的住房可支付能力指数一下子降到0.79，2015年下跌至0.61，2020年降至0.51，低收入人群的家庭剩余收入根本无法负担相应的"标准住房"（60m²）的消费。

（2）居民居住权利实现的"差别"已经超出"合理"界限。现代中国城市中的住房正义应该遵循合理差别原则，通过市场机制实现住房资源的合理差别化分配。社会成员及其家庭的收入状况、社会资源占有程度等条件不同，根据不同的条件和消费能力，在市场机制调节下选择不同功能类型、不同面积、不同价格的住房，以合理的差别化原则实现住房的基本权利。

但是，通过研究发现，目前城市居民之间的差别化已经超出合理的界限。对应分层标准住房不可得或可得性较弱居民家庭的比例逐年增加，2011年已经占据一半以上，2020年已经达到70%。70%以上的居民家庭不能通过市场机制获得与家庭收入相当的住房而实现住房权利。这些家庭通过市场行为是无法承受相应层次的住房、实现住房权利的。这样的一个比例说明现阶段住房市场的差别化已经完全超越了居住正义所应该遵循和倡导的差别合理化的界限。

（3）中等收入阶层陷入一种可支配收入绝对量不断快速增长与住房可支付能力一直处于持续下降趋势的矛盾之中。

考察南京居民家庭住房可支付能力所作的研究，可以发现，中等收入阶层一直处于一种收入的绝对量不断快速增长，但是住房可支付能力一直处于较低水平，并处于持续下降趋势中，2010年之后甚至降到1之下（家庭剩余收入无法满足住房需求），说明中等收入家庭的剩余收入根本无法拓展住房需求，收入的增长与住房可支付能力指数处于负相关关系状态，中等收入阶层一直处于经济收入单边增长"繁荣假象"

之中，这一阶层由于无法实现与之相适应的住房需求，一直处于住房支付的巨大压力之下，社会存在感和幸福感都不强。

第二节　基于住房需求与供给均衡性的居住正义分析

通过对一段时期内南京市不同支付能力居民家庭的住房有效需求和实际的住房供给进行均衡性分析，发现南京市住房的供需结构存在两个特点：一是总量结构上，住房的有效需求与实际供给结构呈现不均衡及两极分化的趋势；二是住房产品结构上，实际供给与居民的有效需求呈现出产品结构的非均衡的特征，住房梯度供需结构不合理不仅推高了中等收入阶层家庭实现居住权利的成本，同时也无法支撑实现居住正义的"合理差距"。

一　住房消费需求呈现两极分化的趋势

从 2005—2020 年南京居民家庭的住房有效需求结构的变动趋势来看（表 11-2），居民家庭对小户型（价格相对较低）商品住房的需求在逐步减少，对中等户型和大户型及高档商品住房的需求在不断增长。2005 年居民家庭对小户型商品住房的需求比例是 69.11%，2020 年降到 11.65%，2005—2020 年的平均降幅是 3.51%；2005 年居民家庭对大户型高档商品住房的需求比例是 4.08%，2020 年达到 24.89%，2005—2020 年的平均增速是 4.62%；而普通商品房的住房需求比例则从 26.81% 上涨为 63.45%，2005—2020 年平均增速为 6.04%。居民家庭对普通商品住房的需求不断向低价商品房和高档商品房两极拉伸，住房消费有效需求呈现出两极分化的趋势。

经济发展总体水平提高，高收入人群数量不断增长，对高档住房的需求有了一定的增加。而土地资源有限，城市用地越来越紧张，国家限制性开发政策，使高档商品住房供应量在减少。住房市场上就会不断溢出一部分对大户型及高档商品住房需求。这部分需求只能去普通商品住房市场甚至是小户型商品住房市场寻求释放。在这种情况下，高收入层次居民家庭购买普通商品住房甚至是小户型商品住房的目的不是居住，多是为了投资。一方面，住房开发者为了迎合大户型及高档住房消费需求，增大和改变普通商品住房的套均面积和户型；另一方面，得不到满足的大户型及高档商品住房需求被挤压转移至小户型和中等户型的住房，这必然催生出大量的投资性住房消费，一定程度上带动了应该面向中等收入家庭的普通商品住房的价格的不断上升，从而在一定程度上导致住房市场出现非正义现象，中、低收入阶层的居民家庭实现居住权利的负担越来越重。

表11-2　　　　2005—2020年南京住房有效需求结构　　　　（%）

年份	小户型商品房	普通商品房	大户型及高档商品房
2005	69.11	26.81	4.08
2006	64.60	30.47	4.93
2007	61.51	32.63	5.86
2008	58.31	35.13	6.56
2009	57.17	34.91	7.92
2010	54.09	36.39	9.52
2011	36.44	52.75	10.81
2012	30.03	53.98	15.99
2013	31.31	58.46	10.23
2014	24.42	62.40	13.18
2015	18.96	64.76	16.28
2016	7.06	70.84	22.10
2017	9.99	68.49	21.52
2018	11.12	65.50	23.38
2019	10.65	65.05	24.30
2020	11.65	63.45	24.89
平均增速	3.51	-6.04	4.62

二　住房梯度供需结构不合理，无法支撑实现住房正义的"合理差距"

在相对稳定的一段时期内，居民家庭的住房消费需求会形成一定的梯度变化结构，城市中不同收入水平的消费者对住房的需求有很大不同，他们会根据家庭情况选择不同类型的住房，通过不同的方式实现自己的居住的权利，从而使得居住正义体现出合理差距原则和特征。在住房商品化、市场化条件下，这种合理差别一定会体现在住房需求结构、住房供给结构和住房产品的档次结构等许多方面，即城市居住正义必须体现出梯度需求结构与梯度供给结构相匹配的原则，各类住房应该按需供给，否则只会造成资源浪费和非正义的上涨。

住房市场是否能满足城市中不同层次家庭的差别性的消费需求选择，开发和提供的房型、大小等必须是多样性的，否则就会出现不同层次的供需之间的断层，造成不同层次住房需求之间的挤压和倒灌，造成住房非正义现象的出现。

通过对南京市的住房需求与供给结构进行研究分析后发现，当前南京的住房消费和供给结构处于不均衡状态。一方面，总量结构上，住房的有效需求与实际供给结构呈现不均衡。小户型商品住房的实际供应比例超过了居民的有效需求比例，呈现出总量数据上的供过于求的非均衡状态；普通商品住房的有效需求大于实际供给比例，呈现出总量数据上的需求大于供给的非均衡状态；高档商品住房呈现出总量上严重的供不应求非均衡状态。另一方面，住房产品结构上，实际供给与居民的有效需求呈现出产品结构的非均衡的特征。从南京住房供给的产品类型（实际供给的各类住房套均面积）可以发现，不论是小户型商品住房、普通商品住房还是高档商品住房的实际供给的住房套均面积都远远超出了对应收入层次居民有支付能力的有效需求的套均面积范围。

三　住房供给需求结构的不均衡可能导致房价居高不下

普通商品住房的短缺会导致普通商品房的自住需求总是居高不下，同时价格也难以下降。当期高居不下的价格以及不断上涨的价格会导致居民对于下期投资和整个住房市场的投资预期过分看好，这样的预期一旦形成，居民的风险感知能力会让位于投资预期并不断在需求方产生购买意图，从而导致市场的需求不断增加（这时的市场需求并不一定与居民家庭的购买能力相匹配），供需矛盾加剧。即使此时的住房市场供给端会根据需求和价格来自动调节供给总量，但是需求端看涨预期被验证并往复循环，住房价格也不会由于供给的增加就马上相应下降。随着被需求端预期持续推高的住房价格，居民家庭对于价格的敏感度会被投资预期钝化，对于房价的心理接受能力变高。这样的心理预期在一定程度上会因为供给增加不停地刺激购买，再度拉升房价，这就形成了一种虚假的需求刚性。

大户型及高档住宅的售价比普通商品房高得多，中低收入人群以及中等收入人群的收入能力决定了他们几乎不可能购买高档住宅，所以由于普通商品房供给不足而导致的一部分过剩需求难以外溢到高档住宅市场。高档住宅的需求几乎不受影响。但是普通商品房的价格上涨使得市场预期看好，从而整体拉高住房的市场价格。

大户型及高档商品住房的有效需求比例远远大于其实际的供给比例，这部分无法满足的高档商品住房需求，被挤压转移到了普通商品住房市场甚至是小户型商品住房市场，催生出了大量二套房、投资房消费热潮，在一定程度上带动了普通商品住房市场户型的增大和价格的上升。

小户型商品住房供给大于需求，此时多余的小户型商品住房并不能发挥居住的功能，因为其他收入层次的人一般不会选择入住小户型商品住房，只会使得普通商品住房市场上无法消化的需求外溢到小户型商品住房领域，从而产生投资型，甚至是投机型的住房需求，直接导致整体的房价上涨。

第三节　基于综合可支付能力的居住正义分析

通过对大城市中居民的住房和交通综合可支付能力及其空间差异的研究，可以发现居住空间分布不仅不能达到职住平衡的相对正义状态，同时也产生了其他的非正义问题，如职住分离、交通时间和通勤时间的增加，不仅增加了居民的经济负担，与此同时，长距离的交通出行和私人交通工具的广泛使用，也带来了大量温室气体排放和环境污染等问题，造成城市环境非正义现象。

一 空间因素引致的交通成本加重了中低收入居民家庭实现居住基本权利的综合负担

本书的第三篇实证研究的第七章中为了涵摄更广泛的研究群体，对于居民住房可支付能力的评价，仅考虑了不同收入层次居民的住房成本，并未考虑居住区位引致的交通成本。研究结果显示中低收入居民家庭实现居住基本权利的综合负担较重。实证研究的第九章考虑地域、区位和个人因素对住房与交通综合可支付能力产生的影响，从基于可达性分析的住房与交通可支付能力入手，排除家庭选择影响对南京市居民的住房与交通的综合负担展开研究，探析南京市居民的住房与交通综合可支付能力，空间因素引致的交通成本加重了中低收入居民家庭实现居住基本权利的综合负担。

家庭原单位法的研究综合考察居民收入分层（低收入家庭、中等收入家庭、高收入家庭）、住房市场上的住房分类（新房、二手房、租房）以及选择通勤交通方式（公交出行、私家车出行）三个维度，分类考察不同居民家庭的住房与交通综合支付能力。

表11-3 南京居民住房和交通综合负担能力指数（H&TAI）

家庭分类	出行方式分类	新房	二手房	租房
低收入家庭（20%）	公交（不考虑私家车出行）	1.48	1.07	0.74
中等收入家庭（60%）	公交	1.11	0.81	0.49
	私家车	1.16	0.86	0.54
高收入家庭（20%）	公交	0.53	0.45	0.31
	私家车	0.54	0.46	0.32
加权平均值		1.07	0.79	0.48

从总体来看见表11-3，新房综合可支付能力指数是1.07，说明南

京居民对于新房的综合负担很重，其中占比 80% 的低收入居民家庭和中等收入居民家庭，难以支付购买新房的综合负担。二手房综合可支付能力指数是 0.79，虽然处于可承受的范围，但是存在一定的压力，其中低收入阶层依然无法承担购买二手房的综合负担。租房的综合可支付能力指数是 0.48，表明对于租房来讲，中心城区能基本达到 60% 以下全覆盖，综合负担相对轻，对所有家庭来说租房不存在综合负担。

从低、中、高不同收入水平家庭、的交通和住房综合支付能力来看，低收入家庭的住房和交通的综合支付能力很弱，只能承受租房+公交的综合负担，难以负担购买新房和二手房。中等收入阶层对于购买新房，综合负担处于不可承受范围，可以承受购买二手房和租房负担。对于高收入阶层，购买新房、二手房都处于可支付范围，基本不存在较重的综合负担。

从调查区域居民家庭（通过核算调查问卷数据，显示被调查区域居民家庭的平均收入处于统计年鉴数据的中等收入层次）的交通和住房综合支付能力来看，被调查区域居民家庭二手房的综合支付能力为 85.83%，租赁住房的综合支付能力为 53.27%，二手房月综合支出为 6900 元，租房的住房与交通月平均支出为 4283 元，可见，被调查区域居民家庭对二手房的住房和交通的综合支付能力很弱。这和家庭原单位法研究结论是相一致的，中等收入阶层对于购买二手房，综合负担处于不可承受范围，购房对大多数家庭来说仍然是难以承受的负担，只能承受租房的综合负担，难以负担购买新房和二手房。

与采用剩余收入法计算的居民住房可支付能力（MHAI）相比，研究结果是相互印证的。剩余收入法计算的结果（MHAI）显示，2013 年南京市居民中 60% 的居民对于本层次标准住房可得性弱，对应的低收入家庭、中等偏下收入家庭和中等收入家庭在满足家庭的基本生活需求之后的剩余收入不足以支付购买住房的消费，可能会产生"住房引致贫困"的非正义现象。而加入了交通成本的住房综合可支付能力计算结果显示：20% 的低收入群体和 60% 的中等收入阶层对于购买新房的可支付能力都处于不可承受范围，即有 80% 的居民对于本层次标准住房可得性非常弱，如果选择购房的方式实现居住权利会严重影响 80% 居民的生活质量，甚至是造成贫困，中低收入居民家庭实现居住的基本权利的综合负担较重。当综合考虑交通成本和住房成本，居民的住房综合可支付能力明显下降，说明交通成本因素对居民的住房综合负担产生了很大的影响。

二　住房空间分布不能达到职住平衡的相对正义状态

城市中的微观空间，分为点状分布的职住区块和线状分布的交通两大部分，包括居住区单元、为居住区居民提供服务的学校、医院、商业等设施以及居民的工作场所，也包括把这些居住区、学校、医院、工厂等联系起来的网状的交通道路（车站），社会成员每天都生产、生活在这些微观点线空间之间。居住区的相对固定性决定了其与就业地、学校以及其他设施的位置关系，而这一位置关系就引致了相应的交通成本，成为家庭生活支出的重要部分。在城市空间上，就业、居住与交通是密切联系并应通过交通达到耦合状态，从微观个体层面看，这个耦合的过程就是社会成员在住房区位和就业区位选择上，关于住房成本和通勤交通成本的一个权衡过程。尤其是在现代城市不断发展、空间不断扩张、职住距离越来越远的背景之下，社会成员在选择住房时，会在住房价格和交通成本两者之间进行权衡，从而形成住房价格和通勤行为在空间上的变化规律。如美国学者的相关研究表明，一个工人家庭在住房上节约1美元，就有超过77美分花在交通上。

职住平衡的理念最早出现于19世纪末霍华德对田园城市的描述，他对就业与居住的平衡分布定义为居民能够在步行距离内实现就业。随着中国城镇化的迅猛推进，到21世纪初，大城市的城市扩张现象已十分明显，居民能够在步行距离内实现就业的职住平衡的状态基本是不可能实现的，通常情况下，居住的空间正义是指城市的就业地在附近提供了足够的住房以满足就业居民居住的需求，且住房价格与居民的收入水平相符合。若越多的就业者能够就近选择工作地，减少通勤距离，则代表该地区职住越是均衡。但随着城市扩张和郊区化的不断推进，职住不平衡现象在大城市中日益普遍。随着城市规模的扩展和多中心发展，大城市居民用于交通的消费成本，包括时间成本和货币成本，占居民家庭消费的比重已经越来越高，甚至成为重要负担，对于中低收入群体，居住与就业的不平衡所带来的住房和交通综合负担更加严重。

从南京居民的通勤时间来看，住房空间分布不能达到职住平衡的相对正义状态。本书中首先引入交通可达性计算居民通勤时间成本，借助 ArcGIS 空间分析软件，利用成本加权距离法，基于平均出行时间作可达性评价，从而计算通勤时间成本。计算结果显示，南京市居民公交出行的平均通勤时间为 48 分钟，私家车出行的平均通勤时间为 45 分钟。

从南京居民通勤的时间成本和货币成本看，职住不平衡所带来的通勤成本已经成为南京居民家庭总消费的重要负担了。由于在可达性分析中，没有考虑公共交通出行的等待和换乘的时间成本，因此，为了更加合理地计算居民出行的时间成本，在公交出行的时间成本货币化过程中，加入 20 分钟等待和换乘的时间。这样，以南京居民公交出行的平均通勤时间为 68 分钟，私家车出行的平均通勤时间为 45 分钟核算居民的交通时间成本，南京居民交通负担能力加权平均值为 0.144。

三 职住分离、通勤时间增加和交通工具的使用造成城市环境非正义

交通时间和通勤时间的增加，不仅增加了居民的经济负担，与此同时，长距离的交通出行和私人交通工具的广泛使用，也带来了大量温室气体排放和环境污染等问题，造成城市环境非正义现象。环境正义的理念告诉我们，每一个社会成员，不论是处于什么样的经济状况、什么样的文化层次，都应该可以拥有安全、健康以及可持续性的环境及其所带来的福利，这是一种同等的权利；另外，每一个社会成员，都应该保护环境，不应因社会地位、社会财富的不同而具有破坏或妨碍这种环境的权利。而职住分离、通勤时间增加和交通工具的大量使用正在破坏着这种安全、健康以及可持续性环境的权利。

由于缺乏南京机动车（私家车和公交车）相关基础数据，无法精确计算机动车（私家车和公交车）气体排放和环境污染清单，这里只能采用同类城市（具有相同交通道路条件）的基础数据粗略计算南京居民由于通勤时间增加和交通工具的使用带来的气体排放总量。

宋宁、张凯山等（2011）在《不同城市机动车尾气排放比较及数

据可分享性评价》中探讨了在计算城市机动车尾气排放量时不同城市的基础数据共享的可能性，他们认为当所研究的城市有可用的数据时，采用该城市的数据；而如果所研究的城市没有可以用的数据时，可以采用同类城市数据的平均值。采用同类城市数据的平均值的方案有两种：一是可以采用同类某一个城市的基础数据，二是可以采用同类城市的基础数据的平均值。宋宁、张凯山等以北京、上海、天津和成都4个城市为案例，通过综合这几个城市现有的机动车相关数据，运用IVE模型计算了这几个城市的机动车尾气排放因子和排放量。就路况、坡道和停—走（Stop – Go）等因素而言，南京的交通道路类型和北京、上海和天津类似，因此，采用其中同类城市北京、上海和天津的综合排放因子基础数据的平均值，私家车（出租车）CO的综合排放因子为25.89g/km，HC的综合排放因子为1.89g/km，NO_x的综合排放因子为0.91g/km；公交车CO的综合排放因子为27.42g/km，HC的综合排放因子为2.27g/km，NO_x的综合排放因子为8.63g/km。

　　国家道路安全法对城市中的车辆行驶速度作出了相关规定，在没有限速标志、标线的道路上，机动车不得超过下列最高行驶速度：没有道路中心线的道路，城市道路为每小时30千米，公路为每小时40千米；同方向只有1条机动车道的道路，城市道路为每小时50千米，公路为每小时70千米。综合以上数据和南京市城市交通状况，这里我们取值为每小时50千米。

　　根据前文中的交通可达性研究可知，南京市公交出行的平均通勤时间是48分钟，私家车出行的平均通勤时间是45分钟。假设公交出行的平均通勤时间和私家车出行的平均通勤时间分别减少30分钟，可以核算出平均每日南京居民（从业人员）由于通勤时间增加而造成增加的交通工具使用里程数，从而可以粗略计算出南京居民由于通勤时间增加和交通工具的使用带来的气体排放总量（见表11–4）。

　气体排放总量 = 综合排放因子 × 公里数/日 × 工作日数 × 从业人员数

　　根据《南京统计年鉴（2014）》的数据显示，2013年南京的从业人员数为2051922人。

　　工作日数按照每月22天计算。

　　综上，假设公交出行的平均通勤时间和私家车出行的平均通勤时间分别减少30分钟，粗略计算一年南京居民由于通勤时间增加和交通工具的使用带来的气体排放总量为：私家车 CO 的排放总量约为 350291.7 吨，HC 的排放总量约为 25571.7 吨，NO_x 的排放总量约为 12312.3 吨；公交车 CO 的排放总量约为 370992.6 吨，HC 的排放总量约为 33709.5 吨，NO_x 的排放总量约为 116763.9 吨。

表11－4　　　　　南京居民由于通勤时间增加和交通
工具的使用带来的气体排放总量

交通方式	CO		HC		NO_x	
私家车	排放因子（g/km）	25.89	排放因子（g/km）	1.89	排放因子（g/km）	0.91
	年排放总量（吨）	350291.7	年排放总量（吨）	25571.7	年排放总量（吨）	12312.3
公交	排放因子（g/km）	27.42	排放因子（g/km）	2.27	排放因子（g/km）	8.63
	年排放总量（吨）	370992.6	年排放总量（吨）	33709.5	年排放总量（吨）	116763.9

第四篇　新时代居住正义的实践进路

在新的发展阶段，应该改革住房宏观制度，构建以政府为主提供基本保障、以市场为主满足多层次需求的住房体系。一方面，要充分依靠市场机制满足社会成员对住房的多种需求，差别对待不同收入层次居民以及他们不同的住房需求特点，根据分层原则，分类界定住房产品的属性，并在供给结构上丰富不同类型住房产品，从突出住房产品的经济属性转变为强调住房的居住本质属性；另一方面，政府要承担起保障特殊阶层住房安全和住房权利的责任，满足其基本的居住需求，在住房制度上实现供给主体多元化、保障渠道多样化、租购并举，让全体社会成员实现住有所居的基本权利。

第十二章

新时代中国居住正义的时代精神

中国正在进一步深化住房制度改革,处于这一历史阶段的中国实现居住正义目标的任务是双重的:一是效益任务,这一任务与不断发展生产力紧密相连,需要社会成员共同努力促进社会共同利益增进;二是公平任务,需要通过不断创新,更加优化社会制度,在促进社会共同利益增进的同时实现全体社会成员相对平等地共享发展成果,实现社会成员个体利益的不断增长。因而,在共同富裕时代精神的引领下,"以人为本""房住不炒""市场机制""政府引导"等核心价值和实践原则是我们要坚持的导向和目标。

第一节 新时代中国社会实现居住正义理想的双重任务

当代中国正处于社会发展的转型时期和城市化进程的中后期。处于这一历史阶段的中国,社会主义分配正义理想实现的过程是基于物质不断丰富、发展不断均衡基础上的分配结果逐步平等的过程,不仅是一个不断趋近正义理想目标的过程,同时更是一个物质不断丰富和发展不断均衡的过程,不仅强调分配的公正,更强调物质的不断丰富、发展得更加充分和均衡。因此,当代中国实现居住正义目标面临效益和公平双重任务。

一 新时代中国住房改革实践的特点

当代中国的正义追求和社会制度的构建应该根植于中国社会实践的

基础之上，我们应该从分析中国现阶段的住房实践发展的状况着手。中国正在进行的这一场伟大的改革实践具有三点特征：坚持中国特色社会主义、坚持市场经济体制、发展还不充分不均衡。"前进道路上，我们必须围绕解决好人民日益增长的美好生活需要和不平衡不充分的发展之间的矛盾这个社会主要矛盾。"① 我们对居住正义理想的追求便要根植于"社会主义市场经济"和"不充分、不平衡"这个历史现实的基础之上。

住房是人类的基本生活资料，人的基本住房权利是否能得到保证，关系到全体社会成员的切身利益，也是社会和谐之本。住房制度改革二十多年，由于在住房市场上更加突出强调住房的商品性和经济性，住房供给结构失衡，与居民的需求结构不相匹配，这使得近几年的房价快速上涨，居民面临着越来越大的住房支付的压力，也由此产生了严重的分配正义和居住正义的社会问题，这些新的问题对社会公平正义理论也提出了新的挑战。因而，目前学术界和政府都面临的一个非常值得研究和关注的重大现实问题——如何评价中国城市的住房正义，如何完善我国的城市住房制度，从而实现各个层次居民的基本住房权利，并从居住的视角去丰富和完善新时代社会主义公平正义理论。

从1998年开始的中国的住房制度改革，发展至今日，已经历40年的时间。在此期间，我国城镇居民住房条件得到明显改善，2020年城镇居民人均住房面积达到39.8平方米，农村居民人均住房面积为47.3平方米，② 这个数据和1998年住房制度改革之初相比，增加了一倍多。可见，在住房结构上供不应求的现状和矛盾已经得到明显改变。但是，住房发展不平衡不充分与居民的住房需求之间的矛盾仍然存在，这一矛盾已经在社会公正、经济结构平衡和新型城镇化发展等方面产生了越来越明显的影响。

当代中国正处于社会发展的转型时期和城市化进程的中后期，在这样的发展阶段，人口和经济活动不断向城市集中，城市人口不断增加，中国的很多城市正面临着世界历史上最大规模的城乡人口迁移，城市的

---

① 习近平：《在庆祝改革开放40周年大会上的讲话》，人民出版社2018年版，第17页。
② 数据来源：国家统计局 http://www.stats.gov.cn/tjsj/ndsj/2021/indexch.htm。

土地资源和居住空间越来越成为稀缺资源，人口自然增长和人才流动所带来城市发展压力越来越严重，城市规模扩张、城市更新改造以及土地资源承载力相对不足正在给城市发展带来大量问题。分配正义和住房正义问题凸显，出现一些权益分配的"失序"，甚至"无序"的非正义现象，其中最显著且矛盾突出的问题应属城市居住空间的日益紧张，城市化进程中住房市场出现居住非正义现象和问题。在城市发展过程中，刚性住房需求、改善型住房需求以及住房市场上存在的一部分投资乃至投机性需求，使得城市住房的需求量在不断增加。城市土地资源的有限性和稀缺性使得城市居住空间日益紧张，供给需求之间变得越来越不均衡。

在对居住正义定量研究的基础上得出目前中国城市居民住房支付能力、供需结构等关于住房正义问题的相关结论，在实践层面为新时代城市住房制度创新提供新思路，为政府在实践上改革住房宏观制度、调控住房市场提出针对性并具有可行性的建议，从突出住房产品的经济属性转变为强调住房的居住本质属性。与此同时，差别对待不同收入层次居民以及他们不同的住房需求特点，根据分层原则，分类界定住房产品的属性，并在供给结构上丰富不同类型住房产品，在住房制度上实现供给主体多元化、保障渠道多样化、租购并举，让全体社会成员实现住有所居的基本权益。

二 新时代中国居住正义理想实现面临的双重任务

在这样一种现实背景之下，究竟应该怎样实现社会成员的住房权利，既能符合市场经济规律，得其所"应得"，激发全体社会成员的积极性，又能体现社会主义的本质要求和先进性，以社会主义事实平等制衡市场经济规则所带来的两极分化，保障全体社会成员参与社会实践的基本权利，在发展并不充分的前提下满足社会成员不断提高的对美好生活的诉求，这是我们现实性的理想与追求。

处于这一历史阶段的中国，社会主义分配正义理想实现的过程是基于物质不断丰富、发展不断均衡基础上的分配结果逐步平等的过程，不仅是一个不断趋近正义理想目标的过程，同时更是一个物质不断丰富和发展不断均衡的过程，不仅强调分配的公正，更强调物质的不断丰富、发展的更加充分和均衡。可见，处于这一历史阶段的中国实现正义目标的任务是双重的：

一是效益任务，与不断发展生产力紧密相连。当代中国首先就需要通过更高质量、更高效率的发展来解决"不充分"的问题，需要通过深化和完善市场经济规则来充分释放发展潜力，通过规定内部成员合作和社会实践的规则体系，设计每一个社会个体在发展过程中应该享有多少利益分配的相关规则，激发社会个体的积极性并引导社会成员参与社会实践、合力生产较大利益，促进社会资源总量的不断增长。

二是公平任务。通过不断创新，更加优化社会制度，使"各方面制度更加成熟更加定型"[①]，以社会主义制度制衡市场经济规则，解决"不平衡"的问题，在促进社会共同利益增进的同时实现全体社会成员相对平等地共享发展成果，实现社会成员个量利益的不断增长。

第二节　坚持居住领域共同富裕的价值取向和时代精神

新时代共同富裕在富裕内容和富裕主体上实现了更加全面的创新，富裕内容上包括物质、精神、文化共富，富裕主体上体现为人人享有。落实在住房领域就是要在实现人人"住有所居"基本居住权利基础上进一步提升居住品质，具体就体现为以下四个方面。

一　共同富裕是新时代实现居住正义的根本遵循

"共同富裕是社会主义的本质要求，是中国式现代化的重要特征"，追求共同富裕，彰显了中国共产党的初心使命，体现了对新发展阶段内在要求和人民需求的精准把握。新时代共同富裕不仅需要深厚的经济基础，还需要在更广范围、更大程度上建构共享改革发展红利的社会基础，实现富裕内容和富裕主体两个维度的有机统一。

---

① 《中共中央关于坚持和完善中国特色社会主义制度　推进国家治理体系和治理能力现代化若干重大问题的决定》，人民出版社 2019 年版，第 5 页。

1. "共同富裕"的社会结构性内涵：构建和谐而稳定的现代化社会结构

社会主义共同富裕具有全结构特征，有其深刻而丰富的政治内涵、经济发展内涵和社会结构性内涵。共同富裕政治基础的核心是权利共享，即全体人民获得共同发展的机会并共同享有政治、经济、社会、文化、生态福祉；共同富裕的经济内核是社会生产力的充分发展；而共同富裕要通过构建和谐而稳定的现代化社会结构，实现面向最为广泛的社会成员的权利共享，充分彰显社会主义制度优越性和先进性。

共同富裕是一项长期性、阶段性相结合的远景目标，不可能全体人民齐步实现。在中国共产党奋斗百年带领全体人民实现共同富裕的道路上，不同阶段面临着不同社会主要矛盾。在这个进程中，共同富裕呈现出不同的时代特征，社会结构也发生着重大变化，见表12-1。

表12-1　　中国共产党奋斗百年带领全体人民实现共同富裕的时代变迁

历史阶段	共同富裕的时代特征	工作中心和主要任务	社会结构优化与变迁
新民主主义革命时期	提供基本政治前提	建立人民民主政权	消灭剥削阶级，形成"四大阶级"[①]
社会主义革命和建设时期	完善基本制度保证	土地制度改革和建立以公有制为基础的社会主义基本经济制度	二元型社会结构
改革开放时期	奠定深厚的物质基础	解放与发展社会生产力	社会阶层多元化，出现先富阶层
中国特色社会主义新时代	建构现代化社会结构	全面建成小康社会阶段：精准脱贫 全面建设社会主义现代化国家阶段：扩大中等收入群体	面向最广泛社会群体的共享型社会结构

[①] 陆学艺认为在新民主主义社会向社会主义社会过渡时期，中国社会结构形成了工人阶级、农民阶级、小资产阶级、民族资产阶级的格局。

通过新民主主义革命和社会主义建设，中国建立了人民当家作主的人民民主政权、完成了社会主义改造，为共同富裕提供了基本政治前提和制度保证。十一届三中全会开启改革开放新时期，邓小平提出"先富带后富，最终实现共同富裕"的构想。这一构想是基于当时生产力落后的社会主要矛盾提出来的，首先瞄准"富裕"的目标，通过改革开放大力解放生产力、提高市场效率，是完全符合"共同富裕"发展规律的。实践也充分证明，40多年的改革开放推动了社会主义先进生产力的快速发展，为实现共同富裕、进一步彰显社会主义生产关系的先进性奠定了经济基础。但是，经济的快速增长也带来了诸多社会结构问题和矛盾，成为制约构建现代化社会结构和建立"全体人民共同富裕"先进生产关系的掣肘。

党的十八大以来，中国特色社会主义进入新时代，随着生产力发展水平的普遍提高，我国社会主要矛盾发生转化，决定了实现全体人民共同富裕必须解决好"发展不平衡不充分"的结构性问题，共同富裕进入调结构阶段。在这一阶段推进共同富裕的主要任务是在优化资源和机会分配格局中扩展共同富裕最广大的社会基础，建构更为合理的社会结构。这一阶段性任务是从精准扶贫精准脱贫开始的。贫困人口多成为建构更为合理的社会结构、建立"全体人民共同富裕"生产关系的最突出的问题。2012年国家提出"精准扶贫精准脱贫"的脱贫攻坚战略，精准到符合条件的个人与群体，经过8年持续奋斗，2020年我国实现现行标准下消除绝对贫困的阶段性目标。消除绝对贫困和区域性整体贫困，夯实了全面小康的基础，也奠定了"全体人民共同富裕"的社会根基，面向全体人民的共同富裕取得实质性进展。但是，现代化社会结构仍是需要继续努力的目标。

2. 共同富裕是实现居住正义的根本遵循

第一，共同富裕注重更高效率发展与更加公平保障的平衡关系。

共同富裕首先强调促进生产力发展，初次分配按照市场机制使劳动和各种要素获得对应的报酬，通过市场竞争机制的有效激励，使财富创造的源泉得以充分涌流，夯实共同富裕的物质基础。不可否认，通过社会主义市场经济激发社会发展活力的同时，在一定条件下带来分配差异。在强调效率优先的同时，共同富裕更加注重在市场激发活力基础上的公正公平。在初次分配基础上,通过政府调节机制对社会资源进行再分配。在再分配环节,通过加大政府税收、社保、转移支付的调节力度,提高政策的精准性,能够有效纠正初次分配中形成的差距,促进基本公共服务的均等化。

共同富裕注重更高效率发展与更加公平保障的平衡关系,一靠发展,实现更有效率、更加公平、更可持续、更为安全的高质量发展,夯实物质基础,推进共同富裕取得实质性进展;二靠制度,构建初次分配、再分配、三次分配协调配套的基础性制度安排,通过更加有效的制度安排,正确处理效率和公平的关系,高质量保障发展成果更多更公平惠及全体人民,真正有保障地逐步实现全体人民共同富裕。

第二,共同富裕不仅注重经济性利益分配的正义性,也注重非经济利益分配的公正性。

要以综合多元的制度创新促进共同富裕下的分配正义,加大基础性、普惠性、兜底性民生保障建设,健全公共服务和基础设施的配置,并致力于个人发展过程中普惠公平条件的创造和可行能力的增强、公共安全和生活环境的营造等。可以说,共同富裕将分配的关注视野由经济利益的分配拓展至社会发展、人力资本和社会价值层面,体现了社会主义公平正义的本质诉求。

第三,共同富裕既不是少数人的富裕,也不是整齐划一的平均主义。

共同富裕不是单纯追求普遍性的"利益均沾",而是致力于构建全体人民在分配过程中的规则公平、机会公平和权利公平,使人民能够通过勤劳智慧创造幸福生活。促进共同富裕的分配也并不是"整齐划一"和"齐头并进"的,而是承认不同人群、不同地区的禀赋和发展基础的不同。从分配成果来看,人民群众在分配中的获得感不仅体现在物质利益的共享方面,也体现在人的主体性得到充分尊重、创造性得到充分发挥、本质性得到充分彰显的共建方面。

二 坚持居住领域共同富裕的价值取向

1. 房住不炒,强化回归住房的居住属性定位

中国住房制度改革20年来,住房属性和功能经历了一个从单一居

住功能向居住、消费、投资多重功能并存的变迁过程，同时累积的还有社会成员之间的财富差距和阶层分化。"房住不炒"理念的提出为住房回归居住属性奠定了基础，将成为今后相当长的一段时间内我国促进城镇住房健康稳定发展长效机制的核心指导思想，应成为全社会共同的价值遵循。

党的十九大报告明确了中国特色社会主义进入新时代的历史方位，根据这一定位，习近平在报告中对新时代住房制度改革和建设又提出了新要求："坚持房子是用来住的、不是用来炒的定位，加快建立多主体供给、多渠道保障、租购并举的住房制度，让全体人民住有所居。"[①]这为深化住房制度改革、构建适应新时代要求的中国特色社会主义住房制度，指明了方向、路径和目标。2016年12月中央经济工作会议上重点强调"促进房地产市场平稳健康发展"，首次提出建立"长效机制"，要坚持"房子是用来住的，不是用来炒的"的定位，综合运用金融、土地、财税、投资、立法等手段，加快研究建立符合国情、适应市场规律的基础性制度和长效机制，既抑制房地产泡沫，又防止出现大起大落。2019年7月中共中央政治局会议重申"房住不炒"、落实房地产长效管理机制并首次提出"不将房地产作为短期刺激经济的手段"。之后"十三五""十四五"规划[②]以及历次重要会议一直都将"房住不炒"作为主要指导思想。

从这里可以看出新时代居住正义的核心要求和内涵是以人为本，这是中国新时代住房制度深化改革的目标和价值取向。住房是具有居住功能的民生产品，新时代居住正义的核心要求和内涵是以人为本。因而，在新的住房发展阶段，应该改革住房宏观制度，从突出住房产品的经济属性转变为强调住房的居住本质属性。与此同时，差别对待不同收入层次居民以及他们不同的住房需求特点，根据分层原则，分类界定住房产品的属性，并在供给结构上丰富不同类型住房产品，在住房制度上实现

[①] 转引自刘卫民《住房发展进入新时代需要新思路》，《经济参考报》2017年12月13日。

[②] "十四五"规划提出，坚持房子是用来住的、不是用来炒的定位，租购并举、因城施策，促进房地产市场平稳健康发展。有效增加保障性住房供给，完善土地出让收入分配机制，探索支持利用集体建设用地按照规划建设租赁住房，完善长租房政策，扩大保障性租赁住房供给。

供给主体多元化、保障渠道多样化、租购并举，让全体社会成员实现住有所居的基本权益。

2. 坚持住有所居，各阶层平等享有居住权利

住有所居是社会成员的平等权利，也是实现人的全面发展的基本物质基础。从本质上说，现代社会的基本关系是权利关系，没有社会成员主体之间基本协调的权利关系，就不会有正义和分配正义问题。分配正义就是对权利的划分，分配给每一个社会成员他所应得的权益就是分配正义。城市发展过程中出现的各种城市权益分配问题，这其中一个重要的方面是关于空间分配问题，社会成员生活、生产必须首先占据一定的空间，这是人的基本权益，如城乡对立问题，城市地区的扩张与蔓延问题，郊区化与新兴城市空间问题，等等。这些问题的本质是社会性，空间正义的本质就是"社会正义"。而这其中一个重要方面就是居住的空间正义。在工业化社会，随着城市的扩张和发展，居住空间生产成为城市重要功能之一。在居住空间配置领域，就存在着权利的分配问题，政府按照怎样的原则和规则实现居住空间配置，如何实现社会成员居住的基本权利和义务，这就是居住正义。

政府一方面有责任按照市场规律生产和供应差异性住房资源，满足不同层次和不同需求的住房需求，提高住房资源的高效率配置；另一方面，政府更要承担作为社会公共品的保障性住房的供给责任，保证社会各阶层基本居住权利的实现，具有参与共建共享的机会并不断提升共富的能力。

3. 坚持市场的决定性作用，提高住房资源配置效率

我国目前的住房制度体系在尊重社会个体分层次差别化住房需求的前提下，按市场规律生产和供应差异性住房资源，坚持市场经济体制以激发发展活力和效益，通过市场机制实现分层的住有所居，体现出新时代中国住房正义的前提是承认差别，充分激发住房市场活力和效益。市场经济体制下，针对有能力支付与收入水平相当的住房的社会个体，住房是一个经济问题，供给与需求完全可以由市场机制调节，社会个体可以通过市场机制实现住房资源的合理差别化配置。这时，住房是一种特殊的商品，要彰显居住正义，就要关注如何尊重和执行市场经济条件下的付出与获得对等的公平原则，因社会发展的阶段不同以及个体消费能

力处于不同水平，住房呈现多种多样的形式和功能，住房需求同样呈现多样化的特征，因而，社会个体的付出差异要通过不同住房所得得到合理体现。承认市场竞争并尊重竞争机制下的合理差别，正是体现了对个体权利的尊重，国家正是通过这一市场机制组织和引导社会成员合力促进社会共同利益的不断增进。

4. 坚持租购并举，增强住房保障性社会功能

由于我国居民广泛存在购置房产的传统以及住房制度市场化改革"重购轻租"，住房租赁市场发展相对滞后，不仅影响了租住群体的获得感，更放大了供需的不平衡。事实上"租"与"购"是实现住有所居不可或缺、相互关联的两个方面，加快推进"租购并举"住房制度改革，增进人民群众的获得感、幸福感、安全感，是共同富裕目标在住房领域的重要体现。以公租房为代表的政府保障正在发挥着重要的民生托底功能，缓解了住房供需的结构性矛盾，减轻了中低收入群体住房负担。

5. 坚持品质发展，关注公共设施可达性及公共服务均等化。

新时代人民的居住消费需求和对美好生活的期盼已经逐步从基本的遮蔽需求向环境、服务、文化品位等较高层次需求过渡，它至少内蕴着"居者居其屋"和"相对人道"的居住环境，"相对人道"的居住环境涵盖着很多内容，如城市的空间布局、旧城改造、交通设施的规划、居住社区关系，甚至包括邻避设施的布局问题，等等。交通等公共设施可达性及公共服务配套均等化成为住房品质提升的趋势，同时公共服务配套差异也加剧了住房价值分异。只有住房制度改革与公共服务改革同步推进，尤其是推动"租"与"购"享有同等公共服务权利，才能提升全体居民包括租房者的生活品质、促进社会阶层融合，实现共同富裕。

第三节　新时代中国居住领域的深层问题

自住房制度改革以来，我国的房地产业逐步形成的高负债高周转高杠杆发展模式已经越来越显示其不可持续性。在当代中国社会，住房越

来越显示出多重属性同时并存的特征。住房政策及住房属性的变化客观上刺激了宏观经济的发展、扩大了社会个体及家庭的财富积累，当然同时累积的还有社会成员之间的财富差距，由此产生了很多深层问题需要破解。

一 高负债高周转高杠杆的发展模式不可持续

自住房制度改革以来，我国的房地产业逐步形成的高负债高周转高杠杆发展模式。在经济领域，消耗和占用大量资源和要素，隐含金融风险；社会领域造成贫富差距和阶层固化等问题。这种发展模式不仅积累着巨大的风险隐患，也不符合新发展理念。

这种模式下最为核心的运行机制是预售制。根据国家统计局的相关数据分析显示，在住房制度改革的初期，2005年前后，全国期房和现房销售面积的比例是56.6∶43.4，基本持平。2021年，全国范围内期房销售面积占比上升至86%，现房销售占比降至13%，比例几乎达到了9∶1（见图12-1）。

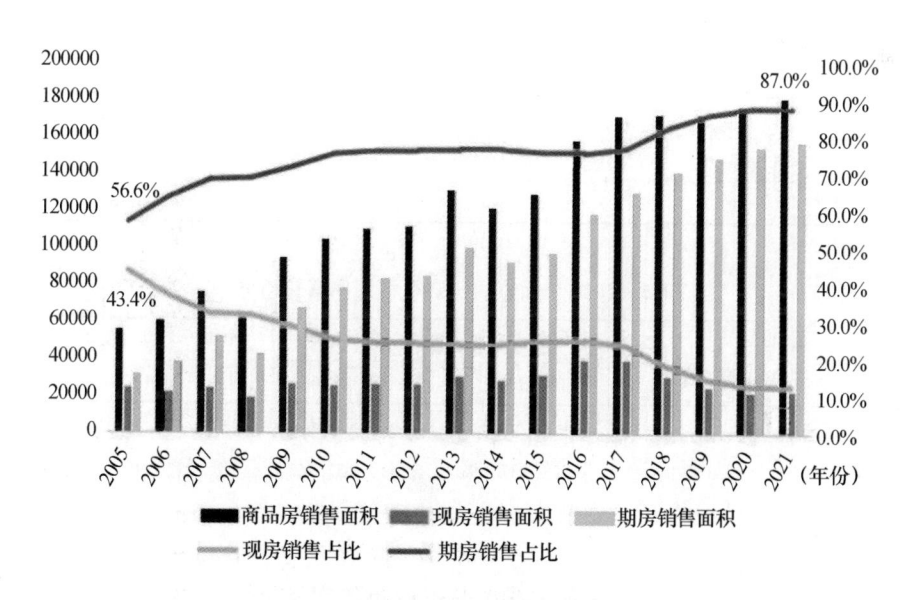

图12-1 2005—2021年全国期房和现房销售面积及占比变化趋势

预售制下的高利润和快利润使得房地产开发企业对高杠杆、高周转的发展模式产生发展的路径依赖，长期下来形成越来越大的金融风险。预售制和高速发展的房地产业以及土地财政，为地方政府解决了支撑城市快速发展的大量资金来源，确实在城市化进程中起到了推进城市发展的重要作用。但是一方面降低了政府发展实体经济的积极性，另一方面过度依赖土地财政对地方财政带来巨大的隐患。预售制下的消费者和城市居民，面临住房成本和家庭负债率逐年增加的压力，在解决住房问题和高收益的心理预期下，不断地提高家庭的负债率和杠杆率。不仅如此，消费者还要承担房屋质量低劣、货不对板的可能违约风险和房企资金挪用、资金链断供的经营风险。

"中国房地产数据研究院"公布的 2021 年 3 月中国 288 个城市的平均房价数据，这个数据虽然未必十分精准，却是目前相对客观、覆盖面比较广的第三方数据。南京以 33659 元/m² 的均价居全国第八位（见表 12-2），同比涨幅 6.11%。随着住房成本的不断提高，相应的，南京居民资金杠杆率从 2015 年 72.2% 快速上涨到 2020 年的 138.7%（见表 12-3），南京居民的负债率在逐年攀升。

表 12-2　　　　2020 年 3 月全国城市房价比较　　　（单位：元/m²）

城市	深圳	上海	北京	厦门	广州	三亚	杭州	南京
房价	90049	67628	65262	48570	42849	39851	36770	33659
排名	1	2	3	4	5	6	7	8

表 12-3　　　　2015—2020 年南京居民资金杠杆率增长趋势

年份	2015	2016	2017	2018	2019	2020
居民资金杠杆率	72.2%	107.2%	124.2%	128.6%	137.9%	138.7%

注：2019 年，在全国大城市中，居民资金杠杆率超过 100% 的有 7 个，分别是：厦门（161.7%）、杭州（138.8%）、南京（137.9%）、深圳（137.2%）、合肥（122.9%）、苏州（109.2%）、广州（103.9%）。同期上海的居民资金杠杆率仅为 75.9%。

对于居民来说，面临住房成本和家庭负债率逐年增加的压力，可能有三种选择：一是挤压其他基本生活消费支出，势必影响了生活质量和幸福感；二是继续扩大家庭债务负担，这对家庭、对社会都存在一定的潜在经济风险；三是逃离，造成城市发展人才外溢问题。

二 住房属性嬗变影响着社会分层和贫富分化

在当代中国社会，住房越来越显示出多重属性同时并存的特征。住房制度改革40年来，住房属性有着一个变迁的过程，1978年以前，在政府主导的住房分配体制下，住房被纳入社会福利体系。作为城市住房供给的单一主体，政府集中统一管理分配城市住房[①]，住房的居住属性占据了主导地位。1978年到1998年年底，我国从推行公房出售试点到全面实施城镇住房市场化改革，随着住房商品化的逐步推进，住房属性由单纯的居住属性衍生出居住和消费（商品）双重属性。在这一阶段，住房政策及住房属性的变化客观上刺激了宏观经济的发展、扩大了社会个体及家庭的财富积累，当然同时累积的还有社会成员之间的财富差距。2000年之后，住房的消费（商品）属性更加彰显，社会的住房消费能力得到了充分释放，一方面，城市居民家庭主要通过购买商品房的方式获得住房，另一方面，随着财富积累和差距的加大，住房的投资属性开始显现。住房日益成为居住、消费、投资属性并存的特殊的消费品。

德国学者韦伯提出社会分层理论，他认为消费方式和生活方式是联系在一起的，不同的生活方式将影响人们的消费方式和偏好，进一步将人们归属不同的"生活圈子"，从而影响人们的社会分层。在消费型资源中，住房是第一大资源。住房消费是消费领域的一种特殊消费行为，有着不同的功能属性。从中国住房属性的变迁过程，我们可以推演当代中国住房消费对社会分层及社会贫富分化的影响过程，由能力决定的不同需求是动力，通过市场交易过程实现住房价值分层过滤，最后体现在各种社会权属的实现和不同类型阶层的形成与固化。住房消费分层已成为分析当代中国社会分层逻辑的重要维度。

社会资源的占有量决定着社会个体的消费支付能力并影响着住房消

[①] 裴凌罡：《从民生视角看新中国城市住房供给制度变迁》，《中国经济史研究》2017年第5期。

费偏好，城市居民会根据支付能力的变化和不同时期的消费偏好，在不同城市、城市内部区位、公共服务条件及居住空间品质等进行权衡取舍并做出住房消费决策，居住产生圈层（区）分异，社会分层的有形边界逐步形成。住房消费（投资）行为实际上成为融入和形成不同生活方式、文化资本圈层、培育个人的权利归属感的过程，不同的居住圈层之间会逐步形成一种无形的阶层边界。在这一过程中，基于居住空间的社会分化变得更加清晰起来[1]。住房已经由单一的大宗消费品幻化为当前最能体现中国社会阶层分化和家庭财富现状的重要指标之一，住房消费方式及其决定的生活圈层深刻影响着社会关系和结构，这实际上就是住房社会属性的表现，在城市居民日常生活中，住房不仅是物理空间大、经济价值高和使用时间长的家庭消费品，更是一项各种权属关系的综合体[2]，包括权利的归属、社会的认同、代际的能力传承以及自我价值的彰显。住房消费和住房资产已经深深影响了个体及家庭的财富差距、教育资源的分布、职业甚至是社会权威和地位的变化，通过住房消费分层透视当代中国社会分层现象、贫富差距、城乡差异、区域不均衡及共同富裕问题，更具有说服力。

三 二元土地制度和户籍壁垒折射出巨大的城乡差异

土地制度和户籍制度是城乡二元结构下最重要的制度安排，城乡二元结构导致城乡居住条件和住房资产价值产生巨大差异。基于土地和户籍形成的住房消费分层作为一个重要的区分机制，识别出"城"与"乡"这两个区别最明显的社会"圈层"，这种区别与差异已成为当前我国社会城乡发展不平衡的重要表现之一。长期以来，中国的城镇住房体制与农村住房体制、城乡建设用地供应形式、城乡住房市场、住房消费模式存在巨大差异。一直以来，为了保障农村居民的居住权利，农村实行的是宅基地供给制度，一户一宅限定面积、无偿取得、非政府统一建设、集体所有内部流转、非物业化管理。这些制度差异造成了城乡住房在价值、质量、功能上存在很大差别，随着城市地价、房价的逐渐攀

---

[1] 芦恒：《房地产与阶层定型化社会——读〈房地产阶级社会〉》，《社会》2014年第4期。
[2] 陈柔婷：《集体消费理论对城市社会学经验的再认识》，《学习月刊》2010年第17期。

升，这个差距还在不断加大。

除此之外，城乡住房的差异还表现为与土地直接相连的户籍差异以及由此产生的公共服务可获得性及其水平之间存在着的巨大差距。随着人口流动性增强和农村剩余劳动力流入城镇，这种由户籍壁垒产生的住房消费的差别化已经延伸至城市之中。在很多城市，迁入地城市户籍成为住房市场的进入门槛，导致城市内部形成了外来流动人口与城市户籍人口的居住消费差异，绝大多数流动人口在流入地面临着限购的制约，不能融入流入地城市住房的正常供应体系，住房拥有率显著低于本地户籍人口。同时，在政策性租赁住房市场，户籍条件依然是一道严格的壁垒，来自农村的务工人员更难申请到廉租房、公租房等政策性租赁住房。当然，因户籍壁垒衍生的住房消费壁垒并不仅仅存在于城乡户籍之间，但是由于经济能力等原因，这种壁垒和制约在城乡之间显得更加难以跨越。

四 城市不同层级演化出明显的居住消费和家庭财富区域不均衡

人口规模和结构的变化是推动住房刚性需求释放和市场活跃的主导因素，人口变迁具有很强的区域性，人口随着城市层级不断从低到高形成流动趋势。城市的地理区位、自然资源禀赋、政治地缘、科技创新水平、经济规模和结构、市场经济发展水平、政策体系和发展环境等方面的因素决定着行政级别和城市层级较高城市对人口、资本等发展要素更具有吸引和集聚能力，在行政级别和城市层级高的城市，社会个体可以获得更多的发展机会、社会信任、赞同和尊重，资本可以获得更多的利润回报。基于经济发展水平和市场偏好，城市层级越高、行政级别越高的城市，住房消费也更加活跃，房价及其增长率远高于其他城市。

在示范效应和乐观预期的驱使下，趋利的住房消费需求不断向更加发达、住房价值更大的城市群、东部地区和大城市集聚，从户均住房数量、住房价值及其增速上看，城市群之间，东部沿海、中部地区、东北及西部地区之间，特大城市、大城市、中小城镇之间已经形成巨大的非线性梯度差异，造成了以住房资产为主的家庭财富在区域之间的不均衡。

五　住房供给的"市场"与"保障"之间出现断层挤出住房刚需"夹心层"

经过 40 年的改革，我国已形成了"市场+保障"多主体的住房供给体系。但是，游离于目前的住房供给体系的"市场"性供给与"保障"性供给之间，出现了一个确实需要关心，却又被排除在外的真空层。在实际生活中，"市场"性供给强调支付能力，住房保障体系的准入门槛强调的只是与之相匹配的"低收入"，但是有这样一部分城市居民，他们由于自身经济条件所限暂时不具备通过市场交易购买住房的"所有权"以满足自身住房需求的支付能力，或者可能由于户籍原因、收入没有达到"绝对"的低等原因而不符合申请所在地住房保障的条件，基本的"居住权"得不到很好保障。

从目前的很多城市的情况来看，这一真空层主要包含这样一些人群：一是刚刚获得居住地户籍的新市民群体，主要包括城市发展所需要的各类人才，尤其是新就业大学毕业生，他们的消费能力的累积程度相对于其需求存在着时滞，需要满足住房需求的时间在前，逐步有住房支付能力在后，导致新市民、青年等群体难以获得良好的住房环境与发展预期。二是城市中一部分中低收入户籍人口，他们的家庭经济条件和居住状况满足不了保障性住房的条件，但是要依靠自身的家庭可支付能力还不能承受通过市场机制购买商品房的压力，而他们的收入状况又不符合申请保障性住房的条件。三是城镇化进程中出现的大量的非户籍人口。这一类人群相对比较复杂，大多数流入地城市把他们称为流动人口，目前，甚至是未来较长的一段时期内，流动人口还将继续存在。流动人口群体在经济基础、户籍问题、社会身份上具有一定的特殊性和差异性，他们中大多数人无法购买流入地城市的住房，也不能享受流入地城市相应的住房保障政策。因而，流动人口的居住条件相对比较差，自身安全不能得到保证；同时由于流动人口的工作流动性大，经常居无定所，很难将他们纳入流入地城市的社会管理体系中，对流入地城市的社会治安也会造成一定的影响。

可见，目前的住房供给体系尚未形成与社会发展同步的、能满足不同需求层次的梯度供给，还不足以满足多层次的住房需求。随着新型城镇化进程的深入和社会人口流动性的增强，这一被挤出的真空层数量将越来越庞大，新就业大学毕业生，城市务工者，还有一些流动的高层次人才，即便看起来现实收入不算低，但在高房价的对比之下，他们在住房问题上也是实实在在的"相对低收入"者，如何帮助他们解决一时之难，已经成为一个不容回避的社会问题。

六 住房租赁制度发展中租赁权、居住权与基于产权的公共服务之间缺乏必要的衔接过渡机制

"市场"性供给与"保障"性供给之间出现断层，需要转向租赁市场来寻求有效解决新市民等群体住房问题、弥补断层的路径，这要求一方面引导市民改变长期以来的产权偏好，另一方面要推进租赁市场的健康发展，在商品房交易市场、住房租赁市场及政策性保障房市场之间形成互为作用的良性发展机制，住房供给量与多种多样及多层次的住房需求量科学对应，稳定住有所居的社会预期。但是，从供给和需求两个方面看，我国的租赁住房制度都不够完善。

从供给端看，我国的住房租赁一直处于松散的民间自发状态，住房租赁制度不完善，存在着供应结构不合理，住房租赁产品与供给主体不成熟，租赁市场发展不健全、服务不规范等问题，对于租赁市场监管的缺位或者是不到位也使住房租赁方的权益难以得到保障。可见，目前我国的住房租赁难以契合新型城镇化背景下住房需求品质化、多元化的趋势。

从需求端看，我国长期以来形成了偏向购买产权的居住文化传统，对租赁住房的需求相对较小。而且随着人才流动，基础性需求与高端人才拥有个性化的租赁需求同时并存，对住房环境的要求显示出多样化的特征，而现阶段私人租赁住房难以确保可支付性与宜居性的共存。

更为重要和突出的现实问题是城市的公共服务基本上都是与住房产权紧密联系，住房产权上附着的公共服务权利价值远大于租赁权属的价值，而在我国的住房体系及相关的政策体系中缺乏租赁权、居住权与基于产权的公共服务的衔接过渡机制，在享受与住房相关的公共服务上的巨大差异迫使大多数人的住房消费偏好住房产权。

第十三章

新时代居住正义的实践进路

新时代推进居住正义的实现要坚持以满足居民居住性需求为基本目标导向，正确处理住房经济属性和民生属性的关系，把民生属性摆在更加突出的位置，稳步推进住房制度改革。通过多种方式有效引导居民树立正确的住房梯度消费观念。着眼于更好地发挥住房的居住功能、发挥住房在广大居民追求美好生活中的积极作用，促进住房市场可持续发展。加快存量老旧小区改造、城市更新改造进程，同时更要有效增加保障性住房供给，完善住房保障基础性制度和支持政策，推进在享受公共服务上租购同权，不断帮助更多的居民家庭实现居住权利，最终实现住有所居。

第一节　深化改革促进住房市场可持续发展

目前中国住房市场依然存在不完善之处，甚至是制度缺位现象，导致住房资源占用不公平，也可能限制了市场合理消费行为。进入新时代，面对新形势，亟须进一步深化住房制度改革，促进住房市场可持续健康发展。完善预售开发制度，健全城乡住房监管制度，加强开发企业的风险约束和质量意识；建立住房租赁的基础配套制度，厘清住房产权和结构，有效保护租户利益，活跃城镇租赁市场；建立住房配套制度，防止土地制度阻碍并变相支持地产炒作。

一　建构科学的房地产发展观

1. 树立合理的梯度消费观念

要通过多种方式有效引导居民树立正确的住房梯度消费观念，鼓励更多的居民家庭根据自身的经济状况选择合适的住房消费模式。政府制定住房政策体系的最终目的是努力实现"居者居其屋"的目标，可以通过阶段性的政策，不断帮助更多的居民家庭实现住房权利，最终实现每个家庭都有房居住。

从消费端来说，一方面，消费者应考虑家庭资产状况、家庭成员的收入状况以及年龄层次等多种因素来综合评判家庭的住房消费能力，形成科学的未来住房消费预期，并对家庭的未来消费做合理规划。另一方面，应遵循住房梯度消费理论，依据家庭住房消费能力预期和规划，逐步实现由住房消费租赁型消费升级到刚需消费再到改善型消费的转变，不盲目追求住房高消费，更不寻求住房投资投机，形成普遍接受的理性消费观念。

从供给端看，第一，加大住房供给侧结构性改革，着力在税收政策、住房政策等方面实现创新，实行分类分层供给的制度体系，保障居民可以根据家庭的住房消费能力在市场上选购到与家庭可支付能力和消费预期相匹配的住房产品。第二，鼓励梯度消费。收入及资产较多、对未来预期较好的家庭，住房需求完全通过市场机制满足；收入及资产处于中等层次、对未来预期相对较好的中等收入家庭，仍应由市场供给为主要渠道，同时为了扩大住房消费，政府可以通过调整土地供应结构、调节住房建设贷款以及加大购房税费优惠等政策进行适度调控；但对收入较低、家庭资产状况相对较差的低收入家庭，一般情况下这样的家庭对未来的预期也相对较差，政府应为这部分居民提供与其相适应的租赁住房或者低价商品住房，让他们以市场价格租房。第三，鼓励改善型住房消费行为。随着收入和家庭资产的增加，居民通过以小换大、以旧换新，不断实现居住条件的改善和过渡。第四，鼓励、支持、规范"二手房"交易行为和市场秩序，对于更换旧房的交易行为和改善型住房消费行为，政府应视同购买新房一样在购房抵押贷款、税收等方面给予优惠条件和减税鼓励政策；对于因改善住房消费而增加的支出（买入房价大于卖出房价），可以给予税费优惠。

2. 树立高增长降负债的发展理念

房地产业是一个资金密集型产业，其生产过程包括土拍、开发、销售等环节，任何一个环节都与金融高度关联，这使房地产业链逐渐更具有融资链条的特征。房地产企业要迅速发展扩大规模，关键是融资和现金流。只有高周转，不断提高现金使用效率，才能降低各个环节的投入成本。为了避免现金流断链的风险，房地产开发企业越来越依赖高负债、高周转模式。高负债确实带来了高周转和高效率的现金使用效率，高效和繁荣促使企业不断扩大负债经营规模。不断扩张的负债经营如果遇到下行周期，会引发资金链断裂和烂尾等风险。目前形势下，这些负面影响已经出现并逐渐成为社会关注的焦点。

目前需要改变高负债高周转的发展理念，从高负债、高周转、高杠杆的发展模式逐步降低负债率，转为更加稳健高效的发展模式。一方面，严格控制资金链过于紧张的企业以及存在风险红线①的企业参加土地拍卖，对于其他企业在发展规模和土地拍卖上也应适度"控规模"，减少投资支出，放缓发展速度，促进房地产发展模式从以规模、速度为核心的高速增长阶段转向以产品、服务和管理为核心的高质量发展阶段。另一方面，提高企业资金安全边际和资产负债率红线，如50%—60%，控制资产杠杆率，进一步降低负债率，增加企业净资产。

3. 树立租购并举的居住观念

规范发展住房租赁市场，改变长期以来形成的"重售轻租"传统观念，培养"租购并举"的居住观念和住房制度体系。一方面，政府应以支持和鼓励发展为导向，对出租住房实行一定程度上的物业税减免等税费优惠政策激励，鼓励和引导金融机构创新住房租赁金融产品，鼓励发展存量房屋租赁业务。另一方面，对租赁住房加强规范管理和引导。从政策上制定规范商品房租赁管理办法，强化对从事房屋租赁的中介机构的资质管理和资格审查；建立住房租赁信用体系，将违规出租行为纳入企业、个人征信体系；构建政府监管部门、房地产中介机构和房屋承租人三方共同参与的监管维权体系，建立住房租赁信息平台；加大违规出租处罚力度，科学设置处罚措施和流程，规范住房租赁行为。

---

① 2020年8月央行、住建部等部门召集重点房企召开座谈会，会议上就已经提出了"三道红线"的融资监管指标。"三道红线"即剔除预收款后的资产负债率大于70%，净负债率大于100%，现金短债比小于1.0倍，根据触线情况分为红、橙、黄和绿四档，对不同档次给予相应的融资限制。

二 完善商品房预售和资金管理制度

1. 商品房预售制度及作用

改革开放之初,为了推进房地产业的发展,筹措资金,借鉴我国香港地区住房市场中的"卖楼花"的经验做法,开始在内地地区探索实行商品房预售制。为了更加规范预售制度,1994年国家从顶层设计上对商品房预售条件及其过程监管做出了原则性规定①,《城市房地产管理法》的颁布标志着商品房预售制度在内地正式确立起来。根据《城市房地产管理法》这一基本法,房地产主管部门制定了实施办法和细则,对开发企业申请预售许可提交的证件及资料、程序办理进行了细致严格的规定,并逐步成为我国房地产市场的一个基本的制度安排。②

在之后的一段时期内,商品房预售制度在内地各个城市迅速发展,规模不断扩大,主要原因有两点:一方面从供给端来看,商品房预售制度能够增加投资方的融资途径、缩短供给周期。商品房预售制度适应了房地产开发资金密集的要求和特点,能加快房地产开发企业现金周转的速度③,大大缩短房地产企业现金流回笼的周期,也缩短了建设周期。另一方面从需求方看,商品房预售制度能够在很大程度上减少购买方的当期消费,拉动消费需求。预售制下的期房往往伴随限价政策,对于消费者而言,价格会更加优惠④。预售制度更有利于吸引购房者,将潜在需求迅速转化为有效需求,在经济快速增长时期能加快拉动住房需求,形成房地产业及相关产业的快速发展。从这一意义来说,预售制度在我国房地产市场发展中发挥了重要作用。

---

① 1994年,在总结各地经验的基础上,国家颁布了《城市房地产管理法》,其中对商品房预售条件及其过程监管做出了原则性规定,这标志着正式确立了商品房预售制度。

② 区别于中国香港,在中国内地实践过程中,商品房预售流程为:房地产开发商办理预售许可证—签订商品房买卖合同—进行备案登记和预告登记—交付房屋。在购房过程中,购房者需要一次性付清首付款,并采用银行贷款的形式一次性付清剩余房款。换言之,房屋未建成,开发商可能已拿到了全部购房款,这点与中国香港的按照工程进度付款有所不同。

③ 从统计数据看,在房地产开发资金来源中,定金和预收款的比重始终维持在20%—30%,是"银行贷款"项目的2倍左右。

④ 对比2005年以来40个大中城市的期房均价和现房均价,在绝大多数月份中,期房售价要低于现房约10—20个百分点。

但是预售制度是以期房销售的名义实现现房销售的实质，本身存在较多的风险，交易的不公平性、商品房预售的法律规范不健全前提下的监管不力等为开发企业不规范集资和向社会转嫁风险提供了便利。这些风险长期累积就会在一定的条件下暴露出一些问题，2020年以来新冠疫情影响了经济发展，同时在国家财政紧缩政策之下，一些商品房开发企业的资金出现问题，风险从企业延期交房和楼盘烂尾向金融性系统风险转化，商品房预售制度受到来自社会各方的质疑。商品房销售制度的改革将对整个房地产市场产生深远的影响。

2. 预售制到现房交付制存在制度转换风险

目前我国调整房地产发展模式的关键是资金问题，核心环节是资金监管以及与之相关的预售制改革。在长期以来形成的风险逐步暴露的现状下，一些城市开始从多个角度反思以预售制为核心的住房制度，政策调控上转向扩大现房销售。北京的"竞现房销售面积"从试点转向普适，上海市要求住房不封顶银行不予个人放贷。有的城市要求在主体结构封顶才发放预售许可证，或者在土拍环节规定了特定地块要现房销售，并在信贷、政策等多个方面给予支持。目前经济形势下，如果全面取消预售制可能存在一定的风险。

对于开发企业来说，全面取消预售制意味着预收款、建设资金和建设规模的大幅下降。

回顾一定时期内我国房地产开发企业的生产规模和回款情况（图13-1），从2014年起，预售制的普遍采用使得销售回款在开发企业的到位资金中所占比重逐渐升高。在消费者较高的心理预期推高下，销售回款占比的增速非常快，2016年已经达到45%以上，2021年房地产开发企业的定金+预收款+银行贷款的占比达50%。如果取消预售制意味着开发企业不能通过预售期房从消费者获得预付款，也不能从银行获得按揭贷款，这就相当于开发企业在建设初期少了一半的资金。从资金总量上算，开发企业的开发生产规模要减少一半；从资金周转上看，这并不利于房地产业及相关行业和整体经济的回暖。

对于政府来说，房产企业的开发生产规模的减少、建设周期的延长意味着财政总收入的减少①。

首先是财政收入的减少。财政部公布的2021年的财政收支数据显示，与房地产相关的财政收入加起来总额超过10万亿，占政府财政总收入30%以上。如果取消预售，以2年作为一个建设周期，开发企业的开发生产周期将被延长，整个资金周转能力和企业拍地的能力都会下降，政府土地财政收入也将随之减少。其次是相关税收收入的延后和减少。在商品房预售制下，房产开发企业需预缴增值税、土地增值税和企业所得税三个税种。如果预售制取消，这部分税收收入也因相应的当期计减而成为延后收入。在新的财政收入来源还不稳定的情形下，税收收入的延后会给政府的财政收入形成更大压力。

可见，在目前的经济形势下，无论是从企业发展和房地产行业可持续发展的角度，还是从政府财政收入的角度看，预售制制度切换都存在风险。

3. 适度干预和调整商品房预售制，强化资金监管

预售制度本质上是一种企业融资行为。从长远发展来看，取消预售制度或者是紧缩预售商品房的数量会加快当前房地产市场的集中和分化。越来越多的中小企业将会因为不断攀升的融资成本逐步退出房地产市场，房地产企业面临重新调整。从目前的经济发展形势看，商品房预售制还不能全部取消，但是对其存在的弊端一定要进行干预，从制度上进行必要的调整。

商品房预售也是国际通用的商业销售模式（表13-1），大部分国家在实施预售制时，一般是按工程进度来分期支取房款，而不是一次性支付给开发企业，新加坡对开发商预售房的施工进度、支付比例以及支付节点都作了非常详细的规定（表13-2），这样的制度设计更加科学。

---

① 根据财政部发布的2021年的财政收支数据核算，2021年度的一般公共预算收入总额为202539亿元，其中与土地、房屋有关的收入主要包括以下几项：契税7428亿元，土地增值税6896亿元，房产税3278亿元，耕地占用税1065亿元，城镇土地使用税2126亿元，合计约为2.1万亿。如果再加上房产开发企业所得税，房企员工的个人所得税，金额大于2.1万亿。地方政府性基金收入中，国有土地使用权出让收入为87051亿元。两项总和为10万亿，即2021年全国房地产相关财政收入加起来超过10万亿，占政府财政总收入的30%以上。

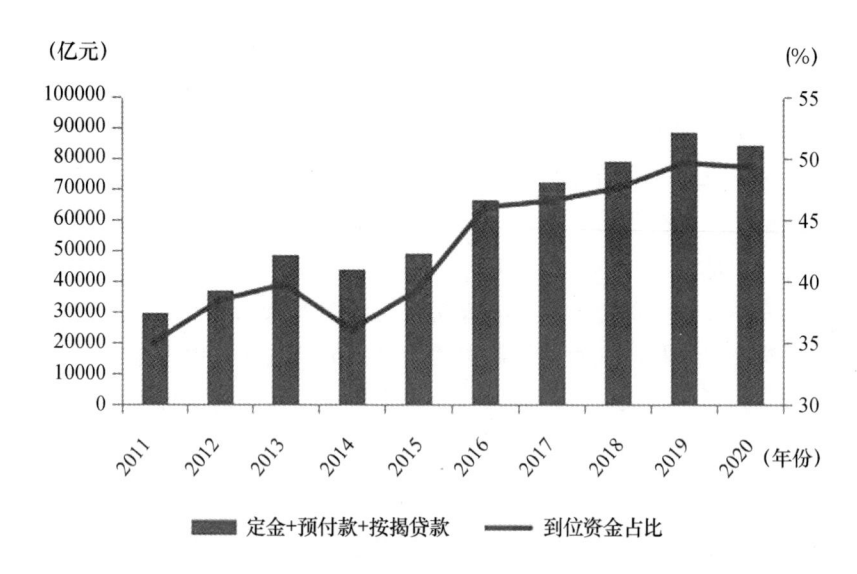

图 13-1　2011—2020 年我国房地产开发企业的生产规模和销售回款情况
（图中的数据资料来源于国家统计局和 CRIC）。

表 13-1　　　　　　　　商品房预售制度的国际经验比较

相关规制	美国	德国	英国	日本	新加坡
定金比例	1%—5%	2000 欧元	10%	5%—20%	5%
首付比例	最低首付 3.5%，平均首付 12%	可 0 首付	10%—25%	最多不超过 20%	15% 左右
购房者违约定金返还	根据合同约定	无返还	无返还	无返还	返还定金的 25%
开发商违约定金返还	通过申请仲裁取回	/	可以取回 10% 的定金	超过 5% 的定金可以返还	全部返还
剩余房款支付节点	交房后支付	按工程进度付款	少部分按照工程进度付款，大部分交房时支付	大部分交房时支付	按工程进度支付

续表

相关规制	美国	德国	英国	日本	新加坡
预售资金监管	第三方监管资金账户	/	买卖双方律师代管的账户	第三方资金监管机构	银行专门资金账户
期房烂尾保险	/	有	/	/	/
强制验房	强制	/	强制	/	/
交付后保修期	/	交付后5年保修期	/	/	交付后1年保修期，此后支付15%的尾款

注：表格中的资料来源于泽平宏观[①]、各国政府网站。

表13-2　新加坡商品房预售制中分期支付预售资金的时间节点

交付预售资金的时间节点	支付比例
第一期：签订购房意向书	20%
第二期：完成地基建设	10%
第三期：完成整体框架	10%
第四期：完成配套设施	20%
第五期：确定无人占用新房	25%（交房）
第六期：确认所有项目完成	15%

注：表中资料来源于新加坡政府网站。

就我国目前的经济形势来讲，预售制度改革牵一发而动全身，需要根据实际情况积极稳妥推进。严格监管预售资金是改革和干预预售制的关键，应当着重关注五个方面：

第一，调整购房款付款方式，改变"一次性全额"付款模式，变为购房人按工程投资额到位的进度或工程实施的进度分期付款的模式。可以按照工程进度约定几个重要的时间节点和支付金额（比例），达到

[①] 任泽平：《长期来看，取消商品房预售制是大势所趋》，http://finance.sina.com.cn/zl/china/2022-07-27/zl-imizmscv3653476.shtml，最近访问日 2022 年 7 月 30 日。

一定标准（可以约定监管责任并实施验收）后按照约定支付相应款项。在房屋竣工达到交付条件后，由购房人支付尾款。这样可以有效防止项目资金被恶意挪用以及资金链断裂等问题的出现。为了对房屋质量实施监管，由政府牵头设置房屋质量保修金专有账户，尾款中的一定额度可以转入其中。

第二，设立制度转化的过渡期。在我国房地产业快速发展阶段，预售制度对于解决资金问题起到了重要作用，推动了房地产业的发展，进而拉动了上下游产业的发展。同时，我国房地产行业对预售制度形成了一定程度的路径依赖，制度转换涉及面广，需要平稳过渡。为了更好地实现改革目标，避免快速变革带来的系统性风险，可以设立一个制度转化过渡期，系统筹划分步骤逐步推进，优化预售制度。

第三，通过加强开发企业资质考核信用管理和资金监管确保改革取得预期效果。严格实行专属项目资金监管，购房定金和房屋贷款必须存入银行的专属项目资金账户，按照工程进度实行差别化资金监管，确保从账户提款都必须与房屋建设相关；充分运用大数据等信息化技术建立更加科学的监测体系，对房地产企业的运行和工程进度加强监管；对存在的隐患进行及时预警提醒。

第四，加强住房建设技术创新，通过采用先进的技术手段、推广新型建筑材料和装配式建造方式提高房屋的建设质量，通过变革工程项目组织管理、建立可复制的标准化通用模式提升住房建设效率，推进房地产行业向高质量发展方向转型。

第五，支持多种销售形式并存。鼓励有条件的企业实行现房销售模式，提高商品住房预售条件，严格按工程进度预售和支付相应房款，实现多种销售形式共存。在运营管理模式上，鼓励借助国企的资金投入，引入民企的运营管理，形成国企和民企相互配合的项目开发新模式，通过不同销售模式和运营管理模式之间的竞争，促进房地产业市场长效稳健发展。

三 优化土地供应制度和结构

以常住人口增量为核心改革土地供给制度，形成"人地挂钩"的供应结构。变革"以地谋发展"，优化土地供应，这是一个需要长期推进的约束过程。目前，在探索积极稳妥退出"以土地谋发展"模式的过程中，不仅要解决土地要素约束问题，还要从维持政府财政收支平衡、寻找土地出让收入来源替代以及激活与"地"紧密相关的房地产业的活力等多方面综合发力，政策上在继续推动要素整合集约利用以实现稳定的同时，需要推动"土地财政"向"科技财政"转化，逐步削弱政府对土地资本属性的过度依赖，提升建设用地上产业配置效率和公共产品的产出能力，以谋求建立"后土地经济"时代的新发展模式。

1. 推进都市圈城市群战略，推行新增常住人口与土地供应挂钩

按照人口往大城市、城市群迁移集聚的规律，在中国城市化进程中人口正在持续不断向珠三角、长三角东南部较发达的城市群集聚[①]。但是，土地供给并没有更多地向东部南部沿海地区倾斜，人口城镇化与土地城镇化明显背离，东部、南部地区的用地指标严重短缺，而东北、西部地区的一些用地指标被浪费。为了有效化解人口净流入地区土地供不应求和人口净流出地区土地供过于求共存的结构性失衡问题，应在推进都市圈、城市群发展战略的过程中，按照新增常住人口规模调整土地供应结构和数量，适当加大人口净流入的城市群、都市圈的建设用地供应，减少人口流出区域的土地供应增量。在严守耕地红线的基础上，跨省域增减城乡用地，保持耕地占补平衡。严格执行"库存去化周期与供地挂钩"原则，优化当前土地供应模式。

2. 推进农村集体经营性建设用地入市试点，激活城乡发展空间

2020年南京被确定为农村宅基地制度改革试点城市，在获得良好成效的基础上继续在建设城乡统一的建设用地市场上进行探索，开展入市流转试点和城乡建设用地"增减挂钩"节余指标省域内跨区域交易试点，鼓励以农村集体经济组织为载体，以集体经营性建设用地的土地使用权与工商企业、农民专业合作社、个人等主体合股联营，共同开办工业、商业及租赁性住房、养老、医疗、教育、旅游、民宿等服务业，

[①] 分区域看，近10年珠三角、长三角城市群年均常住人口增量超180万人，成渝、中原城市群年均常住人口增量超65万人，但东北、西部等区域近年面临产业结构单一，呈现人口流出趋势。分城市看，人口持续向少数核心城市集聚。近10年深圳、成都、广州年均常住人口增量超55万人，郑州、西安、杭州、重庆、长沙年均常住人口增量超30万人。这些城市均为所在都市圈的核心城市，城市发展较为快速。

为适时扩大流转范围积累经验。推动集体经营性建设用地出让、租赁、入股等多元化交易模式创新，推动农地转为非农用地，通过城市化再转为城市发展的空间。创新城乡土地金融体系，形成新的利益分配格局。

3. 完善土地储备制度，有效缓解土地要素约束

开展低效用地腾挪盘活和改造提升专项行动，摸清土地存量底数，实行全生命周期管理，提升土地储备、管理和利用效能。一是组织相关部门对全市域土地存量，尤其是工业用地存量，进行数量、功能、产业匹配度和产出效益等方面的梳理和整治，查找是否存在投资强度低、开发强度低、土地闲置和低效利用等情况，在盘活存量上做实工作，扩大土地收储能力。二是建立土地信息台账及平台，实行全生命周期管理，加强土地立体开发利用、连片开发利用，扩大产出"分子"，缩小用地"分母"，提升产业用地"经济密度"和"科创浓度"。根据南京市的产业发展战略出台"进一步推进工业用地提质增效的政策措施"，优化覆盖全产业类型、全周期管理的产业用地政策体系，完善产业进入和退出机制，尤其是要优化工业用地上的产业结构。

4. 规范政府土地融资制度，扩大公共财政资金来源

一是完善土地"招拍挂"制度。遵循"效率优先、兼顾公平"的原则改革"招拍挂"制度。依据国家和每一个城市的经济结构和产业结构调整工业用地领域的指导目录，强化对工业项目的税收、环保等指标管理，对于鼓励行业降低供地门槛，对于限制行业提高门槛。突出住宅建设在社会保障方面的功能，合理确定标底价格，科学合理评标。二是改革土地出让的价格机制。探索协议出让土地制度和差别化地价政策，逐步改变低价出让工业用地、高价出让商服用地的两种供地策略和价格机制。三是进一步改革国有土地资产管理体制机制，转变政府经营国有土地的功能，由土地经营公司作为主体来实现对城市化进程中土地增值收益的捕获。四是推进城投等国资平台实体化、市场化转型，为规避城投债与政府债叠加交错的风险，国有融资平台可在市场选择两家以上的优质社会机构共同设立公司，并发起设立私募股权投资基金，委托给专门的基金公司进行管理，整体上项目的决定权还是在国资融资平台。五是创新政府在土地开发、城建、基建等方面的融资模式。政府除了继续通过发行专项债券、PPP模式、购买服务等方式进行规范化的社

会融资，还可以探索私募股权投资基金模式，扩大社会资金规模，共同合作参与土地一级开发、城建、基建等事业，实现风险共担、利润共享。

5. 坚持品质化导向，促进房地产市场健康稳健发展

一方面，通过房地产市场上的住房产品的结构优化和质量、服务的提升，推进房地产市场平稳健康发展。2021年全国人均住房1.1套、人均居住面积40.5平方米[1]，可见居民的住房需求已经从刚需进入改善阶段。根据这一现实，应契合人民美好生活的需求，坚持品质化的导向，优化住房供给结构，形成"租赁—刚需—改善—高端"四层梯度住房供给结构，以改善型需求为重点进一步激活房地产市场需求。另一方面，落实"房子是用来住"的功能，扎实推进租购并举。增强房地产的公共属性，加大公共产品供给。优化租赁住房的结构，构建"一张床——一间房——一套房"多层次梯度化的租赁住房供应体系。完善与租赁住房相关的公共配套设施，探索建设配套功能完善，环境宜人的产业社区。

6. 提升城市创新产出能力，逐步形成"科技财政"体系

加快向创新驱动发展模式转变，提升创新能力的产出效益，这一点应该是治本的路径。创新能力、城市治理能力、城市功能越强大，城市的综合风险越低。比较全国城市的财政风险度可以发现，土地出让、房价和财政风险并不一定成正相关关系，也就是说并不是土地出让越多、房价越高的城市风险越大。数据显示，2021年北京、上海、深圳三个城市是土地财政依赖度最低的城市，土地出让收入占一般公共预算收入基本在50%左右，这样的城市未来的地、房的价值会持续提升，但绝不是因为土地出让价格的增长，而是来源于基于创新产出效益不断增长的市场预期。因此，需要将创新能力转化为城市经济总量增长和财政收入的来源，将创新能力提升的成效体现到经济增长和财政增收上来，由此逐步建立长期稳定的"科技财政"体系，破除财政体系对土地的依赖性。

---

[1] 数据来源于南京市房产局。

第二节　富民增收提高居民综合可支付能力

以增长促收入增长，促进经济发展，稳步提高城镇居民可支配收入和财产性收入，提高居民综合可支付能力。还要完善住房货币化补贴制度，增强居民住房支付能力，转变当前的工资化的货币补贴政策，构建灵活的增长机制，扩大覆盖面，改革金融制度，创新住房抵押贷款证券化，设计更合理的公积金制度与管理模式，为居民家庭提供可持续性的住房资金支持，支撑更多居民家庭通过市场解决住房问题。

一　稳步提高居民收入水平

1. 提高收入水平面临的挑战与障碍

第一，高质量就业空间不足的障碍。一方面，传统的就业结构性矛盾尚未根本改变，三次产业就业人口结构不尽合理。总体来看，高消耗的传统制造业和低附加值的劳动密集型加工行业就业人口多，经济快速增长主要依靠资源和劳动力的数量和规模扩张来推动。第一产业就业人数占比仍然偏大，这一产业由于劳动生产率低下、经营方式落后，中等收入人口少。第二产业中传统制造业就业占据较大比重，其中蓝领岗位就业人数占多数，这一群体的工资收入大多处于社会平均工资水平以下。第三产业内现代生产和生活服务业发展偏慢，仍主要以劳动密集型行业住宿和餐饮业为主，服务业人员大多数工资收入不高，对发展扩大中等收入群体形成制约。另一方面，随着经济形态的演进，与数字经济网络化、信息化、智能化相关的新经济领域蓬勃发展，催生大量新业态和新模式。但是，与新生业态相关的政策规制相对滞后、行业管理创新不足，影响了新生业态带动高质量就业作用的充分发挥。

第二，阶层固化影响社会流动的障碍。长期以来逐步形成的基于城乡户籍身份和社会财富身份两个维度的阶层固化趋势，已经影响到社会流动，不利于形成以中等收入群体为主的现代化社会结构，更不利于共同富裕目标的实现。一方面，城乡差距已经从经济发展水平和分工的差异扩展到城乡体制和权利落差，甚至是壁垒。以户籍制度为核心的城乡二元结构还没完全打破，户籍壁垒导致的基本公共福利政策的城乡区别加剧了城乡文化差别、社会归属感差别，阻碍了进城农民市民化进程和城乡之间的阶层流动。另一方面，社会财富日益集中到所谓的社会"精英阶层"，他们不仅在财富上占据优势，在深层结构上更是形成了一定程度的社会权力排斥现象，这使得他们相较其他阶层更容易获取社会资源。这两个维度上的阶层固化，正在催化社会群体隔离，并且这一格局正通过人力资本、社会资本和财富资本等机制从代内横向隔离扩展到代际纵向隔离，呈现出明显的代际传承性，农民（进城务工人员）和城市中低收入社会群体及其后代向上流动的空间被挤压、发展成为稳定的中等收入群体的机会受阻，社会阶层流动正在趋缓。

第三，大城市人力资本发展成本的障碍。全国人口第七次普查的资料显示2010年以来人口流动规模在进一步扩大。在城市层面人口集聚分化趋势明显，人口持续向经济发达区域的核心城市集聚。大城市的发展空间和资源日益稀缺并形成分化，最为突出的表现就是房地产市场不断分化，需求不断向大城市集中，在少子老龄化、人地分离、供需错配的背景下，以住房成本为主的大城市人力资本发展成本不断提高，已经成为大城市发展中的"卡脖子"问题，抑制了新就业大学毕业生以及各类城市流动人口的收入提升和发展空间。

第四，分配机制障碍。市场化程度不足、要素参与分配机制不完善造成初次分配不均衡，部分垄断性行业从业人员收入水平高，而绝大多数企业一线职工和少数弱势群体收入偏低且增长缓慢，资源和社会财富向少数垄断性质行业倾斜，行业间的收入差距逐步拉大。税收、社会保障等再分配制度不够健全，导致再分配调节效果不明显。相较于政府主导的二次分配，三次分配强调的是道德力量推动下企业和个人自愿的慈善捐赠。由于当前我国在慈善捐赠方面的配套激励制度不够完善、遗产税房产税等税种缺席，个人进行慈善捐赠的动力较弱、财富传承给后代的意愿更高。这些问题的存在抑制了中等收入群体的扩大，制约着社会总需求的扩大。

第五，人力资本竞争力和抵御风险能力障碍。人力资本是劳动者收入提高的根本源泉，也是壮大中等收入群体的基础和前提条件①。目前来看，人力资本不平衡、水平偏低、整体抵御风险能力有限是抑制中等收入群体扩大的重要障碍因素。从社会个体来看，低收入者一般在知识与技能方面的沉淀与积累较少，人力资本竞争力相对较弱、抵御风险的能力有限，弱化了低收入群体逾越自身技术能力和收入水平瓶颈的信心。同时由于自身能力不足加上人力资本投入的差异，人力资本越来越体现出代际传递的特征，使得低收入群体的家庭和后代面临滑入更低收入层次的风险和威胁。从企业层面上看，包括私营企业、个体工商户在内的中小企业是拉动就业的主力军。但是中小企业的持续创新能力相对不足，能提供的人力资本培训能力有限。而大量的私营企业、个体工商户集中在批发和零售业、住宿和餐饮业等行业，抗干扰、抗风险能力较差，极易受到非常规风险因素的影响。2020年以来，受新冠疫情影响，私营经济单位以及个体经营户的收入水平下滑严重，拉低了整体收入水平的提升，居民生活受到明显冲击。

2. 精准施策提高居民收入水平

今后一个时期，扩大中等收入群体、促进共同富裕，要聚焦重点人群和突出问题，采取更有针对性的措施。以加强科技创新和管理创新为重点，强调以企业为创新主体②，培育新兴产业，加快向下兼容，拓展高质量就业空间；以职业技能教育和提高技术工人待遇为重点，把加大人力资本投资和实现人力资本均等化③作为主攻方向，提升低收入群体进入中等收入群体的能力；以深化户籍制度改革和实现基本公共服务均等化为重点，打通农业转移人口进入中等收入群体的通道；以农村土地制度改革和提高农业收益为重点，促进更多农民进入中等收入群体行列；以增进社会纵向发展和打破阶层固化为重点，把破除社会流动的体制障碍作为重要途径，创造进入中等收入群体的公平机会。

第一，聚焦产业创新，拓展更高质量就业空间。坚持创新驱动，把

---

① 付钦太：《扩大中等收入群体的价值和实现路径探析》，《学习论坛》2018年第10期。
② 刘世锦：《中等收入群体倍增与建设高标准市场经济》，《兰州大学学报》（社会科学版）2019年第5期。
③ 李实：《缩小收入差距 推进共同富裕社会建设》，《中国经济报告》2021年第4期。

培育新兴产业与促进居民增收统筹起来，培育更多中高收入的就业岗位。一是发展高端产业提升就业质量和从业人员工资水平。结合实施重点产业技术攻坚行动计划，在培育未来产业、发展先进制造业、战略性新兴产业、高技术产业中拓宽就业空间和扩大更多中高收入岗位需求。二是发挥新消费引领作用，培育新经济新业态，拓展就业新空间。顺应消费升级规律，在服务消费、信息消费等领域开拓更多在线医疗、在线教育、在线新零售等线上服务应用场景，推进线上线下融合发展，促进零售企业打破线上、线下单渠道发展模式。解读各类消费群体的新需求，不断创新服务新模式，规范发展无店铺零售、"视频直播"等网红经济、社群营销等新型就业模式。三是大力发展现代服务业，扩大就业增收容量。重点抓好科技服务、金融服务、物流服务、信息服务、商务服务、服务贸易等现代化服务业发展，让生产性服务业更好地为制造业发展赋能，扩大中高收入就业岗位。

第二，强化惠企强企，培育更具竞争力的市场主体。重点支持"高精特新"小巨人企业、小微企业、私营企业、个体经营户这支最重要的中等收入群体"后备队"，给予批发零售、住宿餐饮、交通运输、建筑环卫、娱乐会展等劳动密集型企业适当倾斜性支持。一是全面创新和落实惠企政策。紧扣帮助企业降低成本这个关键，抓实抓细针对小微企业的减税降费政策，帮助小微企业、个体工商户降低成本，特别是新的结构性减税举措落地，引导金融机构出台落地具体措施，提高小微企业融资便利度，降低综合融资成本。二是进一步优化营商环境，推动非公经济高质量发展。深化简易登记、简易注销等"放管服"改革，让不同所有制企业共享政策资源。对新业态包容审慎监管，合理设定无固定经营场所摊贩管理模式，推进"一照多址"改革，降低劳动密集型小微企业的经营成本，激发市场主体的活力和社会创造力，促进民营经济市场主体数量大幅度提升，培育更多中等收入者。三是完善有利于创新创业的要素市场化高效配置机制。围绕提升金融服务能力、探索数据开放和交易等重点领域，推动各类要素自主有序流动和高效配置，推出和发布更多应用场景，为创新创业营造良好的条件。

第三，坚持能力提升，加强高水平技能型人力资本积累。一线技术工人和技能人才是支撑制造业发展的重要基础，根据江苏省制造业就业群体较大、收入较低的现状，要面向企业一线，将提高制造业技术工人的收入作为扩大中等收入群体的重要内容。一是构建充分体现知识、技术等创新要素价值的收益分配机制。鼓励企业在职工收入分配中把技能作为工资定级、津贴补贴、绩效奖励等方面的一个重要因素加以体现，激发人力资本提升的内在动力。培育发展技术转移机构和技术经理人，促进技术要素和资本要素融合发展。二是形成分层分类的技术工人、技能人才薪酬制度和奖励体系。实行灵活多样的分配形式，如年薪制、协议工资或项目工资等。面向基层一线人员和技术、业绩突出人员，加大奖励力度和拓宽覆盖面，引领激发广大技能劳动者潜心钻研、做好本职工作。三是提升技能人才发展空间。推动企业建立技能人才多层次发展通道，贯通技能型人才参与重大生产决策、生产科研攻关等职业发展路径，深化技能人才评价制度改革，支持企业自主确定评价范围、自主设置技能岗位等级、自主运用评价方法，使一线工人在技能岗位上更加高效地实现自我价值、提升社会地位。四是增强职业技术教育适应性。加快急需工种的技工人才培养，提升劳动者职业技能和就业能力，实现由单纯的体力型劳动者向技能型或技艺型劳动者转变，促进职业教育培训更好地适应经济发展和劳动就业需要。

第四，统筹推进高质量城镇化与乡村振兴，形成城乡无差别共享格局。充分释放要素活力，推动乡村振兴，提升留在农村的人口的生活品质。坚持走高质量城镇化道路，推进农业转移人口融入常住地，逐步缩小城乡差别、构建城乡无差别富裕格局。一是推动土地流转实现农业生产规模化。培育农业生产大户，引领推进农业产业规模化、科技化、品牌化，改变农业传统种植方式，有效吸引城市人才、资本以及技术反哺农村。二是建立集体经营性建设用地入市的收益分配制度。按照国家统一部署，在符合国土空间规划、用途管制和依法取得前提下，允许农村集体经营性建设用地入市。村集体在农民自愿前提下，利用农村集体建设用地建设长期租赁住房、工业化厂房，使农民公平分享土地增值收益，推进集体经营性建设用地使用权和地上建筑物所有权房地一体、分割转让。三是发展乡村新产业新业态，提高产业增值收益。围绕农村第一、第二、第三产业融合发展构建乡村产业体系，建设农村产业融合发展示范园、田园综合体，发展休闲农业和乡村休闲旅游业以及农村电商等新产业新业态，引导农民就地创业增收。四是推动户籍身份及财产的城乡转化。一方面促进各类要素更多向乡村流动，在乡村形成人才、土地、资金、产业、信息汇聚的良性循环，为乡村振兴注入新动能。另一方面稳步有序推进农民工市民化，促进城乡要素自由流动，逐步取消户籍身份限制，健全其在医疗、教育、就业等方面的保障措施，逐步融入城市。

第五，精准衔接三种分配制度，拓宽增收领域。深化收入分配制度改革，三种分配制度相互协调、精准衔接，优化政府、企业、居民之间分配格局，合理提高劳动报酬及其在初次分配中的比重。一是健全工资合理增长机制，完善企业薪酬调查和信息发布制度，合理调整最低工资标准。二是完善各类生产要素参与分配机制，强化要素由市场评价贡献、按贡献决定报酬，加快探索知识、技术、管理、数据等要素价值的实现形式，充分激发高端要素活力并引导这些要素投入前沿性技术和新兴产业的发展当中，以创新创业带动就业、促进就业。三是完善党政机关、企事业单位和社会各方面人才顺畅流动的制度体系，在缩小收入差距、构建合理分配格局过程中形成良性循环，避免出现调节失范、利益失衡和保障缺位。四是转变政府职能，减少政府收入用于资本性项目的比例，增加公共服务和民生方面的投入。

二 深化住房公积金制度改革，支撑租售并举

1. 住房公积金制度在实现全民"住有所居"目标上的作用

作为一项政策性住房金融制度，我国住房公积金制度逐步形成了互助、共担和激励的机制，有效调动政府、企业的住房金融支持与家庭金融动能，对不同需求和不同收入层次的家庭解决住房问题提供有力支撑。经过30年的发展和累积，住房公积金对实现全民"住有所居"的价值追求发挥着不可或缺的作用，在不同阶段彰显出不同的时代特征。

一是改革之初，促进住房市场化改革。在促进住房市场化改革方面发挥了关键性作用，推动了住房从实物分配到货币交易的制度转轨，促进了住房制度从福利走向市场的转变。

二是住房商品化阶段，提升了住房支付能力。在住房交易市场上，中低收入群体通过公积金贷款改善了居民住房条件。对于符合一定条件的居民可以通过申请住房公积金贷款，得益于住房公积金制度的存在，不同需求的市民可以获得数十万元乃至更多低于商业银行利率的贷款。还贷期间给予一定比例的利息补贴，适度降低了购房成本，降低了购房门槛，一定程度上提升了居民家庭的支付能力。同时在日常还贷过程中，公积金还可以直接冲抵，减轻了还款压力，有助于提高生活质量。

三是住房发展新阶段，助力"租售并举"。在住房租赁市场上，住房公积金体现了其推进租售并举方面的重要作用。随着租房提取政策的实施，住房公积金能够用于房租的支付，让越来越多外来务工者、新就业人员、新市民以及低收入租房群体减轻高额房租所带来的生活成本的支出。

2. 推进住房公积金制度改革的样本经验

一直以来，江苏省坚持深入推进全省尤其是大城市的住房公积金制度改革，切实为解决大城市"卡脖子"住房问题，推进"租售并举"，落实"房住不炒"寻找良方。

为充分发挥这一制度的保障性和互助性，南京先后推出大病提取、低保家庭提取、下岗失业提取、外地人员离职提取以及遭遇地震、火灾等情形提取等住房公积金惠民政策；将购买经济适用住房、危旧房改造复建房的提取范围，从购房职工及配偶扩大到直系亲属，并支持公积金贷款，服务住房保障；2007年推出委托提取公积金逐月归还公积金贷款业务，减轻居民住房还贷压力。为了推进"租售并举"有效解决低收入群体以及非户籍人口的住房问题，增强住房公积金制度的普惠性，2018年继续推出租房提取公积金的相关规定。2021年4月29日南京市住房公积金管理中心再次推出新的举措，公布了新修订的《南京市住房公积金缴存实施细则》《南京市住房公积金提取实施细则》和《南京市住房公积金贷款实施细则》。本次修订进一步创新了住房公积金制度，政策越来越惠民，更好地体现公积金制度的功能定位，落实"房住不炒"和建立租购并举住房制度的总体要求，保障无房和刚需职工租房、购房的需求，更好地体现了住房公积金制度的保障性和互助性。

苏州是住建部批复的首批灵活就业人员参加住房公积金制度试点的六个城市之一。2020年7月以来，苏州市住房公积金管理中心发布一系列改革举措，2021年4月28日公布《苏州市灵活就业人员参加住房公积金制度试点实施方案》，住房公积金租房提取额度上调，个体工商户、自由职业者按照自愿原则灵活缴存转换住房公积金，老旧小区加装电梯、市民租房也可以使用公积金。

3. 面向新市民、中低收入群体倾斜，深入推进住房供给制度改革

随着经济发展水平、人民美好生活的意愿不断提高，住房公积金制度赖以存续发展的条件发生了变化，其功能的发挥也受到了一定的制约，住房公积金政策在执行中遇到一些问题和偏离。在公积金单位配缴比例上的"一刀切"模式容易使制度实施过程中出现"嫌贫爱富"的倾向，缺乏地区之间的流动机制导致住房公积金供需错配，业务范围主要限于购买、建造、翻建、大修自住住房、偿还购房贷款本息、租房等，与养老、社保、医疗基金之间相互隔离，住房公积金的功能受限，难以发挥这些公共服务基金的规模效应和配置效应。

针对现存的问题和未来的目标，立足于住房保障定位，改革现行的住房公积金基础制度，兼顾住房金融属性来设计信贷政策，适应"租购并举"的时代要求，向新市民和中低收入群体倾斜，深入推进住房公积金制度改革，有效解决城市化进程中的"卡脖子"住房问题，让住房公积金制度发挥更加重要且积极的作用。2020年5月18日中共中央、国务院颁布《关于新时代加快完善社会主义市场经济体制的意见》，提出"加快建立多主体供给、多渠道保障、租购并举的住房制度，改革住房公积金制度"，体现了国务院对住房公积金制度的重视和全面深化改革的决心。可以预见，按照"存储决定提取"的原则，经过不断改革后，住房公积金制度将发挥更大作用。

一是建立基于工资收入的职工缴交与单位补贴反向相关的制度。可以考虑通过适当调整公积金缴存方（职工与单位）的缴存比例或者是调整缴存额与工资的比例两种路径来实现。在保证缴存总比例不变的前提下，通过调整职工与单位的缴存比例，形成职工缴存与单位补贴呈反向比例的运行机制。对于工资较高的职工群体，调高个人缴存比例、调低单位补贴缴存比例；相应的，对于工资较低的职工群体，调低个人缴存比例、提高单位补贴缴交比例。也可以考虑调整公积金缴存额与工资的比例。

二是调控住房公积金在中低收入群体的区别层级贷款。一方面针对

低收入群体基础工资额较低的状况，可以通过放宽进入门槛和使用限制条件，如降低缴纳条件、申请限制及提高最高可贷额度等，将更多的中低收入群体纳入住房公积金制度的受益和保障群体中。另一方面鼓励中低收入群体通过公积金贷款解决住房问题，对中低收入群体进行贷款利息补贴，达到降低购房成本的目的。

三是完善公积金异地存取和转移接续制度，打通不同机构、不同地区和不同时间段缴存的公积金之间实现有偿借用的通道。建立不同城市、不同区域之间因工作、居住的变动而产生的公积金转移机制，确保接续缴存和使用公积金，一方面有利于保持住房公积金制度的长期性、连续性和稳定性，同时也有利于调动缴存公积金的积极性。为了促进公积金在更大范围的优化配置，可以借鉴商业银行之间的短期借贷机制，充分利用公积金资金融通过程的时间差、空间差、行际差，参照一定基准利率，形成不同机构之间、不同区域之间和不同时间期限的公积金之间的"拆借"利率，形成公积金拆借市场。通过有偿使用调剂资金使用范围和人群，来解决公积金管理的属地化对于就业人口流动的制约问题，服务于长三角一体化、南京都市圈同城化等重大发展战略，建立城市之间公积金信息共享和政策协同。

四是住房公积金与其他保障资金之间"互通互用"。在住房公积金与医疗保险基金、养老保险基金以及社保等其他保障性资金之间建构一定联系机制，实现在一定条件下不同保障基金之间能够互相调用，如年龄达到一定条件或者是缴存时间达到一定年限可申请住房公积金用于就医和养老，缴存了一定年限的年轻人在购买住房和租赁住房时，也可申请将养老保险、医疗保险、社保等资金用于租购住房。

三　关注市场变动趋势，确定合理的住房供给结构

在发展经济学意义上，均衡被认为是一种最佳状态和理想态势。但是，均衡一般只存在于理论描述上，非均衡才是常态，供给和需求之间的矛盾总是存在于现实之中。我们需要关注的是及时查找矛盾和非均衡的原因，从而能及时纠正。政府应该成立专门的研究机构，跟踪研究和发布消费需求和供给变动趋势，确定住房供应和保障的层次性。首先获取存在于住房市场的原始数据和可信的本地住房数据，其

次把这些数据转化成反映住房市场状况的有意义的指标，简化和综合原始数据。然后根据数据分析住房市场状况，理解住房市场的问题所在，差别对待不同收入层次居民以及他们不同的住房需求特点，根据分层原则，分类界定住房产品的属性，并在供给结构上丰富不同类型住房产品，制定和选择适当的住房政策，调控住房总量和住房结构，确保住房市场供给与市场需求的良性循环，从多层次上满足所有社会成员的住房需求。

第三节 面向共同富裕完善多层次住房保障体系

住房保障体系建设不仅是促进居住正义的重中之重，也是房地产业步入健康有序发展轨道的关键。针对流动人口、新市民及新就业大学生等群体，加快完善以公租房、保障性租赁住房和共有产权住房为主体的住房保障体系，强调住房在保障民生、调节收入差距上的作用，构建面向共同富裕的住房新模式，探索切断地产阻碍国内大循环的途径。

一 新时代三房两改包容性多层次住房保障体系

从前文的分析来看，目前迫切需要构建一个针对城市不同群体的住房特殊问题的阶梯式多层次住房保障系统结构和模式。阶梯式多层次住房保障模式是现阶段建立住房保障制度的核心环节，而形成阶梯式多层次住房保障模式的基本点，应根据居民收入状况及形成原因、家庭居住条件和特点、贫困程度系数大小及贫困周期的长短等因素确定相应的阶梯差异救助标准，以便充分体现政策差异与住房条件差异的对等性，从而尽可能地实现更为广泛的社会公平性。基于第一篇中阐述的实现社会主义分配正义的三个层次的原则以及共同富裕的价值追求，构建一个包括四个层次的包容性住房保障系统结构模型（见图13-2）。

第一阶梯是公共租赁住房。公共租赁住房是完全由政府直接主导、由财政给予相应补贴，向拥有城市户籍的居民中较低收入居民家庭提供的保障性租赁住房。保障的标准因城市的发展水平和被保障的对象不同而有所不同。公共租赁住房准入门槛、建设主体、资金来源、轮候分配

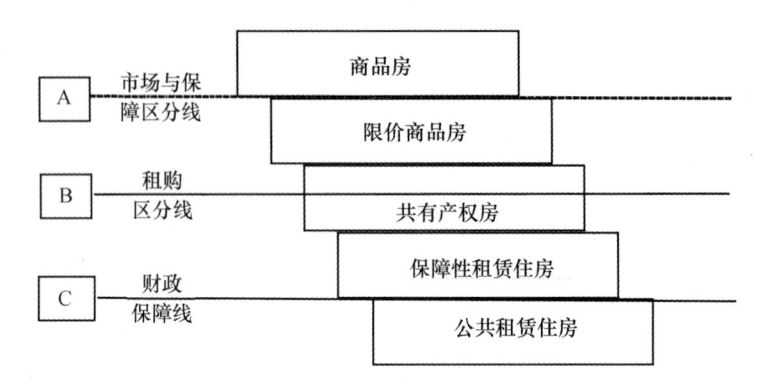

```
A ─┬─ 市场与保      ┌──────────────┐
   │   障区分线     │    商品房     │
   │               ├──────────────┴──┐
   │               │    限价商品房    │
B ─┼─ 租购         ├────────────┬────┘
   │   区分线       │  共有产权房 │
   │               ├────────────┴──┐
   │               │  保障性租赁住房 │
C ─┼─ 财政         ├──────────┬────┘
   │   保障线       │ 公共租赁住房 │
                   └──────────┘
```

图 13 – 2　面向共同富裕的包容性多层次住房保障体系

等方面都有严格规定，一般以较低租金承租或者是以租金补贴的形式出现。新市民、新就业大学生、新型城镇化背景下的务工人员等群体，往往会因为非户籍或者不符合贫困标准而被排除在公共租赁住房保障范围之外。因而这个阶梯的保障面、保障水平与管理水平仍需根据经济与社会发展状况和社会平均消费水平不断调整。

第二阶梯是保障性租赁住房。为了扩宽公共租赁住房的保障面，有效解决流动人口超预期增长[①]与住房不均衡之间的矛盾，由政府政策引导、国企平台以及其他市场力量共同建设或者筹集租赁住房房源，向城市常住人口中低收入、住房有困难的人群提供保障性租赁住房。保障的对象不仅包括城市中最低收入家庭，还涵盖了新市民和新就业大学生。保障性租赁住房解决了公共租赁住房的高门槛和保障面窄的问题。在这一阶梯的救助人群中还应该加入一类人，就是临时突发贫困人群，主要应针对突发灾害、恶性事故和重大疾病确定。政策实施应具有灵活性和可控性，在遵循基本政策的基础上，需要更多的可操作性的一事一议。

第三阶梯是共有产权住房。对城市中既不符合保障性租赁住房和公共租赁住房申请条件的，又暂时无力购买商品住房的中低收入群体，政府通过提供与市场接轨的共有产权住房的形式给予一定程度的保障。中

---

①　根据第七次全国人口普查资料显示：截至 2020 年，我国流动人口为 3.76 亿人，大幅高于 2019 年公布的 2.36 亿人，较 2010 年人口普查时实现约 70% 的超预期增长。

低收入家庭申请购买共有产权住房，按一定比例出资，政府和个人在一定时期内共同拥有房屋产权。政府出资部分主要是出让土地与划拨土地之间价差，将这一部分价差显化为政府产权。中低收入家庭通过政府垫资减少了当期购房成本，更好实现居住权利。共有产权住房是在经济适用住房制度的基础上融入租售并举的发展理念，形成可租可售的住房保障思路。把原来的经济适用住房分为可销售型的经济适用住房和用于租赁型的经济适用房两大类，可销售型的经济适用住房转为共有产权住房，用于租赁型的经济适用房并入公共租赁住房体系。

第四阶梯是老旧小区改造、城市更新改造"两改"背景下的限价商品房。限价房是我国住房保障体系中特有的创新政策，以市场机制为基础，介于市场主导和政策保障之间，兼具保障和市场双重属性。一方面，从严格意义上讲，限价房依然是商品房，另一方面，又由于"限房价、限房型、限工期、限对象"使得限价房带有住房保障性质。保障的方式是由政府根据多重因素考量设定土地出让价格，从源头上对市场流通的商品住房控制价格，在一定程度上增强居民的住房消费可支付能力，保障收入相对不足群体的居住权益。政府主要是通过限制建设标准、销售对象以及控制住房开发企业的利润等手段以实现这一目标。限价房是在商品住房价格持续上涨背景下的平抑房价的一种临时性政策。从2006年[①]开始至今，这一政策在中国已经延续了近20年，每一个城市实施的具体措施不一。在老旧小区改造、城市更新改造"两改"背景下，很多城市通过对棚改货币化安置住户设置"优先购买"权，实际上也是一种限价商品房政策，起到了很好的效果。限价房作为住房干预政策与市场调节之间的缓冲区，应随着市场变动而进行及时的必要的调整。2020年国家对金融和房地产市场实施紧缩调控政策，致使房地

[①] 2006年5月，国务院办公厅转发建设部、发展改革委、监察部、财政部、国土资源部、人民银行、税务总局、统计局、银监会九部委联合发布的《关于调整住房供应结构，稳定住房价格的意见》（国办发〔2006〕37号），其中指出：要优先保证中低价位、中小套型普通商品住房和廉租住房的土地供应，其年度供应量不得低于居住用地供应总量的70%；土地供应应在限套型、限房价基础上，采取竞地价、竞房价的办法，以招标方式确定开发建设单位。《意见》中提到的"限套型""限房价"的普通商品住房，可以看作是我国限价房政策的开端。

产业进入一个前所未有的下行周期。当前全国城市房地产市场形势不容乐观，并快速传导至全社会固定资产投资、财政收入、金融等领域成为影响经济平稳增长的风险点。在 2022 年的集中供地中，已有多个城市为了激励住房开发企业投资，开始逐步取消新房限价的相关规定，拉动土地市场和住房市场回暖。

在这四个层次之上就是完全市场机制下的各类商品住房了，城市的中高收入者或者是资金积累达到一定规模的人群，他们的住房消费行为完全由市场决定，不应该再纳入住房保障体系。

这种结构模式坚持"房住不炒"原则下的"三房两改"，以解决户籍低收入家庭住房困难为前提，以加大公租房、保障性租赁住房、共有产权住房供应为有效方案，对存量老旧小区改造、城市更新改造。在逐步改善非户籍家庭住房条件的同时，灵活解决住房保障"盲区"、增强城市化进程中的人才流动性和人才凝聚力，为完善中国的住房保障制度提供了新的思路。三房两改包容性多层次住房保障体系充分体现出社会主义分配正义的三层原则：

1. 合理差别原则：初次分配实现合理差距的拉开，社会成员根据不同的条件和资源占有条件通过市场机制可以选择不同类型的住房，以不同的方式实现住房的基本权利。

2. 相对公平原则：通过政府的政策调整实现二次分配，使得一部分原先没有能力购买住房产权的社会成员通过国家的制度优惠政策增强购买住房产权的能力，从而解决住房问题，如经济适用房和限价商品房。

3. 人道主义原则：还有一部分社会成员，暂时或者长期参与社会分配的能力比较弱，政府通过制度安排提供廉租房、公共租赁住房以解决他们的住房问题。

这种模式基本涵盖了全部居民，可以逐步将中国目前住房保障的范围延伸至五类人群：一是城市中低收入户籍家庭；二是城市非户籍人员及其家庭，通过城市中各类集中配套建设的公共租赁房予以解决；三是符合缴纳社保年限等条件的非户籍低收入家庭；四是归国留学生以及国内引进的各类人才，在人才流入地的大城市中，可以从公共租赁住房、保障性租赁住房中划出一部分房源作为人才公寓向符合相关条件的人才出租，符合条件者还可通过住房分配货币化方式解决住房问题；五是机关企事业单位或其他类型单位新录用高校毕业生也可以通过申请公共租赁住房、保障性租赁住房和共有产权房作为周转用房暂时解决住房问题。

从这个体现三房两改时代背景的多层次新保障体系看，随着保障范围的不断扩大，充分体现了四个结合：

保障体系实现了兜底保障和普惠性保障相结合。公租房是区域性静态人口的福利保障，保障对象主要是以户籍为主的本城市收入困难的家庭，是一种通过户籍限制，对本地域居民的一种兜底性的保障住房。公租房基本属于保障性租赁住房，是对住房困难群体的普惠保障，既无区域限制，也无收入规定，只要有需求就可以申请，属于一种普惠性的保障住房。保障性租赁房没有户籍限制，主要针对的是有住房需求的新市民和青年人，除了本区域内住房困难群体，集中保障的是外部流入的新增人口。保障的范围发生了很大改变，既有对户籍人口中低收入群体的兜底性保障，还有针对非户籍人口、新市民、新就业年轻人、人才类流动人口以及中等收入群体的保障，实现兜底保障和普惠性保障相结合。

保障体系实现了户籍居民与非户籍居民相结合。针对新形势下的居住领域的新矛盾，新保障体系已转向解决两类重点人群的居住问题，一类为本地户籍人口中的住房困难居民家庭，另一类是为城市发展作出贡献的非户籍常住人口，尤其是各类人才特别是青年人才群体，彰显对保障户籍居民与保障非户籍居民相结合的特点。

保障体系实现了租与售相结合（租售并举）。采取租售结合形式的住房保障将是未来住房保障发展的一个方向。在公租房（含货币补贴）之外，重构一个市场化主导、政府给政策扶持的新的保障体系，即针对新市民、年轻人的住房困难，建立"租售结合"的体系，即保障性租赁住房和共有产权住房。对新市民和新就业大学生的住房保障，覆盖租和买两种方式。也就是说，多层次新保障体系通过公租房和保障性租赁住房让新市民、进入城市的非户籍人群、新就业人员以及城市户籍人口中无房居民体面地租住下来，针对"高出低保线，但又无力从市场上购买住房"的人群，还能通过共有产权的形式买到低成本的房子，按照时间节点分次购买产权或者一定时间内由政府回购产权。

保障体系实现了政府与市场相结合。公共租赁住房是以政府为主导、以财政资金投入为主、从开发到运营都由政府承担的住房保障方式，保障性公共租赁住房和共有产权住房是政府引导、市场主导相结合，需要充分发挥市场机制作用，是一种更市场化的住房保障手段，为了有效契合新时代新市民多样化、品质化的住房需求，通过政策引导，交由市场，引导全社会参与落实"房住不炒"的居住正义理念。

二 公共租赁住房制度：现阶段住房保障体系的重要环节

1. 公共租赁住房制度的含义

在中国共产党第十七届五中全会上通过的《中共中央关于制定国民经济和社会发展第十二个五年规划的建议》中提出："加大保障性安居工程的建设力度，发展公共租赁住房。"[①] 可见，完善公共租赁住房制度成为现阶段重构住房保障体系，保证居住正义实现的理性选择与重要环节。

公共租赁住房应该首先划归大的可支付租赁住房体系的一部分。可支付租赁房，顾名思义，就是支付一定租金从而换得一定时期的住房使用权，广泛意义上包括三层，廉租住房、公共租赁住房和市场商品房租赁，这三类租赁住房是根据政府和市场的关系来划分的，廉租住房完全是政府保障下的租赁住房，不仅租金价格低廉，政府还有相应的租房补贴；公共租赁住房是政府保障和市场机制运作相结合的一种租赁住房，租金价格低于租赁市场价格，但是又高于廉租房价格；市场商品房租赁是完全市场化的行为，不属于住房保障的范围。

公共租赁住房是住房保障制度上的一种创新，能够为不同层次，不同类型的城市居民提供与其消费能力相适应的住房条件。公共租赁住房，又可以被称为政府公共租赁房，由于在其运行过程中，加入了政府保障的力量，其租金高于廉租房，但又低于市场商品房租金，可以将其划归为租赁性保障性住房。

政府公共租赁住房的来源有三种：

一是出租性经济适用房。政府可以通过经济适用房项目的综合招

[①] 《中共中央关于制定国民经济和社会发展第十二个五年规划的建议》辅导读本，人民出版社2010年版，第15页。

标，给建设单位一定的政策补偿，并在建成后移交给政府相关管理机构管理运作，或者为了提高市场化程度，也可以由政府按照双方协商之后的一个合理价格收购，专门用于政府公共住房租赁，所产生租金划入政府公共租赁住房建设专项基金。

二是政府逐步以改造、收购市场存量中户型小、价格相对低的普通商品房等方式，形成"政府公共租赁住房"储备库。

三是政府政策引导，激励企业单位，尤其是用工单位合作建设公共租赁住房，这将是未来一段时间里公共租赁住房的主要来源。

大力发展公共租赁房，能够真正让住房保障落到实处，同时又不会干扰纯粹市场化的商品住宅市场，还可能有效避免经济适用房实际操作中的种种弊端。从中国目前的实际情况出发，重点推进公共租赁房制度建设，最大的创新和益处就是适当扩大了保障的覆盖范围，在仍然坚持廉租房针对居住困难的低收入家庭的前提下，关键是把中等偏低收入阶层也纳入到公共租赁房体系和住房保障体系中来，中等收入以上阶层，不能或不愿意购买经济适用住房的，也可以选择公共租赁房。与此同时，还能适度地把常住本地的低收入非户籍人口纳入公共租赁房体系中来，中国城市化正以每年1%—1.5%的速度推进，人口的流动性在增大，从缩小城乡差距、缩小贫富差距、构建和谐社会的角度考虑，应该逐步解决这些低收入的外来常住人口的住房问题。

2. 进一步完善公共租赁房运作机制

第一，加大公共租赁房的建设力度。目前，租赁补贴、租金核减的比例远比实物配租大，但政府可供租赁的公房数量非常有限。政府除了考虑收购旧房，还要通过建设新房来增加储备，比如英国的廉价公房制度、新加坡的组屋制度和中国香港地区的公屋制度就是如此。

第二，政府还可鼓励企业参与进来，政府资源与企业资源相结合，发挥市场机制作用，是实现可支付租赁房制度建设的重要途径。在政府财力有限的情况下，我们可以寻求政府资源与企业资源结合，发挥市场机制作用，特别是以政府政策调动企业资源的路径来解决现实的住房保障问题。它的理论原则是：（1）在政府政策引导下，以相应的政策调动社会各方面的积极性；（2）政府投入少量资金，吸引社会资金共同参与住房保障建设；（3）政府作用与市场机制相结合，提高各类市主体持有资源的利用效率。

第三，设立专项基金，公共租赁房具有半公益性质，必须有稳定的发展基金。应建立规范的城市基本住房专项资金，在住房公积金增值部分、土地出让金纯收入的一定比例以外，还应该规定由相应级别的财政预算保底。

第四，建立合理的公共租赁住房体系的进入和退出机制，加强公共租赁房的管理。目前，政府所拥有的公共租赁住房资源比起其他类的保障性住房资源要稀缺得多。因而，在公共租赁住房制度的推行过程中，建立合理的进入、退出机制，尤其是退出机制，促进公共租赁住房的流动性。从另一方面来讲，对于社会个体，由于享受公共租赁房的居民的收入水平是动态的，各地房地产管理和社会保障部门要成立专门机构，对申请公共租赁住房居民的收入作严格审核。以政府介入和市场机制相结合的方式，建立动态管理机制，居民收入条件发生变化，保障措施也应相应调整。

三 保障性租赁住房：现阶段住房保障体系的核心环节

1. 保障性租赁住房政策的提出

从 2015 年开始，我国的住房制度改革的政策重心开始从支持购买转向租购并举。2015 年 1 月，住建部率先发布《关于加快培育和发展住房租赁市场的指导意见》，提出要用三年的时间基本形成健全的住房租赁市场，同时明确了培育住房租赁机构、支持房地产开发企业租售并举、发展房地产投资信托基金（REITs）等多项支持渠道[①]。2016 年 5 月，国务院发布《关于加快培育和发展住房租赁市场的若干意见》，提出：购租并举，培育和发展住房租赁市场，是深化住房制度改革的重要内容，是实现城镇居民住有所居目标的重要途径[②]。自此中国的住房改

---

① 《国务院办公厅关于加快培育和发展住房租赁市场的若干意见》，国办发〔2016〕39 号，http：//www.gov.cn/zhengce/content/2016 - 06/03/content_5079330.htm，最后访问日：2022 年 9 月 22 日。

② 《国务院办公厅关于加快培育和发展住房租赁市场的若干意见》，国办发〔2016〕39 号，http：//www.gov.cn/zhengce/content/2016 - 06/03/content_5079330.htm，最后访问日：2022 年 7 月 30 日。

革进入"租购并举"的探索阶段，2017年党的十九大报告中明确提出了"租购并举"的住房制度改革方向。2016—2020年，是国家充分放权、让市场大胆尝试的阶段，虽然出现了如"炒房租"、资本运作、长租公寓爆雷等负面现象和问题，但是在这一阶段的探索经验也为政府主导的保障性租赁住房的提出奠定了基础。

2021年7月，国务院发布《关于加快培育和发展住房租赁市场的若干意见》，提出加快发展保障性租赁住房，促进解决好大城市住房突出问题。这是第一次从国家层面明确了租赁在住房保障体系之中的重要地位，提出"完善以公租房、保障性租赁住房和共有产权住房为主体的住房保障体系"①，这标志着我国的住房制度更加强调和重视租赁的保障和民生属性，为未来我国租赁住房市场发展提供了重要的政策支持。"租购并举"制度的内涵更加全面，制度建设也进入成熟阶段，这是我国住房制度建设进程中的一个重大转折。

2. 保障性租赁住房制度优化建议

第一，落实多元化的供给机制，有效扩大保障性租赁住房供给

一是城市更新中，通过调整优化中心城区、优势城区的旧住房更新项目的容积率、建筑高度等规划指标，按规划增加建筑量，在保证原有居住空间供给总量的基础上，进一步增加保障性租赁住房供给和配套设施用途。二是单列租赁住房用地计划，增加租房、公租房有效供应。以增量盘活存量，单列租赁住房用地计划，继续推进利用农村集体建设用地和企事业单位自有闲置土地建设租赁住房，鼓励将非住宅房屋改建为保障性租赁住房，通过更大程度的税费减免等政策优惠，构建保障性租赁住房与商品性租赁住房互通机制，引导市场上存在的商品性住房进入保障性住房租赁市场，盘活住宅存量、商业用房存量、工业用房存量。三是重点在高校及科研院所周边、科创园区、产业集聚区、商业商务集聚区以及交通枢纽地区（含轨交站点周边）等需求集中、交通便捷、生产生活便利的区域提供租赁住房，满足市场需求。

---

① 《国务院办公厅关于加快发展保障性租赁住房的意见》，国办发〔2021〕22号，http://www.gov.cn/zhengce/content/2016-06/03/content_5079330.htm，最后访问日：2022年7月30日。

第二，实行差别化保障政策，引导保障性租赁住房惠及更多群体

为提高新市民，尤其是各类新就业学生的住房保障水平和住房品质，保障更多人住有所居、住有优居，应统筹推进人才引进和住房保障工作，扩大住房保障人群的覆盖范围，使得更多的人能够享受到住房保障福利。在设置补贴条件和标准时，充分考察影响新就业毕业生以及其他新市民租房能力的因素，详尽评估不同城市的租金状况，同时考虑到不同群体需求的差异性，将个体收入的差异性考虑在内，建立起科学的、阶梯式的租房补贴政策，对于租金较高的区域可以给予适当补贴和限价政策，更加精准地面向被保障者，有利于实现社会福利的最大化。

第三，合理规划布局保障性租赁住房，提升配套公共服务品质

优化空间布局，促进城市空间要素的合理利用，平衡保障性住房供应以及公共服务设施的分布，一方面，政府在进行新的保障性住房项目时，前期应做好建设规划，选择交通可达性高的地区，做好公共服务设施综合规划，避免和逐步减少高综合负担区域的出现；另一方面，交通及相关部门也可根据住房负担和交通负担的比较结果，调整和优化城市交通基础设施的建设规划，提高城市边缘地区的交通可达性，确保实现低收入群体以及新市民的综合负担能力真正提升和实际意义上的居住正义。

第四，深入推进租购同权，逐步破解公共服务与产权之间的单一关联

全国已经有很多城市相继出台了关于住房租赁工作方案，对租购同权的子女义务教育"入学权"进行了相应明确规定，但是租购同权的改革并没有深入到公共服务的其他领域。因此，建议进一步深化租购同权政策改革，制定非户籍人口享受公共服务的实施细则，形成规范引导，逐步推进城市各类公共服务直接与人（承租人）绑定，弱化公共服务与房屋所有权之间的关联，缩小租、购在教育、医疗、社会保障等重点公共服务之间的权益差，促进实现以人为本的公共服务资源配置。

四　共有产权住房：住房保障体系的创新环节

1. 共有产权住房的产生背景及发展

共有产权住房是对我国"房住不炒"住房保障制度体系的积极探

索,是对保障体系中售卖类保障房的创新。售卖类保障房源于1994年我国开始推行经济适用房①。经济适用房由政府无偿划拨建设用地、按政府指导价定价。但是在经济适用住房制度推行过程中存在很多问题,使得很多城市的经济适用住房并没有覆盖到真正需要的人群,甚至成为市场套利手段。从2007年开始我国调整售卖类保障住房政策的发展方向,一方面,国家开始逐步试点推广的"两限商品房",即限房价、限套型的普通商品住房;另一方面,很多城市开始探索其他形式的售卖型保障房,如淮安市首创了与市场接轨的共有产权经济适用房模式,通过购房者和政府按照出资比例共同持有房屋产权的方式,降低中低收入住房困难家庭的购房成本。在未来的一定期限内,购房者还可以"赎回"政府持有的部分产权。

　　共有产权住房实现了对经济适用房的超越,第一,共有产权房与经济适用房推行的目的同样都是通过降低住房所有权门槛保障中低收入住房困难家庭的居住权益和资产收益权益,共有产权房创新性地采取了共享产权的模式,更符合市场规律,而经济适用住房的核心思想则是通过以压低入市价格的方式降低购房成本,但是却背离市场规律,更可能因为市场差价引发寻租行为;第二,共有产权房的用地方式比经济适用房更加符合市场规律,共有产权房用地由土地划拨改为土地出让,将出让土地与划拨土地之间的价差和政府给予经济适用住房的优惠政策,显化为政府出资,形成除购房人持有产权之外的政府产权。第三,共有产权房与经济适用房都在流通方面有一些限制性规定,经济适用房一般允许在5年之后上市交易转让,但对交易价格和交易对象没有限制,这使得经济适用住房因为购买低价和市场价入市之间的巨大利益空间而更像是一种套利手段。共有产权房一般设定了5—10年的锁定期限和到期定向封闭流转,对转让价格和流转对象都有规定,必须是定向转让给其他符合共有产权房购买资格的人群或者是政府,消弭投资投机空间,这就最大可能保障了共有产权房的公共属性,防止市场投机套利和寻租行为,同时也确保了保障性住房的内部流通、避免政府保障性住房的大量流

---

① 1994年国务院发布《关于深化城镇住房制度改革的决定》,提出发展经济适用住房,限定购房对象为具有一定支付能力的中低收入家庭。这是我国经济适用房的开端。

失。由于能有效避免重蹈过去经济适用房的一些覆辙，自此经济适用房建设速度明显放缓，而共有产权住房逐步成为住房保障体系中的重要一环。2014年4月起，住建部先后在全国选择了北京、上海、深圳、成都、淮安、黄石6个城市作为共有产权房的试点。2021年国务院在《关于加快发展保障性租赁住房的意见》中首次明确我国的住房保障体系以公租房、保障性租赁住房和共有产权住房为主体①。

自2007年淮安市率先开启了共有产权房试点工作以来，全国多个城市经过十多年的探索实践，共有产权住房制度设计及配套不断完善。2017年住房和城乡建设部发布《关于支持北京市、上海市开展共有产权住房试点的意见》，鼓励北京、上海进一步开展共有产权住房试点。目前淮安、上海、北京等城市共有产权房制度建设都形成了各自的特点（表13-3）。

国际上有很多国家较早开始了对共有产权住房的探索和实践。20世纪60年代，美国政府积极探索保障房领域的共有产权模式，由政府成立免税的非营利机构，永久持有土地，并在土地上建设保障性住房，住户购买保障房时，需缴纳一定数量的土地租金。对共有产权住房，政府有优先购买权，如果政府放弃购买的，受让人也必须是中低收入者。英国在20世纪80年代初就形成了对共有产权房较成熟的模式。由住房协会选择一批正在新建或改建的社会产权住房作为共有产权住房，作为共有产权人，与符合条件的居民共同约定共有产权的方式和购买产权份额的节点，按照市场价格分批次出售产权份额。通过审核的目标家庭需要在第一次交易购买25%—75%的产权份额。剩余份额部分转化为出租，租期内购房人需按月向住房协会支付与剩余产权份额对应的租金。之后分批次依购买时的市场价格水平购买剩余产权，每次购买的产权份额不低于10%。对于共有产权住房，住房协会具有优先回购权。在很多国家共有产权住房逐步成为一种福利政策，解决了很多中低收入家庭和老弱病残等社会弱势人群的住房问题。

---

① 2021年7月2日《国务院办公厅关于加快发展保障性租赁住房的意见》国办发〔2021〕22号 http://www.gov.cn/zhengce/content/2021-07/02/content_5622027.htm。

表 13-3　国内部分试点城市的共有产权住房制度及实践经验比较

城市	淮安	上海	北京	深圳
准入门槛	新就业人员：具有市区城市居民户口；进城务工人员：在市区缴纳社保连续两年以上；城市中等偏下收入群体：具有市区城市居民户口两年以上	持有《上海市居住证》且积分达到标准分值（120分）；本市无住房	家庭成员名下均无住房	本市户籍人口：具有本市城镇户籍，无房或住房面积低于标准；新市民：持有本市居住证，无自有住房
产权比例规定	基本比例执行7：3，即个人占70%产权，政府占30%产权	购房人产权份额应不低于50%	购房人：政府=7：3 或者 6：4	
上市流转期限	未规定	5年以上	5年以上	5年以上
政府产权部分租金规定	超过5年后，收取90%市场评估租金	未规定	未规定	未规定

续表

城市	淮安	上海	北京	深圳
购买政府产权部分的方案	5年以内，按照原共有产权房价格；5年以后8年以内，按原价加上第6年起的银行同期贷款利息；8年以后，按市场评估价格购买	未规定	未规定	未规定
未获得完全产权之前的出租规定	不得出租	不得出租	可出租，租金收入由双方按份额分取	不得出租
上市流转后的住房属性	转为商品住房	转让给其他符合购买共有产权保障住房条件的非本市户籍家庭，共有产权保障住房性质和政府产权份额不变	不能转为商品住房	转为商品住房

资料来源：北京市住建委、《北京共有产权住房政策解读》；上海市共有产权保障住房申请须知（非本市户籍居民家庭）（2022版）；2007年淮安市委市政府出台的《民生帮扶"九大工程"实施意见（淮安市安居工程实施意见）》和《淮安市市区保障性住房建设供应管理办法》，2011年1月1日正式实施的《淮安市共有产权经济适用住房管理办法》（草案）；《深圳市存量住宅用地项目清单》。

2. 共有产权住房运营管理机制的优化

第一，健全共有产权住房相关法规体系。完备的法律体系是稳步有效推进共有产权房制度的前提和根本保障。目前我国从国家层面到地方各个城市都在加快推进共有产权住房，但是一方面国家顶层相关立法不足[1]，另一方面，各试点城市根据不同城市的情况在准入、管理、退出等方面出台了不尽相同的规定，各地标准不一。[2] 针对相关规范不全和立法不足的现状，建议加快进行包括共有产权房在内的保障性住房相关立法工作，在国家层面制定《住房保障法》，从土地规划、建设标准、申请准入、退出流转、分配措施、管理机制、筹资渠道和惩戒条例等方面建立完善健全的住房保障法律体系，让共有产权房制度的推进有法可循，有法可依，增加共有产权房建设的权威性。同时还要因时因地动态地调整法律法规，根据不同地区的经济社会发展情况以及不同时期的情况变化，不断地调整住房保障制度法制建设。

第二，拓宽共有产权房建设资金以及房源筹集渠道。保证充足的共有产权住房房源或者是稳定的建设资金是共有产权房平稳运行的保障。由于共有产权房的保障属性特征，一般住房保障制度相对完善的国家都是以财政补贴或直接专门拨款的形式进行支持[3]。在金融市场发达的美

---

[1] 目前我国针对保障性住房出台了一系列相关的政策规定，例如，《公共租赁住房管理办法》《国务院办公厅关于保障性安居工程建设和管理的指导意见》等，但专门针对共有产权房的政策法规基本没有，截至2022年9月23日，在中华人民共和国住房和城乡建设部官方网站住房保障政策发布一栏中，标题中有"共有产权"字样的政策文件多为各试点城市推出的一些意见，国家层面的只有《住房城乡建设部关于支持北京市、上海市开展共有产权住房试点的意见》一项。而且大多数针对保障性住房的政策也主要属于行政性的意见和规范，法律效力低。

[2] 在退出方面，根据暂行的《北京共有产权住房管理暂行办法》，购买共有产权房未满5年的，只能出售给代持机构，满5年的，可按市价转让房屋产权份额，但是出售对象限于代持机构和其他符合共有产权房购买条件的家庭。虽然在退出路径方面作了规定，但是在价格、过户等细节方面并未作出说明。而上海市闵行区住房保障和房屋管理局发布的《上海市共有产权保障住房申请须知（2016版）》中，对于共有产权房退出的规定也仅仅限于"购买共有产权房未满5年的，换买商品房，则原共有产权房需要腾退，若满5年，应先购买政府产权再上市交易"，其他并未有详细的规定或者解释说明。

[3] 英国1996年的《住房补贴、建设与更新法》第126条规定："经财政部的同意，国务大臣可以给任何用于区域再生和开发行为的支出提供财政援助。"2008年《住宅及更新法》第19条规定了住房社区代理机构（The HCA）给予财政援助的权力。财政援助可以体现为补贴、贷款、担保、赔偿、投资等形式。

国,还充分利用了金融政策手段支持共有产权房的发展①。

目前我国的共有产权住房多采取集中供应和配建供应模式,如政府组织集中建设,通过"限房价、竞地价"等方式由房地产开发企业集中建设,通过"限地价、竞配建"等方式在商品住房项目中配建,在城市更新、"三旧"改造项目中配建,等等。还可以采取通过现有住房转化的方式收购符合要求的新建商品住房或存量住房,转用符合要求的在建和未销售的限价商品住房、直管公房等,接受捐赠等其他合法途径筹集。各地可结合实际探索开展企事业单位等社会力量利用自有建设用地和自筹资金建设共有产权住房。

同时还可以通过推动政策性金融机构创新融资模式、丰富金融工具,设计符合共有产权住房建设特点和需求人群的特点的多类型的抵押贷款产品,这需要不断加强金融市场建设,规范金融市场行为。还可以采取准公共产品建设的思路,根据资本运作的规律吸引各类机构资本、基金和社会资本进入共有产权房建设领域,不断拓宽资金来源共同支撑共有产权房的建设。

第三,创新共有产权房多元化的共有机制。共有产权住房制度是通过在一定期限内多个主体共同分担购房成本并共同拥有住房产权的方式,帮助相对应的中低收入人群获得住房。因而,一方面,为了彰显共有产权住房的普惠性,应以多元化的共有形式尽量满足更多人群的多样化的居住需求,另一方面,作为一定时期内产权共有一方的政府必须保证补贴资金有效回笼和投入资金的收益,不断提高保障能力,需要根据不同时期的情况进行调整共有形式,创新多元化的共有机制,以多元化的梯度保障覆盖更多人群。

---

① 美国完善的保障性住房金融支持体系是其共有产权房工作健康发展的核心,体系中参与主体众多,主要包括住房供需双方、金融机构、政策性住房金融机构、保险机构、担保机构、评级机构、各类基金和投资方。在美国,各级政府、金融机构和社会资本都可以通过补贴或者提供资金的方式帮助购房者获得房屋,并与购房者共享房屋产权或者房屋溢价收益,大大增加了中低收入者的购房能力,提高了房屋自有率。此外,美国政府鼓励金融机构进行资产证券化操作为住房市场提供资金,先以住房作为抵押物,形成有固定收益来源的资产池,再以资产池中的资产为基础发行证券,这些证券可以二次证券化,甚至三次证券化,各类市场主体通过担保、抵押、信用增级、信用评级和投资等途径加速资金的流动和资产增值,以保证保障性住房的资金供给充足。

如何实现共有、共有的比例以及根据产权比例获取一定的相关利益是共有产权住房制度建设的核心。我国推行共有产权房制度时间不长，还处于试点阶段。目前各个城市在具体实施中的共有形式主要是单一化的比例共有，政府和购房者按照 30%：70% 或者 40%：60% 或者 50%：50% 的比例共有，在后期共有产权的处置上大多规定必须持有满 5 年。在目前各个城市试点的共有比例的基础上，改变一次性购买一定比例共有产权的做法，设置 25%—75% 作为合理的产权配比区间，允许符合条件的购房者根据自身支付能力在这个区间灵活选择首次购买的产权份额，并约定一定期限内分次或一次性购买剩余部分产权，或者向政府出让自己拥有的部分产权。如果是购买剩余产权的，在未购买之前应向政府缴纳与剩余产权相匹配的租金，直至完全购买产权或者是出让产权。

探索改革常规的政府自建和配建共有产权住房的模式，采取市场化模式，减轻地方政府筹建共有产权房源的压力。允许购房者通过市场选择住房，政府作为共有产权人按照比例（设置一定的比例区间）共同购买、共同拥有住房产权。一定期限内分次或一次性购买剩余部分产权，或者向政府出让自己拥有的部分产权。如果购房者选择完全购买产权，在上市出售房屋时应向共有产权人偿还部分房屋溢价收益。这种方式不仅可以解决购房者当期的居住问题，还保证了购房者能够享受到房价上涨带来的财富增长效应，同时也增加了政府回笼补贴资金的数额，提高了政府的住房保障能力的可持续增长。

第四，规范共有产权房的管理。建立专业化的管理机构。梳理住房保障制度和共有产权住房制度相对成熟的英国、美国和新加坡等国家的发展历程，有一条共同的经验就是管理机构的专业化。[1] 目前我国共有

---

[1] 英国的住房协会是专司共有产权房的非政府机构，英国政府只负责高屋建瓴的方向性安排，具体的各项实施细节（包括住房的选址、筹建、分配、管理、回购等）都由住房协会因地制宜地实施。美国政府也设立了专司住房保障职能的部门——公共住房署（1937 年）、住房和城市发展部（1965 年），主管保障性住房的各项事宜。建屋局是新加坡专司组屋的机构，建屋局将所有组屋纳入 BTO（Build to Order System）系统统筹管理，所有组屋项目的详细情况，包括地理位置、配套设施、交通线路、房屋户型、建设年份、申购条件和政府补贴等，都能够实现透明化管理。

产权房相关的管理工作权属不清，分属于住房城乡建设部、发展改革委、财政部、自然资源部等不同的机构，不能形成相对统一的管理机制。为了有效推进共有产权住房制度，应尽快建立专业化的共有产权住房制度管理机构，明晰权责，统筹推进共有产权房的各项工作。为了增加共有产权房工作的公平性，建立独立的第三方机构对该机构进行监管。

规范共有产权房的准入与退出。在目前我国共有产权住房制度建设刚刚起步阶段，保证共有产权房的供给量是重中之重。为了避免共有产权房可能流失，一方面要尽快制定全国统一标准的共有产权房的准入和退出机制和相关的管理制度框架，对于准入条件、退出机制和违规惩戒等方面制定国家标准，同时给予地方政府一定的灵活调整空间，允许在国家标准框架下因城施策，做出符合地方特点的调整。另一方面，政府在帮助共有产权房购买者获得房屋时，要签订限制合同，限定房屋的转售对象和价格，以确保共有产权房的封闭式循环。

规范共有产权住房租赁。共有产权住房是社会准公共产品，交用后的出租管理关乎社会公平分配。为了确保共有产权住房的保障属性和公共产品属性，应进一步规范出租行为，限制购房家庭、中介机构等通过市场行为擅自出租共有产权住房等获利行为。首先是要通过政府指定的代持机构统一核验住房、发布房源、网签合同、登记备案，确保共有产权房出租行为的"封闭管理"；其次是在租金方面根据各地住房市场租金水平，按照就低原则和让利于民的原则综合确定；最后是政府产权租金收益采取定额方式收取，要对市场租金水平实行动态调整，避免租金收益大起大落。

确保共有产权住房的品质。首先是要加强从选址、选择建房企业到验收的全过程监管，在规划、设计、施工、监理、验收等环节上加强共有产权住房质量把关，保证住房质量。其次是要强化配套设施的完善，应保证保障性住房周边的市政基础设施及公共服务设施的同步规划、同步建设、同步交付使用，确保共有产权住房的消费群体的生活品质。最后是在充分调研市场和评估企业利润的基础上，给予建房企业一定的利润补贴以激励和吸引更多优质企业参与共有产权住房的建设。

第四节　因时因地制宜适时推进房地产税改革进程

从长远看，推进房地产税改革契合"房住不炒"的时代要求，是建立房地产调控长效机制、实现住房市场健康平稳发展的重要环节。更为重要的是房地产税是向产权所有人征收的一种财产税，有助于优化税收结构、深化财政改革，对建立现代财政制度、调整收入分配，实现社会公平和包容发展具有深远意义。在我国开征房地产税涉及群体的层次复杂，影响面较大。在目前阶段，推进房地产税改革，应采取渐进策略，以合理调节收入分配、回应新时代共同富裕价值追求为导向，在国家顶层统一立法框架体系之下，以建构地方主体税种的立法目标为指引，循序渐进不断扩大地方试点范围，明确征税范围、纳税主体、免征对象等制度要素，逐步在全国范围内实行房地产税。

一　房地产税改革对实现居住正义的重要意义

从 2003 年国家首次提出房产税改革的思路[①]开始，2013 年十八届三中全会发布《中共中央关于全面深化改革若干重大问题的决定》中"房产税"的概念转变为"房地产税，其概念内涵逐渐丰富"[②]。2019 年至 2021 年，国家加紧推进房地产税改革[③]。但是，由于疫情、宏观经济形势的影响以及房产市场的变化，改革推进并不顺利，社会各界对房地产税改革还存在一些争议。推进房地产税改革不仅是推进住房制度改

[①] 2003 年十六届三中全会上通过的《中共中央关于完善社会主义市场经济体制若干问题的决定》中提出"实施城镇建设税费改革，条件具备时对不动产开征统一规范的物业税，相应取消有关收费"，可以被看作是对房屋持有环节进行征税。

[②] 房地产税广义上是指一切与房地产经济活动有直接关系的税，涉及土地征收、公开招拍挂、房地产开发、房地产交易、住房租赁等多个环节，包括城镇土地使用税、土地增值税、印花税、契税、房产税等。

[③] 2021 年 10 月 23 日，全国人民代表大会常务委员会关于授权国务院在部分地区开展房地产税改革试点工作的决定，引起了业内外广泛的关注和讨论。

革行稳致远的重要环节,更是基于到 21 世纪中叶全体人民基本实现共同富裕国家战略的收入分配、财富调节等顶层制度改革的重要部分,需要深刻把握改革的重要作用与现实意义。

1. 房地产税改革有助于回归居住属性,契合"房住不炒"的时代要求。

从长远看,房地产税改革是建立房地产调控长效机制、实现住房市场健康平稳发展的重要一环,通过提供公共服务和公用品,如保障性住房建设实现"房住不炒"的目标。

2016 年[①]以来,随着中央"房住不炒"政策基调的确定,各个城市积极落实,"因城施策"相继推出一系列具有本地特征的政策措施,住房市场的短期市场投机性逐步减弱。然而,从中长期效果看,政府调控无法精确有效治理市场行为。同时还存在政府治标性调控政策反复波动式运用、治本性政策却迟迟未能跟上的情况,以致滋生行政成本过高、抑制正常刚性及改善型需求等负外部性问题。[②] 我国的住房市场亟待建立和完善平稳健康发展的长效机制,以消除现行制度实施过程出现的负外部性问题。

适时推进房地产税改革,在住房的保有环节强化税收杠杆效应,增加持有成本,减少抑制住房市场投资,削弱房地产投资属性,推动其回归居住属性,实现"房住不炒"的目标;还可以通过房地产税与房产价值直接挂钩,逐步引导房价理性增长,与居民的可支付能力更加契合,不至于偏离居民收入太远,从而从根本上形成长效稳定机制,促进住房市场平稳健康发展,形成"租购并举"新格局。

2. 房地产税改革有助于调节收入分配,实现共同富裕的价值追求。

共同富裕是社会主义的本质要求,是中国式现代化的重要特征。"全体人民共同富裕取得更为明显的实质性进展"是 2035 年基本实现社会主义现代化远景目标的重要内容。扎实推进共同富裕需要通过包括税

[①] 2016 年底中央经济工作会议上提出了"房子是用来住的,不是用来炒的",之后的各类房地产政策的制定和实施也都围绕着"房住不炒"来进行。

[②] 参见贾康等《中国住房制度与房地产税改革》,企业管理出版社 2017 年版,第 236 页。

收制度在内的二次分配机制，规范和调节过高收入，防止两极分化、消除分配不公。房地产税改革是基于到 21 世纪中叶全体人民基本实现共同富裕国家战略的收入分配、财富调节等顶层制度改革的重要部分，有助于扎实推动共同富裕。

1998 年实行住房制度的市场化改革以来的这 20 多年，也是中国城市化高速发展的黄金时期，在快速城镇化和住房制度改革的宏观背景下，基础建设和房地产投资成为城市经济增长的引擎，住房资产在中国居民家庭资产结构中的价值占比越来越高，成为家庭财产性收入的最重要的组成来源。也在迅速改变着居民收入差距，重新划分着居民的收入层次和社会阶层。据央行在 2020 年发布的《2019 年中国城镇居民家庭资产负债情况调查》报告显示：我国目前居民的家庭收入结构呈现房地产资产占比高，金融资产占比低的特征，居民家庭住房资产占家庭总资产 59.1%，这一比例高于美国居民家庭 28.5 个百分点。基于住房资产占主导的居民家庭财富的差距也越来越大，居民财产差距基尼系数高达 0.73[1]。

但是，我国目前的税法体系中尚无明确的规制来调节这一部分日益扩大的家庭财产性收入。我国的房产税法将个人所有非营业用的房产排除在征收范围之外，同时，我国所得税法主要针对劳动收入进行征收，还没有关注家庭财产性收入。因而，事实上形成了税法调节房产收入的真空。[2]征收房地产税将房产所涉及的税费从流转环节拓展至保有环节，纳税主体从房产交易者拓展为房产持有者，不仅符合税法的利益交换、量能课税和社会公正的独特原则，更可以缩小由住房资产属性引致的社会收入差距，为实现共同富裕提供有效制度保障。

3. 房地产税改革有助于消解"土地财政"，促进城市经济平稳发展。

房地产税作为地方财政收入的一个来源，可以为城市的基础设施建设和各项事业的发展填补一定的资金，有助于健全地方税体系、优化税

---

[1] 根据苏宁金融研究院公布的数据显示：我国的收入基尼系数已经从 1997 年的 0.371 上升到 0.73。一般理论意义上认为基尼系数的警戒线为 0.4。

[2] 参见陈少英《论财产税法收入分配调节功能之强化》，《法学》2011 年第 3 期。

制结构、消解"土地财政",促进经济发展。

我国从20世纪90年代开始进行分税制改革,随着住房市场化进程各地形成了"土地财政"格局。在快速城镇化和经济高速发展阶段,"土地财政"在补充地方财政、支撑地方经济发展等方面发挥了十分重要的作用,但在一定程度上也成为住房价格不断上涨的重要"推手"。[①]经过了三十年的发展,"土地财政"边际效应递减,而其带来的种种弊端愈加凸显,面对土地收入必然减少带来的问题,亟须通过改革和完善财税体制,消解地方政府的"土地财政"问题。[②]

一方面,房地产税的地方税属性能够强化地方财政的自主性,同时房地产税税基具有不可移动性,适时推进房地产税改革、征收的房地产税可以通过稳定自有财源优化地方财政收入结构,为地方政府带来长期稳定的税源,在一定程度上增加地方基层政府财力,缓解收入权利上移和支出责任下移导致的现实问题,并提高政府收支效率和降低债务风险。另一方面,房地产税的直接税特征,推进房地产税改革可以解决税制与税基结构脱节的问题[③],提高直接税比重,进一步健全直接税体系,优化整体税制结构,完善现代税收制度。

二 推进房地产税改革的方向与路径

在目前阶段,推进房地产税改革,应采取渐进策略,以合理调节收入分配,对新时代共同富裕的价值追求导向作出回应,在国家顶层统一立法框架体系之下,以建构地方主体税种的立法目标为指引,循序渐进不断扩大地方试点范围,明确征税范围、纳税主体、免征对象等制度要素,逐步在全国范围内实行房地产税,更好发挥其经济调控功能。

---

① 参见张平、刘霞辉《城市化、财政扩张与经济增长》,《经济研究》2011年第11期。
② 参见朱丘祥《地方土地财政困局的体制成因及其法治出路》,《经济体制改革》2011年第3期。
③ 当前,我国形成了消费(流转税)、收入(所得税)和财富(财产税)的税基结构。税制与税基结构的脱节,家庭资产占比较高的房产仍然脱离于当前税制体系之外,产生了税收负担不公平的社会问题。

1. 循序渐进，通过逐步扩大征收地区范围分步推进

2011年，国家选取上海、重庆两个城市作为试点，开始试行对个人住宅加征房产税，开启了我国推行房地产税改革进程。上海、重庆两个城市分别根据自身的住房发展的阶段性特征，实施了不同的房地产税征收措施，上海主要是针对增量住宅征税，而重庆主要是对存量高档住宅征税且将范围限定在主城九区。从目前实施的效果看，两个试点地区由于征税范围、纳税主体范围过窄等原因效果并不明显。

虽然在目前的经济形势下，可能难以在短时间内、在更大的范围内进一步地推进房地产税改革，但是从长远发展来看，随着我国开征房地产税的条件日益成熟，进一步深化房地产税改革势在必行。未来我国房地产税的改革还是要通过在部分试点地区先试先行，积累一定的税收管理经验并给予社会预期。

第一，从征收范围上来说，在理论上，房地产税的征税范围应涵盖所有地区、所有类型的房地产，实现普遍征收，体现社会公平。从长期看，房地产税立法应设定较大的征税范围，拓展房产税和城镇土地使用税的征税对象，由城镇扩大到农村、由非住宅类房地产扩大到住宅类房地产，为今后房地产税的发展预留空间。鉴于当前的社会经济发展状况，上述全面的征税范围显然不现实，扩大范围也不可能一次性完成，需要逐步推进，使之涵盖居住用和非居住用等各类房地产，并将依法拥有的农村宅基地及其上住宅排除在征税对象外，体现逐步推进改革进程的思路。

第二，目前发展阶段甚至是未来一段时间还需要逐步从部分城市进行试点开始做起。从试点城市的选取来看，可以考虑分期分批选取不同类别的城市。如处于改革开放先行区的城市、房价上涨过快的城市、城市规模较大的城市、部分人口增长较快的城市等作为房地产税试点，这些城市具有一定的典型特征，涵盖更多的社会群体，将会覆盖更广的范围并产生更大的效应。

2. 因城施策，因地制宜给予地方自主权

作为一种受益税，房地产税首先具有筹集地方财政功能，应充分发挥其对地方经济的支撑作用，适合作为地方税加以征收，下沉房地产税征收权至地方，由各地地方税务局征管，全部税收收入划归地方财政，

成为地方税源的重要补充。从纳税人收益的角度看，房地产税还具有保障纳税人收益的功能，纳税人以履行缴纳房地产税义务为前提条件，获得从纳税地公共产品中收益的权利。

一是在税制的制定设计上给予地方适度的税收制定的自主权力。我国各地的城市化进程、经济发展情况以及财政状况等都有较大区别，由此决定了每一个城市的房产价值相差很大。房地产具有天然的不可移动性，地方政府更能准确获得与房地产相关的居民的需求偏好、市场需求供给等相关信息。因此，为了提高财政效率，在税制的制定设计上给与地方政府适当的自主权，支持鼓励地方政府根据地方经济发展情况、住房市场发展情况以及土地使用情况等灵活调节税收范围、税收减免的规模。

二是在统一的税率幅度范围内，根据城市不同，实行浮动税率。从国际上很多城市实施房地产税收的实践经验看，房地产税的税率设计呈现一些普遍规律：税率上限不高，住宅类房产一般适用1%左右的税率；地方政府拥有税率的决定权；实施简易的、差别化的税率设置。[①] 借鉴国际经验，我国的房地产税征收中可以由国务院在全国范围内设定一定的税率幅度范围或者是上限范围，在统一的税率幅度范围内或者是上限范围内，各个城市根据不同情况，在上位规定的税率幅度限度内实行浮动税率。具体而言，可以在全国范围内设定不高于1%的税率上限，根据我国社会主义现代化建设的宏观发展战略以及实现共同富裕目标的阶段性特征设置阶段性税率上限。各个城市还可以根据实际情况的不断变化因地制宜设置调节性税率，对不同面积住房以及住房档次设置2—3档累进税率，对不同类型的房产、不同层次的产权人实现实行差异化征税。

3. 税负公平，兼顾效率与公平

在我国推行房地产税改革存在着平衡效率与公平之间的关系问题，而事实上，效率本身就是公平的一种实现方式。一方面，从宏观政策设计的目的看，开征房地产税可以更好调节住房市场和居民住房消费行为，还为地方政府带来更多的税收和城市建设资金，促进经济社会高效

[①] 参见刘剑文《房产税改革正当性的五维建构》，《法学研究》2014年第2期。

发展。从具体的房地产税制度体系看，需要完善制度体系，拓展房地产税的征税广度以提高经济效率，更好地达到政策的预期目标。另一方面，推行房地产税改革更体现出税负公平的价值导向。对于我国目前的税种体系，开征房地产税可以在一定程度上补充我国现有个人所得税调节力度不足的问题。加征房地产税是我国现阶段通过税收手段合理调节收入分配的一项重要举措。

第一，明确纳税主体，做到征税对象公平。

基于明晰的产权关系确定纳税主体是一个税种改革方案的前提，也是提升征管效率和经济效益的核心。从房地产的权属关系来看，房地产税的纳税主体一般为土地使用权人、房屋所有权人两类。目前，明确房地产税纳税主体有三个方面需要重点关注：一是明确按照所有权确定纳税主体。房地产税主要针对房产征税，因此，房屋所有权人将构成主要的纳税主体，涉及共有产权的可以按照产权持有比例或协商后共同承担纳税义务。不能确定房屋产权所有人的，房屋的实际使用人承担纳税义务。[①] 二是规定使用人为纳税主体。土地使用权人为房地产税纳税人，契合我国土地属于国家或集体所有的规定，房地产税改革应进一步缩小现行免缴土地使用税的情形。由于在获得土地使用权后，存在土地闲置的情形，出于"土地资源节约集约利用"，土地闲置人应缴纳房地产税。三是还应考虑设置较为完善的反避税条款。在纳税人避税情形下，以房屋或土地的实质归属作为纳税主体的判断标准，而不是权属登记的名义主体。

第二，坚持税负公平，实现纳税负担与财产状况相匹配。

税负公平的核心内涵是要实现纳税负担与财产状况和经济状况相适应，包括横向与纵向两个维度。

实现横向公平主要依据实质税收公平原则，对纳税能力、财产状况相同的人征收相同税款，这也是通过赋税机制合理调节收入分配的作用机理所在。一方面要逐步将征税范围扩展到所有存量与增量的房产，另一方面还要充分考虑到不同物业和产权类型的土地、房屋的房产税征收。在现行"城镇土地属国家所有，农村土地归集体所有"的二元化

[①] 参见何杨《中国房地产税改革》，中国税务出版社2017年版，第172页。

结构下，最迫切需要解决的是如何精准识别类型多样房产的纳税人，尤其是限价房、保障性住房、单位自由土地建房、小产权房等，有必要对不同物业类型的土地所有权和使用权、房屋的产权进行甄别和分类。

纵向公平的主要原则是对纳税能力和财产状况不同的人课征差异化的税款。征收房地产税需要区别对待高、中、低档住房，根据住房的评估价格确定税基，并结合个人的收入状况等因素，明确不同档次的划分标准，可以尽力实现纵向公平，更好调节收入分配和社会财富结构。

税负公平还有一层很重要的原则是负担能力原则，税负负担要充分考虑纳税人的负担能力，因此要对弱势人群、用于公益事业的房地产等给予一定的税收减免，给予一定的税收减免也是以人民为中心的税收理念的具体展现。美国、日本等发达国家的房地产税制中都有对于首套房、低收入者、孤寡人群等群体给予很大幅度减免的相关规定。

第三，设定合理的免征门槛，切实保障居民的居住权。

房地产税的征收具有一定的特殊性，需要充分考虑纳税人的居住权的保障和实现，因而，要在确保实现居住权的范围内设定免征门槛实行免征。目前可采用的套数或者一定的面积的方式来衡量实现基本居住权以及确定免征门槛。如果采用一定面积的标准，一般通过居民人均住房面积来衡量。这需要解决免征面积的大小、家庭成员面积能否合并以及家庭成员范围界定等问题。我国城镇居民人均住房面积在 2018 年已经达到 39 平方米[①]，但是大、中、小城市的居民居住条件不仅相同，如果统而规定会造成免征面积过大或者过小，可能会导致征税范围收窄或者放宽，影响政策预期目标。若采用套数标准，设置首套住房为免税门槛，中国城镇居民家庭户均房产为 1.1 套左右，采用全国性均值作为标准同样存在征税范围收窄的问题，还可能滋生不合理避税行为。针对此，合理的免征门槛应交由各个地区根据实际情况决定，实行套数和面积标准相结合的办法，允许纳税人确定一套住房作为主要住房，对主要住房实行免征房地产税。基于共同富裕的调节目标，可以根据全国人均

---

① 国家统计局：《建筑业持续快速发展 城乡面貌显著改善——新中国成立 70 周年经济社会发展成就系列报告之十》，国家统计局官网：http://www.stats.gov.cn/tjsj/zxfb/201907/t20190731_1683002.html，最后访问时间 2022 年 3 月 28 日。

居住面积水平对申请免税的主要住宅设定一个区间范围或者是上限，超过一定面积的不得作为主要住房。既可以保证住房的完整性，也可以避免税制过于复杂。

4. 整合简化税制，积极发挥税种之间的协同效应。

将新时代的房地产税改革与其他相关税种综合考虑，以此来发挥税种之间的协同效应。

一是平衡房地产行业开发流转和保有各个环节上相互关联的税种间的关系。目前在我国税赋体系中体现出来的与房地产相关的税种多集中在开发流转环节[①]。我国与房地产存在直接关联的税制呈现出两个重要的特征：一是流转环节和保有环节出现税负两极分离。在交易流转环节征税高税种繁多，在保有环节征税低、税种少，难以体现税收的公平性。二是现行房地产税制相对复杂，有重复征税现象，税制结构不合理。[②] 如房地产开发在交易环节缴纳的土地增值税，在功能上与企业所得税重叠，住房保有环节缴纳的城镇土地使用税与土地出让金存在功能重叠。因而，深入推进房地产税改革不是简单增加新的税种，而是首先要对房地产相关环节的税种、税费进行整合，避免"税改"成为"增税"。一方面，为了实现税制简化与征管便利，整合保有环节的各种税种统一为房地产税固化为房地产的单一税种和基本税种，避免在房地产开发、流转、出租、保有各环节的重复课税；另一方面，平衡不同环节的税负标准。通过调整税种增加保有环节税负水平，同时要适当减少和降低开发和流转环节的税负种类和课税标准。更加合理地布局房地产开发全生命周期中各个阶段的税负结构，推进房地产行业税负逐步实现从交易流转环节向保有环节的阶段性后移，使得整体房地产行业税负在各个环节上保持相对持平合理的水平，均衡房产所有人负担。这样的"税改"更能契合量能纳税的原则，同时也能通过改变房地产市场上长期形成的"重交易、轻保有"的税收格局，抑制市场的短期投资和投

[①] 在开发流转环节征收税种包括契税、耕地占用税以及土地增值税等；在保有环节课征的房产税和城镇土地使用税。

[②] 杨小强等：《房地产税法之国际比较：应税、免税与估价》，中山大学出版社 2011 年版，第 14 页。

机行为。

二是平衡房地产税与其他税种的关系，促进房地产税与所得税等的相互协同。目前，我国房地产企业在开发交易环节需要缴纳20多种税费[1]，其中数额较大的主要是5.5%的营业税、25%的所得税和土地增值税。此外，还征收了与城市建设相关多种税费[2]。在购买住房的交易和持有环节，购房者也要缴纳多种税费[3]。二手房交易中的税负也相当多，购房不足2年的要缴纳营业税、个人所得税，营业税标准为交易全额的5.6%，个人所得税的税基是成交价格减去房屋原值和相关税费后的余额，缴纳标准为20%。对于非唯一住房，需要缴纳1%的个税和1%—3%的契税，即便是"满五唯一"住房，交易税费也达到总价的5%左右。可见，我国目前的税制体系中对于房地产征税过去繁杂。房地产税改革亟须平衡房地产税与其他税种的关系，整合简化税制，积极发挥税种之间的协同效应。尤其是房地产税与所得税之间的协同，这一做法在房地产税收制度完善的国家和地区已经相当普遍，这些国家的税制中都有房产持有税相应扣除个人所得税的规定。如：丹麦规定个人用于商业目的的房地产所缴纳的房地产税可以抵扣所得税；德国规定个人就用于交易或商业目的的房产或构成收入来源（如租金收入）的房产所缴纳的房地产税准予抵扣所得税；美国首套房购买者可以享有减免个人所得税的待遇。我国在推进房地产税改革中可以相应借鉴国际税制经验，通过协调房地产税、土地增值税、土地出让金以及其他有关费税的关系，避免某种程度上的双重征税，确保总体税负平稳，推动完成房地产税改革目标。

5. 规范化运作，完善征管机制

我国的房地产税改革处于起步阶段，全面更新和完善房产税征管机

---

[1] 开发企业需要缴纳包括营业税、城市维护建设税、教育费附加税、企业所得税、土地增值税、印花税、契税、房产税和土地使用税、耕地占用税等多种税费。

[2] 与城市建设相关的税种包括市政费、电力设施费、天然气管道费、通信设备费、自来水管道费、教育设施建设费、园林绿化费、地下管网建设费、人防设施建设费、海绵城市建设费等。

[3] 比如：契税、个人所得税、营业税、物业维修基金、有线电视初装费、天然气安装费、暖气初装费、印花税、登记抵押费、公摊费、物业费等。

制，建构征管和评估机制、健全评估计税方法、完善征管流程和征管配合机制，推动房地产税的实质性改革，逐步解决房地产市场评估体系不健全、市场交易价格不透明、直接税收征管能力有限等问题。

一是探索健全房地产估值机制，明确计税依据。参照应税住房的房地产市场价格确定其评估值，这在改革初期评估经验不成熟的情况下不失为一种有益的尝试。在税基评估方法上，可以考虑由中央政府制定评估方法和流程的规范，各地方选择适合本地情况的评估方法，如市场比较法、收益还原法或重置成本法。在税基评估周期上，征收房产税的国家一般以 3—5 年为周期进行房产的估值。在房地产改革探索阶段可以考虑采用 1—2 年的评估周期确定房产价值，既确保房地产税征税水平能够反映房地产的真实价值，也给纳税人一个较为稳定的预期，保证税收的公平性。房产价值评估要做到合理。我国各类住宅小区按照产权、品质、位置、物业服务、学区等不同，价格相差很大。除了房屋形成原因和成本的不同，以及是否缴纳土地出让金和各种税费造成的价值评估障碍，还有公共配套不同带来的差异。

二是完善统一的房屋产权制度和登记制度。在建立完整统一的房屋产权制度和登记制度的基础上逐步明确形式多样的存量住房的产权性质及其征税范围，尤其是小产权房的产权性质目前尚无定论，应在逐步推进房地产税制改革的过程中明确下来。

三是规范纳税程序。在申报纳税方面，可以借鉴和依托个人所得税综合所得的课征模式和运行良好的个人所得税 APP，即由纳税人通过纳税系统对应纳税房产的信息以及相关的减免税信息进行申报。税务部门根据一定标准进行房产价值和税基评估，以此为基础核实纳税人的申请，并向纳税人发布缴税信息。纳税人收到缴纳信息后确认并可提出异议。同时针对我国目前房产信息不充分和不完整的问题，可以加强与其他政府部门之间的信息共享和协同合作，及时精准获取纳税人房地产的最新信息，从而在保证公平的同时尽力提升征管效率。

附 录

南京市城市居民家庭关于住房有效需求的计算方法、过程和结果

一 计算方法

结合住房市场所具有的梯度特性,本书提出基于当前我国国情的住房需求主要表现为低收入阶层通过政策性住房获得保障房,中等收入阶层购买普通商品住房,而高收入阶层消费高档商品住房。因此,在采用剩余收入法的思想来对南京市城市居民住房有效需求进行计算时,将对该剩余收入法进行改进,把住房分为不同的类别,并假定特定收入的家庭购买特定种类的住房,以该特定住房的平均水平作为相应收入层次家庭的"标准住房"。另外,本书中还假设除最低收入阶层之外的其他收入阶层以牺牲其一部分生活支出为代价,换取支撑标准住房的住房消费。

最低生活成本则采用扩展线性支出系统模型(ELES)来进行计算。扩展线性支出系统模型是经济学家 C. Luch 在线性支出系统模型的基础上发展起来的,并成为研究居民消费的主要工具。该模型假定:(1)某一时期人们对各种商品和服务的需求量取决于该时期人们的收入和各种商品或服务的价格。(2)人们对各类商品和服务的消费需求都是由基本需求和超过基本需求之外的追加需求两部分组成。基本需求是为了维持最基本的生活水平,其取决于当时的商品和服务的价格,与收入水平无关,而追加需求则取决于满足所有基本需求后的"剩余收入"和消费者偏好。

(1)城市居民人均无住房消费基本生活开支

假设将人们的消费支出具体划分为 n 类,则各类商品的消费支出即

线性支出系统模型可以表示成：

$$V_i = P_i X_i + \beta_i (Y - \sum_{k=1}^{n} P_i X_i)$$

式中：V_i——城镇居民对第 i 种消费品的消费支出额；

P_i——第 i 种消费品的价格；

$P_i X_i$——城镇居民对第 i 种消费品的基本消费需求量；

β_i——城镇居民对第 i 种消费品的边际消费倾向，即消费者的收入除去基本消费需求支出后的余额追加于第 i 种消费品的比例；

Y——城镇居民的可支配收入；

$i = 1, 2, \cdots, n$，$\sum_{k=1}^{n} P_i X_i$ 为基本需求总支出，Y 为收入水平，$Y - \sum_{k=1}^{n} P_i X_i$ 是满足最低消费支出的剩余收入，这部分收入以一定比例 β_i 用于各种消费品之间，参数 β_i 满足 $0 < \beta_i < 1$。

采用截面数据时，模型中的 $P_i X_i$ 是常数，令

$$b_i = P_i X_i - \beta_i \sum_{k=1}^{n} P_i X_i$$

则，模型可化简为：

$$V_i = b_i + \beta_i Y$$

对一式两边求和整理得，

$$\sum_{k=1}^{n} P_i X_i = \frac{\sum_{k=1}^{n} b_i}{(1 - \sum_{k=1}^{n} \beta_i)}$$

将一式代入一式得第 i 类消费品的基本消费需求量为，

$$P_i X_i = b_i + \frac{\beta_i \sum_{k=1}^{n} b_i}{(1 - \sum_{k=1}^{n} \beta_i)}$$

城市居民人均基本消费总需求：

$$V_0 = \sum_{k=1}^{n} P_i X_i$$

城市居民人均无住房消费基本生活开支为：

$$C_{nh} = V_0 - V_3$$

式中，C_{nh}——城市居民人均无住房消费基本生活开支；
V_0——城市居民人均基本消费总需求；
V_3——城市居民人均居住基本消费需求；

（2）人均可用于住房消费的最大额度

用人均可支配收入减去人均无住房消费基本生活开支后的剩余收入，即为可用于住房消费的最大额度。计算公式为：

$$V_{max} = Y_i - C_{nh}$$

式中，V_{max}——某一收入层次家庭人均住房消费最大额；
Y_i——某一收入层次家庭人均可支配收入；

（3）不同收入层次家庭户均住房消费最大支出

求出不同收入家庭户均住房消费支出最大值剩余收入，公式为：

$$C_i = V_{max} \times Q_i$$

式中，C_i——某一收入层次家庭户均住房消费最大值；
V_{max}——某一收入层次家庭人均住房消费最大支出；
Q_i——某一收入层次家庭户均人口数；

（4）标准住房需求量计算

住房作为一种资金密集型消费品，具有价值巨大的重要特征，这决定了多数人不可能一次性支付全部购房款项。居民手中的存款总是有限的，在现阶段大多数消费者借助金融机构实现提前消费，即通过借贷的手段，利用住房具有不可移动性、保值增值的特性，用购买的住房作抵押物从金融机构贷款，在现时支出未来才能获得的收入。

住房按揭贷款是我国城镇购房者目前采用的一种最主要的筹资方式，我国各商业银行开展的住房按揭贷款一般为购房总额的70%或80%，期限为5—20年，最多不超过30年。

影响城市居民家庭购房能力的因素包括房价、收入、利率、按揭比例和按揭年限等，在研究中考虑按揭利率变化对城市居民家庭购房能力的影响，按照中国银行发布的每年度的贷款利率计算。研究假设居民住房贷款均首付三成，贷款额为购房总额的70%。为了便于计算，还款方式按等额本金还款法,,即每年还钱的数量相等,还款年限为30年。

公式为:

$$V = \frac{A}{i}\left[1 - \frac{1}{(1+i)^n}\right]$$

式中:V——按揭贷款总额;

A——年还款额;

i——贷款年利率;

n——贷款年限;

将城市居民的户均剩余收入作为年还款额带入上述公式,即可求出该家庭可支付的最大住房总价及住房面积。由于不同类型的标准住房面积标准不同,需求面积的总量并不能合理反映出对应收入阶层居民的住宅需求情况。因此,本书的研究采用与家庭数量相关性更密切的住房套数作为需求量的单位进行计算。

户均可支付住房总价 P:

$$P = \frac{V}{70\%} = \frac{1}{70\%}\frac{A}{i}\left[1 - \frac{1}{(1+i)^n}\right]$$

户均可购买住房面积 S:

$$S = \frac{P}{P_k}$$

式中:S——户均可购买住房面积;

P——户均可支付住房总价;

P_k——对应标准住房均价;

某一类标准住房需求总面积 S_0:

$$S_{0k} = \sum S \times Q_0 \times \partial_i$$

其中:S_{0k}——对应标准住房需求总面积;

Q_0——人口总户数;

∂_i——某一收入层次家庭户数占人口总户数比重;

取可支配收入的对数(按照统计部门公布的五分组或者是七分组收入值)$\mu = \sum_{i=1}^{m} v_i \ln x_i$,$\sigma = \sqrt{\sum_{i=1}^{m} v_i (\ln x_i)^2 - \mu^2}$;居民收入 x_i 服从对数正态分布,即 $\ln x_i \sim N(\mu, \sigma^2)$;按照设定的中等收入的上下限,根据分

布函数求出低收入、中等收入、高收入群体比重。

某一类标准住房有效需求套数：

$$Q_k = \frac{S_{0k}}{S_k}$$

式中：Q_k——对应标准住房需求套数；

S_{0k}——对应标准住房需求总面积；

S_k——对应标准住房面积；

对应标准住房需求比例：

$$\beta_k = \frac{Q_k}{\sum Q_k}$$

二 数据来源

计算所依据的基础数据来源于样本城市（南京）的历年统计年鉴。

三 计算过程及结果

1. 2005 年南京市住房市场有效需求计算

附表1 南京市城市居民家庭人均消费和可支配收入情况（2005年）

（单位：户，元）

指标	调查户合计	最低收入户（10%）	低收入户（10%）	中等偏下收入户（20%）	中等收入户（20%）	中等偏上收入户（20%）	高收入户（10%）	最高收入户（10%）
V1	3860	1938.94	2815.08	3346.15	3921.45	4440.12	5748.04	5451.82
V2	917	148.03	314.12	540.13	894.38	1118.75	1778.46	2257.77
V3	760	144.75	242.99	388.14	657.14	845.49	1247.29	2598.61
V4	811	291.24	677.08	630.94	790.23	1012.20	1225.02	1231.19
V5	1332	255.42	456.33	745.02	935.42	1229.91	2895.11	4666.98
V6	1745	537.27	929.82	981.09	1501.08	1742.04	3744.45	4564.75
V7	933	379.86	519.69	603.13	800.89	894.03	1295.66	2918.84
V8	342	92.53	169.38	233.40	275.74	430.68	538.52	888.49
Y	10700	4044.80	6607.84	9264.55	13043.54	18583.76	25054.70	38916.75

附录 南京市城市居民家庭关于住房有效需求的计算方法、过程和结果

附表2　　　　　　　　　　　计量模型估计

消费类别	Y	T值	常数项	T值	F	R2
V1	0.101	4.96	2290.647	5.78	24.64	0.804
V2	0.063	14.40	-25.295	-0.30	207.47	0.972
V3	0.068	14.02	-255.622	-2.69	196.70	0.970
V4	0.025	4.97	423.869	4.31	24.66	0.804
V5	0.129	12.03	-538.858	-2.58	144.65	0.960
V6	0.122	9.85	-29.401	-0.12	97.12	0.942
V7	0.068	8.22	-72.875	-0.45	772.43	0.992
V8	0.022	35.33	8.829	0.72	1248.56	0.995

附表3　　　　　　　　　　　ELES模型估计

消费类别	bi	边际消费倾向	基本消费需求
V1	2290.647	0.101	2745.177
V2	-25.295	0.063	256.167
V3	-255.622	0.068	51.961
V4	423.869	0.025	536.771
V5	-538.858	0.129	40.738
V6	-29.401	0.122	521.024
V7	-72.875	0.068	234.647
V8	8.829	0.022	108.743

附表4　　　不同收入家庭户均住房最大消费支出计算

项目＼分层	最低收入户	低收入户	中等偏下收入户	中等收入户	中等偏上收入户	高收入户	最高收入户
平均每户家庭人口（人）	3.18	3.22	2.92	2.89	2.77	2.56	2.46
人均可支配收入（元）	4044.80	6607.84	9264.55	13043.54	18583.76	25054.71	38916.75
人均无住房消费基本生活支出（元）	4443.27	4444.27	4445.27	4446.27	4447.27	4448.27	4449.27

续表

项目 \ 分层	最低收入户	低收入户	中等偏下收入户	中等收入户	中等偏上收入户	高收入户	最高收入户
人均剩余收入（元）	-398.47	2163.57	4819.28	8597.27	14136.49	20606.44	34467.48
户均剩余收入（元）	-1267.13	6966.70	14072.31	24846.12	39158.08	52752.49	84790.01

附表5 不同收入层次居民标准住房

项目	低收入户	中等偏下收入户	中等收入户	中等偏上收入户	高收入户	最高收入户
标准住房	经济适用房	普通商品住房	普通商品住房	普通商品住房	高档商品住房	高档商品住房
对应住房均价（元/m²）	1621.42	3884.23	3884.23	3884.23	6013.54	6013.54
对应住房平均面积（m²）	60.00	90.00	90.00	90.00	144.00	144.00
户均剩余收入（元）	6966.70	14072.31	24846.12	39158.08	52752.49	84790.01

附表6 南京市标准住房需求量计算（2005年）

项目 \ 分层	低收入户	中等偏下收入户	中等收入户	中等偏上收入户	高收入户	最高收入户
标准住房	经济适用房	普通商品住房	普通商品住房	普通商品住房	高档商品住房	高档商品住房
对应分层人口占比（%）	70.1	26.2	26.2	26.2	3.7	3.7
对应住房均价（元/m²）	1621.42	3884.23	3884.23	3884.23	6013.54	6013.54
对应住房平均面积（m²）	60.00	90.00	90.00	90.00	144.00	144.00
户均剩余收入（元）	6966.70	14072.31	24846.12	39158.08	52752.49	84790.01

续表

分层 项目	低收入户	中等偏下 收入户	中等 收入户	中等偏上 收入户	高收入户	最高收入户
户均可支付住房总价（元）	135252.37	273201.31	482365.31	760219.42	1024142.77	1646122.64
户均可购买住房面积（m²）	83.41	70.33	124.15	195.62	170.31	273.69
对应标准住房总面积（m²）	113027746.0	27192977.2	47999670.1	75629178.3	32921470.8	15878286.3
标准住房需求套数（套）	1883795	731731			110266	
标准住房需求比例（%）	69.11%	26.81%			4.08%	

2. 2006年南京市住房市场有效需求计算

附表7 南京市城市居民家庭人均消费和可支配收入情况（2006年）

（单位：户，元）

指标	调查户合计	最低收入户（10%）	低收入户（10%）	中等偏下收入户（20%）	中等收入户（20%）	中等偏上收入户（20%）	高收入户（10%）	最高收入户（10%）
V1	4145	2112.80	2980.90	3722.26	4379.88	4767.43	5341.78	6224.91
V2	988	199.44	438.49	632.23	919.56	1247.39	1756.15	2414.11
V3	887	234.95	272.66	573.46	879.11	985.07	1794.06	2186.91
V4	874	290.25	567.28	850.25	813.31	1114.06	1386.73	1189.85
V5	1468	258.30	527.35	995.44	1024.00	1825.90	2439.03	4673.17
V6	2157	999.20	1365.34	1480.93	1931.78	2333.75	3243.58	5380.31
V7	1277	546.74	687.26	715.78	1293.51	1750.29	1558.14	3020.41
V8	433	144.39	188.45	262.11	367.22	518.93	625.84	1313.37
Y	12229	4887.72	8028.52	11409.78	15528.04	21326.27	29099.10	45897.69

附表 8 计量模型估计

消费类别	Y	T 值	常数项	T 值	F	R2
V1	0.093	6.85	2429.054	7.86	46.92	0.8866
V2	0.055	21.12	26.157	0.44	446.15	0.9867
V3	0.051	11.07	-6.831	-0.06	122.51	0.9533
V4	0.021	3.37	473.736	3.26	11.38	0.6548
V5	0.106	19.63	-378.011	-3.08	385.32	0.9847
V6	0.105	20.59	338.152	2.89	423.82	0.9860
V7	0.059	9.42	229.086	1.61	88.81	0.9367
V8	0.028	13.81	-53.387	-1.16	190.82	0.9695

附表 9 ELES 模型估计

消费类别	bi	边际消费倾向	基本消费需求
V1	2429.054	0.093	3016.034
V2	26.157	0.055	371.804
V3	-6.831	0.051	317.462
V4	473.736	0.021	609.602
V5	-378.011	0.106	291.112
V6	338.152	0.105	1005.279
V7	229.086	0.059	600.706
V8	-53.387	0.028	123.025

附表 10 不同收入家庭户均住房最大消费支出计算

项目＼分层	最低收入户	低收入户	中等偏下收入户	中等收入户	中等偏上收入户	高收入户	最高收入户
平均每户家庭人口（人）	3.16	3.06	2.95	2.73	2.66	2.5	2.45
人均可支配收入（元）	4887.72	8028.52	11409.78	15528.04	21326.27	29099.10	45897.69
人均无住房消费基本生活支出（元）	6017.56	6018.56	6019.56	6020.56	6021.56	6022.56	6023.56

附录 南京市城市居民家庭关于住房有效需求的计算方法、过程和结果

续表

项目＼分层	最低收入户	低收入户	中等偏下收入户	中等收入户	中等偏上收入户	高收入户	最高收入户
人均剩余收入（元）	-1129.84	2009.96	5390.22	9507.48	15304.71	23076.54	39874.13
户均剩余收入（元）	-3570.30	6150.47	15901.14	25955.42	40710.52	57691.35	97691.61

附表 11　　不同收入层次居民标准住房

项目＼分层	低收入户	中等偏下收入户	中等收入户	中等偏上收入户	高收入户	最高收入户
标准住房	经济适用房	普通商品住房			高档商品住房	
对应住房均价（元/m²）	1785.41	4270.36			6732.53	
对应住房平均面积（m²）	60.00	90.00			144.00	
户均剩余收入（元）	6150.47	15901.14	25955.42	40710.52	57691.35	97691.61

附表 12　　南京市标准住房需求量计算（2006 年）

项目＼分层	低收入户	中等偏下收入户	中等收入户	中等偏上收入户	高收入户	最高收入户
标准住房	经济适用房	普通商品住房			高档商品住房	
对应分层人口占比（%）	69.8	26.4			3.8	
对应住房均价（元/m²）	1785.41	4270.36	4270.36	4270.36	6732.53	6733.53
对应住房平均面积（m²）	60.00	90.00	90.00	90.00	144.00	144.00
户均剩余收入（元）	6150.47	15901.14	25955.42	40710.52	57691.35	97691.61

续表

项目 \ 分层	低收入户	中等偏下收入户	中等收入户	中等偏上收入户	高收入户	最高收入户
户均可支付住房总价（元）	119405.94	308706.57	503901.32	790358.63	1120026.19	1896595.85
户均可购买住房面积（m²）	66.87	72.29	117.97	184.99	166.36	281.66
对应标准住房总面积（m²）	91620548.2	28380334.8	46314337.2	72626062.1	32655476.3	16709257.1
标准住房需求套数（套）	1527009	720204			116037	
标准住房需求比例（%）	64.6%	30.47%			4.93%	

3. 2007年南京市住房市场有效需求计算

附表13 南京市城市居民家庭人均消费和可支配收入情况（2007年）

（单位：户，元）

指标	调查户合计	最低收入户（10%）	低收入户（10%）	中等偏下收入户（20%）	中等收入户（20%）	中等偏上收入户（20%）	高收入户（10%）	最高收入户（10%）
V1	4683	2418.81	3712.74	4184.51	4975.69	5318.93	6127.90	6538.04
V2	1078	203.13	528.62	671.58	936.33	1317.58	2088.44	2637.75
V3	1052	472.81	742.24	735.98	927.04	1459.55	1299.52	2106.23
V4	846	169.19	427.10	566.55	826.62	1108.68	1330.69	1907.91
V5	1048	617.28	548.12	934.40	866.42	1564.55	1271.87	1599.6
V6	1635	351.30	664.66	943.20	1581.72	1304.24	2858.65	5691.05
V7	2527	765.06	1197.86	1420.05	2237.16	3088.36	3930.94	7115.33
V8	405	94.58	231.77	212.64	340.82	464.01	715.70	1185.83
Y	13274	5470.90	9451.87	12823.57	17580.39	24393.34	33964.33	54282.23

附录 南京市城市居民家庭关于住房有效需求的计算方法、过程和结果

附表 14　　　　　　　　　　计量模型估计

消费类别	Y	T 值	常数项	T 值	F	R2
V1	0.101	4.96	2290.647	5.78	24.64	0.804
V2	0.063	14.40	−25.295	−0.30	207.47	0.972
V3	0.068	14.02	−255.622	−2.69	196.70	0.970
V4	0.025	4.97	423.869	4.31	24.66	0.804
V5	0.129	12.03	−538.858	−2.58	144.65	0.960
V6	0.122	9.85	−29.401	−0.12	97.12	0.942
V7	0.068	8.22	−72.875	−0.45	772.43	0.992
V8	0.022	35.33	8.829	0.72	1248.56	0.995

根据以上计量模型的估计值，可以计算出模型各估计值，如附表 15 所示。

附表 15　　　　　　　　　ELES 模型估计

消费类别	bi	边际消费倾向	基本消费需求
V1	3049.507	0.076	3564.109
V2	41.288	0.051	387.735
V3	392.915	0.032	607.370
V4	128.032	0.035	361.707
V5	579.914	0.021	724.537
V6	−497.512	0.107	223.725
V7	−90.152	0.129	782.614
V8	−37.658	0.022	112.299

附表 16　　　　不同收入家庭户均住房最大消费支出计算

项目＼分层	最低收入户	低收入户	中等偏下收入户	中等收入户	中等偏上收入户	高收入户	最高收入户
平均每户家庭人口（人）	3.07	3.04	2.91	2.68	2.54	2.47	2.53
人均可支配收入（元）	5470.90	9451.87	12823.57	17580.39	24393.34	33964.33	54282.23

续表

分层\项目	最低收入户	低收入户	中等偏下收入户	中等收入户	中等偏上收入户	高收入户	最高收入户
人均无住房消费基本生活支出（元）	6156.73	6157.73	6158.73	6159.73	6160.73	6161.73	6162.73
人均剩余收入（元）	-685.83	3294.14	6664.84	11420.66	18232.61	27802.60	48119.50
户均剩余收入（元）	-2105.49	10014.19	19394.69	30607.38	46310.84	68672.43	121742.34

附表17　不同收入层次居民标准住房

分层\项目	低收入户	中等偏下收入户	中等收入户	中等偏上收入户	高收入户	最高收入户
标准住房	经济适用房	普通商品住房			高档商品住房	
对应住房均价（元/m²）	1940.36	5306.98			8785.7	
对应住房平均面积（m²）	60.00	90.00			144.00	
户均剩余收入（元）	10014.19	19394.69	30607.38	46310.84	68672.43	121742.34

附表18　南京市标准住房需求量计算（2007年）

分层\项目	低收入户	中等偏下收入户	中等收入户	中等偏上收入户	高收入户	最高收入户
标准住房	经济适用房	普通商品住房			高档商品住房	
对应分层人口占比（%）	69.0	27.1			3.9	
对应住房均价（元/m²）	1940.36	5306.98	5306.98	5306.98	8785.70	8785.70

附录　南京市城市居民家庭关于住房有效需求的计算方法、过程和结果　　373

续表

分层 项目	低收入户	中等偏下 收入户	中等 收入户	中等偏上 收入户	高收入户	最高 收入户
对应住房平均 面积（m²）	60	90	90	90	144	144
户均剩余收入 （元）	10014.19	19394.69	30607.38	46310.84	68672.43	121742.34
户均可支付住房 总价（元）	170617.31	330438.01	521474.64	789023.09	1170009.80	2074190.99
户均可购买住房 面积（m²）	87.93	62.26	98.26	148.67	133.17	236.08
对应标准住房总 面积（m²）	119830865	55751914		23533621		
标准住房需求 套数（套）	1997181	619466		163427		
标准住房需求 比例（%）	61.51%	32.63%		5.86%		

4. 2008 年南京市住房市场有效需求计算

附表19　南京市城市居民家庭人均消费和可支配收入情况（2008年）

（单位：户，元）

指标	调查户 合计	最低 收入户 （10%）	低收入户 （10%）	中等偏下 收入户 （20%）	中等 收入户 （20%）	中等偏上 收入户 （20%）	高收入户 （10%）	最高 收入户 （10%）
V1	5533	3280.21	4179.57	4939.73	5627.41	6159.96	6800.60	8658.45
V2	1228	432.74	739.88	878.05	1010.07	1471.71	1768.39	3063.91
V3	1184	861.41	1132.27	867.48	1005.47	1096.56	1358.29	2788.85
V4	1145	413.72	527.41	761.33	853.05	1307.32	1714.37	3457.72
V5	1146	1061.23	557.23	876.66	1299.79	1204.97	1237.46	2081.46
V6	1766	536.66	670.20	803.08	1294.86	2157.15	3678.07	5100.27
V7	2556	1233.79	1366.29	1579.57	2356.64	2908.43	4178.08	5968.45
V8	571	251.91	280.36	278.33	494.58	712.96	894.39	1534.71
Y	15129	7714.85	11391.73	15556.59	20345.72	26906.82	36687.07	58938.12

附表20　　　　　　　　　　计量模型估计

消费类别	Y	T值	常数项	T值	F	R2
V1	0.098	10.85	3198.891	12.08	117.69	0.9515
V2	0.050	26.07	80.398	1.44	679.87	0.9913
V3	0.035	5.65	406.152	2.22	31.94	0.8419
V4	0.059	16.03	-205.565	-1.90	257.00	0.9772
V5	0.023	4.61	596.582	4.00	21.24	0.7798
V6	0.097	14.27	-434.583	-2.17	203.68	0.9714
V7	0.098	23.89	320.373	2.67	570.76	0.9896
V8	0.026	19.82	-27.025	-0.70	392.78	0.9850

附表21　　　　　　　　　　ELES模型估计

消费类别	bi	边际消费倾向	基本消费需求
V1	3198.891	0.098	3945.405
V2	80.398	0.050	459.594
V3	406.152	0.035	674.646
V4	-205.565	0.059	245.089
V5	596.582	0.023	775.429
V6	-434.583	0.097	307.947
V7	320.373	0.098	1066.754
V8	-27.025	0.026	172.460

附表22　　　　　不同收入家庭户均住房最大消费支出计算

项目	最低收入户	低收入户	中等偏下收入户	中等收入户	中等偏上收入户	高收入户	最高收入户
平均每户家庭人口（人）	3.08	3.08	2.66	2.56	2.67	2.55	2.40
人均可支配收入（元）	7714.85	11391.73	15556.59	20345.72	26906.82	36687.07	58938.12
人均无住房消费基本生活支出（元）	6972.68	6973.68	6974.68	6975.68	6976.68	6977.68	6978.68

附录　南京市城市居民家庭关于住房有效需求的计算方法、过程和结果　375

续表

项目	最低收入户	低收入户	中等偏下收入户	中等收入户	中等偏上收入户	高收入户	最高收入户
人均剩余收入（元）	742.17	4418.05	8581.91	13370.04	19930.14	29709.39	51959.44
户均剩余收入（元）	2285.89	13607.60	22827.89	34227.31	53213.48	75758.95	124702.66

附表 23　　　　不同收入层次居民标准住房

分层 项目	最低收入户	低收入户	中等偏下收入户	中等收入户	中等偏上收入户	高收入户	最高收入户
标准住房	经济适用房		普通商品住房			高档商品住房	
对应住房均价（元/m²）	1950.24		5808.23			10436.43	
对应住房平均面积（m²）	60.00		90.00			144.00	
户均剩余收入（元）	2285.89	13607.60	22827.89	34227.31	53213.48	75758.95	124702.66

附表 24　　　　南京市标准住房需求量计算（2008 年）

分层 项目	最低收入户	低收入户	中等偏下收入户	中等收入户	中等偏上收入户	高收入户	最高收入户
标准住房	经济适用房		普通商品住房			高档商品住房	
对应分层人口占比（%）	68.5		27.6			3.9	
对应住房均价（元/m²）	1950.24	1951.24	5808.23	5809.23	5810.23	10436.43	10437.43
对应住房平均面积（m²）	60.00	60.00	90.00	90.00	90.00	144.00	144.00
户均剩余收入（元）	2285.89	13607.60	22827.89	34227.31	53213.48	75758.95	124702.66

续表

项目\分层	最低收入户	低收入户	中等偏下收入户	中等收入户	中等偏上收入户	高收入户	最高收入户
户均可支付住房总价（元）	37360.54	222402.32	373098.46	559410.35	869719.91	1238202.57	2038137.48
户均可购买住房面积（m²）	19.15	113.97	64.23	96.29	149.68	118.64	195.27
对应标准住房总面积（m²）	3824066.45	22752492.19	12822715.43	19222606.63	29880402.37	23683184.06	38979858.07
标准住房需求套数（套）	442942		688063		435160		
标准住房需求比例（%）	58.31%		35.13%		6.56%		

5. 2009 年南京市住房市场有效需求计算

附表 25　南京市城市居民家庭人均消费和可支配收入情况（2009 年）

（单位：户，元）

指标	调查户合计	最低收入户（10%）	低收入户（10%）	中等偏下收入户（20%）	中等收入户（20%）	中等偏上收入户（20%）	高收入户（10%）	最高收入户（10%）
V1	5997	3115.15	4017.7	5211.82	6123.73	6498.88	7630.94	11421.53
V2	1363	358.34	724.31	966.57	1174.61	1620.00	2332.35	3399.85
V3	1070	497.86	592.65	856.87	962.35	1463.63	1194.20	2274.92
V4	1207	315.47	553.39	853.82	914.07	1427.34	2021.48	3522.30
V5	1372	669.15	463.21	1076.18	1682.97	1187.63	2144.43	3218.99
V6	2158	509.4	789.2	1258.86	1401.77	2648.00	4355.89	6812.54
V7	2589	1156.49	1575.28	1807.88	1957.75	3314.33	3979.12	6202.83
V8	579	119.91	196.58	507.39	453.71	635.38	965.56	1666.17
Y	16335.00	7763.00	11928.50	16823.77	22161.59	30791.36	42397.15	67535.90

附表 26　　　　　　　　　　　计量模型估计

消费类别	Y	T值	常数项	T值	F	R2
V1	0.129	15.39	2620.248	9.34	236.88	0.9753
V2	0.050	32.73	79.741	1.55	1071.34	0.9944
V3	0.028	7.95	330.971	2.83	63.24	0.9133
V4	0.053	29.9	-133.363	-2.26	893.89	0.9933
V5	0.044	7.77	251.128	1.34	60.31	0.9095
V6	0.110	22.63	-593.520	-3.66	512.17	0.9884
V7	0.085	22.41	428.396	3.37	502.03	0.9882
V8	0.025	17.27	-66.007	-1.36	298.30	0.9803

附表 27　　　　　　　　　　　ELES 模型估计

消费类别	bi	边际消费倾向	基本消费需求
V1	2620.248	0.129	3411.726
V2	79.741	0.050	387.606
V3	330.971	0.028	501.651
V4	-133.363	0.053	190.316
V5	251.128	0.044	518.263
V6	-593.520	0.110	78.839
V7	428.396	0.085	950.221
V8	-66.007	0.025	87.954

附表 28　　　不同收入家庭户均住房最大消费支出计算

项目＼分层	最低收入户	低收入户	中等偏下收入户	中等收入户	中等偏上收入户	高收入户	最高收入户
平均每户家庭人口（人）	2.99	3.08	2.74	2.63	2.57	2.57	2.23
人均可支配收入（元）	7763.00	11928.50	16823.77	22161.59	30791.36	42397.15	67535.90
人均无住房消费基本生活支出（元）	5624.92	5625.92	5626.92	5627.92	5628.92	5629.92	5630.92

378 附录 南京市城市居民家庭关于住房有效需求的计算方法、过程和结果

续表

项目 \ 分层	最低收入户	低收入户	中等偏下收入户	中等收入户	中等偏上收入户	高收入户	最高收入户
人均剩余收入（元）	2138.08	6302.58	11196.85	16533.67	25162.44	36767.23	61904.98
户均剩余收入（元）	6392.84	19411.93	30679.36	43483.54	64667.46	94491.77	138048.09

附表29　不同收入层次居民标准住房

项目 \ 分层	最低收入户	低收入户	中等偏下收入户	中等收入户	中等偏上收入户	高收入户	最高收入户
标准住房	经济适用房		普通商品住房			高档商品住房	
对应住房均价（元/m²）	2519.55		6892.99			9668.89	
对应住房平均面积（m²）	60.00		90.00			144.00	
户均剩余收入（元）	6392.84	19411.93	30679.36	43483.54	64667.46	94491.77	138048.09

附表30　南京市标准住房需求量计算（2009年）

项目 \ 分层	最低收入户	低收入户	中等偏下收入户	中等收入户	中等偏上收入户	高收入户	最高收入户
标准住房	经济适用房		普通商品住房			高档商品住房	
对应分层人口占比（%）	68.1			27.8			4.1
对应住房均价（元/m²）	2519.55	2520.55	6892.99	6893.99	6894.99	9668.89	9669.89
对应住房平均面积（m²）	60.00	60.00	90.00	90.00	90.00	144.00	144.00

续表

项目 \ 分层	最低收入户	低收入户	中等偏下收入户	中等收入户	中等偏上收入户	高收入户	最高收入户
户均剩余收入（元）	6392.84	19411.93	30679.36	43483.54	64667.46	94491.77	138048.09
户均可支付住房总价（元）	126520.38	384180.32	607173.21	860580.01	1279829.63	1870080.69	2732101.22
户均可购买住房面积（m^2）	50.21	152.41	88.08	124.83	185.61	193.41	282.54
对应标准住房总面积（m^2）	10326168.4	31343065.9	18113677.6	25669788.2	38169827.7	39772730.6	58100107.1
标准住房需求套数（套）	590099		616933			411265	
标准住房需求比例（%）	57.17		34.91			7.92	

6. 2010 年南京市住房市场有效需求计算

附表 31　南京市城市居民家庭人均消费和可支配收入情况（2010 年）

（单位：户，元）

指标	调查户合计	最低收入户（10%）	低收入户（10%）	中等偏下收入户（20%）	中等收入户（20%）	中等偏上收入户（20%）	高收入户（10%）	最高收入户（10%）
V1	6451	3507	4778	5643	6858	7341	9434	9811
V2	1572	510	912	1139	1395	1904	8219	3254
V3	1518	665	783	1028	1317	2004	2795	4278
V4	1404	376	705	773	1272	1616	1453	4409
V5	1370	801	591	1130	1149	2286	2022	2465
V6	1950	608	1021	1108	1434	2369	1112	4779
V7	3263	1215	2102	1975	2628	3801	4205	8021
V8	629	185	285	444	402	815	5898	1555
Y	18157	9311	14174	18652	24264	34025	46742	72481

附录 南京市城市居民家庭关于住房有效需求的计算方法、过程和结果

附表32　　　　　　　　　　　计量模型估计

消费类别	Y	T值	常数项	T值	F	R2
V1	0.098	6.25	3684.814	6.44	39.05	0.8668
V2	0.074	1.85	81.733	0.06	3.41	0.3624
V3	0.059	34.73	-41.884	-0.67	1206.02	0.9950
V4	0.057	6.8	-280.922	-0.91	46.27	0.8852
V5	0.030	4.61	544.002	2.29	21.27	0.7800
V6	0.056	4.16	66.108	0.14	17.34	0.7429
V7	0.101	13.27	255.917	0.92	176.14	0.9671
V8	0.048	1.47	-213.635	-0.18	2.15	0.2641

附表33　　　　　　　　　　　ELES模型估计

消费类别	bi	边际消费倾向	基本消费需求
V1	3684.814	0.098	4529.969
V2	81.733	0.074	715.349
V3	-41.884	0.059	469.250
V4	-280.922	0.057	213.974
V5	544.002	0.030	803.056
V6	66.108	0.056	547.006
V7	255.917	0.101	1129.476
V8	-213.635	0.048	200.258

附表34　　　　不同收入家庭户均住房最大消费支出计算

分层 项目	最低 收入户	低收入户	中等偏下 收入户	中等 收入户	中等偏上 收入户	高收入户	最高 收入户
平均每户家庭 人口（人）	3.07	3.16	2.69	2.56	2.6	2.52	2.32
人均可支配收入 （元）	9311	14174	18652	24264	34025	46742	72481
人均无住房消费 基本生活支出 （元）	8139.09	8140.09	8141.09	8142.09	8143.09	8144.09	8145.09

续表

项目 \ 分层	最低收入户	低收入户	中等偏下收入户	中等收入户	中等偏上收入户	高收入户	最高收入户
人均剩余收入（元）	1171.91	6033.91	10510.91	16121.91	25881.91	38597.91	64335.91
户均剩余收入（元）	3597.77	19067.16	28274.35	41272.09	67292.97	97266.74	149259.32

附表35　不同收入层次居民标准住房

项目 \ 分层	最低收入户	低收入户	中等偏下收入户	中等收入户	中等偏上收入户	高收入户	最高收入户
标准住房	经济适用房		普通商品住房			高档商品住房	
对应住房均价（元/m²）	2652.97		9226.71			11936.84	
对应住房平均面积（m²）	60.00		90.00			144.00	
户均剩余收入（元）	3597.77	19067.16	28274.35	41272.09	67292.97	97266.74	149259.32

附表36　南京市标准住房需求量计算（2010年）

项目 \ 分层	最低收入户	低收入户	中等偏下收入户	中等收入户	中等偏上收入户	高收入户	最高收入户
标准住房	经济适用房和小户型住房		普通商品住房			高档商品住房	
对应分层人口占比（%）	67.9		27.8			4.3	
对应住房均价（元/m²）	2653	13229	13229	13229	13229	13229	13229
对应住房平均面积（m²）	60.00	60.00	90.00	90.00	90.00	144.00	144.00

续表

分层\项目	最低收入户	低收入户	中等偏下收入户	中等收入户	中等偏上收入户	高收入户	最高收入户
户均剩余收入（元）	3597.77	19067.16	28274.35	41272.09	67292.97	97266.74	149259.32
户均可支付住房总价（元）	71203.23	377357.01	559575.95	816813.44	1331790.98	1924999.94	2953981.79
户均可购买住房面积（米²）	26.84	28.52	42.29	61.74	100.67	145.51	223.29
对应标准住房总面积（米²）	39336277.7		39698817.2		16595363.6		
标准住房需求套数（套）	655605		441098		115246		
标准住房需求比例（%）	54.09		36.39		9.52		

7. 2011年南京市住房市场有效需求计算

附表37　南京市城市居民家庭人均消费和可支配收入情况（2011年）

（单位：户，元）

指标	调查户合计	最低收入户（10%）	低收入户（10%）	中等偏下收入户（20%）	中等收入户（20%）	中等偏上收入户（20%）	高收入户（10%）	最高收入户（10%）
V1	7439	4775	5777	6578	7565	8445	9551	10175
V2	1933	654	1137	1325	1744	2414	3037	4230
V3	1285	722	1004	899	1144	1537	1440	2920
V4	1636	627	968	1038	1531	2195	2348	3445
V5	1375	931	900	1045	1455	1273	1882	2829
V6	2620	690	920	1436	2190	3904	4320	6393
V7	3732	1354	2192	2606	3350	4898	5845	7450
V8	743	152	313	366	596	824	1406	2421
Y	20763	11329	17014	22371	28693	38585	50557	76384

附录 南京市城市居民家庭关于住房有效需求的计算方法、过程和结果 383

附表 38　　　　　　　　　　　计量模型估计

消费类别	Y	T值	常数项	T值	F	R2
V1	0.083	7.01	4671.476	9.94	49.08	0.8911
V2	0.055	28.89	158.202	2.09	834.51	0.9929
V3	0.031	7.78	288.373	1.81	60.53	0.9098
V4	0.043	15.78	224.394	2.06	248.95	0.9765
V5	0.030	9.69	434.062	3.56	93.8	0.9399
V6	0.092	14.48	-382.199	-1.51	209.8	0.9722
V7	0.096	13.85	618.781	2.25	191.77	0.9697
V8	0.035	18.78	-368.489	-4.94	352.84	0.9833

附表 39　　　　　　　　　　　ELES 模型估计

消费类别	bi	边际消费倾向	基本消费需求
V1	4671.476	0.083	5544.003
V2	158.202	0.055	736.827
V3	288.373	0.031	617.247
V4	224.394	0.043	680.679
V5	434.062	0.030	746.708
V6	-382.199	0.092	589.150
V7	618.781	0.096	1626.127
V8	-368.489	0.035	3.184

附表 40　　　　不同收入家庭户均住房最大消费支出计算

分层 项目	最低收入户（10%）	低收入户（10%）	中等偏下收入户（20%）	中等收入户（20%）	中等偏上收入户（20%）	高收入户（10%）	最高收入户（10%）
平均每户家庭人口（人）	3.03	2.93	2.61	2.75	2.63	2.61	2.45
人均可支配收入（元）	11329	17014	22371	28693	38585	50557	76384

续表

项目\分层	最低收入户（10%）	低收入户（10%）	中等偏下收入户（20%）	中等收入户（20%）	中等偏上收入户（20%）	高收入户（10%）	最高收入户（10%）
人均无住房消费基本生活支出（元）	9926.68	9927.68	9928.68	9929.68	9930.68	9931.68	9932.68
人均剩余收入（元）	1402.32	7086.32	12442.32	18763.32	28654.32	40625.32	66451.32
户均剩余收入（元）	4249.03	20762.92	32474.46	51599.13	75360.87	106032.09	162805.74

附表41　不同收入层次居民标准住房

项目\分层	最低收入户	低收入户	中等偏下收入户	中等收入户	中等偏上收入户	高收入户	最高收入户
标准住房	小户型住房		普通商品住房			高档商品住房	
对应住房均价（元/m²）	5655.33		15545.49			16291.32	
对应住房平均面积（m²）	60.00		90.00			144.00	
户均剩余收入（元）	4249.03	20762.92	32474.46	51599.13	75360.87	106032.09	162805.74

附表42　南京市标准住房需求量计算（2011年）

项目\分层	最低收入户	低收入户	中等偏下收入户	中等收入户	中等偏上收入户	高收入户	最高收入户
标准住房	小户型住房		普通商品住房			高档商品住房	
对应分层人口占比（%）	63.4		32.4			4.2	
对应住房均价（元/m²）	14784	14784	14784	14784	14784	14784	14784

续表

项目\分层	最低收入户	低收入户	中等偏下收入户	中等收入户	中等偏上收入户	高收入户	最高收入户
对应住房平均面积（m^2）	60.00	60.00	90.00	90.00	90.00	144.00	144.00
户均剩余收入（元）	4249.03	20762.92	32474.46	51599.13	75360.87	106032.09	162805.74
户均可支付住房总价（元）	80095.50	391386.91	612152.67	972658.16	1420573.46	1998734.62	3068933.82
户均可购买住房面积（m^2）	5.42	26.47	41.41	65.79	96.08	135.19	207.58
对应标准住房总面积（m^2）	21556713.5			46800555.9			15344121.7
标准住房需求套数（套）	359278			520006			106556
标准住房需求比例（%）	36.44%			52.75%			10.81%

2011年，经济适用房（统计年鉴中经济适用房已经没有相应统计数据），低收入家庭的实际购买能力下降，影响实际需求量和需求结构。低收入户的需求挤压中等收入群体的商品住房。

8. 2012年南京市住房市场有效需求计算

附表43 南京市城市居民家庭人均消费和可支配收入情况（2012年）

（单位：户，元）

指标	调查户合计	最低收入户（10%）	低收入户（10%）	中等偏下收入户（20%）	中等收入户（20%）	中等偏上收入户（20%）	高收入户（10%）	最高收入户（10%）
V1	8157	5277	6634	7806	8178	9172	8956	11454
V2	2182	822	1487	1242	1900	2799	3059	5274
V3	1415	786	795	1413	1301	1660	1910	2192
V4	1857	770	936	1333	1649	2123	2822	4455

续表

指标	调查户合计	最低收入户(10%)	低收入户(10%)	中等偏下收入户(20%)	中等收入户(20%)	中等偏上收入户(20%)	高收入户(10%)	最高收入户(10%)
V5	1696	1071	890	1311	1529	1874	3131	2820
V6	2919	898	1889	1361	4127	3210	4675	5174
V7	4410	1694	2249	2565	4091	5429	6873	10651
V8	858	298	565	431	588	972	1806	2254
Y	23494	13715	20279	25770	32412	42943	54883	83954

附表44　　　　　　　　　　计量模型估计

消费类别	Y	T值	常数项	T值	F	R2
V1	0.077	7.35	5206.322	11.23	54.03	0.9001
V2	0.062	16.14	-60.178	-0.36	260.36	0.9775
V3	0.021	6.42	636.117	4.5	41.17	0.8728
V4	0.053	43.7	-70.583	-1.32	1909.88	0.9969
V5	0.032	4.69	558.531	1.87	21.95	0.7853
V6	0.061	4.34	666.710	1.08	18.8	0.7581
V7	0.131	32.75	-345.808	-1.96	1072.67	0.9944
V8	0.030	9.04	-196.681	-1.34	81.64	0.9315

附表45　　　　　　　　　　ELES模型估计

消费类别	bi	边际消费倾向	基本消费需求
V1	5206.322	0.077	6134.045
V2	-60.178	0.062	684.309
V3	636.117	0.021	883.025
V4	-70.583	0.053	568.041
V5	558.531	0.032	939.692
V6	666.710	0.061	1398.543
V7	-345.808	0.131	1229.643
V8	-196.681	0.030	164.818

附录 南京市城市居民家庭关于住房有效需求的计算方法、过程和结果   387

附表46　　　　不同收入家庭户均住房最大消费支出计算

项目＼分层	最低收入户	低收入户	中等偏下收入户	中等收入户	中等偏上收入户	高收入户	最高收入户
平均每户家庭人口（人）	3.1	2.93	2.64	2.6	2.59	2.56	2.4
人均可支配收入（元）	13715	20279	25770	32412	42943	54883	83954
人均无住房消费基本生活支出（元）	11119.09	11120.09	11121.09	11122.09	11123.09	11124.09	11125.09
人均剩余收入（元）	2595.91	9158.91	14648.91	21289.91	31819.91	43758.91	72828.91
户均剩余收入（元）	8047.32	26835.60	38673.12	55353.76	82413.56	112022.81	174789.38

附表47　　　　不同收入层次居民标准住房

项目＼分层	最低收入户	低收入户	中等偏下收入户	中等收入户	中等偏上收入户	高收入户	最高收入户
标准住房	小户型住房			普通商品住房		高档商品住房	
对应住房均价（元/m^2）	7474.29			14683.27		15007.21	
对应住房平均面积（m^2）	60.00			90.00		144.00	
户均剩余收入（元）	8047.32	26835.60	38673.12	55353.76	82413.56	112022.81	174789.38

附表 48　　南京市标准住房需求量计算（2012 年）

分层 项目	最低 收入户	低收入户	中等偏下 收入户	中等 收入户	中等偏上 收入户	高收入户	最高 收入户
标准住房	小户型住房		普通商品住房			高档商品住房	
对应分层人口占比（%）	58.4		37.1			4.5	
对应住房均价（元/m²）	14359	14359	14359	14359	14359	14359	14359
对应住房平均面积（m²）	60.00	60.00	90.00	90.00	90.00	144.00	144.00
户均剩余收入（元）	8047.32	26835.60	38673.12	55353.76	82413.56	112022.81	174789.38
户均可支付住房总价（元）	141942.82	473340.46	682136.78	976358.73	1453653.71	1975917.07	3083026.86
户均可购买住房面积（m²）	9.88	32.96	47.50	67.99	101.23	137.61	214.71
对应标准住房总面积（m²）	25569899.2		57466146.7			16997312.0	
标准住房需求套数（套）	426165		638513			118037	
标准住房需求比例（%）	36.03%		53.98%			9.99%	

9. 2013 年南京市住房市场有效需求计算

附表 49　南京市城市居民家庭人均消费和可支配收入情况（2013 年）

（单位：户，元）

指标	低收入户	中等偏下收入户	中等收入户	中等偏上收入户	高收入户
V1	6827	8818	9085	10179	11232
V2	1480	1405	2121	3196	4667
V3	907	1620	1440	1919	2250
V4	1108	1612	1897	2432	5009

续表

指标	低收入户	中等偏下收入户	中等收入户	中等偏上收入户	高收入户
V5	1169	1469	1723	2199	3479
V6	1738	1522	5291	3874	6483
V7	2331	2976	4773	6428	9902
V8	595	489	671	1111	2635
Y	16155	28421	36494	46852	75497

附表50　　　　　　　　　　计量模型估计

消费类别	Y	T值	常数项	T值	F	R2
V1	0.071	4.48	6322.795	8.81	20.07	0.8699
V2	0.062	8.04	38.645	0.11	64.71	0.9557
V3	0.021	3.8	756.130	2.98	14.45	0.8281
V4	0.069	9.59	−430.987	−1.31	91.92	0.9684
V5	0.041	21.34	303.614	3.44	455.45	0.9935
V6	0.085	2.79	293.920	0.21	7.81	0.7225
V7	0.138	15.02	−421.826	−1	225.47	0.9869
V8	0.039	5.4	−501.119	−1.53	29.2	0.9068

附表51　　　　　　　　　　ELES模型估计

消费类别	bi	边际消费倾向	基本消费需求
V1	6322.795	0.071	7268.804
V2	38.645	0.062	864.099
V3	756.130	0.021	1039.752
V4	−430.987	0.069	494.569
V5	303.614	0.041	858.503
V6	293.920	0.085	1429.520
V7	−421.826	0.138	1435.358
V8	−501.119	0.039	20.276

附表 52　　　　不同收入家庭户均住房最大消费支出计算

分层 项目	低收入户	中等偏下 收入户	中等 收入户	中等偏上 收入户	高收入户
平均每户家庭人口（人）	2.89	2.62	2.62	2.52	2.61
人均可支配收入（元）	18675	28421	36494	46852	75497
人均无住房消费基本生活支出（元）	12371.13	12371.13	12371.13	12371.13	12371.13
人均剩余收入（元）	6303.87	16049.87	24122.87	34480.87	63125.87
户均剩余收入（元）	18218.19	42050.66	63201.92	86891.79	164758.52

附表 53　　　　不同收入层次居民标准住房

分层 项目	低收入户	中等偏下 收入户	中等收入户	中等偏上 收入户	高收入户
标准住房	小户型住房	普通商品住房	普通商品住房	普通商品住房	高档商品住房
对应住房均价（元/m²）	8106.21	15464.65	15465.65	15466.65	16532.69
对应住房平均面积（m²）	60.00	90.00	90.00	90.00	144.00
户均剩余收入（元）	18218.19	42050.66	63201.92	86891.79	164758.52

附表 54　　　　南京市标准住房需求量计算（2013 年）

分层 项目	低收入户	中等偏下 收入户	中等收入户	中等偏上 收入户	高收入户
标准住房	小户型住房	普通商品住房	普通商品住房	普通商品住房	高档商品住房
对应分层人口占比（%）	53.1	42.3	42.3	42.3	4.6
对应住房均价（元/m²）	15984	15984	15984	15984	15984
对应住房平均面积（m²）	60.00	90.00	90.00	90.00	144.00
户均剩余收入（元）	18218.19	42050.66	63201.92	86891.79	164758.52

续表

项目 \ 分层	低收入户	中等偏下收入户	中等收入户	中等偏上收入户	高收入户
户均可支付住房总价（元）	338110.41	780416.14	1172961.33	1612620.52	3057745.31
户均可购买住房面积（m²）	21.15	48.82	73.38	100.88	191.30
对应标准住房总面积（m²）	24487084.6	11003183.04	16536656.64	22733594.79	19186907.9
标准住房需求套数（套）	408118		762025		133242
标准住房需求比例（%）	31.31%		58.46%		10.23%

10. 2014 年南京市住房市场有效需求计算

附表 55　南京市城市居民家庭人均消费和可支配收入情况（2014 年）

（单元：户，元）

指标	低收入户	中等偏下收入户	中等收入户	中等偏上收入户	高收入户
V1	7828	9961	10092	11297	13233
V2	1879	1590	2368	3648	5228
V3	958	1858	1594	2219	2310
V4	1448	1948	2183	2786	5633
V5	1385	1645	1942	2581	4069
V6	2168	1701	6784	4676	8991
V7	2769	3453	5569	7611	11195
V8	754	555	765	1270	3080
Y	19190	31059	38643	50627	81469

附录 南京市城市居民家庭关于住房有效需求的计算方法、过程和结果

附表 56　　　　　　　　　　计量模型估计

消费类别	Y	T 值	常数项	T 值	F	R2
V1	0.082	6.62	6838.338	11.24	43.82	0.9359
V2	0.062	6.52	184.697	0.39	42.48	0.9340
V3	0.019	2.5	935.437	2.48	6.25	0.6758
V4	0.069	8.8	−288.304	−0.74	77.47	0.9627
V5	0.046	17.6	295.447	2.32	309.75	0.9904
V6	0.113	2.87	−155.324	−0.08	8.24	0.7332
V7	0.144	11.35	−297.240	−0.48	128.89	0.9773
V8	0.042	5.02	−580.227	−1.41	25.2	0.8936

附表 57　　　　　　　　　　ELES 模型估计

消费类别	bi	边际消费倾向	基本消费需求
V1	6838.338	0.082	8181.317
V2	184.697	0.062	1201.147
V3	935.437	0.019	1249.583
V4	−288.304	0.069	849.770
V5	295.447	0.046	1043.236
V6	−155.324	0.113	1694.593
V7	−297.240	0.144	2067.672
V8	−580.227	0.042	107.146

附表 58　　　不同收入家庭户均住房最大消费支出计算

分层　项目	低收入户	中等偏下收入户	中等收入户	中等偏上收入户	高收入户
平均每户家庭人口（人）	2.86	2.63	2.54	2.54	2.56
人均可支配收入（元）	20615	31059	38643	50627	81469
人均无住房消费基本生活支出（元）	15144.88	15144.88	15144.88	15144.88	15144.88
人均剩余收入（元）	5470.12	15914.12	23498.12	35482.12	66324.12
户均剩余收入（元）	15644.54	41854.14	59685.23	90124.59	169789.75

附表 59　　　　　　　　　不同收入层次居民标准住房

项目 \ 分层	低收入户	中等偏下收入户	中等收入户	中等偏上收入户	高收入户
标准住房	小户型住房	普通商品住房			高档商品住房
对应住房均价（元/m²）	7582.97	18215.21	18215.21	18215.21	19180.17
对应住房平均面积（m²）	60.00		90.00		144.00
户均剩余收入（元）	15644.54	41854.14	59685.23	90124.59	169789.75

附表 60　　　　　　　　南京市标准住房需求量计算（2014 年）

项目 \ 分层	低收入户	中等偏下收入户	中等收入户	中等偏上收入户	高收入户
标准住房	小户型住房		普通商品住房		高档商品住房
对应分层人口占比（%）	48.6		45.6		5.8
对应住房均价（元/m²）	17934	17934	17934	17934	17934
对应住房平均面积（m²）	60.00	90.00	90.00	90.00	144.00
户均剩余收入（元）	15644.54	41854.14	59685.23	90124.59	169789.75
户均可支付住房总价（元）	290346.32	776768.86	1107695.16	1672617.75	3151119.58
户均可购买住房面积（m²）	16.18	43.31	61.76	93.26	175.71
对应标准住房总面积（m²）	17425621.1		66804463.3		22583848.5
标准住房需求套数（套）	290427		742271		156832
标准住房需求比例（%）	24.42%		62.40%		13.18%

394 附录 南京市城市居民家庭关于住房有效需求的计算方法、过程和结果

11. 2015 年南京市住房市场有效需求计算

附表 61 南京市城市居民家庭人均消费和可支配收入情况（2015 年）

指标	低收入户	中等偏下收入户	中等收入户	中等偏上收入户	高收入户
V1	8975	11252	11211	12537	16199
V2	2434	1799	2644	4165	6858
V3	1127	2131	1764	2566	2371
V4	1900	2356	2512	3192	6334
V5	1667	1843	2189	3029	4760
V6	2706	1902	8698	5644	12469
V7	3411	4006	6498	9012	12662
V8	950	630	872	1451	3600
Y	23170	33881	41892	54230	87896

附表 62 计量模型估计

消费类别	Y	T 值	常数项	T 值	F	R2
V1	0.105	10.9	7001.883	13.75	118.86	0.9754
V2	0.077	5.65	-137.875	-0.19	31.89	0.9140
V3	0.016	1.72	1224.219	2.48	2.95	0.9485
V4	0.069	7.64	-71.171	-0.15	58.41	0.9210
V5	0.050	12.19	293.298	1.35	148.56	0.9802
V6	0.151	3.04	-1000.148	-0.38	9.21	0.7544
V7	0.149	8.73	-53.311	-0.06	76.26	0.9622
V8	0.045	4.57	-671.247	-1.28	20.92	0.8746

附录　南京市城市居民家庭关于住房有效需求的计算方法、过程和结果

附表63　ELES模型估计

消费类别	bi	边际消费倾向	基本消费需求
V1	7001.883	0.105	9046.780
V2	-137.875	0.077	1372.715
V3	1224.219	0.016	1536.090
V4	-71.171	0.069	1281.812
V5	293.298	0.050	1270.178
V6	-1000.148	0.151	1959.354
V7	-53.311	0.149	2860.344
V8	-671.247	0.045	211.184

附表64　不同收入家庭户均住房最大消费支出计算

分层 项目	低收入户	中等偏下收入户	中等收入户	中等偏上收入户	高收入户
平均每户家庭人口（人）	2.82	2.61	2.59	2.52	2.61
人均可支配收入（元）	22542	33881	41892	54230	87896
人均无住房消费基本生活支出（元）	18002.37	18002.37	18002.37	18002.37	18002.37
人均剩余收入（元）	4539.63	15878.63	23889.63	36227.63	69893.63
户均剩余收入（元）	12801.76	41443.23	61874.15	91293.63	182422.38

附表65　　　　　　　　　　不同收入层次居民标准住房

分层 项目	低收入户	中等偏下 收入户	中等 收入户	中等偏上 收入户	高收入户
标准住房	小户型住房	普通商品住房			高档商品住房
对应住房均价 （元/m²）	6250.89	18400.04	18400.04	18400.04	19540.25
对应住房平均面积 （m²）	60.00		90.00		144.00
户均剩余收入（元）	12801.76	41443.23	61874.15	91293.63	182422.38

附表66　　　　　　　　　　南京市标准住房需求量计算（2015年）

分层 项目	低收入户	中等偏下 收入户	中等 收入户	中等偏上 收入户	高收入户
标准住房	小户型住房	普通商品住房			高档商品住房
对应分层人口占比 （%）	46.4	46.9			6.7
对应住房均价 （元/m²）	18432	18432	18432	18432	18432
对应住房平均面积 （m²）	60.00	90.00	90.00	90.00	144.00
户均剩余收入 （元）	12801.76	41443.23	61874.15	91293.63	182422.38
户均可支付住房总价 （元）	247745.08	802026.75	1197414.42	1766752.63	3530314.31
户均可购买住房面积 （m²）	13.44	43.51	64.96	95.85	191.53
对应标准住房总面积 （m²）	14039997.1	71906760.4			28890920.5
标准住房需求套数 （套）	234000	798964			200631
标准住房需求比例 （%）	18.96	64.76%			16.28%

12. 2016 年南京市住房市场有效需求计算

附表 67　不同收入层次家庭户均住房最大消费支出计算（2016 年）

分层 项目	低收入户	中等偏下 收入户	中等收入户	中等偏上 收入户	高收入户
平均每户家庭人（人）	2.88	2.88	2.88	2.88	2.88
人均可支配收入（元）	24938	36880	46022	58836	94919
人均无住房消费基本生活支出（元）	23258	23258	23258	23258	23258
人均剩余收入（元）	1680	13622	22764	35578	71661
户均剩余收入（元）	4838.4	39231.3	65560.3	102464.6	206383.7
家庭住房消费最大值（元）	4838.4	39231.3	65560.3	102464.6	206383.7

按照居民家庭按照可支配收入由低到高划分为五个层次：低收入户、中等偏下收入户、中等收入户、中等偏上收入户、高收入户，并赋予不同层次的居民以不同的住房标准面积偏好。

附表 68　不同收入层次居民标准住房（2016 年）

分层 项目	低收入户	中等偏下 收入户	中等 收入户	中等偏上 收入户	高收入户
标准住房类型	小户型住房	普通商品住房	普通商品住房	普通商品住房	高档商品住房
对应住房均价（元/m²）	21514	21514	21514	21514	21514
对应住房平均面积（m²）	60.00	90.00	90.00	90.00	144.00
家庭住房消费最大值（元/年）	4838.4	39231.3	65560.3	102464.6	206383.7

根据分组和相应层次的住房标准进行分组测算讨论不同收入层次家庭可用于住房消费的最大支出额，依据此数据进一步测算住房的实际需求量和需求结构，见附表69。

附表69　南京市针对不同收入阶层的"标准住房"需求量（2016年）

层次 项目	低收入户	中等偏下收入户	中等收入户	中等偏上收入户	高收入户
对应分层人口占比（%）	44.8	47.3			7.9
标准住房类型	小户型商品房	普通商品住房			高档商品住房
住房均价（元/m²）	21514	21514	21514	21514	21514
对应住房平均面积（m²）	60.00	90.00	90.00	90.00	144.00
户均住房最大消费支出（元/月）	408	3269	5463	6139	17198
户均可支付住房总价（元）	107489	871553	1456471	2276328	4584967
户均可购买住房面积（m²）	4.99	40.51	67.69	105.81	213.11
对应标准住房总面积（m²）	5150776.96	77581485.50			38712894.7
标准住房需求套数（套）	85847	862016			268839
标准住房需求结构（%）	7.06%	70.84%			22.1%

13. 2017 年南京市住房市场有效需求计算

附表 70　不同收入层次家庭户均住房最大消费支出计算（2017 年）

层次 项目	低收入户	中等偏下 收入户	中等收入户	中等偏上 收入户	高收入户
平均每户家庭人（人）	2.84	2.84	2.84	2.84	2.84
人均可支配收入（元）	27327	40366	50251	64127	103322
人均无住房消费基本生活支出（元）	24501	24501	24501	24501	24501
人均剩余收入（元）	2826	15865	25750	39626	78821
户均剩余收入（元）	8025.8	45056.6	73130	112537.8	223851.6
家庭住房消费最大值（元）	8025.8	45056.6	73130	112537.8	223851.6

附表 71　不同收入层次居民标准住房（2017 年）

分层 项目	低收入户	中等偏下 收入户	中等 收入户	中等偏上 收入户	高收入户
标准住房类型	小户型 商品房	普通商品住房			高档商 品住房
对应住房均价（元/m^2）	24501	24501	24501	24501	24501
对应住房平均面积（m^2）	60.00	90.00			144.00
家庭住房消费最大值（元/年）	8025.8	45056.6	73130.0	112537.8	223851.6

附表 72　南京市针对不同收入阶层的"标准住房"需求量（2017 年）

层次 项目	低收入户	中等偏下 收入户	中等 收入户	中等偏上 收入户	高收入户
对应分层人口占比（%）	44.3	47.5			8.2
标准住房类型	小户型 商品房	普通商品住房			高档商 品住房
住房均价（元/m^2）	24501	24501	24501	24501	24501

续表

层次 项目	低收入户	中等偏下收入户	中等收入户	中等偏上收入户	高收入户
对应住房平均面积（m²）	60.00	90.00	90.00	90.00	144.00
户均住房最大消费支出（元/月）	669	3755	6094	9378	18654
户均可支付住房总价（元）	170251.6	955782.8	1551302.1	2387263.9	4748550.9
户均可购买住房面积（m²）	6.62	37.18	60.35	92.87	184.74
对应标准住房总面积（m²）	7005655.51	72007998.5			36187772.7
标准住房需求套数（套）	116761	800089			251304
标准住房需求结构（%）	9.99%	68.49%			21.52%

14. 2018年南京市住房市场有效需求计算

附表73　不同收入层次家庭户均住房最大消费支出计算（2018年）

分层 项目	低收入户	中等偏下收入户	中等收入户	中等偏上收入户	高收入户
平均每户家庭人（人）	2.82	2.82	2.82	2.82	2.82
人均可支配收入（元）	29732	43193	54531	69856	11997
人均无住房消费基本生活支出（元）	26126	26126	26126	26126	26126
人均剩余收入（元）	3606	17067	28405	43730	85871
户均剩余收入（元）	10241.04	48128.94	80102.10	122444.00	240438.80
家庭住房消费最大值（元）	10241.04	48128.94	80102.10	122444.00	240438.80

附录 南京市城市居民家庭关于住房有效需求的计算方法、过程和结果　401

附表74　不同收入层次居民标准住房（2018年）

项目＼分层	低收入户	中等偏下收入户	中等收入户	中等偏上收入户	高收入户
标准住房类型	小户型商品房	普通商品住房			高档商品住房
对应住房均价（元/m²）	26392	26392	26392	26392	26392
对应住房平均面积（m²）	60.00	90.00			144.00
家庭住房消费最大值（元/年）	10241.04	48128.94	80102.10	122444.00	240438.80

附表75　南京市针对不同收入阶层的"标准住房"需求量（2018年）

项目＼分层	低收入户	中等偏下收入户	中等收入户	中等偏上收入户	高收入户
对应分层人口占比（%）	43.3	47.5			9.2
标准住房类型	小户型商品房	普通商品住房			高档商品住房
住房均价（元/m²）	26392	26392	26392	26392	26392
对应住房平均面积（m²）	60.00	90.00	90.00	90.00	144.00
户均住房最大消费支出（元/月）	847	4011	6675	10276	20179
户均可支付住房总价（元）	225910.1	955782.8	1779527.7	2739614.3	5379680.5
户均可购买住房面积（m²）	8.56	36.21	67.42	103.80	203.83
对应标准住房总面积（m²）	9134345.7	80935446.5			46213803.5
标准住房需求套数（套）	152239	899282			320929
标准住房需求结构（%）	11.12%	65.50%			23.38%

15. 2019 年南京市住房市场有效需求计算

附表 76　不同收入层次家庭户均住房最大消费支出计算（2019 年）

分层 项目	低收入户	中等偏下 收入户	中等收入户	中等偏上 收入户	高收入户
平均每户家庭人（人）	2.81	2.81	2.81	2.81	2.81
人均可支配收入（元）	32131	46915	59325	75955	120456
人均无住房消费基本生活支出（元）	28000	28000	28000	28000	28000
人均剩余收入（元）	4131	18915	31325	47955	92456
户均剩余收入（元）	11608.11	53151.15	88023.25	134753.55	259801.36
家庭住房消费最大值（元）	11608.11	53151.15	88023.25	134753.55	259801.36

附表 77　不同收入层次居民标准住房（2019 年）

分层 项目	低收入户	中等偏下 收入户	中等 收入户	中等偏上 收入户	高收入户
标准住房类型	小户型 商品房	普通商品住房			高档商 品住房
对应住房均价（元/m²）	26392	26392	26392	26392	26392
对应住房平均面积（m²）	60.00	90.00			144.00
家庭住房消费最大值（元/年）	11608.11	53151.15	88023.25	134753.55	259801.36

附表78　南京市针对不同收入阶层的"标准住房"需求量（2019年）

分层 项目	低收入户	中等偏下 收入户	中等 收入户	中等偏上 收入户	高收入户
对应分层人口占比（%）	41.7	48.1			10.2
标准住房类型	小户型 商品房	普通商品住房			高档商 品住房
住房均价（元/m^2）	28770	28770	28770	28770	28770
对应住房平均面积（m^2）	60.00	90.00	90.00	90.00	144.00
户均住房最大消费 支出（元/月）	967	4429	7335	11229	21650
户均可支付住房总价 （元）	257882.8	1180792.3	1955501.9	2993650.3	5771680.4
户均可购买住房面积 （m^2）	8.96	41.04	67.97	104.05	200.61
对应标准住房总面积 （m^2）	9436363.86	86457565.00			51676336.10
标准住房需求套数 （套）	157273	960639			358864
标准住房需求结构 （%）	10.65%	65.05%			24.30%

16. 2020年南京市住房市场有效需求计算

附表79　不同收入层次家庭户均住房最大消费支出计算（2020年）

分层 项目	低收入户	中等偏下 收入户	中等收入户	中等偏上 收入户	高收入户
平均每户家庭人（人）	2.77	2.77	2.77	2.77	2.77
人均可支配收入（元）	33460	48868	62046	79832	126720
人均无住房消费基本 生活支出（元）	27485	27485	27485	27485	27485

404　附录　南京市城市居民家庭关于住房有效需求的计算方法、过程和结果

续表

项目 \ 分层	低收入户	中等偏下收入户	中等收入户	中等偏上收入户	高收入户
人均剩余收入（元）	5975	21383	34561	52347	99235
户均剩余收入（元）	16550.75	59230.91	95733.97	145001.19	274880.95
家庭住房消费最大值（元）	16550.75	59230.91	95733.97	145001.19	274880.95

附表80　不同收入层次居民标准住房（2020年）

项目 \ 分层	低收入户	中等偏下收入户	中等收入户	中等偏上收入户	高收入户
标准住房类型	小户型商品房	普通商品住房	普通商品住房	普通商品住房	高档商品住房
对应住房均价（元/m²）	28512	28512	28512	28512	28512
对应住房平均面积（m²）	60.00	90.00	90.00	90.00	144.00
家庭住房消费最大值（元/年）	16550.75	59230.91	95733.97	145001.19	274880.95

附表81　南京市针对不同收入阶层的"标准住房"需求量（2020年）

项目 \ 分层	低收入户	中等偏下收入户	中等收入户	中等偏上收入户	高收入户
对应分层人口占比（%）	37.60	50.8	50.8	50.8	11.6
标准住房类型	小户型商品房	普通商品住房	普通商品住房	普通商品住房	高档商品住房
住房均价（元/m²）	28512	28512	28512	28512	28512
对应住房平均面积（m²）	60.00	90.00	90.00	90.00	144.00
户均住房最大消费支出（元/月）	1379.23	4935.91	7977.83	12083.43	22906.75

续表

项目 \ 分层	低收入户	中等偏下收入户	中等收入户	中等偏上收入户	高收入户
户均可支付住房总价（元）	367687.21	1315858.70	2126801.31	3221309.23	6106684.66
户均可购买住房面积（m²）	12.89	46.15	74.59	112.98	214.18
对应标准住房总面积（m²）	12625943.1	103105061.0			64723198.1
标准住房需求套数（套）	210432	1145612			449467
标准住房需求结构（%）	11.65%	63.45%			24.89%

参考文献

中文文献

《马克思恩格斯全集》第3卷，人民出版社2002年版。

《德意志意识形态（节选本）》，人民出版社2003年版。

《马克思恩格斯全集》（第13卷），人民出版社2002年版。

《习近平关于社会主义社会建设论述摘编》，中央文献出版社2017年版。

习近平：《在纪念马克思诞辰200周年大会上的讲话》，人民出版社2018年版。

《习近平关于"不忘初心、牢记使命"重要论述选编》，中央文献出版社、党建读物出版社2019年版。

《习近平谈治国理政》第3卷，外文出版社2020年版。

《习近平著作选读》第2卷，人民出版社2023年版。

［英］埃比尼泽·霍华德：《明日的田园城市》，金经元译，商务印书馆2000年版。

［英］布莱恩·巴利：《社会正义论》，曹海军译，江苏人民出版社2007年版。

蔡禾主编、张应祥副主编：《城市社会学：理论与视野》，中山大学出版社2003年版。

［英］大卫·哈维：《叛逆的城市：从城市权利到城市革命》，叶齐茂、倪晓晖译，商务印书馆2014年版。

［英］大卫·哈维：《希望的空间》，胡大平译，南京大学出版社2006年版。

［英］大卫·哈维：《正义、自然和差异地理学》，胡大平译，上海人民出版社2010年版。

何杨：《中国房地产税改革》，中国税务出版社 2017 年版。

贾康等：《中国住房制度与房地产税改革》，企业管理出版社 2017 年版。

建设部课题组：《住房制度改革和房地产市场专题研究》，中国建筑工业出版社 2007 年版。

科技部编写组：《深入学习习近平关于科技创新的重要论述》，人民出版社 2023 年版。

刘颖：《中国廉租住房制度创新的经济学分析》，上海人民出版社 2007 年版。

陆学艺主编：《当代中国社会阶层研究报告》，社会科学文献出版社 2002 年版。

［美］马克·戈特迪纳：《城市空间的社会生产》，任晖译，江苏凤凰教育出版社 2014 年版。

倪勇：《社会变革中的正义观念》，山东大学出版社 2006 年版。

倪勇：《社会正义论》，中共中央党校出版社 1998 年版。

祁毅：《规划支持系统与城市公共交通》，东南大学出版社 2010 年版。

《十八大以来重要文献选编》（上），中央文献出版社 2014 年版。

杨小强等：《房地产税法之国际比较：应税、免税与估价》，中山大学出版社 2011 年版。

尹海伟、孔繁花编著：《城市与区域规划空间分析实验教程》，东南大学出版社 2014 年版。

［英］约翰·伦尼·肖特：《城市秩序》，郑娟、梁捷译，上海人民出版社 2016 年版。

［美］约翰·罗尔斯：《正义论》，谢延光译，上海译文出版社 1991 年版。

臧峰宇：《恩格斯〈论住宅问题〉研究读本》，中央编译出版社 2014 年版。

赵振宇：《中国城镇住宅市场供需结构研究》，中国农业出版社 2007 年版。

《中共中央关于坚持和完善中国特色社会主义制度　推进国家治理体系和治理能力现代化若干重大问题的决定》，人民出版社 2019 年版。

周一星：《城市地理学》，商务印书馆 1995 年版。

习近平：《扎实推进共同富裕》，《求是》2021年第20期。

陈杰、郝前进、郑麓漪：《动态房价收入比——判断中国居民住房可支付能力的新思路》，《中国房地产》2008年第1期。

陈杰、朱旭丰：《住房负担能力测度方法研究综述》，《城市问题》2010年第2期。

陈柔婷：《集体消费理论对城市社会学经验的再认识》，《学习月刊》2010年第17期。

陈少英：《论财产税法收入分配调节功能之强化》，《法学》2011年第3期。

段莉群：《恩格斯的住宅属性思想及当代价值》，《马克思主义理论学科研究》2018年第2期。

付钦太：《扩大中等收入群体的价值和实现路径探析》，《学习论坛》2018年第10期。

高春花、孙希磊：《我国城市空间正义缺失的伦理视阈》，《学习与探索》2011年第3期。

宫晓慧：《从梯度消费看中小户型住房的需求》，《企业技术开发（学术版）》2005年第10期。

龚岳等：《公租房公共设施空间可达性研究——以深圳为例》，《北京大学学报》（自然科学版）2020年第6期。

浩春杏：《城市居民住房梯度消费中的家庭因素研究》，《江苏社会科学》2007年第3期。

何平：《调整房地产供给结构积极拉动内需》，《商业经济》2011年第4期。

何舒文、邹军：《基于居住空间正义价值观的城市更新评述》，《国际城市规划》2010年第4期。

胡吉亚：《英、美、新共有产权房运作模式及其对我国的有益启示》，《理论探索》2018年第5期。

胡晓龙、王雪珍等：《大城市夹心层群体租房可支付能力分析——基于"剩余收入法"》，《社会科学家》2012年第10期。

季朗超：《中国住房迎来梯度消费时代》，《消费经济》2003年第5期。

贾康、苏京春：《探析"供给侧"经济学派所经历的两轮"否定之否定"——对"供给侧"学派的评价、学理启示及立足于中国的研讨展望》,《财政研究》2014 年第 8 期。

贾康、李婕:《房地产税改革总体框架研究》,《经济研究参考》2014 年第 49 期。

金晓斌、殷少美、尹小宁等:《城市住宅产业发展系统动力学研究——以南京市为例》,《南京大学学报》(自然科学版) 2004 年第 6 期。

瞿富强、屠立辉、张娇娇:《城市中等收入住房困难家庭购房可支付能力研究——以南京为例》,《建筑经济》2009 年第 2 期。

赖华东、蔡靖方:《城市住房保障政策效果及其选择——基于住宅过滤模型的思考》,《经济评论》2007 年第 3 期。

李春会、张李斌:《习近平社会公平正义思想研究》,《理论月刊》2017 年第 4 期。

李春敏:《马克思恩格斯对城市居住空间的研究及启示》,《天津社会科学》2011 年第 3 期。

李实:《缩小收入差距 推进共同富裕社会建设》,《中国经济报告》2021 年第 4 期。

林进平:《中国特色社会主义公平正义的理论特质》,《理论导报》2019 年第 9 期。

刘剑文:《房产税改革正当性的五维建构》,《法学研究》2014 年第 2 期。

刘丽荣:《保障性住房的合理供给与梯度消费模型的构建》,《建筑经济》2008 年第 10 期。

刘世锦:《中等收入群体倍增与建设高标准市场经济》,《兰州大学学报》(社会科学版) 2019 年第 5 期。

刘霞辉:《供给侧的宏观经济管理——中国视角》,《经济学动态》2013 年第 10 期。

卢珂、李国敏:《住房公平与政府正义》,《社会科学辑刊》2012 年第 4 期。

卢为民、姚文江:《中外公共租赁住房租金定价机制比较研究》,《城市问题》2011 年第 5 期。

卢卫、张智:《城市住房供求梯次配置体系的构建》,《天津大学学报》

（社会科学版）2007 年第 5 期。

芦恒：《房地产与阶层定型化社会——读〈房地产阶级社会〉》，《社会》2014 年第 4 期。

陆杰峰、阮连法：《住宅消费者需求研究》，《浙江大学学报》（人文社会科学版）2001 年第 6 期。

孟祥远：《伦理学视角下的城市居住正义问题透视》，《新西部》2017 年第 11 期。

裴凌罡：《从民生视角看新中国城市住房供给制度变迁》，《中国经济史研究》2017 年第 5 期。

齐彤岩、刘冬梅、刘莹：《北京市居民出行时间成本研究》，《公路交通科技》2008 年第 6 期。

钱振明：《走向空间正义：让城市化的增益惠及所有人》，《江海学刊》2007 年第 2 期。

沈君彬：《浅议我国居民住宅的超前消费观念问题：一种消费社会学的视角》，《引进与咨询》2005 年第 3 期。

宋博通、黄渝祥、陈广俊：《国外住房过滤模型的研究现状及启示》，《中国房地产导报》2000 年第 23 期。

宋宁、张凯山等：《不同城市机动车尾气排放比较及数据可分享性评价》，《环境科学学报》2011 年第 12 期。

塔娜、柴彦威、刘志林：《过滤理论的起源、概念及研究进展》，《人文地理》2011 年第 1 期。

田方晨：《资本永恒正义的破解——马克思恩格斯居住正义思想及其当代启示》，《理论研究》2023 年第 2 期。

万膦莲、翟国方、何仲禹等：《住房与交通可支付能力空间特征研究——以南京为例》，《经济地理》2016 年第 2 期。

王文东：《恩格斯的居住正义思想及其启示》，《哲学动态》2010 年第 5 期。

王雪峰：《住房负担能力度量——一个新的理论框架》，《经济评论》2013 年第 1 期。

魏万青、高伟：《经济发展特征、住房不平等与生活机会》，《社会学研究》2020 年第 4 期。

温权：《西方资本主义城市住宅规划的三重危机及其社会效应从曼纽尔·卡斯特的马克思主义城市批判理论谈起》，《苏州大学学报（哲学社会科学版）》2019 年第 4 期。

吴刚：《城市居民住房支付能力研究——基于 2000—2008 我国 10 城市的经验数据》，《城市发展研究》2009 年第 9 期。

吴海瑾：《基于可达性优化公共租赁住房综合保障的路径》，《南京社会科学》2021 年第 12 期。

吴海瑾：《论中国的房地产正义与多层次住房保障体系构建》，《江海学刊》2011 年第 3 期。

吴海瑾：《新时代中国住房正义的内涵及制度优越性》，《学海》2020 年第 4 期。

武永祥、吴芳：《由居住需求层次分析看现阶段我国的住宅建设》，《中国房地产》2001 年第 9 期。

杨赞、易成栋、张慧：《基于"剩余收入法"的北京市居民住房可支付能力分析》，《城市发展研究》2010 年第 10 期。

杨赞、张蔚、易成栋等：《公共租赁住房的可支付性和可达性研究：以北京为例》，《城市发展研究》2013 年第 10 期。

余呈先：《我国房地产市场供给侧管理的动因与对策》，《宏观经济研究》2016 年第 5 期。

张晨：《住房功能新定位与中国住房改革的政治经济学分析》，《政治经济学评论》2020 年第 2 期。

张鸿雁：《空间正义：空间剩余价值与房地产市场理论重构——新城市社会学的视角》，《社会科学》2017 年第 1 期。

张平、刘霞辉：《城市化、财政扩张与经济增长》，《经济研究》2011 年第 11 期。

张卫华、陈学武、黄艳君：《公交车与社会车辆混合行驶下的交通流模型研究》，《公路交通科技》2004 年第 4 期。

张彦、王长和：《资本逻辑与居住正义：论马克思恩格斯对城市居住问题的批判》，《江苏行政学院学报》2019 年第 2 期。

赵振宇、李柏洲：《存量与租赁住房对房地产投资结构调控研究》，《学术交流》2009 年第 1 期。

郑思奇、刘可婧、孙伟增等：《住房与交通综合可支付性指数的设计与应用——以北京为例》，《城市发展研究》2011年第2期。

周仁、郝前进、陈杰：《剩余收入法供需不匹配性与住房可支付能力的衡量——基于上海的考察》，《世界经济文汇》2010年第1期。

朱丘祥：《地方土地财政困局的体制成因及其法治出路》，《经济体制改革》2011年第3期。

郭玉坤：《中国城镇住房保障制度研究》，博士学位论文，西南财经大学，2006。

季晓旭：《我国城镇居民住房支付能力的分布特征和影响因素分析》，博士学位论文，东北财经大学，2017年。

国家统计局、中国指数研究院：《中国房地产统计年鉴2020》，中国统计出版社2021年版。

李晶：《中国房地产税收制度改革研究》，博士学位论文，东北财经大学，2011年。

廖希飞：《我国公共住房保障法律制度研究——以准入、退出制度为中心》，博士学位论文，中国政法大学，2011年。

林渊：《完善我国房地产税收调控政策的研究》，博士学位论文，中国财政科学研究院，2018年。

刘刚：《马克思恩格斯居住正义思想研究》，博士学位论文，福建师范大学，2012年。

刘可婧：《住房与交通综合可支付性指数的设计与应用》，硕士学位论文，清华大学，2010年。

南京市统计局：《南京统计年鉴（2006—2021年）》，中国统计出版社2007—2022年版。

王青：《我国城镇居民住房负担能力的研究——以西安为例的实证分析》，博士学位论文，西安建筑科技大学，2010年。

英文文献

Arthur O'Sullivan, *Urban Economics*. New York：McGraw – Hill/Irwin, 2011.

B. J. Ranganath, Lewlyn L. R. Rodrigues, *System Dynamics: Theory and Case Studies*. New Delhi: IK International Publishing House, 2008.

David Harvey, *Space of Capital: Towards a Critical Geography*. Edinburgh: Edinburgh University Press, 2001.

Hall T., *Urban Geography*. Third edition. Routledge Contemporary Human Geography, 2006.

Jay Wright Forrester, *Urban Dynamics*. Cambridge: Massachusetts Institute of Technology Press, 1969.

Leon T. Kendall, Michael J. Fishman, *A Primer on Securitization*. Cambridge and London: MIT Press, 1996.

John M. Quigley, *Housing Demand in the Short Run: An Analysis of Polytomous Choice*. Cambridge: National Bureau of Economic Research, 1976.

Robert E. Park, Ernest W. Burgess, Roderick Duncan McKenzie. *The City*. Chicago: University of Chicago Press, 1925.

Stone, M. E., *Shelter Poverty: New Ideas on Housing Affordability*. Philadelphia PA: Temple University Press, 2006.

Wilson, W. J., 2009, *The Truly Disadvantaged: The Inner City, the Underclass, and Public Policy*. Chicago: IL, University of Chicago Press.

Abeysinghe T., Gu J., "Lifetime Income and Housing Affordability in Singapore". *Urban Studies*, 2011, Vol. 48, No. 9.

Adriana M. Soaita, Beverley A. Searle, "Debt Amnesia: Homeowners' Discourses on the Financial Costs and Gains of Home–buying", *Environment and Planning A*, 2016, No. 6.

Anderson W. P., Kanaroglou P. S., Miller E. J. UrbanForm, "Energy and the Environment: A Review of Issues, Evidence and Policy", *Urban studies*, 1996, Vol. 33, No. 1.

Benjamin P. Thompson, Lawrence C. Bank, "Use of System Dynamics as a Decision—Making Tool in Building Design and Operation", *Building and Environment*, 2010, No. 4.

Benjamin F. Teresa, "Managing Fictitious Capital: The Legal Geography of

Investment and Political Struggle in Rental Housing in New York City", *Environment and Planning A*, 2016, No. 3.

Benenson I., Omer I., Hatna E., "Entity-based Modeling of Urban Residential Dynamics: The Case of Yaffo, Tel Aviv", *Environment and Planning B: Planning and Design*, 2002, Vol. 29, No. 4.

Bogdon A. S., Can A., "Indicators of Local Housing Affordability: Comparative and Spatial Approaches", *Real Estate Economics*, 1997, Vol. 25, No. 1.

Burke T., Ralston L., "Measuring Housing Affordability", *Australian Housing and Urban Research Institute*, 2004, No. 5.

Chung Roger Yat-Nork, Chung Gary Ka-Ki, Gordon David, et al., "Housing Affordability Effects on Physical and Mental Health: Household Survey in a Population with the World's Greatest Housing Affordability Stress", *Journal of Epidemiology & Community Health*, 2020, Vol. 74, No. 2.

Chen J., Hao J., Zheng L. Y., "Dynamic Price-to-Income Ratio—A New Way to Judge the Housing Affordability of Chinese Residents", *China Real Estate*, 2008, Vol. 23, No. 1.

C. Watkins, "Microeconomic Perspectives on the Structure and Operation of Local Housing Markets", *Housing Studies*, 2008, Vol. 23, No. 4.

C. Tiebout. Apure, "Theory of Local Public Ex Penditure", *Journal of Politieal Eeonomy*, 1956, No. 10.

Cui C., Geertman S., Hooimeijer P., "The Mediating Effects of Parental and Peer Pressure on the Migration Intentions of University Graduates in Nanjing", *Habitat Int*, 2016, No. 57.

David L., "Accessibility and the Journey of Transport Geography", *Housing Studies*, 1992, Vol. 6, No. 1.

David Hollanders, "Pension Systems Do Not Suffer from Ageing or Lack of Homeownership but from Financialisation", *International Journal of Housing Policy*, 2016, No. 3.

Desiree Fields, "Unwilling Subjects of Financialization", *International Journal of Urban and Regional Research*, 2017, No. 4.

Duran-Encalada, J., A. Paucar-Caceres, "System Dynamics Urban Sustainability Model for Puerto Aura in Puebla, Mexico", *Systemic Practice and Action Research*, 2009, Vol. 22, No. 2.

Dusansky R., Ç. Koç., "Household Housing Demand: Empirical Analysis and Theoretical Reconciliation", *The Journal of Real Estate Finance and Economics*, 2012, Vol. 44, No. 4.

Emma Mulliner, Kieran Smallbone, Vida Maliene, "An Assessment of Sustainable Housing Affordability Using a Multiple Criteria Decision Making Method", *Omega*, 2013, Vol. 41, No. 2.

Ernest Uwayezu, Walter T. de Vries, "Access to Affordable Houses for the Low-Income Urban Dwellers in Kigali: Analysis Based on Sale Prices", *Land*, 2020, Vol. 9, No. 3.

Fong W.-K., H. Matsumot, "Application of System Dynamics Model as Decision Making Tool in Urban Planning Process toward Stabilizing Carbon Dioxide Emissions From Cities", *Building and Environment*, 2009, Vol. 44, No. 7.

Gridgdby. W., "Housing Markets and Publie Policy", *PhiladelPhia University of Pennsylvania Press*, 1963, No. 1.

Glaeser E. G. J., "The Impact of Building Restrictions on Housing Affordability", *Economic Policy Review*, 2003, No. 9.

Goodman A. C., "An Econometric Model of Housing Price, Permanent Income, Tenure Choice, and Housing Demand", *Journal of Urban Economics*, 1988, Vol. 23, No. 3.

Haurin D. R., "Income Variability, Homeownership, and Housing Demand", *Journal of Housing Economics*, 1991, Vol. 1, No. 1.

Haurin D. R., P. H. Hendershott, "Housing Decisions of American Youth", *Journal of Urban Economics*, 1994, Vol. 35, No. 1.

Henri Lefebrve, "Comments on a New State Form", *Antipode*, 2001, No. 1.

Horner M. W., "Extensions to the concept of excess commuting", *Environment and Planning A*, 2002, Vol. 34, No. 32.

Hulchanski. D., "The Concept of Housing Affordability: Six Contemporary Uses of the Housing Expenditure-to-Income Ratio", *Housing Studies*, 1995, No. 4.

Ho M. H., Chiu R. L., "Impact of Accessibility on Housing Expenditure and Affordability in Hong Kong's Private Rental Sector", *Journal of Housing and the Built Environment*, 2002, Vol. 17, No. 4.

Horner M. W., "Extensions to the Concept of Excess Commuting", *Environment and Planning*, 2002, Vol. 34, No. 3.

Ioannides Y. M., J. E. Zabel, "Neighbourhood Effects and Housing Demand", *Journal of Applied Econometrics*, 2003, Vol. 18, No. 5.

Isalou A. A., Litman T., Shahmoradi B., "Testing the Housing and Transportation Affordability Index in a Developing World Context: A Sustainability Comparison of Central and Suburban Districts in Qom, Iran", *Transport Policy*, 2014, No. 33.

Isaac Dyner, Ricardo A. Smith, Gloria E. Peña, "System Dynamics Modeling for Residential Energy Efficiency Analysis and Management", *The Journal of the Operational Research Society*, 1995, Vol. 46, No. 10.

Jay Wright Forrester, "Industrial Dynamics—A Major Breakthrough for Decision Makers", *Harvard Business Review*, 1996, Vol. 36, No. 4.

Jackson Jeremy, Forest Benjamin, "Agent – Based Simulation of Urban Residential Dynamics and Land Rent Change in a Gentrifying Area of Boston", *Transactions in GIS*, 2008, No. 4.

James C. Ohls, "Public Policy toward Low Income Housing and Filtering in Housing Markets", *Journal of Urban Economics*, 1975, No. 2.

Jin D. Y., Cui B. S., Pu J. Y., et al., "A Study on the Enactment of Planning and Management Guidelines of 'Shared Public Support Private Rental Housing' for the Young People", *Journal of the Korean Housing Association*, 2020, No. 6.

John Doling, Richard Ronald, "Home Ownership and Asset – Based Welfare", *Journal of Housing and the Built Environment*, 2010, No. 2.

Jr L. W. "An Economic Model of the Utilization of Urban Land", *Papers of the Regional Science Association*, 1961, Vol. 7, No. 1.

Katrin B. Anacker, "Introduction: Housing Aaffordability and Affordable Housing", *International Journal of Housing Policy*, 2019, Vol. 19, No. 1.

Katz Rosen, "The Interjurisdietional Effeets of Growth Controls on Housing Prices", *Journal of Low and Eeonomies*, 1987, No. 4.

KAIN J. F., "Housing Segregation, Negro Employment, and Metropolitan Decentralization", *Quarterly Journal of Economics*, 1998, Vol. 82, No. 2.

Lowry. lra, "Filtering and Housing Standard: A Conceptual Analysis", *Land Eeonomies*, 1960, No. 4.

Linneman P. D., Megbolugbe I. F., "Housing Affordability: Myth or Reality?", *Urban studies*, 1992, Vol. 29, No. 3 - 4.

Maker C., "Urban Social Geography: An Introduction", *New Zealand Geographer*, 1997, Vol. 53, No. 1.

Manuel B. Aalbers, "The Financialization of Home and the Mortgage Market Crisis", *Competition & Change*, 2008, No. 2.

Manuel B. Aalbers, "Financial Geography Ⅱ: Financial Geographies of Housing and Real Estate", *Progress in Human Geography*, 2019, No. 2.

M. Clarke, A. G. Wilson, "The Dynamics of Urban Spatial Structure: The Progress of a Research Programme", *Transactions of the Institute of British Geographers New Series*, 2010, Vol. 16, No. 1.

Meead Saberi, Hongzhi Wu, Richard Amoh - Gyimah, et al., "Measuring Housing and Transportation Affordability: A Case Study of Melbourne, Australia", *Journal of Transport Geography*, 2017, No. 65.

Michael E. Stone, "A Housing Affordability Standard for the UK", *Housing Studies*, 2006, Vol. 21, No. 4.

Ohls. J., "Public Policy toward Low -income. Housing and Filtering in Housing Markets", *Journal of urban Eeonomies*, 1995, No. 15.

O. Flasherty, "An Economic Theory of Homelessness and Housing", *Journal of Housing Economics*, 1995, No. 4.

Quigley J. M., Raphael S., "Regulation and the High Cost of Housing in California", *American Economic Review*, 2005, Vol. 95, No. 2.

Raquel Rolnik, "Late Neoliberalism: The Financialization of Homeownership and Housing Rights", *International Journal of Urban and Regional Research*, 2013, No. 3.

Rapaport C., "Housing Demand and Community Choice: An Empirical Analysis", *Journal of Urban Economics*, 1997, Vol. 42, No. 2.

Richard J. Arnott, Ralph. M. Braid, "A Filtering Model with Steady-State Housing", *Regional Science and Urban Economics*, 1997, No. 8.

R. Green, P. H. Hendershott, "Aging, Housing Demand, and Real House Prices", *Regional Seience and Urban Economics*, 1996, No. 26.

Rodrigo Fernande, Manuel B. Aalbers, "Financialization and Housing: Between Globalization and Varieties of Capitalism", *Competition & Change*, 2016, No. 2.

Robinson Mark S. G. M. H., "Affordability of Housing: Concepts, Measurement and Evidence", *NZ Treasury Working Paper*, 2006, No. 3.

R. S. Sandhu, B. C. Aldrieh, "Third World Housing: The Future 15 Now", *HabitatInt*, 1998, No. 3.

Schwartz A., "Future Prospects for Public Housing in the United States: Lessons from the Rental Assistance Demonstration Program", *Housing Policy Debate*, 2017, Vol. 27, No. 5.

Shima Hamidi, Jinat Jahan, Somayeh Moazzeni, "Does Location Matter? Performance Analysis of the Affordable Housing Programs with Respect to Transportation Affordability in Dallas Fort Worth (DFW) Metropolis", *Transportation Research Record*, 2018, No. 3.

Stone. M. E., "A Housing Affordability Standard for the UK, *Housing studies*, 2006, No. 4.

So H. M., Tse R. Y., Ganesan S., "Estimating the Influence of Transport on House Prices: Evidence from Hong Kong", *Journal of Property Valuation and Investment*, 1997, Vol. 15, No. 1.

Takahiro Miyao, "Dynamics and Comparative Statics in The Theory of Residential Location", *Journal of Economic Theory*, 1975, Vol. 11.

Thomas Wainwright, Ewald Kibler, "Beyond Financialization: Older Entrepreneurship and Retirement Planning", *Journal of Economic Geography*, 2014, No. 4.

Waddell P., "A Behavioral Simulation Model for Metropolitan Policy Analysis and Planning: Residential Location and Housing Market Components of UrbanSim", *Environment and Planning B: Planning and Design*, 2000, No. 2.

Ariane Hillig, "Everyday Financialization: The Case of UK Households". Ph D. Thesis, The Open University, 2019.

Currie G., Senbergs Z., "Exploring Forced Car Ownership in Metropolitan Melbourne", 2007.

CNT. (Center for Neighborhood Technology), MTC. (Metropolitan Transportation Commission), "Bay Area Housing and Transportation Affordability: A Close Look", 2009.

CNT., "Losing Ground: The Struggle of Moderate-income Households to Afford the Rising Costs of Housing and Transportation", 2012.

Kellett J., Morrissey J., Karuppannan S., "The Impact of Location on Housing Affordability", 2012.

Housing Affordability Index methodology. http://www.realtor.org/topics/housing-affordability-index/methodology. 2018-07-3.

CNT. Driving: A Hard Bargain. http://htaindex.cnt.org/. 2010-07-01/2014-10-31.

CNT. H+T Index Methods. http://htaindex.cnt.org/about/. 2015-03-31.

Location Efficient Mortgage. http://en.wikipedia.org/wiki/Location_Efficient_Mortgage. 2015-03-31.

National Association of Realtors, NAR., "Housing Affordability Index Methodology", http://www.realtor.org/topics/housing-affordability-index/methodology. 2015-03-31. NAR put forward the concept and method of housing affordability index (Housing Affordability Index, HAI), which is used to investigate the affordability of households with median income in the housing market through mortgage loans.

National Development and Reform Commission: "Urban Agglomeration Development Planning of the Yangtze River Delta", https://www.ndrc.gov.cn/xxgk/zcfb/tz/201606/t20160603_963084.htm. 2018-06-26.

后　　记

对于这本书的由来，甚至是可以回溯到20年前，那时候初读《正义论》，对罗尔斯的分配正义两项原则印象很深。之后我阅读一些关于公平和正义的理论书籍和文章，就时常把其他领域的问题和公平正义相联系考虑。读博士时开始关注住房问题，按照惯性思维，提出了房地产正义的想法。但是，房地产正义的提法太过狭隘，建构的理论框架不够科学，也缺乏定量的研究。因而，总希望能进一步把住房和居住问题与正义思想相结合，并能跨越学科界限，找到一个合适的定性定量相结合的研究角度和方法，为此申请了国家社科基金项目并成功获批。

令人欣慰的是，在各方支持下，终于按期完成了研究并且达成了一些预期的目标，通过建构理论框架和定量研究体系，得到一些结论或者说是验证了一些现实困境：当代中国的住房市场显现出了明显的分层消费和过于严重的"差别"特征。当代中国城市中的住房正义应该遵循合理差别原则，通过市场机制实现住房资源的合理差别化分配。住房市场上还呈现了这种合理的差别原则的特征，社会成员及其家庭的收入状况、社会资源占有程度等条件不同，根据不同的条件和消费偏好和可支付能力，在市场机制调节下选择不同功能类型的住房，以不同的方式实现居住的基本权利。但是，通过研究还发现，现阶段住房市场的差别化已经开始超越居住正义所应该遵循和倡导的差别合理化的界限。居民家庭的住房可支付能力呈现下降趋势。居民家庭住房可支付能力是在逐渐减低的，呈现很明显的下降趋势，对应分层"标准住房"不可得或可得性较弱居民家庭的比例逐年增加。在这其中，中等收入阶层一直处于一种收入的绝对量不断快速增长，但是住房可支付能力一直处于较低水平，并处于持续下降趋势中，一直处于住房支付的巨大压力之下，社会存在感和幸福感都不强。住房梯度供需结构不尽合理，无法支撑实现居住正义的"合理差距"。一方面，总量结构上，住房的有效需求与实际供给结构呈现不均衡；另一方面，租赁住房及其公共配套严重不足带来很多社会问题。住房供给需求结构的不均衡不仅不能支撑实现居住正义的"合理差距"，更可能导致住房制度发展更加偏离居住的本质属性。住房空间分布不能达到职住平衡的相对正义状态并造成城市环境非正义。从城市居民通勤的时间成本和货币成本看，职住不平衡所带来的通勤成本已经成为通勤者的重要负担，住房空间分布不能达到职住平衡的相对正义状态。职住分离、交通时间和通勤时间的增加，不仅增加了居民的经济负担，与此同时，长距离的交通出行和私人交通工具的广泛使用，也带来了大量温室气体排放和环境污染等问题，造成城市环境非正义现象。

找寻问题往往要比找寻前进的方向和路径要容易很多。事实上，本书中的前三篇的理论建构和实证研究早在两年前已经完成，之所以迟至今日才推出（完成）书稿，是因为 2021 年以来，多种原因之下中国的住房市场经历着一场震荡，中国正在进行的深化住房制度改革难度加大。面对新形势，如何在住房领域实现社会主义的公有制与市场机制的有效结合？这是应该更多思考和研究的时代问题。"市场机制""政府引导""以人文本""房住不炒"等核心价值和实践原则依然是我们要坚持的导向和目标。在新的发展阶段，应该改革住房宏观制度，构建以政府为主提供基本保障、以市场为主满足多层次需求的住房体系，一方面，要充分依靠市场机制满足社会成员对住房的多种需求，差别对待不同收入层次居民以及他们不同的住房需求特点，根据分层原则，分类界定住房产品的属性，并在供给结构上丰富不同类型住房产品，从突出住房产品的经济属性转变为强调住房的居住本质属性；另一方面，政府要承担起保障特殊阶层住房安全和住房权利的责任，满足其基本的住房需求，在住房制度上实现供给主体多元化、保障渠道多样化、租购并举，让全体社会成员实现住有所居的基本权利。

特别感谢中国社会科学出版社的孙萍老师，早在 2016 年提出房地产正义的想法时，就给予了很多建议，这次又为本书的出版付出很多心血。

2024 年 8 月于南京